法律修辞研究

主　　编◎陈金钊
执行主编◎俞海涛

执行编辑　郑　菲　范　跃　俞小海　宋　伟　张　悦　刘冰琪　吴冬兴　裘飒飒
　　　　　　朱　瑞　曹　一　黄思宇　孙振一　阎一宁　翁壮壮　侯竣泰

第六卷

目 录

法律拟制译介

重访法律拟制　［美］弗雷德里克·绍尔/著　王玥/译　　003
凯尔森论费英格　［英］克里斯多夫·克莱泽/著　俞海涛/译　　018
当我们在谈论人时我们在谈论什么：一个法律拟制　［美］戴夫·法贡德斯/著
　申舒婷/译　　025
刑法中的法律拟制：历史、现状与反思　/匡兰馨　　047
社会事实、法律拟制与奴隶地位　/曹一　　058

法律解释理论

制定法解释规则之评价　［美］昆廷·约翰斯通/著　郑菲/译　　073
实物证据鉴真规则：语词诠释与学理探微　/孔祥伟　　096
通过指导性案例激活"休眠法条"　/雷槟硕　　111
体系解释之概念考证　/裘飒飒　　125
论主观目的解释　/侯竣泰　　142
论法律解释中的描述性语言分析之价值　/朱瑞　　154
清代司法过程中的情理表达之方法论析和当代价值　/陈宇超　　167

部门法解释

类比"善意取得"解决条约冲突　/方瑞安　　189
论我国著作权法上的"录音制品"概念之重构　/郝亚军　　202

法解释学视角下的作品类型认定
　　——兼评"音乐喷泉案" /熊超成　　　　　　　　　　　215
行贿罪中的"为谋取不正当利益"之认定　/桂雅婷　　　　　236

实务中的修辞<<<

扭送应重视说服方式　/范跃　　　　　　　　　　　　　　251
民事强制执行中的法官说服艺术　/张华麟　吴呈祯　　　　262

书评<<<

比较法视野下的司法制度之全景观察
　　——《司法和国家权力的多种面孔》解读　/王显宁　　279

稿约　　　　　　　　　　　　　　　　　　　　　　　294
特别声明　　　　　　　　　　　　　　　　　　　　　296

法律拟制译介

重访法律拟制*

[美]弗雷德里克·绍尔/著** 王玥/译***

摘要：法律拟制的一个很少被人注意的特点是，它们依赖于一定的对法律语言本质的理解。如果法律语言主要被理解为法律及其目标内部的技术性的语言，那么这种语言不需要借助于拟制便可得到应用。然而，法律语言在许多重要方面与普通语言息息相关并依赖于它们，从而导致法律语言有时会破坏法律的目标。此时，我们便需要法律拟制的应用。因此，法律拟制的使用是以一个有争议的观点为前提的，即法律语言至少在一定程度上是普通语言。

如今，指责法官、法庭或法学家使用"法律拟制"已不值得称道。相反，并不总是这样[①]，关于法律拟制的文献充斥着这样的观点：为了实现法律体系的各种目标，法律拟制偶尔或经常是必要的。[②] 然而，这种对法律拟制的辩护日益减少，对使用"法律拟制"的指控可能已经超越了"形式主义"，并成为最普遍和最不明确的法学上的谴责。[③] 然而，尽管现在对法律拟制的指控带有压倒性的贬义，但人们不太清楚，究竟是什么被谴责，以及为什么被谴责的事物可以成为谴责的理由。

---

* 原文 Frederick Schauer. 2014. *Lagal Fictions Revisited*. In *Legal fictions in theory and practice*, ed. Maksymilian Del Mar and William Twining, 113 - 130. Dordrecht: Springer. 译文已得到作者授权。
** 弗雷德里克·绍尔(Frederick Schauer)，弗吉尼亚大学法学院大卫和玛丽·哈里森杰出法学教授。
*** 王玥(1995—　)，女，江苏淮安人，华东政法大学2018级硕士生，研究方向：法学理论。
① Olivier(1975)对追溯到罗马法的法律拟制适用的一项重要调查，Harmon(2002)的调查也较为全面。
② 对法律拟制的经典辩护(尽管是有条件的)仍然来自 Fuller(1967)。更早些的努力包括 Blackstone(1768, p. 43)("而这些法律上的拟制，虽然一开始会吓着学生，但经过进一步思考，他会发现是非常有益和有用的……"), von Jhering(1914, 1923) 和 de Tourtolon(1922)。更加完善的有 Frank(1930)，Maine(1861)和 Ross(1969)。
③ 现代反对使用法律拟制的一个例子是 Smith(2007)。值得赞扬的一个努力是，Knauer(2010)将传统的、更精确的对法律拟制的理解从广义的、贬义的并且经常是定义模糊的现代用法中拯救出来。当然，这(特别参见第11章德尔·马[Del Mar])代表了一种努力，其既要澄清法律拟制的概念，又要表明法律拟制的价值。

基础问题在于，拟制在定义上是非真实的。尽管小说家、剧作家和牌手都希望表达非真实的事物，但在大多数情况下，故意说假话至少表面上是不可接受的。因此，对于一个据称致力于寻找真相的机制来说，法律拟制——法律中的故意不实——似乎是一件特别奇怪的事情。然而，通过分析法律拟制的各种用途和"法律拟制"一词的不同用法，我们将会发现为什么不是每种法律拟制都会受到谴责，以及为什么法律拟制多年来都有其捍卫者。理解了法律拟制在特殊场合下的优点，我们就进入了法律事实本身的领域，并陷入到因法律事实和简单事实（truth simpliciter）之间的复杂关系而产生的冲突之中，这种关系反过来又暴露了法律事实和法律语言之间的联系之重要复杂性。

本文（主要涵盖技术性的拟制和语言运用的拟制）的主要结构分为三部分，把法律拟制看作是一种预设（presuppositions），一种假定（presumptions），一种克制（prevarications）也许是一种勉强的努力。第一部分是最不重要、最不新颖的。但是，由于法律拟制在凯尔森的法律哲学中发挥着重要作用，因此我们有必要对凯尔森和基本规范做些讨论，以便将这个拟制的概念和我所仔细研究的法律拟制区分开来。

本文的核心在第二部分，其探索了法律假定的内容，如传统普通法假定孩子母亲的丈夫即孩子的父亲。很明显，在这些使用假定的情况下，事实从字面上（或生物学上）来看是不正确的，因此这种假定经常被描述为法律上的拟制，而且几乎同样经常地被批评为欺骗，即使不是因为它们的实质内容。然而，正如我们所看到的，不仅这种多样的法律拟制很常见，而且在某种意义上，任何规则都是一种拟制，这恰恰因为它是规则的一个本质特征，即将所有情形当作通常情形来看待。在某些特定情形下，假定有时是错误的，这很容易成为批评的对象，但这只不过是任何机制在一般运行时都会出现的情况——法律当然也会这样——得出的结论可能并不总是完全正确的。

然而，正如第三部分所讨论的，法律拟制与法律规则之间的联系甚至比这还要紧密。第三部分将法律拟制视为实现法律规则的可废止性（defeasibility）的常用手段。因为规则必然事实上或者至少潜在地与它们背后的因素或与更广泛的公平、公正、效率或者效用的概念有关，所以规则常常会产生看起来是并且实际上常常是次优的或仅仅是错误的结果。在这种情况下，我们可以追溯到亚里士多德时代将公平作为不可避免地存在漏洞的规则的补救之讨论，法律体系通常会允许其决策者将该体系的规则视为可废止的（defeasible）。为了产生一个良好的、独立于规则的结果,而不是一个糟糕的、由规则生成的结果,规则往往被搁置一边。但是,由于特别需要法官证明这种偏离规则的合理性,因此人们诉诸于一些辩护策略(justificatory maneuvers),以避免简单地说某些人没有遵守规则。其中一种策略——但不是唯一一种——便是法律拟制,其重新描述一些事件的事实,以使这些事实与规则相符合,并呈现正确的结果。

在研究最后一种类型的法律拟制时——为了避免一种尴尬的结果,将 X(或 X 的类别)重新描述为 Y——我们将面对法律语言与法律事实之间的最大问题,它也是法律本身的最大问题。当我们根据法律来说所有人眼中的 X 实际是 Y 时,我们是在说谎吗?我们是在拟制吗?还是像有些人认为的那样,我们承认法律语言与普通语言之间存在着一种令人不安的关系?第四部分开始探讨这一问题,开始探讨所谓的艺术术语,并探讨法律语言是普通语言、技术语言还是两者的某种结合。

一

德国哲学家汉斯·费英格在他的著作中提出了一个观点,该著作的许多贡献都得到了恰当的认可,但不幸的是,这本书在主流分析哲学中仍被忽视。德语的 *als ob*[①],在多数的英文翻译中被译为"假如"(as if)。费英格的"假如哲学"在过去的几年中极具影响力[②],针对本文的研究目的,值得注意的是其对汉斯·凯尔森的影响(Bindreiter 2002;Paulson 1992a),以及与此同时或多或少地对 Fuller(1967, pp. 94-137)产生的影响。费英格的基本思想既有逻辑维度,又有心理维度。关于前者,想法很简单:一个论点的前提通常可以以假设的形式被呈现,即将我们非常熟悉的概念假设为讨论的话题,或者假设一个命题的真实性,以便我们可以理解其他命题。以 Bertrand Russell(1905)的标准范例为例,"法国国王是光头"一词的前提是有法国国王,要使这个说法有意义,我们可以假设法国有国王,即使实际上法国根本没有国王。因此,假定有一个法国国王的事实命题是虚构的,但即使命题是假的,它也使得包含它的句子有了意义。然而,这只是一个偶然性的虚构,因为在逻辑上等价的说法——"英国女王不是光

[①] Vaihinger(1911,1924).
[②] 参见 Frank(1930),Seidel(1932)和 Handy(1967),他们多次提及费英格。

头"——同样预先假定有一个英国女王。但是,由于事实上确实有一位英国女王,所以在这种情况下,这种预设不是虚假的,它根本不是一种虚构。

我们有时会为了论证而假定一些事实或假设一些事实,但在某些情况下,假设的事实是对还是错并不重要。因此,尽管事物的实际事实是不相干的,我们仍然假定某些事实的存在,因为这种假定使另一些观点变得可以理解或更清楚。思考一下这句话:"假设70%的人口支持一项特定的政策,那么在一个民主国家,这就是应该采取的政策。"在这里,70%的假设是对还是错并不重要。相反,70%的多数票是一种假设,它使我们能够理解民主的概念,这种理解独立于事实假设的真实与否。因此,在讨论"拟制"作为重要的思想元素时,费英格更关心"假如"的思维是如何促进人类理解的,而不是"假如"的真实性。费英格是一位重要的康德学者,同时也是《康德研究》的创始人,他强调其"假如哲学"与康德的先验理解(transcendental understandings)的相似性,这和罗素的例子以及后来的哲学文献中的事实假定相关但不太一样(Strawson 1952, pp. 174 - 179)。

费英格的观点与凯尔森的基础规范联系紧密。[1] 凯尔森体系下的基本规范,与其说是一种事实假定,不如说是康德式的先验理解(Paulson 1992b; Raz 1979),但是这样一种先验的理解,或者至少是它的事实部分,仍然可能产生事实上的对或错。若从事实上讲是正确的——如果要解释一个法律体系需要我们采用一种最终被证明是与现实相对应的理解,那么将这种理解描述为假定将是奇怪的。但是,如果这种理解是不真实的,或者更准确地说,它是否真实并不重要,那么这样我们便可以理解,为什么凯尔森将这种理解(即基础规范)描述为一种假定。这种偶然性的错误,甚至与基础规范在事实上的真假与否无关,这也解释了为什么在凯尔森的法学理论中,它被普遍地看作是一种法律拟制。[2] 但是,尽管假定可能根本不存在的事物是存在的可以(但仅勉强)证明"拟制"一词的合理性,并且它只是一种假设,而不是基础规范的真实存在,这也不同于哈特最终的

---

[1] Kelsen(1960, p.99)提到费英格,尽管主要是在讨论自由意志的背景下。凯尔森在第一版(1924年)没有提到费英格(Kelsen 1992),但他根据费英格的假定构想了基本规范(Kelsen 1986)。凯尔森对法律拟制进行了更广泛的思考,并在某些方面借鉴了费英格的思想,这与本文后面的章节相联系,参见Kelsen(1919)的第一章。

[2] Kelsen(1991, p.256)明确地说基本规范不同于费英格的假定,因为拟制是在知道现实与它不一致的情况下说出的(Paulson 1992a, pp. 269 - 270)。不同观点也可见于Gustafsson(2010), Stewart(1980)和Tur(1986)。

承认规则(Hart 2012)[①],在这种情况下,"拟制"一词的使用似乎是隐喻性的。如果我们不将拟制理解为一种与事实上的真实不相关的假定(不管是不是先验的理解),而是将其理解为不仅字面上是错误的,而且表达者知道其为错误的一种陈述——我们会称之为"错误"而不是"拟制"——那么指涉凯尔森"基础规范"思想的那种"法律拟制"的通常用法,就会因提及"拟制"术语而带有拟制色彩。

凯尔森和费英格都意识到,有时在动作和言语上假装某事物是真实的很重要,我们不仅是在我们认为正确的东西是错误的时候这样做,而且也是在我们不想让这个假设的真伪起作用的时候这样做。因此,费英格和凯尔森的观点主要不是关于反事实假定(counterfactual assumptions),而是关于"非事实"假定("afactual" assumptions)。在"非事实"假定中,事实的真假基本上是不相干的。费英格和凯尔森之间的联系似乎是显而易见的,然而同时出现的结论是,将"假如"或基础规范本身描述为"拟制"这种用法虽然不是明显的错误,但至少在某种程度上是不标准的。正常情况下,我们认为拟制更接近于谎言——一种故意的虚假陈述——但缺乏真实谎言的欺骗性成分。与谎言不同的是,拟制的接受者知道拟制是假的,这就是为什么我们通常不认为小说家和编剧是骗子,即使他们说的东西实际上是不真实的,而且小说家和编剧也知道他们说的东西是不真实的。然而,尽管存在故意的虚假,但我们并不认为剧作家和小说家是骗子,因为观众意识到不真实,所以一个命题被视为谎言所必备的欺骗元素就消失了。观众和读者在阅读与聆听时被期望暂停对虚构故事的真实性之怀疑,这可能是先验理解的一种变形,而这也是基础规范的关键所在,但是基础规范的虚构层面并不比一般的拟制更有问题。基础规范也许是一种法律拟制,但仅是在任何假设或预设都可能是虚构的,而这类虚构在我们的概念机制中占了很大一部分,以至于其几乎不值得注意,更不用说是从最温和的谴责之意义上来讲的。更重要的是,使用"拟制"来描述基础规范与普通法中的"法律拟制"使用"拟制"的传统方法相距甚远,这表明关于基础规范拟制层面的探讨对于它们本身来说很重要,但很大程度上与法律拟制本身无关。

二

一旦我们从预设转向假定,谴责法律拟制的倾向就会愈加强烈。因此,人们

---

① 关于凯尔森的基本规范和哈特的承认规则的异同点,参见亚历山大和 Schauer(2009)以及 Green(2009)。

常说法律上的假定——或至少许多法律上的假定——是法律拟制,因为这种假定要求法官或陪审团把不真实的东西当作真实的东西来接受,这是极不可取的。[1] 然而,尽管将假定描述为强制接受不真实的事实确实表明在典型的假定中存在一定程度的虚假或虚构,但最初的观点——以及边沁的观点——认为假定是一种拟制,或者就像雷蒙德·伽马在其书(第 16 章)中深入探讨的那样,它甚至让拟制更容易误导人,而不是给人提供帮助。

思考一下非法律环境下的典型泛化(a typical generalization)。例如,"瑞士奶酪有洞"或者"沃尔沃很可靠"。这种说法并不适用于所描述的类的所有成员。瑞士奶酪没有洞仍然是瑞士奶酪,沃尔沃也有不可靠的。但是,如果是这样的话,那么关于类的陈述是什么呢?什么使一个类的命题为真或为假?以 Yugo 车(南斯拉夫品牌汽车)为例,这是上世纪七八十年代前南斯拉夫制造的一种以不可靠著称的汽车。假设(可能与事实相反)至少有两辆可靠的 Yugo 车,那么说"一些 Yugo 车是可靠的"是正确的,但是"Yugo 车是可靠的"这一说法似乎是错误的。但是,如果有一些不可靠的沃尔沃和一些可靠的 Yugo 车,那么为什么"沃尔沃是可靠的"为真而"Yugo 车是可靠的"为假?答案是根据标准英语的语用学,当且仅当属性在类中出现的程度大于与之进行显式或隐式比较的属性在另一个类中出现的程度时,将该属性赋予该类的语句才为真。因此,请注意,我们并不认为属性出现在类的大多数成员中时,类中关于该属性的语句才为真。即使只有 45% 的 Yugo 车是不可靠的,说 Yugo 车是不可靠的也是准确的,因为 45% 的不可靠率远远高于一般汽车或其他车型的不可靠率。同样,说"斗牛犬具有攻击性"也是正确的,即使它们中只有少数是这样,这是因为斗牛犬的攻击率高于其他大多数犬种的攻击率,甚至高于所有其他狗的攻击率。因此,在将属性归于类的陈述之情况下,如果该属性归于类的所有成员,或者该属性归于类的大多数成员,或者该属性在类中出现的程度大于在某个隐式比较类中出现的程度,那么该陈述为真(Cheng 2011;Leslie 2008;Schauer 2003)。

前面的要点是一个关于类的概率性陈述可能确实是真的(或假的),而不是对类的所有成员都是普遍正确的(或错误的)。这种分析可以从描述性归纳转移

---

[1] 边沁对法律拟制的很多著名批判(Ogden 1932)含有这种倾向。边沁更强有力的声明至今仍然完全具有代表性,"拟制中瘟疫般的气息毒害着它所接触到的每一种仪器"(Bentham 1962,vol. 1, p. 235),"拟制是一种梅毒,它渗透在每一根血管里,把腐朽的原则带到这个系统的每一个部分"(同上,第五卷,第 92 页)。也可见于奎恩,该书第四章;Schofield(2006),第一章。

到被我们称为规则的规定性归纳(prescriptive generalizations)(Schauer 1991)。规定性规则服务于背景理由(background justifications),如"禁止驾驶速度超过100公里/小时"的规则旨在支持公路安全这一背景理由。在这个例子中,规则也是概率性的归纳,因为规则是服务于背景理由的行为模式的归纳。所以,我们之所以禁止车辆进入公园,是因为我们希望确保公园的和平与安宁(Hart 1958,2012,p. 129;Schauer 2008),我们已经做了评估,一般情况下禁止车辆进入将促进和平与安宁,但并非所有情况都如此。这项禁令体现在一项规则中,该规则充分和必要地接受这样一个事实,即使有些车辆可能不会损害和平与安宁(过度包容),或者即使有些非车辆可能会以车辆通常的方式(被包容)对安宁造成损害。

通常情况下,即使不总是或不一定如此,法律上的假定也会产生完全相同的效果,就算不是以完全相同的方式。因此,让我们回想一下经典的历史上普通法中的亲子推定——孩子母亲的丈夫即母亲在婚姻期间所生孩子的父亲(Glennon 2000)。假设目前的——但仅此刻,正如我们将在下面第三节中看到的——父亲身份是一种生理状态,要求父亲和孩子之间有某种生物联系,并要求父亲与母亲有过性关系(也可以是现代科学或技术上的同等关系),以便产生孩子,那么一些被法律推定为父亲的人实际上不会成为父亲。毕竟,已婚妇女的孩子之生父,很有可能不是孩子的母亲在怀孕或出生时与之结婚的那个人。但是,法律之所以这样规定,部分是因为它反映了传统社会对私生子的厌恶,部分是为了建立和执行抚养义务,因此它假定所有在妇女生育时与其结婚的男子都是出生的孩子的父亲,尽管事实上只有大多数是这样。①

规则和假定之间的联系现在暴露出来了。大多数法律规则将典型的规则视为普遍性规则,就好像它们通常将一般情况下会妨碍和平与安宁的车辆视为必然会妨碍和平与安宁一样。例如,普通限速是基于对平均道路、天气和交通条件下平均车辆中平均每位驾驶员的最大安全速度的评估,但它仍然是所有条件下所有车辆中所有驾驶员的速度限制。因此,工具性法律规则"假定"所有的车辆都将偏离和平与安静,即使只有大多数车辆会这样做;假定所有的驾驶员只能以

---

① 普通法的许多假定,包括这一条,都是可以反驳的(Swadling 2008)。但是,即使是一个可反驳的推定也转移了举证责任,一个可反驳的推定也可能产生某些结果,而在这种结果中,假定的事实根本就不是事实。因此,我们不应该惊讶于边沁、富勒和大多数从事法律拟制研究的作者花了一段时间来研究那些甚至可以被反驳的假定所产生的拟制。

一定的速度安全驾驶,即使事实上有些驾驶员可以以更高的速度安全驾驶。因此,典型假定与典型规则之间的相似之处,不仅仅是在处理典型或一般情况时才被视为总是如此。相反,当规则服务于工具目的时,相对于(vis-à-vis)背景理由,规则在很多情况下只是假定而已,尽管规则的这一特征有时会被通常的假定之表达方式掩盖。但是,我们也可以根据一项规则来表达这种假定,即必须有一个规则要求婚生子女的母亲的丈夫抚养婚生子女,将其视为合法子女,等等。在这种情况下,我们将以规则而不是推定的形式阐明假定所产生的相同结果,但两者的法律意义是相同的。

现在我们可以看到,为什么把假定当作拟制的普遍说法在许多重要方面都是混淆的产物。要求法律决策者以决策为目的,假定假的是真实的,这确实常常看起来像是拟制,但其只不过适用于法律决策者在包容性不足或包容性过度的领域应用规则。在理想的安全交通条件和天气条件下,当警察拦下有经验和安全的但超速的司机时,他是在假设司机和情况都是一般的,即使他们并不是(Schauer 2009, Chap. 1)。当公园管理人员将一辆不妨碍和平与安宁的车拒之门外时,他是在假定(或执行规则制定者的假定)那辆车将妨碍和平与安宁,尽管它不会。在这些和其他无数的案例中,在一个规则的包容性不足或过度的领域中应用规则,可以被看作是拟制,就如同典型的事实假定在其事实虚假性的领域中是拟制的。也许严格遵守规则本身就是个问题,这种可能性将是下一节的主题。但是,如果严格的(甚至是非结论性的)规则有其本身的位置和用途,那么我们就没有理由相信,通过使用一个以几乎完全相同的方式做几乎完全相同的事情的推定来达到同样的目的是令人担忧的。

三

在前一节中,我们假设严格的规则遵循在某些情况下是可取的(Schauer 1988, 2009, Chap. 2),但是这种假设并不是普遍存在的。因此,我们必须回到亚里士多德,他在关于衡平的讨论中认识到,严格的规则可能会产生"错误"的结果,我们在前一节中已经讨论过了。亚里士多德把规则描述为"法律",并接着说:

……所有的法律都是普遍的,有一些事情是不可能用一般的术语正确表述的；因此，在需要做出一般性声明但又不可能正确做出声明的情况下，法律考虑了大多数情况，尽管并非没有意识到这样做会产生错误。法律仍然是正确的，因为错误不在于法律，也不在于立法者，而在于案件的性质；因为人类行为的原料本质上就是这样。因此，当法律规定了一条一般规则，而这条规则之下的案件是例外情况时，那么正确的是，由于立法者的语言一般性而使立法者错误地没有涵盖该案件，因此可以通过裁定来纠正这种遗漏。就像立法者本人在场的时候会做的那样，以及他在知道情况的状况下所制定的那样……这就是为什么衡平尽管公正，并且比一种正义更好，但并不比绝对正义更好，仅比泛化的错误更好（亚里士多德 1977 年，第 1137a—b 节）(Aristotle 1977, § 1137a‐b)。

亚里士多德的基本思想早在柏拉图的《政治家》（1952 年，第 294a—b 页）中就已经被表达出来，随后被西塞罗和其他罗马哲学家和法学家发展（Cicero 2001, 1. 57；Frier 1985），之后由英国人在英国法中创立了正式的衡平法制度（Schauer 2003, pp. 27‐54）。但是，这里的重点不是理念的历史，而是理念本身。这个观点是，任何规则，乃至任何法律规则，由于规则的普遍性，在特定的情况下，可能会产生一个错误的答案。因此，人们广泛理解的衡平是纠正这些错误的应急机制（contingent mechanism）(Solum 1994)。但是，我之所以说"应急"，是因为任何受规则支配的领域都可以否认衡平权力（equitable power），因此我们应该采取这样的立场，即对任何规则的不充分和过度包容的错误，都比授权任何法官或其他官员来决定何时发生这样的错误要得到更好的容忍。在不授予此类权力的范围内，诸如法律之类的规则的管辖领域是正式的，并且可以被视为是公平的，只要在系统中有一种补救办法，以弥补由于成文规则的不充分和过度包容性而产生的错误。

但是，这些补救方法可能是什么呢？一种补救办法是建立一种独立的制度，以纠正那些因不充分或过于宽泛的规则而必然产生的错误，而这正是英国法中最早出现的衡平法所体现的补救办法。法官的法律——狭义上的"法律"——没有能力改善一般规则所产生的错误，但是如果有人因为这样的错误而感到愤愤不平，那么他可以去找大法官，然后去找一系列经过精心设计的被称为"衡平法院"的大法官法庭，以便从僵化的法律中获得衡平的救济（Guy 1985）。最近，许多普通法国家——也许最显著和最重要的是美国——往往赋予普通法官这种权力,因此普通法官可能会合理地断定,适用这一规则不公正或不符合这一规则背后的目的,并按照亚里士多德最初设想的方式,将规则视为不适用于当前案件或以先前未表达的例外为准(Atiyah and Summers 1987；Calabresi 1982；Laycock1993)。

因此,尽管在许多司法管辖区之中,通过诉诸衡平法来产生一种全面考虑的公正结果越来越为人们所接受,但这种直接违反明确而精准的法律规则之做法,似乎仍保留着旧时代的许多不良风气。由于心理上、政治上以及法学上的原因,法官似乎很难改写一项清楚的规约中似乎是明确的文字。[1] 因此,长期以来,人们认为,在个别案件中,为了达到正确的结果而重新描述事实比为了做同样的事情而重写法律更容易被接受。即使在现实中,为了使事实符合法律而对事实进行重新描述(从而造成错误的描述)与为了使事实符合法律而对法律进行重新描述几乎没有区别。[2]

尽管这两种方法之间有这种相似性,但是在很长一段时间里,也许正是由于刚才提到的心理和政治原因,为了产生公正的结果而重新描述事实似乎比更公开地重新编写法律规则更可取,这种偏好——对司法克制(judicial prevarication)而非司法能动(judicial activism)的偏好——催生出了一个重要的法律拟制版本。因此,我们看到了1774年国王法庭判决的莫斯廷诉法布里加斯的经典案例。法布里加斯,一位当时被英国占领并控制的地中海米诺卡岛的居民,被莫斯廷囚禁[3],莫斯廷当时是米诺卡岛的总督。因为没有总督的批准就不能在米诺卡对莫斯廷提起诉讼,而总督又是法布里加斯想要追究的那个案子的被告,所以法布里加斯转而在伦敦的普通上诉法院起诉,罪名是非法侵入和非法监禁。法布里加斯赢得了陪审团的判决,并获得了3000英镑。在上诉中,莫斯廷正确地声称,审判法院只在伦敦居民提起的案件中被授予管辖权,但曼斯菲尔德勋爵认识到,在这里剥夺管辖权会使一个明显受到冤枉的人得不到法律救济,

---

[1] "(法律)当局承认,人们经常虚构事实,试图掩盖法律在法官手中发生改变的事实。"(Smith 1917, p.150)
[2] 在特定案件中的结果可能实际上是相同的,但是根据给定辖区中的先例和司法权问题,人们可能修改法律以在当前案件中产生正确的结果,而不是为了达到同样的结果去歪曲事实,这将对以后的案件产生更大的影响。如果是这样的话,我们可以理解司法重述(judicial mis-description)比司法重写(judicial re-writing)更可取。
[3] 法布里加斯的监禁很可能是政治仇杀的一部分,因此法布里加斯的实质性要求在法律上可能是合理的。

因此他得出结论,就本案而言,米诺卡是伦敦的一部分。这一结论显然是错误的,但其同样也产生了一个公正的结果,因此莫斯廷诉法布里加斯案成了一个范例,即使用拟制来实现在早期可能通过衡平手段实现的事情。①

最近,美国法院也对继承法做了同样的事情。通常情况下,两个人可以共同拥有财产,有时一个共同所有人杀死另一个人是为了确保完全的所有权。在这种情况下,虽然凶手显然要承担刑事责任,但根据传统的共同所有权规则,他将获得以前共同拥有的财产的全部所有权。但是,为了避免这种不公平的结果,一些法院认为凶手比受害者先死。② 几乎在任何情况下,这一结论都是明显错误的,但这一结论将在不修改有关共同拥有财产的法律的一般条款的情况下引出公正的结果。因此,再一次,拟制作为一个错误的事实陈述被用来达到一个公正或公平的结果。因此,我们可以看到这样的格言:"在法律的拟制中,公平总是存在的。"(Jowitt and Walsh 1959, vol. 1, p. 799)

第三个也是最后一个案例是 2007 年英国鲁滨逊诉托里奇区议会一案。③ 一座桥的桩子限制了水流,从而导致鲁滨逊的土地被洪水淹没。如果当局的行动涉及未能纠正"严重阻塞或淤塞水的正常流动"的水道,那么鲁滨逊对有关部门的行动听起来就是正确的。为了让鲁滨逊获得救济,法院得出结论,将桥梁造成的堵塞视为"阻塞"了水道,尽管它显然没有依据任何有关"阻塞水道"的定义,但这些定义与规约中提到的"阻塞或淤塞"是一致的。但是,对问题的错误重述使鲁滨逊得以获得救济。再一次,法律拟制——实际上是事实拟制而不是法律拟制——被用作产生公平结果的工具。对于许多法官来说,这一方法似乎比产生不公正的结果或改写法规更可取。

上一节的例子都涉及特定情况下的特定事实(或多或少是独特的),但更常见的情况是,这种类型的拟制被用来指代法院认为可能受到相关法律规则不当对待或不予对待的事件类别。从某种意义上说,把公司当作一个人来看待是一

---

① 有一个可能是杜撰的故事,1939 年,在战时食物短缺期间,在牛津大学莫德林学院的以草为食、备受喜爱的鹿有被食品部门征用的危险。据说,为了防止这种情况的发生,政府有影响力的莫德林大学的毕业生们安排把鹿重新归类为蔬菜,这样它们就不会被送到屠宰场了。最近,据报道,莫德林的嘈杂的旋转门被非正式地归类为一种乐器,以使它在特定时间内被禁止演奏。
② 遗产的火花(Estate of Sparks.)。什么时候纽约法院会采取这样的方法,什么时候他们会采取里格斯诉帕尔默案这一著名的案例,以使我们深入了解纽约遗嘱和遗产法的空隙与错综复杂之处(Olenn 2001)。
③《世界报》(Munday)对诉讼及其所涉及的法学问题进行了引人入胜的描述(2008 年)。

种拟制。例如，根据对人的任何标准之理解，公司都不是人。但是，由于有许多理由把公司当作人来对待，因此公司就是人的观点被接受，并得以蓬勃发展（Schane 1987）。①

这种类型的而不是具体的法律拟制比比皆是，与法人人格的拟制形式大致相同。因此，我们看到了将非契约视为契约的默示契约（Stone 1968，pp. 260 - 261）；收回不动产的诉讼（the doctrine of ejectment）兴起，从而允许英国法院审判土地所有权，即使没有人被任何人驱逐出任何地方（Langbein et al. 2009, p. 252）；宣布文盲男性担任神职人员的规则，以便他们在法律范围内享有只给予识字男性神职人员的利益（Langbein et al. 2009，pp. 621 - 622）；法律规定擅自闯入的儿童是受邀者，即使在实际上未被邀请的情况下（Fuller 1967, p. 66）；法院判决认为，即使某人没有注意到某些事件，他也会被认为注意到了某些事件（琼斯诉弗劳尔斯，2006 年）；美国宪法规定自己州的公民是"另一个"州的公民，从而扩大了第十一修正案的管辖范围，超出了它的字面意义，以便产生一个内部一致的学说，即公民何时可以利用联邦法院起诉州实体（摩纳哥诉密西西比州案，1934 年）。

在这些例子中，通常没有一种与撒谎有关的欺骗。事实上，无论是在法律上还是在其他地方，区分拟制和谎言的独特方式是，拟制通常被认为是不真实的，而谎言是试图把虚假当作真实传递给那些不知道某些陈述是不真实的人。但是，如果法律拟制被知道是虚构的，为什么它们会被使用呢？上述问题的一个答案在于"视为"（deem）一词，这个词有时在这种情况下被使用，有时甚至在不明确的情况下被使用。说鸟被认为是一种"野兽"，即使它并不是②，或者一个孩子的母亲的丈夫被视为父亲，即使他不是，简单地说不是 X 的东西会被认为是 X——将被当作 X 来对待——因为以 m 方式处理 X 的原因同样适用于一些非 X，因此它也会以同样的方式被对待。

虽然这一过程并无神秘之处，并且在某些重要方面与上面所讨论的假定有关，但它仍然有些神秘，特别是在普通法决策中，司法造法（或多或少）被接受。之所以非 X 被认为是 X，而不是直接声明非 X 虽然不是 X，但其将以与 X 相同

---

① 这个例子很复杂，因为正如我在第四节中所探讨的，公司的概念和"公司"一词可由法律构成，它们不具有先于法律或法律外的意义。在这种情况下，至少出于某些目的，将公司当作自然人来对待是虚构的，在这方面，"公司"一词的地位在某种程度上是合法构成的，而如"米诺卡岛"一词则不是。
② 参见莫格伦所述的韦斯特利诉富埃尔案（Moglen 1990）。

的方式被处理,是因为以这样或那样的方式处理X的原因也适用于某些非X。但是,采用这种迂回的(尽管不是欺骗性的)方式似乎有两个理由。一个理由是在解释成文法的情况下,与修改或扩展普通法规则相反,法律拟制迂回的方法似乎避免了直接的司法重写立法制定的法规。因此,正如上文所讨论的,法律拟制迂回的方法可能看起来更合法或在政治上更容易被接受,即使结果在特定的情况下是完全相同的,而且通常在将来的情况下基本上是相同的。另一个理由是我们熟悉的格言,法律是一个"无缝网络"(Maitland 1898,p. 13;Solum 2011)。法律规则通常是作为与其他规则环环相扣的网络的一部分而存在的,所以有时改变一个规则可能会对其他规则产生间接影响,而仅仅是误用规则却不会。

然而,尽管迂回的方法可能有正当的理由,并且在典型的法律拟制中没有真正的欺骗,但基本的主题是相同的——当现有规则的文字或非拟制应用将产生不公正、不公平或糟糕的政策时,使用法律拟制将产生似乎是正义、公平或正确的政策结果。

四

但是,现在事实变得更加复杂。为了使一个法律行为人能够合法地被授权纠正一项因法律规则而产生的一个法律上糟糕的结果,法律上糟糕的结果就必须是通过以非法律术语理解法律中使用的语言之方法而产生的。当我们研究法律术语的扩展过程时,这一点变得如此清晰。例如,请考虑这样一种程序,即法院可以断定,即使某些代理人没有这样做的意图,他们也可以建立"信托"。诚然,法律以前可能将信托视为需要某种意图,但信托本身也是法律的产物,这也是事实。先不考虑哪些法律行为人有权修改法律的问题,即使没有意图,法律体系发现信托的存在似乎也不违反事实,这是因为某些手段是否是信托的事实本身完全是一个法律问题。"信托"是由法律定义的,因此某一事物的真伪被包含在该术语中,这同样也必然是一个法律问题。

在谈及信任(trusts)和"信托"一词时,这一点是显而易见的;针对那些根本没有任何非法律意义的术语,这一点可能更加明显——但问题是,同样的分析形式是否适用于法律内部和法律规定的所有语言(Morrison 1989)。也就是说,在法律中使用的所有语言是否都和"信托"一样具有法律意义?任何一种语言的合法使用是否会将该种语言转化为法律语言?例如,考虑一下朗·富勒提到哈特著名的"公园里没有车"这个例子时的建议(尚不完全清楚),也许富勒假想的用来纪念战争的军用卡车根本就不是车辆,至少在法律上以及法律规则中不是这样使用"车辆"一词的(Fuller 1958,pp. 655-656;Moore 1981,1985)。克拉帕姆多功能客车(Clapham omnibus)上的人可能将卡车(truck)视为车辆,但是当"车辆"一词被纳入法律规则并经过法律官员的解释后,车辆(vehicle)可能就变成了"车辆"(vehicle)。这里,表面上恰恰相反,"车辆"是一个法律术语,正如"信托"是一个法律术语,它们具有独特的法律意义。如果是这样的话,既然军用卡车不是一种交通工具,那么对它适用"禁止车辆入园"的规定是荒谬的,而不再是错误的。同样,关于米诺卡岛是伦敦一部分的结论将不再是错误的,因为规范法院管辖权的法规中的伦敦不一定是地图制作者眼中的伦敦。

命题是语言的产物。因此,如果一个命题是假的,我们就必须有一种方法使现实偏离命题的意义。但是,如果所有的法律命题都包含了一个法律体系的全部目标,并且这些目标中包含了解释的权力——通常是法官——以达到一个公正的结果,那么"车辆"的含义就包含了这种权力。当一名法官得出结论认为公园里的军用卡车不是车辆时,他没有说任何虚假的话,因此也没有使用拟制。这似乎就是富勒所说的,倒也不是完全没有道理。事实上,当富勒(1967,pp. 23—27)认为法律进步到更多的术语成为技术术语并被理解为技术术语的程度时,并且当合同学者和法律理论家 Edwin Patterson(1953)指出,如果所有的法律概念都有"纯粹的"法律标签,那么许多混乱都可以消除时[①],他们认识到,在法律语境中,语言所具有的意义可能与同样的词语在非法律语境中所具有的意义不同。如果是这样的话,那么也许法律中的每一个词都必然有一个合法的而不是普通的意义,那么也许每一个合法的意义都包含了法律体系的规范和目标。以富勒为例,如果一个人认为法律必须避免那些与规则背后的目的不一致的规则的荒谬构建,那么我们可以得出这样一个结论:"车辆"这个法律术语包含了避免荒谬结果的目的,因此一辆作为战争纪念的卡车尽管很明显是一辆汽车,但它根本不是"车辆"。

尽管富勒的观点并非完全不合情理,但它与我们所说的"法律拟制"这一概念并不一致。也就是说,法律拟制的前提假设不是所有的法律语言都是技术语言。法律拟制是因法律术语具有非法律含义而存在的,因此对该含义的非标准

[①] 他认为这是不现实的倡议。

应用是错误的,不管这种错误有什么正当的理由。当然,如果法律要发挥引导普通民众的作用,那么它的一些或大部分术语的含义必须是那些普通民众所使用和理解的语言。富勒(1949,pp 631—637)的关于军用卡车根本不是车辆的几乎随便的建议,出于某种原因是暂时性的,因为富勒在其他时候和其他地方充分认识到,如果法律语言和普通语言之间没有某种联系,从而导致在法律事实和简单事实(truth simplicter)之间没有某种联系,那么法律就无法实现其根本目的。

五

因此,对法律拟制的考察,并非仅仅是对法律推理的现象和很大程度上离奇古怪的特征之考察。相反,法律拟制是一个解决法律事实之难题的入口。从定义上说,拟制是虚假的,因此法律拟制是法律上的虚假。但是,法律上的谬误必须存在于法律规定的内容与法律或某些法律行为人应该做的事情之间的实际或潜在的分歧之中。因此,法律拟制的概念本身就以法律事实为前提,从而使法律事实不完全与简单事实断绝关系,而这种关于法律事实与事实关系的观点反过来又以法律语言为前提,法律语言——它的所有词语、所有句子和所有含义——不是也不可能是完全独特的。

我们不能将法律语言理解为完全是技术性的,这与以下观点相一致:法律语言不能以这样一种方式被理解,即把万事万物的最佳结果转化为法律语言的含义。因此,法律拟制寄生在法律语言和所有被认为是合理结果的事物之间的差距上。没有这个差距,我们将无法理解法律规则的概念与法律的方式。无论法律有时会变得多么具有技术性,它都必须与法律的文字保持联系,并依附于法律体系中存在着的语言共同体的语言。否则,我们就不需要法律。更重要的是,如果不是这样,那么就不可能有法律的事实性,就不可能有法律的虚假性,而且,更简单地说,就根本不可能有法律。[①]

(编辑:俞海涛)

[①] 这篇论文是为墨西哥理工学院"真理与法律项目"和 2011 年 10 月在墨西哥城举行的项目讨论会准备的。我感谢豪尔赫·塞尔迪奥、雷蒙多·伽马、德国苏卡、威廉·斯瓦德林和迈克尔·威尔斯的有益评论。当这篇论文的早期版本在赫罗纳大学、弗吉尼亚大学和圣母大学发表时,我也从讨论中受益。

凯尔森论费英格*

[英]克里斯多夫·克莱泽/著**　俞海涛/译***

摘要：这是凯尔森的《法律拟制理论——评费英格的假如哲学》一文英译者的评论。

费英格的《假如哲学》籍籍无名，极工整的标题所具有的直观上的强吸引力，并没有使它产生持续的争论或成为英语世界的遗产。① 然而，凯尔森早期对该作品的讨论依然重要，应该引起我们的注意。这不仅是因为凯尔森对法律拟制概念的评论，而且也因为这篇文章勾勒出了凯尔森早期对自由、规范性和法律与道德关系的理解，这篇文章因此成为了解其早期思想的路径。在这些早期的讨论中，我们可以看到纯粹法理论的中心主题之发展，尽管此时该理论还没有承载过多的基础规范话语。②

除了对费英格的法律拟制理论展开充满敬意且广泛的批判分析（下文谈到），凯尔森还提出了两个于法律拟制而言并非无关紧要的重要问题。第一，凯

---

* 原文 Christoph Kletzer. 2014. *Kelsen on Vaihinger*. In *Legal fictions in theory and practice*, ed. Maksymilian Del Mar and William Twining, 23 - 29. Dordrecht：Springer. 译文已得到作者授权。

** 克里斯多夫·克莱泽(Christoph Kletzer)，伦敦国王学院(King's College London)潘迪生法学院(The Dickson Poon School of Law)副教授。电子邮箱：christoph. kletzer @ kcl. ac. uk。

*** 俞海涛(1992—　)，男，浙江宁海人，华东政法大学 2018 级博士生，研究方向：法律方法论。

① 本文评论凯尔森的论文，不对费英格的作品展开细致探讨。不得不说，这是一部异常博学的作品，它细节丰富，有把一切都纳入拟制结构的强烈愿望，并声称所有的哲学问题都可以由此得到解决。费英格坚信拟制是调和现实和理想的中介，他将其称为"唯心实证主义"(idealistic positivism)的中介，这是一种完全非辩证的异质元素的集合。费英格沉浸于拟制，因为他相信自己在拟制中发现了一种结构，它能让我们继续谈论我们所秉持的幻想和概念，同时仍然致力于对现实世界的认知。因此，这是一个承诺允许我们吃掉蛋糕，又同时拥有蛋糕的理论。在哲学上，费英格的作品既是唯意志论、自然主义、尼采主义与实用主义的结合，又是对康德实用主义的解读。

② 论对基础规范的误解，参见 Jestaedt (2013)。

尔森声称对意志自由概念的形而上学困惑是未充分分离"是"与"应当"的结果，而一旦接受这种分离，自由的概念就变得多余；第二，只有当法律被理解为不是源于道德和宗教的自主性规范秩序时，它才能成为认知对象，相应地，法律与道德之间没有任何关系，因为它们不是现实的领域。

还是让我们从拟制本身开始。凯尔森认为，费英格对拟制的一般界定是正确的。拟制是特殊的理智建构，它们通过与事实相反或者自我矛盾的方式，帮助我们更好地理解世界。例如，在数学里，我们经常方便地使用"无穷小"的概念，尽管我们很清楚，世界上没有任何东西实际上是无穷小的，而且无穷小但不是零的概念是自相矛盾的；虚数（负数的平方根）也是如此；"物质""力"等概念也是如此。① 为了更好地理解世界，在拟制中我们把 X 当作 Y 来对待，尽管我们很清楚 X 实际上不是 Y，也不可能是 Y。

费英格从中得出拟制的四个主要特征：（1）包括与现实的矛盾或自我矛盾；（2）必须在根本上是临时的，即它必须在之后消失或在逻辑上被消除；（3）虚构的意识必须被明确表达；（4）必须是权宜之计。②

到目前为止，一切顺利。然而，费英格指出，拟制只有在数学和法律领域曾被系统讨论过。③ 随后，费英格阐述了对法律中拟制运用的理解，而这正是凯尔森所反对的。凯尔森声称，在仔细考察后，几乎所有费英格用来阐述法律拟制的例子都不能算作是他自己意义上的拟制。毕竟，费英格相当泛泛地谈论着"法律拟制"，他并没有区分拟制的各类可能作者，即究竟是谁做出了虚构陈述。根据凯尔森的说法，费英格至少提到了三个可能的作者：立法机构、司法机构（以及其他适用法律的机构）和法律科学。在这三者中，可以说只有末者满足了费英格界定的拟制的四个特征。

（A）立法者的拟制，如立法者规定"没有及时退还发货人的货物视为已被收货人同意接受"④不能算是恰当的拟制，因为立法者并不试图通过它们促进对现实世界的理解，其没有建立一个明确的与现实世界的矛盾。立法行为是意志行

---

① 费英格实际上终止了对几乎所有概念都是拟制的争论。在费英格 800 多页的著作中，他认为似乎没有语言构造是不能从理解为拟制中获益的。总之，费英格说一切抽象物和一般性术语都是拟制。根据费英格的观点，每一个术语，即使是一个索引，都有一般性的因素，因而一定有拟制的因素。然而，如此一来，一般性就夺走了拟制的解释力。
② Vaihinger (1924, p. 97).
③ Vaihinger (1924, p. 33).
④ Vaihinger (1924, p. 35).

为,因此它不意图表述任何知识。更重要的是,一项立法不会使自己与现实产生矛盾(它甚至不意图表述现实)。

立法所做的就是创造一个规范事实。所以,当立法者说将 A 视为 B,他不是为了更好地了解 A 才让我们把 A 当作 B,即使我们知道 A 不是 B。相反,立法使得 A 在规范意义上成为 B。这意味着附加于 B 的规范后果通过"拟制"同样地附加于 A。立法者并未要求将 A 当作"好像是"(as if)B,而是要求将 A 当作"就是"(just as)B。这些建构与其说是费英格意义上的拟制,不如说是立法的便宜之计,它们只是规制的快捷方式。

毫无疑问,凯尔森是正确的。然而,凯尔森是否提出了一个术语以外的观点,他是否还打算提出更多的观点,这仍然令人怀疑。不过可以肯定的是,由于凯尔森还没有采纳默克尔的"法律行为的双重性"学说①,因此他似乎没有认识到既然立法和司法都是适用现存法律、创造新的法律,那么它们在原则上就并无不同。

(B) 相较之下,法律适用中的拟制,即法官将未被制定法明确涵盖的个案当作好像被涵盖了一样,可能符合"认知要求",在法律适用中包含对所适用法律的作为次等因素的认知因素。然而,这种所谓的"拟制"缺乏权宜之计的性质,因为根据凯尔森的观点,这种"拟制"不能达致正确结论。凯尔森声称"拟制"不能达致正确结论,因为既然是关于法律的认识,那么只有法律本身能成为正确的标准。现在司法"拟制"不是简单地暂时将案件当作好像是不同的,它们永久地改变了法律事实(legal material),因此违反了上文费英格界定的拟制特征中的(2)和(4)。凯尔森是对的,只要我们预设实证主义是真理,即只要我们接受法律只包括实证规范,而不包括解释性因素。然而,凯尔森似乎意识到他的立场的局限性,当他承认既然法律拟制在根本上无法与类推解释相区分,那么在立法者允许类推或者由普通法或"法的自然原理"(natural principle of law)授权时,它们必须被承认是合法的。② 然而,如果是这样的话,凯尔森对法律适用中的拟制的讨论究竟展示了多少就是存疑的。如果解释和法律漏洞的填补能在法律拟制的标题下被充分地讨论,这就变得不清楚了。

然而,凯尔森对法律适用的拟制的处理还面对另外的挑战,其中一个与立法

---

① Merkl (1918).
② See Kelsen, p. 16.

拟制面对的挑战相似：毕竟，正如立法也有法律（宪法）适用的因素，司法也有法律创造的因素。在这个意义上，司法"拟制"根本不是真正的拟制，因为法官裁判不仅适用法律，还创造新的法律，这与立法拟制有同样的逻辑。即便当凯尔森谈到作为立法机构的罗马执政官时，他意识到了法官的立法功能[①]，他在处理法律适用的拟制时也并没有考虑这一点。

（C）所以，合法的拟制只有法律理论的拟制，即法律科学用以更好地理解法律的拟制。例如，凯尔森将法律主体或法律上的人（包括国家法人[②]）当作不过是一种规范综合体的人格化或实体化，而这是法律理论为了更好地理解和处理规范综合体。据凯尔森所言，世界上没有法律权利和义务的现实承担者。法律主体毋宁是个建构体。拟制是为了简化和阐释，只有当我们将其看作不仅仅是（暂时的和反事实的）拟制，而是关于现实的假说或甚至教义时，才会出现错误。

（D）再看凯尔森对自由的讨论。这里凯尔森提出了一个他在一般国家理论（Allgemeine Staatslehre）中将重提的论据。据此，自由意志的概念主要是一个影响深远的混淆的结果。在凯尔森看来，自由显然不是拟制。这是对一个伪问题的错误解答，该问题出现于未充分区分"是"与"应当"的不同领域。一旦充分区分"是"与"应当"的不同领域，自由意志的需要就会消失：

> 只有忽略了"是"与"应当"的区别（作为两种不同的认知形式），并且把实现的可能性当作应然陈述的条件，我们才会产生以下两种陈述相矛盾的错觉，其中一种陈述"应该"如何行为，另一种陈述该行为"事实上"不可能；才会产生如下错误：为了使应然陈述具有可能性，同时使行为义务具有可能性，甚或使不同于其实际行为、不同于其实际上必为或可为的行为义务具有可能性，特定内容（应该如何行为）必须具有实现的可能性，行为者必须被假想成自由人。方法论上的错误导致了自由的拟制，一旦认识到这种错误，它就变得多余了。这是对以下奇怪事实的唯一解释，即一方面是伦理学、法理学中的自由，另一方面是自然科学中的不自由，两者间的严格对立可能出现，也可能同时被两方面

[①] See Kelsen, p. 13.
[②] 有关凯尔森对法律上的人的处理方式的讨论，参见 Paulson（1998）。遗憾的是，Paulson 没有涉及凯尔森的拟制文献。

忽略。因此，只有缺乏方法论上的洞见，自由的伦理拟制才有用而且必要。①

只有当我们提出如下主张时，自由似乎才是必须的

（1）A 应该做 φ

该陈述为真，只有当②

（2）A 实际上能做 φ

为真。现在，很简单的，凯尔森的论据是，一个应然陈述不以实然陈述为条件。对于凯尔森来说，(2)并非(1)的必要条件，因为无论如何，规范陈述和事实陈述之间没有逻辑关联。规范陈述和事实陈述不会互相矛盾，也不会成为彼此的条件。包含关系的缺乏可以从以下事实看出，即(1)不违背

（3）A 实际上不能做 φ

主张(1)包含(2)意味着，若(2)不为真则(1)不能为真。但是，对于凯尔森来说，这种情况只有在(1)与(3)相矛盾的时候才可能，但凯尔森说这是不可能的。"彼得应该友善"并不与"彼得不友善"矛盾，也不与"彼得从不友善"或"彼得没有友善的自由"矛盾。但是，如果"彼得应该友善"并不与"彼得没有友善的自由"矛盾，那么很难想象"彼得应该友善"预设着"彼得友善"。

凯尔森的观点很简单，即自由的存在是一个事实，其不能从规范陈述中导出。

然而，凯尔森认为，即使我们做出康德式假设，即在完全由因果律决定的自然世界中没有自由的存身之地，谈论"应然"仍有意义。规范领域的存在无需借助自由，自由的概念是将规范领域误解为与现实领域有逻辑关联的结果。

根据凯尔森的看法，即便我们不赋予彼得悬置因果律的神奇特质，"彼得应该友善"的陈述也是有意义的，正如不赋予咖啡任何这种特质，"咖啡应该再热一点"的陈述仍有意义。当然，有人可能会争论，"咖啡应该再热一点"只有被理解为"有人应该热一下咖啡"才有意义。但是，这就引出了这样的问题，即这个被设想应该热一下咖啡的人在现实中是否能够加热咖啡。凯尔森的观点是，我们不需要自由以使应然陈述有意义。"应然"不能也不需要用自由的术语来分析，它

---

① See Kelsen, p. 17.
② 这里的关系是简单包含关系：(1)→(2)，(2)是(1)的必要不充分条件。

本身就是基础性的。我们理解"彼得应该友善""咖啡应该再热一点""布鲁特斯不应该杀死凯撒"的意思,理解中并未预设自由意志。当然,将凯尔森式的观点置于非认知主义(non-cognitivist)、表达主义(expressivist)或情感主义(emotivist)的元伦理认同中非常合适,它们认为以上陈述意味着"彼得不友善,但我希望他友善""咖啡不热,但我希望它热""布鲁特斯杀死了凯撒,但我希望他没有",也就是将应然陈述当作是愿望的而不是信念的表达。这再次表明,尽管凯尔森在他的基础规范信念中提出了相反的主张,但他可能更接近于休谟,而不是康德。

(E)凯尔森在他的法律拟制之辨中论述的第二个主题是法律科学的对象的认识论构成,即法律的自主性是法律科学的一个必要的认识论预设。这一主题后来将更多地转移到凯尔森法律理论的中心,并成为纯粹法律理论的基础之一。在这里,与上述讨论相反,我们可以找到浓重的康德典故:

> 毕竟,只有在法律的自主性假定下(对于国家而言也一样),有特殊认知对象的法律科学才是可能的,即将法律秩序当作不依赖于任何更高秩序的独立的规范体系。否则,只有道德科学(伦理学)或神学是可能的,这取决于是否将法律看作道德或宗教的结果。只要我们将法律看作一种秩序、一种规范综合体,我们就不需要考虑一种可能的自然科学或法律社会学,显然,这必须被认为是一门法律科学。[1]

在以上陈述中,我们可以看到许多凯尔森后来进一步发展的论题:作为法律科学的条件的法律与道德的分离,作为规范秩序的法律秩序与其他经验科学的对象的区分,还有作为认识论条件(额外赋加于法律自身性质之上)的法律的自主性。

由此得出的结论与费英格的观点相反,法律与道德的分离不可能是虚构的。凯尔森本人非常清晰地阐明了这一点:

> 法律与道德这两个"生活领域"之间的关系不像自然现实的两个部分之间的关系。法律与道德的"事实"关系不是现实关系,即能被最宽

---

[1] See Kelsen, p. 18.

泛意义上的自然科学(包括社会科学)把握的现实。被费英格指出拟制了独立性的实证法学,无法脱离于现实的组成部分,甚至也无法确定它的认知对象与道德的关系,因为它的视野中没有现实。然而,只要法律和道德被认为是社会事实,是自然界的实际活动(这是否可能仍是一个悬而未决的问题),它们就不是特定的法律认知对象,也不是规范伦理学的对象。在这个意义上,拟制的独立性根本不可能发生,根本没有这个需要。追问所谓法律经验、道德观念以及受其影响的道德行为的现实可知——假定其方法论上的可能性,法律和道德是完全不同于这两个词语所指涉的规范性法律科学和伦理学的对象的事物。[①]

凯尔森对费英格的拟制理论的讨论是一个早期的文本,尽管有些缺陷,如有些地方语言较为吃力和生硬,或者说还未完全展现他优雅和睿智的修辞,但许多段落中的深刻见解和新鲜表述令人惊喜,那时他还未受系统化的努力之牵累。

(编辑:阎一宁)

[①] See Kelsen, p. 19.

当我们谈论人的时候我们在谈论什么：
一个法律拟制*

[美]戴夫·法贡德斯/著**　申舒婷/译***

摘要：本文第一部分考察了法院对人格法的处理方法，并从美国人格法发展的三个方面举例说明非人的人类、非人类的人和边缘案例，然后反思在这些领域表现出来的人格法的特点。本文第二部分思考人格法的现状的影响，注意到美国人格法在法律表达维度上的解体，表明美国法律在这方面的焦虑反映了对特定对象的社会地位以及对人格和人性的统一定义的一种基本矛盾心理。

本文的主题是法律的对象，特别是法律使用"人"一词来表示该对象。约翰·奇普曼·格雷指出，"就像在其他书籍和日常用语中一样，在法律书籍中，'人'经常被用来指代人类，但'人'在法律上的专业释义是法律权利和义务的对象"[1]。虽然这是对法律人格的简练定义，但仍有许多未尽之处。格雷的评论提出了法律对象的问题[2]，它假设我们可以很容易地识别出这个对象。这忽略了"什么"和"谁"受法律管辖这一先决问题。格雷的表述进一步预示着一种明显的区分，即对人的普遍理解（所有人类都是人，所有人都是人类）和可能排除一些人

---

* 原文 Dave Fagundes. 2001. *What We Talk About When We Talk About Persons*: *The Language of a Legal Fiction*. In *Harvard Law Review*，Vol. 114, No. 6. 译文已得到作者授权。
** 戴夫·法贡德斯(Dave Fagundes)，休斯顿大学法律中心 Baker Botts LLP 法学教授。
*** 申舒婷(1995—　)，女，河南新乡人，华东政法大学2016级硕士生，研究方向：法学理论。
[1] John Chipman Gray, 1909. *The Nature and Sources of the Law*. In Roland Gray rev.，2d ed. 27. New York：The MacMillan Company 1931.
[2] 虽然格雷所指的人是指"具有法律权利和义务的主体"，但此处将使用"对象"一词来指代适用法律的事物。

类而包括一些非人类的法律隐喻"人"之间的区别。然而,这一描述并没有注意到这两种意义之间的关系。法院未能清楚地区分这两种观点,而是将人格问题当作一种对什么是人类的常识性决定,或者当作一种与人类的生物学概念无关的正式法律虚构。此外,法律向社会传达规范和价值的表达动态,从而使"人"的法律定义与对"人"一词的通俗理解之间不可能有明显的区别。① 本文从跨实体的角度看待法律隐喻"人",直接关注法律人格的问题和意义。虽然人格可能不是识别法律对象的必然手段②,但它无疑是美国法律文化的核心。法律使用人格作为规定其对象的主要手段,尽管针对这种法律隐喻没有一致的学说或法律理论体系,但围绕它的一系列修辞实践已经发展起来。此外,人格问题已被编入美国法律的一些最基本的渊源之中,并处于一些我们最痛苦的历史和当代法律争议的中心。通过法律的表达功能,这一隐喻反映和传达了谁算是一个法律人,以及谁在一定程度上是人类的命题。

一、人格法:理论与实践

(一) 定义人格法

"人的法律"一词可以狭义地指法律隐喻"人"的含义,就像法院在解释普通法或模棱两可的法规时所做的那样。"人"在很大程度上是指活着的人,但挑战法院对法律人格做出表述的边缘性案件经常发生,并造成解释上的困难。然而,从更广泛的意义上说,人格法提出了一个基本问题,即谁是法律的构成要素。并不是所有的法律都把它们的对象称为人,甚至是人类,但这并不意味着就是人格的问题,至少不意味着是法律的对象的问题。在没有这种特定的语言的情况下,人格所指定的对象的问题就会消失。即使是没有明确提到个人的法律,也会通

---

① 有些作家试图解决这些问题,但一般都是以非常具体的方式来处理的,他们仔细审查"人"的法律类别,只是想知道它是否包括或应该包括一个特殊的、边缘的实体。例见 Steven Goldberg, *The Changing Face of Death: Computers, Consciousness, and Nancy Cruzan*, 43 STAN. L. REV. 659(1996)(考虑永久植物人状态的个人的法律人格); Lawrence B. Solum, *Legal Personhood for Artificial Intelligences*, 70 N.C.L. REV. 1231 (1992)(人工智能); Michael D. Rivard, Comment, *Toward a General Theory of Constitutional Personhood: A Theory of Constitutional Personhood for Transgenic Humanoid Species*, 39 UCLA L. REV. 1425 (1992)(转基因人形的物种)。
② 法律可以——而且确实——以其他方式界定其对象,如以"公民"而不是"个人"来界定。例见 28 U.S.C. §1332(a)(1994)(限制联邦政府对"公民"和外国州的多样性表述)。但是,法的对象的其他规定本身可能取决于"人"的定义。

过明确地包括或排除某些类别的个人或通过司法解释来表明这个问题。①

法律人格问题之所以在大多数情况下确实存在,正是因为法律人格通常等同于人的人格。最高法院依据列维诉路易斯安那州案②中人格的生物学概念,认为"私生子并非'非人',他们是人类,是活的,是有生命的"③。然而,法律人格经常延伸到非人类,最显著的是公司。人格法中最困难的问题出现于对有关实体是否可被视为人存在相当大分歧之时。最高法院在罗伊诉韦德案④中强调,胎儿不是第十四修正案中的正当程序条款所指的人。⑤

这些学说上的区别反映了对法律人格缺乏一种理论上统一的司法方法。虽然法律理论文献中有很多试图弄清楚什么是人的尝试⑥,但与法律人格有关的司法意见几乎没有包含这些观点。法官不仅未能从哲学上为其人格观提供支持,而且在解决法律人格问题时也未能始终如一地运用法理学理论。法官更多地将法律人格问题视为一种法律结论,而不是一个开放性问题。以下三个例子说明了美国人格法在理论上的不稳定和学说上的混乱。

(二) 美国人格法

1. 非人的人类。奴隶制提出的法律人格的基本问题几乎是不言而喻的。如果奴隶被认为是人,那么他们作为财产的一种形式所受到的待遇又如何能调和这一事实呢?法官往往在他们希望将奴隶作为法律人对待的有限情况下,对法律人格采取坚定的看法,但当这种描述更符合他们的目的时,他们就容易退回到狭隘的、以公民身份为导向的法律人格概念之中。

刑法规定的奴隶待遇为各州"密切关注奴隶人格的健全理解"提供了一个例子。大多数情况下,法官通过解读禁止杀害人的法律来禁止杀害奴隶。⑦ 在许

---

① See, e. g., infra p. 1756.
② 391 U. S. 68(1968).
③ 同上,第70页。
④ 40 U. S. 113(1973).
⑤ 同上,第158页和第162页。
⑥ 通常例见 THE CATEGORY OF THE PERSON: ANTHROPOLOGY, PHILOSOPHY, HISTORY (Michael Carrithers, Steven Collins & Steven Lukes eds., 1985)(讨论人的哲学概念)。
⑦ 例如,State v. Coleman, 5 Port. 32, 39 (Ala. 1837); 参见 State v. Jones, i Miss. (I Walker) 83, 85 (1820)(认为普通法上的谋杀罪扩展到杀害奴隶)。但是,参见 Neal v. Farmer, 9 Ga. 555, 583(1851)(认为普通法中的重罪谋杀不包括杀害奴隶); 参见 Mark Thshnet. *The American Law of Slavery, 1810-1860; A Study in the Persistence of Legal Autonomy*. In *LAW & SOCIETY*. 119, 120(1975)(注意到密西西比州的奴隶法典通过后,州最高法院认为普通法上的人格概念不包括奴隶)。

多这类案件中,法院强调奴隶的基本人性,并且——缺乏使现代感到震惊的讽刺——反映了通过决定奴隶的法律人格来维持文明与体面的社会之必要性。① 然而,在整个19世纪,法官表达自己对奴隶法律人格的看法的能力下降了,因为新出现的奴隶法典创造了一套法律规则,使得普通法的裁决变得不那么必要。② 这些规则一般都回避了法律人格问题,并将杀害奴隶定为重罪,而不是为奴隶是否被视为普通法上的谋杀罪的对象明确立场。

法律还把奴隶当作人来对待,让他们像非奴隶一样为自己的罪行承担公共责任。③ 这种对奴隶法律人格的广泛描述允许了一种反常的诉讼策略,在这种策略中,奴隶们辩称他们不是合法的"人",因此他们不在刑法的范围之内。例如,在美国诉艾米案④中,一名年轻的女奴被指控从邮局偷了一封信,从而违反了联邦法律。联邦法律规定,犯下这种罪行的"任何人"都要被判两年监禁。⑤ 针对艾米提出的她是一个奴隶而不是一个法律人的辩解,检察官反驳说:"我不能更清楚地证明这个囚犯是一个人,至少是一个自然人,只能请法官大人看看她。她就在那儿。"⑥作为一名巡回法官,首席大法官塔尼驳回了艾米的推理,支持了奴隶人格的坚定观点,他说他想不出"为什么一个奴隶,像其他任何人一样,不应因违反美国法律而受到惩罚"⑦。

法官有时对奴隶人格持狭隘观点,将保护"人"的法律解读为排斥奴隶。例如,虽然大多数司法管辖区将杀害奴隶视为犯罪,但它们认为一般禁止攻击人的普通法中的伤害人身罪不适用于奴隶。法官特别在奴隶主殴打奴隶的情况下得出了同样的结论。弗吉尼亚州⑧和北卡罗来纳州⑨的法院都认为,根据普通法,

---

① 这些观点是否确实反映了作者的慷慨精神,值得怀疑。参见 ROBERT B. SHAW, A LEGAL HISTORY OF SLAVERY IN THE UNITED STATES,158-160(1991)(质疑法官的意见是否反映了社区的意见或是否具有先例的重要性)。但在这里,"奴隶法律人格表达"意见的修辞价值才是真正的问题,这种价值在这些文献中得到了充分的体现。参见同上,第129—131页。
② 在美国最后的奴隶制时期,随着奴隶法典取代普通法成为法律的主要来源,人格法的散漫性逐渐消失。See Tushnet, supra note 11, at 131-137(1975).
③ See 80 C. J. S. Slaves §8(a)(1953).
④ 15 24 F. Cas. 792 (C. C. D. Va. 1859) (No. 14,445).
⑤ 同上,第809页。
⑥ 同上,第795页。
⑦ 同上,第810页。巧合的是,就在几个月前,首席大法官塔尼还撰写了一份意见书,驳斥了德雷德斯科特诉桑福德案(Dred Scott v. Sandford, 60 U. S. [19 How.] 393[1857])中奴隶是公民的观点。
⑧ Commonwealth v. Turner, 26 Va. (5 Rand.) 678,680 (1827).
⑨ State v. Mann, IQ N. C. (2 Dev.) 263,266(1829).

对奴隶实施严厉和无理殴打的奴隶主不能被起诉。类似地,田纳西州最高法院裁定,某些非奴隶主对奴隶的袭击一般不属于普通法的范围①,尽管奴隶的所有者可以因袭击造成的财产损失向行凶者要求补偿。②

在民事方面,法院倾向于采用狭义的奴隶人格,将一般被授予公民权利、社会权利和政治权利的人视为不包括奴隶。③ 法官往往根据奴隶的性质提出论点,裁定奴隶不能享有其他人类享有的一般权利和特权,而不是说明奴隶不是某一特定法律所规定的法律人。正如南卡罗来纳州的一名法官对一名奴隶所断言的那样,"'……给予(他)积极权利……的每一项努力,都是一种调和内在矛盾的尝试。'从本质上说,他是受专制统治的"④。

美国人格法在奴隶法语境下的不和谐现象,也存在于理论层面。当法院认定奴隶为法律人时,它将强调奴隶是人类这一明显事实,并以此为依据来解决这一问题。在密西西比州诉琼斯案⑤中,密西西比州最高法院至少在言辞上表达了对奴隶人性的深切关怀,因为它将奴隶纳入了受该州谋杀法保护的人的范围内,并强调说任何其他的结果都将是"对司法行政的指责"⑥。虽然在美国诉艾米案中,首席大法官塔尼并未有力地颂扬奴隶的人性,但他欣然接受了检察官的论点,即艾米的人性为她的法律人格提供了充分的证据。⑦

与此形成鲜明对比的是,一些法院坚持认为"人"只是一个法律隐喻,与人类的生物学概念无关,并认为奴隶不是法律人。肯塔基州上诉法院对奴隶的法律人格的普遍否定清楚地反映了一种理解,即人性与法律人格之间存在着显著的差异。⑧ 南卡罗来纳州最高法院也认同这种对待法律人格的方式,它在高度抽

---

① 参见 James v. Carper, 36 Tenn. (4 Sneed) 397,402(1857)(认为雇佣奴隶服务的非奴隶主拥有"对奴隶施加合理体罚的权利")。
② 同上,第 404 页(声称拒绝奴隶主为第三方对奴隶的侵犯而要求赔偿损失的行为,"在文明社会的任何条件下,在野蛮程度之上,都应被视为对人类的一种应有的侮辱,这显然没有讽刺意味")。
③ 例见 Bryan v. Walton, 14 Ga. 185, 197 - 198(1853)(限制奴隶的财产和遗嘱权利);State v. Van Lear, 5 Md. 91, 95(1853)(否定奴隶与主人订立有效契约的能力)。
④ Ex parte Boylston, 33 S. C. L. (1 Strob.) 41,43(1847) (quoting Kinloch v. Harvey, 16 S. C. L. [Harp.] 508,514[1824])(改变原来的);亦见 80 C. J. S. Slaves §7(a)(1953)(使用相同的语言并引用 Boylston)。
⑤ Miss. (1 Walker) 83(1820).
⑥ 同上,第 84—85 页。
⑦ See United States v. Amy, 24 F. Cas. 792,809 - 810 (C. C. D. Va. 1859) (No. 14,445).
⑧ See Jarman v. Patterson, 23 Ky. (7 TB. Mon.) 644,645 - 646(1828).

象的层面上分析这个问题,并拒绝将奴隶视为人,因为奴隶代表了一种"内在矛盾"①。其他案件表明,有人试图通过类比其他法律领域来获得对奴隶地位的理解;那些想要接受奴隶法律人格的狭义含义的法官们把奴隶的法律地位比作动物,或者把奴隶归类为一种动产或不动产。②

2. 非人类的人。"公司是一个人"仍然是流传最久③、最成问题④的法律拟制之一。然而,这个普遍的概念是否成立,完全取决于人们考虑的是学说的哪一方面。在某些情况下,如当一项法规在操作上将"人"一词定义为包括公司时,公司的法律人格是没有争议的。⑤ 当法律文本没有指明"人"一词是否包括公司时,就会出现更复杂的情况。法院往往采用一套高度不同的规则,最高法院关于将公司列入有资格受到宪法保护的"个人"的法理学就是例证。⑥

法人人格法理学相对稳定的一个方面是其对财产权的处理。尽管在圣克拉拉县诉南太平洋铁路案⑦中,法院最初的主张是将公司视为符合第十四修正案中的人之含义⑧,而这一主张具有概括性,但在后来的案件中,法院在很大程度上还是遵循了这一原则。⑨ 然而,在法律现实主义的影响达到顶峰时,道格拉斯大法官在惠灵钢铁公司诉格兰德案⑩中持不同意见,他指出,最高法院自鸣得意地接受法人人格的做法存在严重矛盾。道格拉斯大法官首先指出,旨在消除种族歧视的第十四修正案的制定者几乎肯定不打算把公司包括在修正案所保护的阶层之内。⑪ 此外,将正当程序财产权扩大到公司,将其包括在修正案的正当程

---

① Boylston, 33 S. C. L. at 43.
② See Tushnet, supra note ii, at 121–122.
③ Sanford A. Schane, *The Corporation Is a Person: The Language of a Legal Fiction*, 61 TUL. L. REV. 563(1987).
④ See Carl J. Mayer, *Personalizing the Impersonal: Corporations and the Bill of Rights*, HASTINGS L. J. 577,650(1990).
⑤ 例见 28 U. S. C. 1332(CXI)(1994)(为了联邦多元化管辖权的目的,定义公司为公民)。
⑥ See infra p. 1752 & n. 49.
⑦ 118 U. S. 394(1886).
⑧ 首席大法官怀特宣布,法院不会听取关于这个问题的辩论。同上,第 396 页。("本院不愿听取关于第十四修正案适用于这些公司……的规定是否与宪法相抵触的争论。我们都认为它会。")
⑨ 关于法院明文规定公司为实现第十四修正案中的保护财产权之目的而提案的案件清单,参见 Rivard, supra note 3, at 1452 n. 103。
⑩ 337 U. S. 563(1949).
⑪ 同上,第 578 页。(Douglas, J., dissenting). 在早些时候的一个案件中,布莱克法官的异议预示着这一论点。See Conn. Gen. Life Ins. Co. v. Johnson, 303 U. S. 77, 85–90(1938)(Black, J., dissenting).

序条款的含义之中,可能会造成修正案中其他四项对"个人"或"公民"的解释不一致。① 尽管道格拉斯的主张具有分析上的吸引力,即"将'人'理解为一件事是不需要被曲解的,在同一条款中,以及在某一条款到另一条款中都是如此"②,但他的观点并没有得到明显的支持。③

在自由权利领域,法院的法人人格法理学一直相当混乱。19世纪的意见普遍反对将人格扩展到公司的企图,因为在这种情况下,权利似乎来自于人类独有的利益。例如,在美国银行诉德沃案④中,虽然法院最终发明了一种聪明的方式,让公司作为当事人为联邦多元化的目的进行辩护,但它明确拒绝了一种观点,即公司实际上是宪法中所使用的术语所指的"公民"。⑤

然而,在20世纪,《权利法案》的特权越来越多地延伸到公司——其中大多数(虽然不是全部)将其保护限制在"个人"或"人"。⑥ 在黑尔诉汉克尔案⑦中,法院在考虑一家公司对法院传票所进行的抗辩时,意见分歧特别大。法院裁定,公司被视为第四修正案旨在保护的免受不合理搜查的个人⑧,但公司并非第五修正案旨在保护的免受自证其罪的个人⑨。然而,从那时起,反对自证其罪的权利实际上一直是《权利法案》中法院没有扩大到公司的那唯一部分。⑩

尽管法院的法人人格原则被描述为"精神分裂症"⑪,但该原则的理论基础却更为随意。美国法院——尤其是美国最高法院——运用各种理论对法人人格

---

① Wheeling Steel Corp., 337 U.S. at 578-579. 例如,第一句中的"人"不可能指公司,因为它们不是"出生的或归化的"(同上,第578页),并且法院以前认为,公司不是第十四修正案中的特权或豁免条款所指的"公民"(同上,第579页)(引自 Western Turf Ass'n v. Greenberg, 204 U.S. 359,363[1907])。
② 同上,第579页。
③ Rivard, supra note 3, at 1453 & n. 105.
④ 9 U.S. (5 Cranch) 61 (1809).
⑤ 同上,第86页("那个看不见的、无形的、人为的存在,那个纯粹的法律实体,一个公司的集合,当然不是一个公民;因此,不能在美国法院起诉或被起诉……")。
⑥ 例见 U.S. CONST. amend. IV("人民的人身、房屋、证件、物件不受不合理搜查和扣押的权利,不得侵犯……")。
⑦ 201 U.S. 43(1906).
⑧ 同上,第76页。
⑨ 同上,第75页(理由是"被赋予特权和专营权的公司,在被指控滥用这些特权和专营权时,可能[并非绝对地]拒绝伸出援手")。
⑩ 例如,法院根据第一修正案的言论自由条款,即 First Nat'l Bank v. Bellotti, 435 U.S. 765,784 (1978),将公司视为"个人";第五修正案的双重危险条款,见 United States v. Martin Linen Supply Co., 430 U.S. 564,569(1977);以及第六修正案的陪审团权利条款,Ross v. Bernhard, 396 U.S. 531, 532-533(1970). 有关该公司《权利法案》的全面清单,请参见 Mayer, supra note 32, at 664-665。
⑪ Mayer, supra note 32, at 621.

进行概念化。在某些情况下,法院强调公司的人为因素,认为人之为人的固有权利可能不适用于非人类实体;法律人格主要源自人性的假设显然激励了这种做法。[1] 在作为第一批有关法人人格的判决之一的达特茅斯学院受托人诉伍德沃德案[2]中,法院将公司的权利限制在国家授予的最初宪章中:"公司是一种人造的、看不见的、无形的、只存在于法律思考中的存在。作为纯粹的法律创造物,公司只拥有《创造宪章》所赋予的那些性质,这些性质或者是明文规定的,或者是作为法律本身的附属而存在的。"[3]

现代法庭的成员也使用这个理论,尤其是在第一国民银行诉贝洛蒂案[4]中,当时的伦奎斯特法官和怀特法官[5]都不同意法院认为公司享有第一修正案规定的政治言论权,他们认为,由于第一修正案规定的权利只适用于作为人的个人,因此将这些权利扩大到人为实体是没有意义的。[6]

此外,法院还强调构成公司的个人,并将公司人格隐喻作为保护这些个人之权利的一种手段。[7] 在其历史的早期,美国最高法院在美国银行诉德沃案中采用了这一基本原理。尽管法院认为,出于联邦法院多元管辖权的目的,公司并非宪法意义上的公民,但法院允许组成公司的个人代表公司提起诉讼。[8]

第三种方法设想公司是一个独立的实体,其存在先于——或至少独立

---

[1] 这种方法被称为"人工实体"或"创造物"理论,其设想公司是国家的创造,只有国家才有权选择扩展的权利和特权;如果国家进行了选择,那么这些权利和特权中的任何权利和特权都会被撤销。参见,例如 Schane, supra note 31, at 565-566; Rivard, supra note 3, at 1456-1458。

[2] 17 U. S. (4 Wheat.) 518(1819).

[3] 同上,第636页。

[4] 435 U. S. 765(1978).

[5] 布伦南法官和马歇尔法官加入了怀特法官的反对意见。

[6] 参见 First Nat'l Bank, 435 U. S. at 826-827 (Rehnquist, J., dissenting)("国家给予任何特定组织与自然人不同的特权或豁免,不论该组织是工会、合伙企业、行业协会或公司,均须遵守类似的规定。");同上,第802—822页 (White, J., dissenting)。

[7] 这种方法通常被称为"群体"理论;它从人是权利的原始持有人这一假设出发,得出结论认为,公司只有在保护构成公司的人的权利的情况下,才有资格成为法人。See, e. g., Schane, supra note 31, at 566; Rivard, supra note 3, at 1458-1459。

[8] Bank of the United States v. Deveaux, 9 U. S. (5 Cranch) 61, 91-92 (1809); 亦见同上("[公司]……不能是外国人或公民;但它所代表的人可以是其中之一;事实上,在法律上,这些人之间的争议在于起诉他们公司的性质,以及可以对其提起诉讼的个人。最近,法院在 NAACP v. Button, 371 U. S. 415(1963)一案中采用这一理论,裁定协会和公司有权主张宪法第一修正案的权利,主要是基于聚集起来组成这些组织的行为本身构成了受宪法保护的由人组成的政治联合行为。同上,第431页。

于——国家或组成它的个人。① 这一理论为法人人格提供了最健全的版本,当法院试图将法律权利的全部扩展到公司时,就会援引这一理论。尽管这需要对公司进行相当极端的人格化,但这种方法越来越受到法院的青睐。例如,在美国诉马丁亚麻供应公司案②中,最高法院将公司纳入第五修正案对双重危险的保护范围。最高法院认为这种保护是必要的,可以保护公司免受诸如"尴尬""焦虑""不安全"等人类经历的典型伤害。③ 同样,在陶氏化学公司诉美国案④中,法院在将第四修正案的保护范围从不合理搜查扩大到公司时,似乎预设了一个令人惊讶的程度,即它声称公司有权获得"合理的……社会准备观察的隐私期望"⑤。

正如上面讨论的案例所说明的,美国法院所能运用的人的各种理论,实际上可以产生任何结果,从达特茅斯学院这个极度有限的国家创造物,到马丁亚麻这个令人担心的、使人忧虑的、特有的人类实体。这些不同的方法提出了法院法人人格法理学是否纯粹以结果为导向的问题。⑥ 至少,随着越来越复杂的现代公司日益依赖于《权利法案》的保护,以及美国经济日益依赖于公司,法院调整了人格的定义,以适应现代公司对这些保护的需要,这似乎并非巧合。⑦

3. 边缘人。胎儿的人格地位引出了特别困难的问题,这些问题在涉及公司或奴隶人格的案件中并不存在。不管是否是法律人,奴隶显然是人,公司显然不是,而关于胎儿何时(如果有的话)成为人的辩论仍在继续。⑧ 胎儿的法律人格引起许多问题,但本节只集中讨论法律途径,以解决袭击孕妇导致胎儿死亡是否构成谋杀的问题。⑨ 这种情况以两种方式引出了法律人格问题:一种是公开的,就像法院对包含"人"一词的谋杀法规所做的解释一样;另一种是秘密的,就像立法机关将袭击胎儿的行为定为刑事犯罪,从而将胎儿置于与出生的人类同

---

① 这种观点被称为"自然实体"或"人"理论。See, e. g. , Schane, supra note 31, at 566 – 569; Rivard, supra note 3, at 1459 – 1463.
② 430 U. S. 564(1977).
③ 同上,第 569 页(引自 Green v. United States, 355 U. S. 184, 187 – 188[1957])。
④ 476 U. S. 227(1986).
⑤ 同上,第 236 页。
⑥ 参见 Rivard, supra note 3, at 1455(他们认为,因为没有"公司有权享有自由权的连贯的法律理论……最高法院运用这些理论使其纯粹以结果为导向的判决合理化")。
⑦ See Mayer, supra note 32, at 605 – 620. Mayer 认为,人格隐喻公司可能适用于 19 世纪规模较小的公司,但对于 20 世纪跨国、单一的公司来说没有任何意义,参见第 642—645 页。
⑧ 要对这场辩论在法律层面上进行一个宽泛的概述,请参见 SCHROEDEL, *IS THE FETUS A PERSON? ACOMPARISON OF POLICIES ACROSS THE FIFTY STATES* (2000)。
⑨ 显然,这样的行动会因袭击母亲而受到刑事处罚。

等的水平。

胎儿的人格法律地位因州而异。24个州以某种方式将针对胎儿的行为定为犯罪,其余的则不然。[1] 通过对州谋杀法规的解释,将堕胎定为犯罪,这最直接地涉及到法律人格问题。在联邦诉卡斯案[2]中,马萨诸塞州最高法院裁定胎儿是"人",被告的行为属于州交通肇事罪。[3] 法院强调,法律术语应根据其一般含义来解释,并认为"人类父母的子女不能被合理地认为是人类以外的人,因此一个人首先是子宫内的人,然后是子宫外的正常过程中的人"[4]。该法规的普通含义,以及立法机关未能提供任何"有关流产的胎儿和已出生的人之间预期的区别的暗示"[5],有效地创建了胎儿算作人的假设。[6]

然而,大多数州通过各种形式的立法来处理堕胎问题。一些州在其刑法中单独规定了对杀害胎儿行为的处罚。针对州最高法院裁定胎儿并非该州谋杀法规所指的"人"的裁决[7],明尼苏达州立法机关在其刑法中另设一章,标题为"对未出生婴儿的犯罪"[8]。这一章规定了对针对胎儿的各种暴力行为的惩罚,包括谋杀。一些州采取了一种更直接的方法,即仅仅将堕胎作为谋杀的一种形式包括在内。[9] 其他州也采用类似的策略,但把法律人格作为将堕胎定罪的手段。例如,犹他州的法律规定,"一个人如果导致另一个人的死亡,包括未出生的孩子……触犯杀人罪"[10]。

---

[1] See Sandra L. Smith, Note, *Fetal Homicide: Woman or Fetus as Victim? A Survey of Current State Approaches and Recommendations for Future State Application*, 41 WM. & MARY L. REV. 1845, 1851 (2000).

[2] 467 N.E. 2d 1324 (Mass. 1984).

[3] 同上,第1324—1325页。

[4] 同上,第1325页。

[5] 同上。

[6] 同上,第1325—1326页。法院还根据立法机关依据以前的一个案件所设想的"合理推论"认为,"人"一词应解释为包括胎儿。同上,第1326页;亦见State v. Horne, 319 S.E. 2d 703,704 (S.C. 1984)(根据该州的《谋杀法令》,胎儿应算作人,因为"为了追究民事责任,我们将一个活的胎儿解释为'人',而拒绝在刑事范畴内对其进行类似的分类,这是极不一致的")。

[7] State v. Soto, 378 N.W. 2d 625,630 (Minn. 1985).

[8] MINN. STAT. §609.2660-2691 (2000).

[9] 例如,印第安纳州将"故意或故意杀害他人"单独列为谋杀类别。IND. CODE 35-42-I-1(1) (1998),"故意或故意杀死已经获得生存能力的胎儿"id. §35-42-I-I(4);亦见MICH. COMP. LAWS 750.322(1979)(将杀害"未出生的但快出生的孩子"定为犯罪)。

[10] UTAH CODE ANN. 76-5-201(IXa)(1999).规约进一步规定,"不得因堕胎造成未出生婴儿死亡而对其提起刑事杀人诉讼"(同上,76-5-201[I][b]),这大概是为了避免表达胎儿是人这一观点与美国最高法院在罗伊诉韦德案(Roe v. Wade, 410 U.S. 113,158,162,[1973])中的相反意见之间的明显矛盾。

最后一项策略是惩罚针对孕妇的导致流产或伤害胎儿的攻击,这一策略在几个非正式地将胎儿视为人的州很普遍。例如,在特拉华州,公众对一名男子勒死他怀孕的妻子感到愤怒,而这导致一项法律被迅速通过,其中将虐待或殴打怀孕的妇女定为重罪。[1] 从某种意义上说,这些法规并没有像普通法对谋杀法中"人"一词的解释那样直接处理人格问题,因为它们没有引起公众对法律人格的持续考虑和结论。然而,这些法律仍然可以传达出有关胎儿人格地位的强烈信息。虽然印第安纳州[2]和加利福尼亚州[3]在明确区分谋杀和杀害胎儿的同时,也保护胎儿不受攻击,但将杀害胎儿定为犯罪,无论采用何种方法,都传达了该州对胎儿生命的尊重,从而含蓄地赋予胎儿有限的人格地位。[4] 虽然从保护怀孕妇女的角度强调胎儿攻击的州并不强调胎儿人格的问题,但它们不能完全避免这一问题。[5]

另外,一些司法管辖区仍然在其谋杀法中解释"人"一词,以排除胎儿。在一些州,这种解释是明确的法定声明的结果,因为法规将"人"定义为"出生和活着的人"[6]。在 8 个缺乏"人"这一特定定义的州,法院将"人"解释为排除胎儿,这在很大程度上是出于对长期存在的普通法"生而活"规则的尊重;根据这一规则,只有出生和活着的人才能被视为谋杀法中的人。[7] 例如,在州诉比尔案[8]中,北卡罗来纳州最高法院裁定,胎儿在其杀人法规中不被算作人[9],尽管它早先裁定

---

[1] 参见 DEL. CODE ANN. tit. II, 222(22), 605 – 606, 612(a)(9) (Supp. 1999);亦见 Judge Sentences Waterman to Life in Prison for Killing Pregnant Wife, ASSOCIATED PRESS, Dec. 3, 1999, Westlaw, ALLNEWSPLUS Database [hereinafter Judge Sentences Waterman](描述公众对这起谋杀案的愤怒)。

[2] Compare IND. CODE 35 – 42 – I – I(1)(1998)(将一类谋杀定义为对一个人的明知的和故意的杀害),同上 35 – 42 – I – I(4)(将另一类谋杀定义为明知并故意杀害"已获得生存能力的胎儿")。

[3] CAL. PENAL CODE 187(a) (West 1999)("谋杀是非法杀害一个人或一个胎儿,事先怀有恶意")。

[4] Jean Reith Schroedel, Pamela Fiber & Bruce D. Snyder, Women's Rights and Fetal Person-hood in Criminal Law, 7 DUKE J. GENDER L. & POL'Y 89, 95(2000)("通过将杀害胎儿与针对孕妇的犯罪区分开来,这些州或隐或显地赋予胎儿至少有限的人格地位")。

[5] 尽管一些评论人士认为,这种策略因拒绝在胎儿人格问题上表明明确的公共立场,而完全避免了人格困境,参见 Smith, supra note 68, at 1865 – 1867,这些法规仍然传达了公众对胎儿生命价值的尊重,Schroedel, Fiber & Snyder, supra note 81, at 95。

[6] E.g., ALASKA STAT. II. 41. 140 (Michie 1998);HAW. REV. STAT. 707 – 700(1993);OR. REV. STAT. 163. 005(3) (1999)。

[7] E.g., State v. Courchesne, 757 A. 2d 699, 703 (Conn. Super. Ct. 1999)。

[8] 376 S. E. 2d I (N. C. 1989)。

[9] 376 S. E. 2d I (N. C. 1989)。

胎儿在其过失致人死亡法规中被算作人①。法院既强调了对"生而活"规则的尊敬(它声称在88个"绝大多数"司法管辖区获得了胜利)②,又强调了立法机关没有任何肯定的迹象表明,它打算将北卡罗来纳州的杀人法规之范围扩大到胎儿。③

罗伊的著名论断是胎儿不是宪法所规定的人④,但这一论断并没有解决堕胎法背景下的关于人格的解释问题。虽然罗伊的论断仅是出于宪法目的而使胎儿非人,但它代表了法院处理这一问题时,对胎儿人格进行推理的一种方法。正如下文所述,法院并不总是采用这种方法。虽然法院一贯将堕胎法中的法律人格问题视为成文法或习惯法解释的问题,但就像罗伊法院将其视为宪法解释问题一样,关于人格是什么或应该是什么的截然不同的理论激发了他们的解释努力。

在某些情况下,法院假定所有胎儿都是人类。马萨诸塞州最高法院在卡斯法院采用了这种方法的最强有力版本,它认为这个问题是通过一种简单的三段论得到解决的:所有人类都是法律人;胎儿是人类;因此,胎儿是法律人。⑤ 这种方法的明显缺点是,它假定某个难题有一个简单的答案。针对胎儿何时(如果有的话)成为人的问题,社会还没有达成共识。关于这一点,利维法院在其人格的生物学定义上是持开放态度的,它不要求人类生来就具有法律人格。⑥

此外,法院在坚持"人"一词是否必须被给予跨实质的适用方面,或至少在胎儿是否为法定构成的人的问题上,存在着很大的分歧。在南卡罗来纳州诉霍恩案⑦中,南卡罗来纳州最高法院认为,胎儿的法律人格在民事和刑事案件中有所不同是不能被容忍的。⑧ 其他司法管辖区(如北卡罗来纳州的比尔)对人格的统

---

① DiDonato v. Wortman, 358 S. E. 2d 489,493 (N. C. 1987); see also Beale, 376 S. E. 2d at 2 n. 3 (acknowledging, but distinguishing, DiDonato).
② Beale, 376 S. E. 2d at 3. 然而,到2000年,少数州仍保留着"生而活"的规则。See Smith, supra note 68, at 1848.
③ Beate, 376 S. E. 2d at 4. 法院还注意到,州立法机关审议并否决了将杀婴定罪的法律(同上,第4页),并强调严格的刑法建设(同上,第4页)。
④ Roe v. Wade, 410 U. S. 113, 158, 162(1973).
⑤ 参见Commonwealth v. Cass, 467 N. E. 2d 1324,1325 (Mass. 1984)("'人'这个词是'人'的同义词,与已被证实的用法一致,并赋予其一般意义")。
⑥ Levy v. Louisiana, 391 U. S. 68,70 (1968).
⑦ 319 S. E. 2d 703 (S. C. 1984).
⑧ 同上,第704页。

一概念没有这样的坚持。①

虽然不同的法院通过法定解释来确定胎儿人格,但对法律人格跨实体一致性问题的不同处理,却存在着深刻的理论分歧。对于视类似实体在一个法律领域为人而在另一个法律领域不为人的法院来说,"人"只不过是表明权利和义务主体的一种手段,而这些权利和义务主体可能因法律机构的不同而有所不同。然而,拒绝承认"人"在不同法律领域的不同含义,就意味着拒绝——或至少是不喜欢——这种分析。坚持一致性可能表明,法院认为重要的立法语句作为一个"人"不仅意味着权利和义务的主体,而且意味着一种先验的什么是一个人的概念应该保持表达的稳定。

这些关于奴隶、公司和胎儿的法律地位的例子,只提供了一种印象派意义上的残破的人格法。然而,每个例子都提供了类似的印象。人格问题不可避免地在成文法和普通法中出现,其往往需要被解释。这种解释可以是明确的(如法院公开涉及"人"一词的含义),也可以是含蓄的(如法院推定某些群体不属于受某一法律影响的法律主体之范围)。在这两种情况下,解释大相径庭。虽然"人"在不同的法律领域中意味着完全不同的东西——这也许并不令人惊讶——但这一现实反映了描述法律人格学说的基本瓦解。

人法学说上的不和谐,很大程度上是由于缺乏一个连贯的人的理论。当前两种方法的一个共同特点是,法院不愿在对人格的性质进行理论探讨的基础上得出有关法律人格的结论。最高法院在罗伊案件中的理论立场,即它先发制人地否认其关于胎儿宪法人格的决定反映了生命何时开始这一哲学问题的任何含义,是这种方法的缩影。② 上面讨论的每一项裁决都明显地存在着类似的倾向,法院依赖于对法律人格的假设,但拒绝在其推理中提及有关这一主题的大量理论文献。由于缺乏连贯的理论,法院对法律人格的认定具有很强的结果驱动作用,法官可以根据自己的意愿选择适合自己的人格理论。③ 正如一位评论家所

---

① Compare State v. Beale, 376 S. E. 2d 1, 2 n. 3 (N. C. 1989)(注意到它在 DiNonato 中的主张,即应解释国家错误死亡规约中的"人"一词,以便使胎儿的死亡得到恢复);同上,第 4 页(拒绝阅读州谋杀法令,将刑事责任延伸至杀害胎儿)。亚利桑那州在民事和刑事案件中对胎儿人格也有不同的解释。Compare Summerfield v. Superior Court, 698 P. 2d 712, 724 (Ariz. 1985)(认为胎儿被认为是为国家非法死亡法令之目的而生的人), with Vo v. Superior Court, 836 P. 2d 408, 415 (Ariz. Ct. App. 1992)(认为胎儿在州谋杀法令中不被认为是人)。

② See Roe v. Wade, 410 U. S. 113, 159(1973)。

③ 参见 Rivard, supra note 3, at 1465 – 1466("最高法院并没有制定一个连贯的宪法人格理论,(转下页)

言:"人格……是一个结论,而不是一个问题。"①

二、人格法:影响

(一)法律的表现维度

在美国最具争议性的社会问题上,人格在辩论中占据中心地位,这并非巧合。② 人格的概念实在是太丰富了,我们不可能在不陈述——或至少是不暗示——的情况下对其进行操纵,以及了解为了法律的目的而"计算"是什么意思。当我们从法律的表现维度来考虑法律人格时,这一点就显得尤为重要。这种方法关注法规和司法意见中的陈述之社会意义,并认为法律不仅仅是规范行为:它体现和标志着社会价值和愿望。③ 然而,将法律的这种功能描述为"表达性的",却低估了它的重要性。除了反映社会理想之外,法律还通过创造社会规范来塑造行为,人们用这些社会规范来衡量自己行为的道德和价值。④ 埃里克·波斯纳认为,当法律发出某种价值观的信号时,它会使社会结构产生两种变化。⑤ 第一种变化是行为学方面的:通过发出什么行为是不可接受的信号,法律可能会减少人们从事这些行为的频率;第二种变化是解释学方面的:通过这种机制,法律塑造和改变了人们的信仰。⑥

法的表现功能在解释学方面与人法有较大的关联性。当法律通过隐喻"人"

(接上页)而只是使用务实的关注来得出宪法人格的法律结论……这种理论的缺乏困扰着自然人和公司的人格法……最高法院遵循以结果为导向的方法……这些决定似乎是在个案的基础上做出的,可能是着眼于实际效果,而没有考虑发展一个连贯的理论")。

① 同上,第1466页。
② 参见 Douglas O. Linder, *The Other Right-to-Life Debate: When Does Fourteenth Amendment "Life" End*, 37 ARIZ. L. REV. 1183, 1183 n. 1 (1995)("有趣的是,奴隶制、堕胎和生命终结的争论都与宪法人格的意义有关")。
③ See, e.g., ERIC A. POSNER, LAW AND SOCIAL NORMS 2 – 8 (2000); Cass R. Sunstein, *the Expressive Function of Law*, I44 U. PA. L. REV. 2021, 2026 – 2029 (1996). 在这一点上,比较 ROBERT C. ELLICKSON, *ORDER WITHOUT LAW* (1991),以加利福尼亚州沙斯塔县的牧场主为例,说明了尽管法律表达了相反的规范,但执行规范可能会发展。
④ Sunstein, supra note 100, at 2029 – 2044. 当然,法律表达功能的成功与否取决于诸多因素,最重要的是法律本身的合法性。See Dan M. Kahan, *Social Influence, Social Meaning, and Deterrence*, 83 VA. L. REV. 349, 352 – 361 (1997).
⑤ See POSNER, supra note 100, at 33.
⑥ 参见同上;参见 Kahan, supra note 101, at 363 – 364(完全在刑法的范围内提出同样的论点)。

来操纵社会地位的差异时,它必然表达了隐喻范围内所包含和排除的对象的相对价值之概念。这些表达进而影响对人格的一般理解和对法律对象的尊重,因为法律的价值影响着社会的价值。

(二) 人格的表现维度

法律的社会意义和象征意义与社会对地位的理解有着深刻的联系。[1] 正如一位评论员所言:"法律常常直接反映社会地位,或帮助维护社会地位的标志。有时法律直接帮助建立社会地位的等级制度。"[2] 与其他法律声明一样,有关人格的法律声明表达了对社会地位的规范性假设。[3] 当然,这一概念与格雷的假设相矛盾,格雷认为法律人格的隐喻独立于社会对人格的理解而存在。这部分论述了这种长期假设的分歧是站不住脚的。人的法律所包含的,远远不只对法律能力这一抽象概念的功能性抽象。当法律使用隐喻"人"来定义其对象时,这个隐喻充当了一种表达人的信仰和价值的工具——既有法律上的,又有自然上的。当法院在奴隶法、堕胎法和公司法的背景下处理或避免法律人格问题时,这种现象是明显的。而且,由于法律人格在美国最"敏感"[4]的社会问题背景下变得尤为重要,因此它常常表达出一种深切的焦虑,这种焦虑不仅体现在一个人是什么,而且还体现在高度个人主义的法律文化中,以及在创造和操纵社会地位差异时所固有的基本矛盾上。

尽管法院很少提及法律人格,但它们在这一问题上的所作所为反映了一种基本的矛盾心理,这种心理远远超出了对标准法律隐喻的操纵。例如,密西西比州最高法院为了普通法禁止谋杀的目的,将法律人格扩大到奴隶身上:

> 在某些方面,奴隶可以被视为动产,但在另一些方面,他们被视为人。法律认为奴隶有犯罪的能力。这只能基于这样一个原则:奴隶是人,是有理性的存在……在这种状态下,立法机关认为奴隶是合理的和负责任的人。如果一个奴隶的生活可以不受惩罚,或者如果他能够被

---

[1] See J. M. Balkin, The Constitution of Status, 106 YALE L. J. 2313,2327(1997).
[2] 同上,第 2325 页;亦见同上,第 2325—2326 页(以讨论奴隶制为例)。
[3] 参见 Gary Peller, *The Metaphysics of American Law*, 73 CAL. L. REV. 1151,1154,1274(1985)(认为所有的法律都是基于对特定规范隐喻的假设)。
[4] Goldberg, supra note 3, at 659.

冷血地谋杀,而罪犯不用受到国家刑法的最高处罚,那么这将是一个州的耻辱,是对司法行政的羞辱。难道奴隶因为他被剥夺了自由而没有权利吗?奴隶仍然是一个人,拥有这些权利,而法律的积极规定并不剥夺这些权利,但是我们将徒劳地寻找这个州开明博爱的立法机关通过的任何法律,甚至给予奴隶主——更不用说给予陌生人——支配奴隶生活的权利。这样一项法令将配得上德拉科或卡利古拉的时代,并将受到这个州的人民一致的谴责。在那里,即使对奴隶的残酷——更不用说剥夺生命——也会受到普遍的谴责。①

甚至得出相反结论的法院也认同琼斯法院的观点,即将法律人格延伸到奴隶身上直接涉及到社会的道德品质。北卡罗来纳州最高法院的鲁芬法官在州诉曼恩案②中得出结论,即奴隶在受到其主人的攻击时,并非普通法殴打目的所指的人。鲁芬法官表达了对结果的深刻的道德矛盾:"我最坦率地承认我对这个提议的严肃性的看法,我和任何人一样深切地感到这一点。作为道德权利的原则,每个退休的人都必须否定它。但在实际情况中,必须如此。"③如果曼恩法院没有意识到它的决定的显著影响,那么它就不会觉得有必要告诫公众接受完全相反的道德信息。

这些法律人格的处理方法反映了这样一种假设,即这个问题与道德和伦理考虑密切相关。法律所称的人,以及法律行为所称的人,塑造了社会对人的看法。④ 这种联系表达了美国奴隶制根源的核心矛盾之一,即法律显然认为人类实体不如人类,或者至少不如完全的法律人。⑤ 因此,关于奴隶法律人格的司法修辞揭示了对人格本身的焦虑,并将这一范畴提升到高于中性抽象层次的社会道德层面进行表达。

与公开讨论奴隶制案件中的个人与社会规范之间的关系不同,法院试图完

---

① State v. Jones, I Miss. (I Walker) 83,84-85 (Miss. 1820).
② I3 N. C. (2 Dev.) 263(1829).
③ 同上,第266页。
④ 这一论点可能会产生相反的效果,因为种族主义法官假定,奴隶在法律上的低等地位本质上是由于他们的种族低人一等。See Bryan v. Walton, 14 Ga. 185, 198,201 (1853).
⑤ 其他案例也表达了这种矛盾心理。比较例见 Dred Scott v. Sandford, 60 U. S. (19 How.) 393,426-427(1856)(根据联邦法律和美国宪法,奴隶不是公民),如 U. S. v. Amy, 24 F. Cas. 792,809-811 (C.C.D. Va. 1859) (No. 14,445)(认为奴隶属于联邦刑法中规定的篡改邮件的个人)。这是对奴隶自然法人格不一致的有趣的历史思考,参见 Amy, 24 F. Cas. at 795-805。

全在堕胎的范围内避免这个问题。法官们似乎有些尴尬,因为任何有关人法的声明都可能对人格的更广泛的社会意义产生哲学上的影响。在大多数情况下,这种态度表现为没有从理论或跨学科的角度对问题进行任何思考,但有时法院会进行明确规定。亚利桑那州上诉法院在弗诉高等法院案[①]中明确表示不愿涉及更广泛的问题:"我们需要强调的是,本法院并没有着手解决有关'生命何时开始'的辩论。相反,我们的任务是明确界定对'人'的一级谋杀罪的立法意图。"[②]同样,最高法院在罗伊诉韦德案中宣布,尽管这一观点广泛讨论了有关"生命何时开始"的生物学和历史学争论:

> 我们不需要解决"生命何时开始"这一难题。当那些分别在医学、哲学和神学领域受过训练的人无法达成任何共识时,司法机关在人类知识发展的这个阶段,就不能对答案进行推测。[③]

在路易斯安那州最高法院对沃特勒诉妇女儿童医院案的裁决中,我们可以看到,在承认有关胎儿人格的司法主张的表达价值方面,人们同样犹豫不决。[④] 虽然《路易斯安那州民法典》相当明确地解决了这个问题[⑤],但法院对其限制胎儿权利的公开声明的影响表示了担忧:

> 《路易斯安那州民法典》拒绝在胎儿出生前给予其无条件的法律人格,不构成对胎儿价值的道德或哲学判断,也不构成对其本质人性的任何评论。相反,对"人"的分类纯粹是为了便于确定法律权利和义务的归属。"人"是一门艺术。[⑥]

当法院坚持认为胎儿人格没有法律之外的含义时,它们似乎抗议得太多了。

---

① 836 P. 2d 408 (Ariz. Ct. App. 1992).
② 同上,第412页。
③ Roe v. Wade, 410 U. S. 113, 159(1973).
④ 704 So. 2d 778 (La. 1997).
⑤ 参见 LA. CIV. CODE ANN. art. 26 (West 2000)("如果胎儿出生时死亡,除因其错误死亡而产生的行为目的外,应被视为从未作为人存在过")。
⑥ Wartelle, 704 So. 2d at 780;亦见 Margaret A. Cassisa, Casenote, *Wartelle v. Women's and Children's HospitaL When Is a "Person" Not a Person? Solving the Riddle of the Stillborn's Survival Action*, 44 LOY. L. REV. 631, 638 - 641(1998)(更详细地讨论法院的推理)。

如果法院真的相信它们能够操纵和解释人格只是一种法律虚构,那么它们就没有必要提出相反的声明。[1] 法官们不愿参与这些问题,这本身就表明否认胎儿的法律人格。通过支持堕胎这种发自内心的道德错误[2],或通过威胁堕胎权的基本假设[3],法院向人们传递了一个有关国家对胎儿生命估值的强烈信息。法院在试图确定胎儿是否为法律人时所经历的矛盾和焦虑,反映和表达了社会对这一问题的强烈感情。例如,在至少三个州,当法院从谋杀法规中定义胎儿时,公众的反应是愤怒,州议会在两个月内通过了相应的立法。[4] 胎儿的法律人格仍然与围绕胎儿人性的社会争论紧密相连,无论愿意与否,法院在不表达某些价值观的情况下,是不能操纵"人"这一法律隐喻的。[5]

法人人格原则为法院在界定法人人格时发出的信号提供了另一个矛盾的例证。道格拉斯法官在惠灵钢铁诉格兰德案中持不同意见,他质疑将意图作为基础,甚至纯粹以文本形式解读第十四修正案,并提出是否有理由将一个人为实体等同于一个人。[6] 在康涅狄格人寿保险公司诉约翰逊案[7]中,布莱克大法官持不同意见,他表达了对公司人格的担忧,这种担忧远远超出了对法律方法的怀疑。布莱克大法官指出,将宪法人格赋予非人类实体的做法有可能模糊第十四修正案所保护的自然人的宪法人格:

> 这个修正案旨在保护各州对阶级或种族的歧视……然而,在本法院

---

[1] 参见 Felix Cohen, *Transcendental Nonsense and the Functional Approach*, 35 COLUM. L. REV. 809,8I2(935)(评论法院操纵法律拟制语言的能力)。

[2] 参见 Perry Mack Bentley, *Comment, Feticide: Murder in Kentucky*, 71 KY. L. J. 933,951 (1983)(敦促将堕胎纳入肯塔基州的谋杀法规)。

[3] 参见 Smith, supra note 68, at 1868 - 1869(堪萨斯州讨论反对一项拟议中的胎儿凶杀法案,因为该法案将胎儿定义为"人",范围如此之广,实际上会将堕胎归类为一级谋杀)。

[4] 这发生于加利福尼亚州,参见 Katharine B. Folger, Note, *When Does Life Begin ... End? The California Supreme Court Redefines Fetal Murder in People v. Davis*, 29 U. S. F. L. REV. 237, 243 - 245(1994);特拉华州,参见 Judge Sentences Waterman, supra note 78;以及明尼苏达州,参见 Smith, supra note 68, at 1863 - 1864。

[5] 参见 Murphy S. Klasing, *The Death of an Unborn Child: Jurisprudential Inconsistencies in Wrongful Death, Criminal Homicide, and Abortion Cases*, 22 PEPP. L. REV. 933,972(1995)("人是什么? 生命何时开始? 这些都是法院拒绝在上述几乎所有意见中明确而间接回答的问题");Schroedel, Fiber & Snyder, supra note 81, at 95(注意到不评论人格的基本问题就不可能制定杀婴法)。

[6] See Wheeling Steel Corp. v. Glander, 337 U. S. 562,577 - 578(1949) (Douglas, J., dissenting)。

[7] 303 U. S. 77(1938)。

通过第十修正案后的头五十年,适用该修正案的案件中只有不到0.5%在保护黑人种族时援引了它,超过50%的人要求把它的利益扩大到公司。①

布莱克大法官的关注反映了一种意识,即法律人格不仅与实际社会地位有关,而且社会地位可能是一场零和博弈;授予公司法律人格可能会贬低人类法律人格的社会意义。②

尽管就越来越单一的商业实体对美国社会的影响,社会上还没有达成共识,但法人获得的自由似乎并未减少,这一情况引起了人们的极大关注。正如一位评论家所指出的,"可以肯定的是,在没有任何理论支持的情况下,赋予公司《权利法案》的保护具有重要的合法化功能。扩大这些权利使公司成为合法的宪法主体,并使它们在《权利法案》保障方面与人类处于同一水平"③。支持公司的人传达了一种国家价值观,即通过将人的尊严含蓄地延伸到人为的商业实体,国家过分扩展了法律人格的适用范围,从而降低了法律人格的独特性。④ 法律对公司人格的矛盾心理——教义统一最好被描述为一个表面状况,一个强大的潜在的异议——反映了对将公司提高到人的地位是否适当的关切,这既是对商业组织本身的保留,又是在日益企业化的世界中对人的独特性的关切。

这种焦虑在学术文献中占有更大的地位。尽管有一些合理的论点认为,将公司纳入人格的法律建构并不需要太多概念上的飞跃⑤,但围绕这一问题进行的数百年的学术争论表明,事实并非如此⑥。此外,不管这个隐喻是否描述恰

---

① 303 U. S. 77(1938)89-90(Black, J., dissenting).
② 参见 Balkin, supra note 104, at 2328(认为社会地位是一场零和游戏)。
③ Mayer, supra note 32, at 650-651.
④ Carl Mayer 认为,授予公司权利会损害自然人的权利:
公司宪法权利的延伸往往是一场零和游戏,削弱了真正个人的权利和权力。适用于公司的第四修正案之权利削弱了个人生活在未受污染的世界的权利或享有隐私的权利。公司对第一修正案的权利之行使,破坏了个人平等参加民主选举、支付合理的水电费和生活在无毒环境中的权利。宪法权利的平等加上立法和事实上的权力的不平等,不可避免地导致人为的实体凌驾于真正的人之上。Id. at 658.
⑤ See, e.g., MEIR DAN-COHEN, RIGHTS, PERSONS, AND ORGANIZATIONS 43-44(1986).
⑥ 参见 Martin Wolff, On the Nature of Legal Persons, 54 L. Q. REV. 494,498-499(1938)(至少可以追溯到中世纪鼎盛时期,研究组织人格的学术兴趣的历史)。伦奎斯特法院在1980年代也表现出关于这一隐喻的相似的怀疑主义。参见 Pac. Gas & Elec. Co. v. Pub. Utils. Comm'n, 475 U. S. I, 33 (1986) (Rehnquist, J., dissenting)("将个人良心自由的决定扩大到商业公司,使这些案件的基本原理超出了极限。将'智慧'或'头脑'归于这类人为的实体,以实现良心自由的目的,是混淆隐喻与现实");同上,第35页("坚持以同样的方式对待明显不同的宪法实体,与以不同的方式对待相同的实体一样,是一种巨大的法理学罪行")。

当,赋予公司人格可能不仅仅是操纵法律范畴。司法对人格的认定不仅反映了社会价值,而且影响着个人的行为。公开声明公司"是"个人——特别是来自法院等具有强制性权力的政府机构——是一种"言外之意",意味着语言不仅描述一种事态,而且有助于使这种事态成为现实。①

(三)人格和地位问题

法律人格不仅仅是一个隐喻;在许多情况下,它成为法律表达对严重分裂的社会问题之焦虑的宝库。在南北战争前的南方,人格的修辞反映了一个自称民主但仍拥有奴隶的社会的道德矛盾。在堕胎的背景下,关于法律人格的理论混乱证明了一个社会的两面性,它认为谋杀胎儿是可憎的,尽管它希望保护孕妇的自主权。在关于公司人格的辩论中,持久的术语焦虑表达通过给予公司宪法保护来刺激经济的愿望,以及对不受约束的公司增长可能会对社会产生有害影响或不受约束地承认公司人格可能会使我们自己的人格贬值的担忧之间的张力。

法院对法人人格的处理不仅传达了对社会分裂问题的焦虑,而且传达了对法律运作本身的焦虑。在高度个人主义的现代美国法律文化中,地位差异似乎是狭隘的尴尬残余。然而,在处理法律人格问题时,法院和立法机关必然要解释和应用非常基本的地位概念。人法——尤其是法院对人法的矛盾心理——暴露了即使在最先进的法律体系中,也存在着令人不安但不可避免的地位差别。

美国法院不愿公开操纵社会地位的差别,这是根深蒂固的。亨利·梅因爵士在阐述他的基本理论"进步社会的运动迄今为止一直是一场从身份到契约的运动"时,就很好地阐明了这种不情愿的一个方面。② 梅因认为,古代法律把社会的基本单位看作是集体,以至于个人为一系列的地位差别所包含,而每一种差别都是在几代人之间传递的。③ 法律文化的发展实现了从以权利为基础的地位

---

① 参见 Schane, supra note 31, at 577-578("同样地,最高法院在宣布它认为公司是公民时,也用了这个词,从而实现了所述的新的法律地位");参见 Mayer, supra note 32, at 650("在商业财产和思想自由市场的理论背后,隐藏着作为一个人的公司有权享有所有真正人类权利的默认")。
② HENRY SUMNER MAINE, *ANCIENT LAW: ITS CONNECTION WITH THE EARLY HISTORY OF SOCIETY, AND ITS RELATION TO MODERN IDEAS* 165 (Univ. of Ariz. Press 1986) (1864).
③ 参见同上,第121—123页。

向以个人、契约为基础的财产转让能力的转变。① 如果我们认为这种发展完全是平等主义之观点有可能夸大了事实,那么我们至少可以把它描述为强烈的个人主义——这是一种进化上的变化,它拒绝社会地位的区别,包括可以说是过时的人格。

第十四修正案是美国从一个以地位为基础的法律体系向一个以个人为中心的法律体系转变的一个独特体现。奴隶制所依据的地位差别,使美利坚合众国建国时的平等愿望变得虚伪。第十四条修正案否定了这些区别——至少是在种族基础上做出的区分——它显然是希望建立一个人格在其中具有单一普遍意义的法律体系。②

20世纪的主要法理学运动也揭示了法律不愿公开讨论人格问题的现象。法律现实主义的方法(至少在它的第二个更值得怀疑的部分)③否定了法律使用语言来体现抽象的能力,如独立于社会意义和影响的"人"④;后现代法律思想更进一步,其拒绝了克服社会语境和语言限制的可能性⑤。这两种观点都强调个人经验作为一种通向美好生活的手段的中心地位,而不是与首要机构或信仰的联系。⑥ 因此,法律依赖隐喻来理解其规则并证明其使用武力的正当性,其本身就像以往一样不稳定。因此,在一个极其不愿承认人的普遍概念的法律文化中,将任何超越意义归于人格(如法律人格的跨实质定义)似乎充满了令人不安的规范性含义,这是不足为奇的。⑦

法院对操纵法律人格的焦虑是这些趋势的产物。无论美国人的法律意识有多强烈,他们都有一种倾向,即拒绝地位的区别,尤其是在法律人格方面,拥有法律就是拥有法律所依据的对象。在美国法律中,这种对象通常不是一个人。因此,这种非常基本的张力依然存在:法律希望否定对象的超验概念,但又依赖于

---

① 参见同上,第248—252页。
② 第十四修正案明确地否认人与人之间的地位差别。参见 CONST. amend. XIV, ? I("所有出生在美国的人……是美国公民……任何州不得……拒绝任何人……法律的平等保护")。
③ See Peller, supra note 106, at 1222–1226(1985).
④ 参见 ROBERTO MANGABEIRA UNGER, *PASSION*: *AN ESSAY ON PERSONALITY* 5–15(1984)(描述强烈情境化自我的现代主义观点)。
⑤ See Stephen M. Feldman, *The Supreme Court in a Postmodern World*: *A Flying Elephant*, 84 MINN. L. REV. 673, 676–677(2000).
⑥ See UNGER, supra note 138, at 35–36. 请注意,这些学派的思想在自我的概念上有重要的不同;后现代主义者会对自我克服自身建构性的可能性表示更多的怀疑。
⑦ 参见同上,第48页;参见 Feldman, supra note 139, at 675–676(讨论现代焦虑)。

这些概念的理论连贯性。

三、结论

人法充满了深刻的歧义和明显的张力,这一问题远远超出了法律隐喻意义的标准解释困难。法律使用虚构的"人"来定义其对象,这不可避免地会引发社会对人格定义的焦虑。我们强烈的个人主义法律文化与法律对这一隐喻的完全依赖之间的紧张关系加剧了这一困难。此外,社会对人格的焦虑之所以重要,不仅是因为它暴露了法律内部的矛盾,而且是因为法律通过其表达维度,传达了影响关于人格的观念和观点的规范与价值。

这种焦虑可能会变得更加严重。技术和经济的进步必将使人格的水域更加浑浊,这让人们开始质疑曾经稳定的"谁算活着的人"的概念。一方面,动物权利理论家[1]和活动家[2]认为,人类/非人类的区别是建立在将人类置于其他动物之上的绝对价值等级的不合理概念之上的;另一方面,技术可能很快就能创造出既非人类又非非人类的实体(如转基因动物),[3]或紧密复制人类意识的实体,"如人工智能生物"[4]。

这一领域被严重低估的现象表明,这个问题值得获得更多关注。这种注意不仅有助于我们理解法律使用虚构的"人"来界定其对象的范围和意义,而且——考虑到这一隐喻的法外含义——也将有助于法律更充分地促进关于人的意义的社会对话。

(编辑:张悦)

---

[1] See PETER SINGER, *ANIMAL LIBERATION* 1 – 23(2d ed. 1990).
[2] 参见 Laura G. Kniaz, *Comment*, *Animal Liberation and the Law*: *Animals Board the Underground Railroad*, 43 BUFF. L. REv. 765,765 – 774(1995)(追踪动物权利运动的发展)。
[3] 科学家最近创造了第一只转基因灵长类动物——一只带有水母基因的猴子。Sharon Begley, *Brave New Monkey*, NEWSWEEK, Jan. 22,2001, at 50.
[4] Solum, supra note 3, at 1256.

刑法中的法律拟制：历史、现状与反思

匡兰馨*

摘要：《法律拟制在刑法中的若干运用》[①]一文通过阐述法律拟制在刑法中的运用历史，以及在陪审团否决权中发挥的作用，分析其适用现状，即法律拟制在"辩诉交易"中的理论根据，从而论述了法律拟制与刑法不可分割的紧密关系及与其一致的价值取向。随后，通过指出法律拟制在刑法适用中的一些问题，包括罚没制度与推定条款，《法律拟制在刑法中的若干运用》对拟制的漏洞与其落后之处进行了反思。从理论与实践两个方面，《法律拟制在刑法中的若干运用》论述了法律拟制在刑法领域中的种种价值。

一、概述

《法律拟制在刑法中的若干运用》(Some Uses of Legal Fiction in Criminal Law)是伦敦玛丽女王大学法学院教授彼得·奥尔德里奇2015年发表于《理论与实践中的法律拟制》(Legal Fictions in Theory and Practice)中的论文。该论文旨在通过阐明和分析法律拟制在刑法领域中的多种运用情形，以明确法律拟制与刑法或刑法相邻领域的紧密关系，并进一步探求拟制在法律实务方面适用的可能性与价值所在。正如作者在开篇中就提到的，"英国的刑法起源于这一

---

* 匡兰馨（1996— ），女，河南濮阳人，华东政法大学2018级硕士生，研究方向：法学理论。
① 原文 Peter Alldridge. 2015. *Some Uses of Legal Fiction in Criminal Law*. In *Legal Fictions in Theory and Practice*. ed. Maksymilian Del Mar and William Twining, 367 – 384. Dordrecht：Springer.

拟定：臣民间的特定事件侵扰了王国的和平……特别是自从人权管辖权问世以来①，刑法与拟制之间的关系就前所未有地趋向一致，而这种一致性是其他领域难以企及的"。同时，"每一个法律拟制和法律上的推定，甚至是最高的无罪推定原则，本质都是将目的与政策置于真相之上"②。

笔者通过分析总结，根据作者的意图，将本文主要内容划分成四个部分。第一，法律拟制在陪审团否决权中所体现的价值，它包含一系列由陪审团进行的事实调查与结果，以避免其他不当倾向或特定刑事后果。从广义上讲，如果此处将陪审团的行为视为导向更好法律的尝试手段，则其与拟制之目的相一致。因为，如果陪审团决定行使否决权，并在现有证据与争议面前宣布被告无罪，那么这就可能表明，陪审团不赞成该判决所适用的法律。第二，在辩诉交易中，法律拟制将事实构建视为协商过程所发挥的作用，它将事实与拟制的二分法本体非常明确地置于议题中。在这种情况下，一般来说，诉讼不会受到质疑。判决所依据的，不会是明显不真实的事实，而会是一份已被各方接受的、公开而适当的陈述，其内容为被告犯罪行为的上限。第三，对没收制度中拟制之正当性提出质疑，国家没收与犯罪有关的财产，这一做法本应走向消亡，但实际上却在成倍增加。没收财产的原始理论基础在于这一拟定，即事物是有罪的。但是，至少自18世纪以来，这一拟定就引发了各种批评。针对适用没收的一系列案件，我们不能在现存的任一原则中为其找到根据。第四，作为对比，明确了推定条款在刑事运用中的禁止，这种推定（而不是拟制）的表述，已经从盗窃法转移到了犯罪所得法之中。本文将探讨"金钱利益"一词在刑法关于财产和犯罪所得的推定规则中的运用。这表明这些推定规则并未也不可能发挥好它们的作用，并表明在刑法中没有这种彻头彻尾的推定能够适用的位置。其中，第一部分和第二部分总体来说是对法律拟制运用历史的总结以及对未来适用的探索，第三部分和第四部分可以说是对现存法律拟制之反思。

二、刑法领域中的法律拟制适用之历史与现状

在刑法领域，法律拟制之适用早有渊源。从12世纪的神职人员特权到本世

---

① "一个人权法庭的运行完全不需要依靠那些不恰当的法律拟制"，Al-Skeini v. United Kingdom (55721/07)欧洲人权法庭(大法庭)(2011)53 E. H. R. R. 18;30 B. H. R. C. 561。
② Zupancic(1983)，第21页。

纪的罪名变更,法律拟制一直伴随着陪审团制度的演进而不断发展。甚至可以说,法律拟制在英国刑法中适用的历史,就是陪审团变化更迭的历史,其中包括陪审团否决权的诸多方面,以及事实与拟制二分法的实际运用。

(一) 历史沿革:陪审团否决权中的拟制

大陆法系国家通常对陪审团及其相关制度较为陌生,在此首先对陪审团否决权进行说明。所谓陪审团否决权,根据乔治华盛顿大学法学院教授史蒂芬·索尔兹伯格(Stephen Saltzburg)的说法,是指在检控方排除一切合理怀疑,从而证明被告有罪的情况下,陪审团仍然宣判其无罪,原因是他们不愿意看到被告被投入监狱或者背负刑事犯罪记录。其他理由还包括,陪审团不赞同诉讼所涉及的法律条文或针对被告所提出的指控。

这一权利来源于陪审员个人在与其他陪审员意见不一致时所具有的几项权利,包括应当凭良心投票、不能被迫服从陪审团的誓言,以及可以投票使陪审团悬而不决。这一具有特色的陪审团权利,恰恰体现了陪审团的核心价值:在庭审过程中,扮演当代道德尺度的角色。在文章作者眼中,这一角色与法律拟制的价值相符合。

作者论述道:"我们都知道在英格兰和威尔士的陪审团审判中,哪里会有记录、法官会告知陪审团什么、陪审团会决定什么。但是,我们不知道的是[①],陪审团是否因为遵循、应用了法官告知他们的事项而做出了其应当做出的决定。我们通常可以假设,若法官告知陪审团事实 a、b、c、d 和 e 已被证明排除合理怀疑,那么他们就应该定罪;接下来,如果他们确实定罪了,那么这些事实也就得到了证明。若陪审团宣告了无罪,那么这通常是因为缺少一个或多个 a、b、c、d 或 e,但仍有很小的可能性是因为其他原因。即使审判结构已确定,陈述已做出,控辩双方之间的争议被细化到只有一个事实问题,这样的情形仍然可能发生。"

在作者的观点中,陪审团否决裁判的权力[②]本质上是陪审团在有罪或无罪证据前寻定事实(而不论此事实是否"真实存在")以便推翻判决结果的过程,而

[①] 由于蔑视法庭行为,1981 s.8。同样可见于 Lord Steyn 的评论,在 R v. Connor, R v. Mirza (2004) UKHL 2 中的反对意见。
[②] 通常被引用的权威案例是 R v. Penn (1670, P. 6) How. St. Trials 951。更为现代的案例是 R v. Ponting (Central Criminal Court, 1985, and see Ponting 1987) and R v. Randle &. Pottle (1991, Alliott J.)。无罪判决内容为,"……受到公众的欢迎,也受到公众的愤恨。数百年来,公众一直坚持其历史性的选择,即对被控犯有严重罪行的被告的有罪判决应由随机挑选的非专业人士组成的(转下页)

这一过程体现了在实体性、程序性或证据性法律的任何领域设立拟制的权力。否决裁判的权力是法官走向有罪判决的一个阻碍。[①] 如果陪审团接连多次在类似案件中拒绝判决，那么这就有可能成为立法（或称改进法律）的理由。但是，这一过程，就其本质来说，与法律拟制的价值目的是相一致的。

举例说明，在20世纪中期，陪审团多次拒绝给驾车肇事致人死亡的行为定杀人罪，认为这"听起来太野蛮"[②]。无罪判决引发了对罪名的讨论，并最终导向了危险驾驶罪的现实化。[③] 同样的情形也发生在其他罪名的适用中。当有更委婉的罪名可供采纳时，陪审团们往往会予以援用，以避免过失杀人的指控。[④] 这似乎引起了一种陪审团特有的文化，即对驾车肇事或其他事故致人死亡的容忍度似乎比对过失杀人的容忍度更高。

在文章中，作者论述了陪审团否决权适用的几种典型情况，并对其中的法律拟制问题一一进行了分析。最终，文章作者仍然回到本节的主题上，即陪审团在庭审过程中扮演的角色，与法律拟制的价值取向相一致。法官、陪审员、检察官以及立法机关共同行动对过严的法律进行放宽的情形，主要出现在适用死刑的案件中，此处拟制的目的在于避免死刑。几种典型情况包括神职人员特权、怀孕辩护以及精神障碍辩护，它们的适用主体包括检察官、被告辩护律师等，但最主要的还是法官与陪审团。

1. 神职人员特权之拟制

神职人员之特权始于1172年的《阿夫兰契协议》（Concordat of Avranches）。亨利二世承认，除少数罪名（包括叛国罪）外，世俗法庭对神职人员没有管辖权。至于对神职人员身份的确认标准，其实被定为一项"识字测试"，即被告通过朗读《圣经》来证明其神职身份。但是，这就导致了受过教育的被告（即使非神职人员）也声称应受此项特权之庇护。

这一特权得到法律的正式确认是在1351年爱德华三世在位时期，此时神职人员特权正式扩大到了所有能够阅读的人。1512年，亨利八世则进一步限制了

（接上页）陪审团而非专业法官作出"。R v. Wang (2005) UKHL 9 第16段，引自 Devlin 的著名文章 (1956, pp. 160, 162)。Compare R. v Smith (Patrick) R. v Mercieca (2005) UKHL 12；(2005) 2 Cr. App. R. 10.

① D. P. P. v. Stonehouse (1978) A. C. 55；R v. Wang (2005) UKHL 9, (2005) 1 All E. R. 782.
② D. W. Elliott and H. Street (1968, p. 20), cited in Law Commission (1996).
③ 在1956年的《道路交通法案》中首次出现，并可见于 Horder (2008) 与 Cunningham (2008)。
④ 参见 Clarkson and Cunningham (2008)。

神职人员特权,他将某些罪行定为"不受神职人员特权保护的重罪"①。1575年的一项法令从根本上改变了神职人员特权的法律效果,它不再是司法管辖权的阻碍,而成为了在定罪之后、判决之前被告所提出的申诉理由。神职人员特权只能提起一次,并且不能使定罪无效。②为保证同一个人不能多次受此特权庇护,享受了这一特权的被告会在拇指上被打上烙印。从1624年③至1691年,这一特权逐渐普及至女性被告,并与男性几乎同等适用。直到1706年,"识字测试"被废除,所有较轻罪名的初犯者都可以享受这一特权。④ 越来越多的看似轻微的财产犯罪被排除于神职人员特权之外。渐渐地,入室行窃、商店行窃价值超过5先令的商品、偷盗牛羊都成为不受该特权庇护的重罪,作案者自然被判处死刑。最终,英国在1827年⑤废除了平民的神职人员特权,该特权在贵族中的适用也随后于1841年⑥被取消。

2. 怀孕之拟制

一种广受推崇的规则是,怀孕的妇女不应当(至少在怀孕期间不应当)被判处死刑。这就导致了这样一种拟制,即当某一特定妇女不能被确定是否怀孕时,她会被拟定为是怀孕的。"妇女陪审团"被选拔出来,以便确定妇女是否怀孕。基于这样的情形,人们对这种拟制存在一种普遍的误解,即被判受此特权庇护的妇女通常并没有"真的"怀孕。获益于这种特权的妇女,后来往往被判处缓刑或流放。即使要履行原本的判决,执行也多有拖延。⑦ 这一特权于1931年被最终废除,自那时起,涉及死刑指控的妇女通常被判处无期徒刑。⑧

3. 精神障碍之拟制

作为一种辩护理由,直到《1957年谋杀法案》(*Homicide Act 1957*)为杀人提出其他辩护之前,精神障碍一直在律师与陪审团之间发挥着重要作用。法官与陪审员在《米克诺滕氏条例》⑨的狭窄范围内,寻找将被告定为精神失常的依

---

① 4 Henry VIII. c. 2.
② Blackstone IV Commentaries 360.
③ Blackstone IV Commentaries 362.
④ 6 Anne, c. 9.
⑤ 7&8 Geo VI c. 28.
⑥ 4&5 Vic c. 22.
⑦ Oldham (1985).
⑧ 1931年的《(孕期妇女)死刑法案》。
⑨ 《米克诺滕氏条例》(*M'Naghten Rules*)(1843)10 C & F 200,即医学上定义精神病人并对其进行保护的条例。最著名的案例为 R v. Eric Brown (Essex Assizes, 1943, The Times, November 5,(转下页)

据。拥有否认判决权力的陪审团有权判定被告有罪但精神失常,因此被告在受极刑指控时,不可被宣判死刑。在作者的记录中,1900年至1949年期间共有3130个因谋杀受审的人,其中49人在开审前被认定有精神障碍,428人在受传讯时被认定有精神障碍,798人被定为有罪但精神失常,1210人被定罪并宣判了死刑,另外还有48人经医学鉴定后被认定为精神病患,77人被宣判了缓刑和减刑。[1] 但是,事实上,我们无从得知陪审团如此做究竟是因为被告的情形符合"精神障碍"的医学定义,还是因为认定被告"不应当"受死刑判决。从过去到现在,不可否认的是,一直存在一种感情倾向,其认为相较于持枪、下毒或袭警者,年轻的"初犯"、从犯和一时冲动者更适合运用"精神障碍"之辩护。这一结果从侧面体现了我们前文所说的陪审团之价值所在,即在审判过程中,发挥当代道德尺度之作用。

陪审团否决权在精神障碍拟制上的适用,最终导向了法律的变革。1949年,英国皇家死刑委员会成立,其进一步探讨了减轻责任的辩护,以及死刑与非死刑谋杀的分类,这甚至可能导致死刑本身的废除。

此外,相关文章还提出,拟制对法庭的作用还在于,它提供了一种议会和法律本身无法给予的灵活性。[2] 正如朗拜因所说:"实体刑法的裁决特质在于,允许陪审团行使事实上的刑罚裁量权,因为陪审团有权为被指控行为在不同罪名中做出选择。例如,假设被告被指控犯有入室盗窃罪,起诉书声称他在夜间闯入一户人家,并偷走了价值五英镑的物品。虽然起诉书指控被告入室盗窃,处罚是死刑,但陪审团有权给被告宣判更轻的罪行。陪审团可能(并且经常)作出'不成立入室盗窃罪,而成立盗窃罪'的裁决。这一判决的效果是使被告免于死刑,被告会以重大盗窃罪被判处流放(后来是监禁)。如果陪审团特别倾向于要宽大处理,那么其也可以(但在这种案件中很少这样做)裁定被告犯有价值十便士物品的盗窃罪,仅属于轻微的盗窃罪,主要的惩罚只是鞭笞。因此,在这一案例中,陪审团可以在三种刑罚中进行选择——死刑、流放或者鞭笞。这种缓和措施的应用相当普遍,且至关重要。布莱克斯通在一个著名的短语中称之为'虔诚的伪

(接上页)1943)("瑞利浴室椅谋杀案"[the 'Rayleigh bath chair murder'])。被告在空袭中用反坦克地雷杀死了他的父亲,希望会错误认为是爆炸造成的伤害。被告供认自己的行为是对父亲虐待他和母亲的回应。尽管如此,陪审团仍然根据《米克诺滕氏条例》认为,被告是精神错乱的。

[1] Gowers (1953, p. 77 and Appendix 3 table 8, p. 311).
[2] Oldfield (1901, Chap. 9), "The Fiction"; Tonry (2009).

证',意为陪审团故意作出虚假裁决(在我们的例子中,是盗窃而非入室盗窃)以减轻刑罚。"

这一说法恰到好处地论述了陪审团判决制度的灵活性。E. P. 汤普森在其名篇《辉格党人与猎人》①结尾处也如此论述道:"陪审员们在关键的时刻一次又一次地发现,他们要遵循对理性和公正的感觉。如果陪审员们的正义感走向了一个方向,而案件背道而驰,他们就会发现'反对证据'……英国普通法建立在法律与人民之间的妥协之上:陪审席是人民走进法庭的地方——法官注视着人民,而人民回望着法官。陪审团是妥协达成之处。陪审团不仅参与对被告的审判,而且参与对法律之正义与人性的审判。"②

综上所述,在陪审团的历史沿革中,法律拟制通过各种途径发挥了以下主要作用:第一,把握道德的价值尺度;第二,促进不良判决(甚至是法律)的变革;第三,为法庭提供额外的灵活性,即自由裁量的空间,而这种自由裁量的空间正是前两种手段发挥作用的领域,其为拟制提供道德尺度和推进变革打下了基础。

(二) 法律拟制适用之现状:辩诉交易

相较于前文陪审团否决权适用的种种情况而言,"辩诉交易"虽自18世纪便初现端倪,但直到现在,这一技术的适用仍处于探索阶段,并存在种种适用中的问题。所谓的"辩诉交易",我们在前文就已论述,乃是事实与拟制二分法的实际运用,即判决所采事实为辩诉双方共同认定的被告行为之上限,是为"拟制"之事实。通过这一"交易",被告被告知将要面临的最高刑罚。在被告的认罪前提与供述下,检辩双方达成某种"协议",以最大程度地提高效率和节约司法资源。

在英格兰的一项开创性的社会法律研究中③,鲍德温与麦克科威尔指出,围绕刑事法院审判的某些事件,我们只能通过推断某种秘密协议正在达成来对其进行解释。除了极为特殊的情况外(如 R 诉特纳案④),正如在随后的案件中强调与适用的一样,法官禁止在被告认罪之前作出任何判决的指示。事实上,皇家刑事司法委员会曾在1998年就提出,"现在在最后一刻方才认罪的许多人,如果

---

① Thompson (1975, pp. 258 - 269).
② Lord Justice Auld 在其 2001 年的《刑事法庭报告》Chap. 5 para. 99 page 173 - 174 中引 Thompson (1980, p. 108)。
③ Baldwin and McConville (1977). 参见 Thomas (1978); McConville et al. (1994, pp. 189 - 198)。
④ R. v. Turner (1970)2 Q. B. 321.

能及早得到可靠指示,知道如果被判有罪将要面临的最高刑罚,他们将会更愿意在较早阶段承认自己的罪行"①。

2001年,罗宾·奥尔德爵士在对刑事法庭的反思中表示,法官给予被告指示,使有意愿的被告了解他或她将要面临的最高刑罚,这将会"给有罪的被告与他的建议者们评估法官指示、辩护的有利条件和诉讼其他方面提供可能"②。显然,被告能够对有罪辩护的量刑与定罪量刑进行比较,而这是符合所有人利益的。

正如奥尔德所指出的,在量刑折减方面,英格兰的刑事司法系统向来否认"认罪行为不应当受其他因素(如对结果可能性之预估)的影响"。英格兰刑事法院的认罪请求与案件管理听证会现在特别要求法官首先寻求并获取信息,即被告是否事实上已获知并信赖认罪请求的利益,以及采取了哪些步骤,以确定案件可以不经审理就得到解决。③

作者认为,在这一框架内,存在几种"协商式的转移"技术。其中的理念显而易见,即应避免给高成本、长耗时的对抗性冲突创造机会。这种理念与随后的立法,为"辩诉交易"提供了更为正统的立足点。在不违反法官相关规定的前提下,检察官与被告之间的协议所受之限制,主要载于《司法部指导准则》(*Attorney-General's Guidelines*)有关接受认罪请求的部分之中。准则最主要的要求,就是要注重透明性、认罪的基础,并关注受害者利益与从轻减刑因素。

在这样的"辩诉交易"中,拟制所存在和运用的空间在于,任何推翻拟制事实的证据都是不存在的。这也是"辩诉交易"之拟制与陪审团否决权之拟制的最大不同点。事实在协商过程中被讨论和创建,其既不是虚构的,也不具有历史真实性。拟制在这种情况下发挥了一种定义式的作用,其被用以展现被告行为不当性的程度。通常情况下,拟制会导致罪名降级或从轻处罚的结果。

作者接下来提出,虽然在被告"较为弱小"的情形下,这样的拟制更像一种"仁慈行为",但其本质上是通过在量刑方面行使自由裁量权,以使得案件结果更加公平并易于被接受。但是,如果被告过于强大,则这样的拟制反而会引起不恰当的后果。通过援引 R 诉 BAE 系统公司案④,作者指出,这种协议"低估"了被

---

① Runciman (1993, paragraphs 41 – 58). 参见 McConville (1998)。
② Auld (2001, pp. 434 – 444).
③ *Goodyear* at para 46.
④ R. v. BAE Systems Plc (2010) EW Misc 16.

告行为的罪责范围,从而导致了不恰当的判决。在 2008 年至 2012 年担任严重欺诈办公室主任期间,理查德·阿尔德曼(Richard Alderman)倾向于与被指控的罪犯达成协议,甚至欢迎他们自我检举。理查德·阿尔德曼的继任者戴维·格林(David Green)则表示,他更倾向于起诉,而不是做交易。

不论格林的立场如何,通过本文的论述,我们都可以得出这样的结论:虽然"辩诉交易"中的拟制通过运用事实与拟制的二分法达到了提高效率、节约司法资源之目的,并在一定程度上保障了司法公平,但其必须通过创设一套完备、明确、更易适用的准则来对这些创制事实进行管理,以便法院对这些事实进行适用,并作出判决。

三、刑法领域中的法律拟制适用之反思

在这一部分,通过对现行刑法制度中不当的拟制适用进行反思,作者进一步论述了在刑法中运用拟制的目的与价值。

(一)对罚没之反思

没收,其定义为"国家采取行动,永久扣押一个人的财产,理由是其与犯罪行为存在某种联系,而非犯罪所得(在此种情况下,可以对没收令或民事追回令提起诉讼)或作为一种惩罚(罚款)"。这一制度背后的法律拟制,在作者看来,早在三十年前就应当过时,但近期其有复兴之态,因此我们更应对其进行反思和驳斥。

首先,罚没背后的正当性原理来自于中世纪"事物(而不是人)有罪"的拟定。在某些理论中,通过"事物有罪"的拟定,法庭恰好可以避免受到一事二罚的诟病(因为判处罚没乃是针对事物而不是人的判决)。这一理论,根据作者的说法,没有对其基本原理进行适当分析,不得不说令人遗憾。

其次,作者认为,"没收财产"的判决只在特定范围内具有正当性,包括作为犯罪预防的金钱罚款[①]、占有某物即为犯罪的情形(如毒品等)、只有没收该物才能使法律具有意义,以及强制执行海关禁令。针对除此之外的其他罚没情形,我们都应当加以反思,从而发现其背后的拟制逻辑漏洞。

---

① Powers of Criminal Courts (Sentencing) Act 2000 s. 143.

最后，实体刑法的相似领域——关于犯罪形态的法律规定，特别是犯罪意图方面——的发展基础是，应给予足够的警示，以保护法律权威，并防止国家权力滥用，即对被告的思想而不是犯罪行为施加处罚是不合理的[①]。根据这一基础，我们可以得出结论，即某些罚没判决中的"没收被告意图用于犯罪行为的财产"是不恰当的。因为，这些财产唯有真正被用于犯罪（不论是预备行为还是实行行为）时，对其判处没收才具有合理性；而一旦这些财产被用于犯罪，其就不再是"意图用于犯罪行为的财产"了。如果没收所针对的财产只是拟被用于犯罪目的，而行为人未采取任何行动来实现犯罪意图，那么没收责任的门槛就大大超出了刑事责任的标准。因此，有人认为，不能根据持有财产的意图来为没收提供正当性理由。

（二）推定条款之禁止

所谓推定条款，根据文中的定义，是指"x 应视为 y 或非 x"的拟制情况。这一情况在刑法中的运用很少，其根本原因在于，刑法对准确性有着高标准的追求。在刑法领域，以通俗易懂的语言指示犯罪的界限是可取并且可能的。因为，众所周知，刑法如果不能为大众所了解并成为大众实施日常行为的自我指导，其就会失去指示与预防的作用。因此，在其他领域可能可以被适用的"推定"，在刑法领域则是不能被接受的。

为了进一步说明该理论，作者引入了"金钱利益"这一概念作为范例。关于"金钱利益"的表述，作者认为，对其进行运用时可取其在合同性严重事故损害赔偿[②]、继承规则等方面的自然含义。"金钱利益"一词在法案中的含义不清，从而导致了实务运用中的缺陷。《1968 年盗窃罪法》的起草人想使用一个表述来涵盖[③]三个案件，其中存在不诚实地获取某物的行为，但其所获之物并非该法第 15 条（扩展）意义上的"财产"（例如，通过虚假借口获得雇佣机会，并通过雇佣获取工资之定义）。在该案中，被告被"推定"获得了"金钱利益"。

[①] "在我们的法律中，想象自己做错事而不做任何事，是不可惩罚的。"Hales v Petit (1562)1. Plow. 253, 259,75 E. R. 387,397；Hitchler (1934, p. 97)；4 Blackstone, Commentaries 21("没有一个世俗的法庭能够洞察心灵，或者洞察心灵的意图，除非它们是通过外在的行为表现出来的，因此法庭不能惩罚它所不知道的事情")；Perkins (1939, p. 907)，均引自 Goldstein (1959, fn. 1)。甚至是《2000 年恐怖犯罪法案》第 5 条都要求"准备行为"。例见 A. P. Simester et al. (2010) and Chan and Simester (2011)。
[②] Taff Vale Railway Co. v. Jenkins (1913) A. C. 1, Barnett v. Cohen (1921)2 K. B. 461.
[③] Criminal Law Revision Committee (1966).

其实，这里对"推定"的表述并不恰当，准确的表述为"应予以视为"。然而，事实是，这样的推定很快在实务中引发了困难，甚至被称为"司法噩梦"[①]。因为，在刑法适用中，这种不准确的词语含义是不能够被接受的。作者认为，"在犯罪收益的领域，这一表述本身就存在歧义。在 2002 年的《犯罪所得法》及其之前的立法中，没有'金钱利益'的定义；在史密斯案[②]中，罗杰勋爵认为，没有必要对《盗窃罪法》中'金钱利益'的含义进行研究，其表述本身的自然含义就包括了延期偿还的债务[③]。即使债务被拖延，它也不会消失，所以如果对法令的解读正确，其好处的价值通常不高。这一表述助长了大量非必要的没收令"。

综上所述，不论是从理论上还是从司法实务上来看，推定条款在刑法中的适用都应该被明确禁止，因为它们造成了刑法不必要的复杂化，使得刑法词语的含义令人难以理解，导致刑法的可预测性与可操作性受损。"若某人要面临严重的惩罚，那么这种惩罚应当建立在明确且可理解的禁令之基础上。就没收与洗钱犯罪而言，这些规定应当被废除。"

（编辑：裘飒飒）

---

① R v. Royle (1971) 1 W. L. R. 1764 per Edmund-Davies L. J.
② R. v. Smith (David Cadman) (2001) UKHL 61；(2002) 1 All E. R. 366.
③ Para 20.

社会事实、法律拟制与奴隶地位

曹一[*]

摘要：法律上奴隶制的废除并不意味着这一制度的消失。随着对所谓现代奴隶制的关注日益增加，奴隶制这个问题又重新出现在大众面前，尽管其表现形式已经发生了转变。采用何种标准判断案件中的事实是否构成奴隶现象，成为解决现代奴隶制问题的核心争点。在《社会事实、法律拟制与奴隶地位：诉讼时效之谜》一文中，Rebecca J. Scott 将奴隶拟制为财物，并通过 19 世纪路易斯安那州的具体案例以及自由时效原则，揭示了奴隶制的实质。不管是在 19 世纪的奴隶社会，还是在现代文明社会，所谓的奴隶制所有权根本没有合法的权利基础，我们都要警惕奴隶现象的发生。

作为法律实践中的技艺，法律拟制自罗马法开始历经千年不衰。学者们出于不同的研究旨趣，使得法律拟制呈现出"横看成岭侧成峰"的效果。法律拟制是法律上的真实，它是人为的创制，既源于现实又高于现实，是理性与虚构的产物。法律的终极价值是对善良与正义的促进，真实并不是它的第一追求。法律中存在虚构不是一种偶然现象，而是出于现实的需要。为了形成制度与秩序，那些在缺乏事实或无法确定事实时被制造出的虚构事实和关系即使在真实的事实出现或被证明后，也不受到影响，因为拟制是不以事实为基础的，现实的需要和价值上的考虑才是其真正的基础。

---

[*] 曹一（1993— ），女，河南驻马店人，华东政法大学 2018 级硕士研究生，研究方向：法学理论。

一、难以界定的现代奴隶制

残酷的奴隶制和农奴制在历史上曾长期存在,但随着社会的不断进步与发展,对人权的关注日益增加,对人格尊严与价值的重视程度也越来越高,这些悲惨与黑暗在世界范围内引发了轰轰烈烈的废奴运动,践踏人权的奴隶制度正在逐渐被消灭。

然而,Rebecca J. Scott[①]认为,"奴隶制这个问题又重新出现在大众面前,尽管奴隶制的表现已经发生了转变"。在现代法律中,国家否认人作为财产权的客体;在现代法律层面上,奴隶制基本不复存在,我们翻遍任何国家的宪法,也找不到一条维护奴隶制的条文。但是,在当今文明全球化的世界,对人权的蔑视与利益的驱使使奴隶现象仍持续存在着。奴隶制这一丑陋的社会现象还是普遍存在的,只不过是以另外一种形式出现在我们面前。传统的奴隶是指作为奴隶主的财产,没有独立劳动人格,附属于奴隶主,为奴隶主劳动的人。在这里,Rebecca J. Scott 认为,现代社会奴隶的内涵与外延已发生了变化。虽然没有明确使用奴隶制的概念,但是现代许多劳工剥削制度相当残酷,我们将形式上的雇佣关系实质上视作奴隶关系也不为过。比如,美国大量非法使用童工,他们日复一日地干着繁重的体力劳动,没有任何报酬或者报酬极低,失去人身自由,缺乏生命保障。这样的社会关系表面上看似是雇佣关系,但是实质上与之前的奴隶制并无任何区别。德国柏林的国际援助组织"人的土地"的负责人雷恩博士称,"奴隶制"一词在今天包含了各种侵犯人权的行为。

没有任何现代国家的法律敢于堂而皇之地维护奴隶制,但是现代奴隶现象依然存在。Rebecca J. Scott 认为,"如果在 1817 年,为了牢牢控制奴隶,奴隶主会试图去证明这个人是他的奴隶,那么在 2017 年,为了逃避法律的制裁,剥削者会试图证明劳动者并不是遭受奴役,而仅仅是在与其自身条件相符的环境下工作"。然而,社会中存在着的事实是否构成奴役现象,需要法官与检察官在案件庭审中提供充分的证据来证明。"为了使剥削者承担因奴役控制他人带来的民事和刑事责任,检察官会力图证明劳动者被当成奴隶对待。"现代奴隶制呈现出

[①] Rebecca J. Scott 是查尔斯·吉布森大学杰出历史学教授和密歇根大学法学教授,电子邮箱:rjscott@umich.edu。

多元化、国际化的特征，这就向法官、检察官、律师等法律工作者提出了一个复杂的问题，即什么样的现象是奴隶现象，怎么判断一个人在事实上是另外一个人的奴隶。例如，巴西农村地区劳动者的艰苦工作，巴黎青少年的无偿家政服务，对被运送到北卡罗来纳州偏僻劳动营的移民农村工人离开工作场所的限制等是否构成奴隶现象。① 这种举证的困难使得当代法学家可能会认为，在过去奴隶制存在的时代这个问题肯定比较简单，一个人要么是奴隶，要么不是奴隶。然而，事实则是要从实质上判断是否构成奴役，不仅是现在，在过去也同样是个艰辛而复杂的过程。即使是19世纪颁布了一些规定人可以作为财产被拥有的法律，根据该法律同样也不能确定一个人是否是奴隶。

  为了展现奴隶制的定义是一个复杂艰难的过程，Rebecca J. Scott 援引了自由时效原则。自由时效原则源于中世纪卡斯蒂利亚的阿方索十世编纂的《七编法》，该原则规定，"一个真诚地坚信自己自由生活的奴隶可以辩称，因为他的主人在特定的年限内不对他行使所有权，所以主人就丧失了对该奴隶的所有权并且这个奴隶也因此获得自由"②。Rebecca J. Scott 也通过分析19世纪发生在路易斯安那州的关于奴隶制的法律争议及代表性案例，以说明自由时效原则运用

---

① 在巴西国内的劳动法和刑法中强制执行的"类似于奴隶制的条件"的解释，在 Cristiano Paixão 和 Leonardo Barbosa 的 *Perspectives on Human Dignity* 里面有分析。*Quaderni Fiorentini per la Storia del Pensiero Giuridico Moderno* 44(2015)：1167-1184. 欧洲人权法院一直试图分析一系列的家庭奴役案件从而来给强迫劳动和奴隶制下定义，从 *Siliadin v. France* 案开始分析(案号 73316/01；最终判决是在2005年10月26日)，接下来又继续分析了 *C. N. & V. v. France* 案(案号 67724/09；最终判决是在2013年1月11日)。虽然美国的案件现在经常根据最近的 *Trafficking Victims Protection Act* 或州法律处理，但一些起诉还是明确地以奴隶制的术语而可以追溯到内战后时期的联邦法规为依据。例见 *U. S. v. Tony Booker*, 655 F. 2d 562(4th Cir. 1981)，以及更通常地参见 Bridgette Carr, Anne Milgram, Kathleen Kim, and Stephen Warnath, *Human Trafficking Law and Policy*（New Providence, NJ：Lexis Nexis, 2014)。

② *Las Siete Partidas del Sabio Rey Don Alonso el Nono*, glosadas por el Licenciado Gregorio Lopez del Consejo Real de Indias de S. M. Tomo II (Madrid：En la Oficina de Benito Cano, 1789). 规则首次出现在 Partida III, Titulo XXIX, Ley XXIII；第二次是在 Partida IV, Titulo XXII, Ley VII 出现的。Noel Lenski 指出，罗马法也有先例。在公元300年左右，较早的长期说明性取得原则(源于有关土地的物权法，具有类似的10年/20年规则)被交叉适用于人法，允许通过长期占有自由获得自由。这使一个人对自由的肯定主张成为可能，这与旧的时效法是平行的："合法开始并持续很长一段时间的自由的占有为其提供了充分的辩护。我们很久之前就可以推理得出这样的结论，即真诚和不间断拥有自由超过20年的人，应当受到时效法的保护，成为自由的罗马公民。"Diocletian 和 MaximianCJ 7. 22. 2(300 C. E.) 翻译的。Noel Lenski, *The Codex of Justinian*：*A New Annotated Translation* 有拉丁文和希腊文两种译本。Bruce W. Frier (Cambridge：Cambridge University Press, 2016)1855；Noel Lenski, *Constantine and Slavery*：*Libertas and the Fusion of Roman and Christian Values*, Atti dell'Accademia Romanistica Costantiniana 18(2011)：235-260.

的复杂性。在这些案例中,我们可以看到法官、检察官、律师以及当时的民众对自由时效原则的不同理解。当成文法并未规定但自由观念已深入民心时,当法官面临"主张阻止自由时效的形式主义"和"主张对自由进行通俗理解"这两种观点时,奴隶制问题已表现出相当的复杂性,同时自由时效原则的影响也早已超出了形式法律的范畴。同样,在现代,如果要判断奴隶制的条件,双方都应该援引当地社会关系的证据,并就这些证据的含义展开辩论。因此,虽然奴隶地位通常被概念化为只需简单确定的法律事实,但它实际上更像是一组需要被展开解释的实践行为。

二、法律拟制催生出的自由时效原则

(一)自由时效原则的产生背景

在展开分析之前,Rebecca J. Scott 向我们介绍了路易斯安那州的自由时效原则之产生背景。

路易斯安那州具有复杂的统治背景,司法权是由最高统治权决定的。虽然路易斯安那州的最高统治权以惊人的速度在转移,但自由时效的思想却一直传承下来,并表现出旺盛的生命力。自由思想起源于中世纪卡斯蒂利亚的阿方索十世编纂的《七编法》,在殖民时期的西班牙美洲被广泛引用,后在法国殖民时期被沿用。美国从法国手中买入奥尔良,并将其更名为路易斯安那。最初,为了社会秩序的稳定,大部分的西班牙法、法国法仍然被适用,但几年后,为了奴隶主的利益,政府重新起草了新的民法制度,从而在形式上废除了自由时效原则。

(二)自由时效原则的概念

在这一统治背景下,法学家对法律渊源中的自由时效原则之理解并不完全与形式法律制度同步,并且该理解在民众中产生了广泛而深远的影响。法学家对法律渊源的研究,可能与法律规定完全相反,但是流行范围和影响力远超形式法律。"自由"这一概念可以追溯到阿方索十世的《七编法》中的自由时效原则,即如果在一段时间里某件财物无人主张权利,那这份财产上的所有权可能因时间的流逝而丧失。在奴隶制的情况下,奴隶作为奴隶主财产的一部分,拟制适用了《七编法》中的自由时效原则,即如果主人未能在规定年限内对其主张所有权,那么其不仅将丧失之后重新主张这种所有权的权利,并且奴隶可以完全从"财产"的地位中解放出来,从此取得自由,不再成为财产的一部分。因此,《七编法》在实质上规定了奴隶领域的自由时效原则,即以自己的意愿在必要年限内行事,相信自己是自由的,奴隶因此能够使自己自由。①

《七编法》中关于自由时效原则的规定不仅将奴隶从被束缚的境况下解放了出来,而且给了奴隶抗辩的理由。当奴隶主想要恢复对奴隶的所有权时,该奴隶就可以使用自由时效原则来进行抗辩。但是,正如前文所述,自由时效在法律条文中的发展并不是一以贯之的。在路易斯安那州进行新民法修订时,立法者将自由时效的概念进行了扭曲,所以在具体的案例中会出现适用标准不统一的现象,也会产生两种对自由时效的不同理解。接下来,Rebecca J. Scott 就借助几个案例进行阐述。

(三)自由时效原则对奴隶地位提升的重要作用

首先,种植园主波尔切与奴隶尤拉莉的事例证实了在路易斯安那州,尽管自由时效条款已在现行民法汇集中被删除,但自由的思想仍在民众中广为流传。

1830年代或1840年代,在离新奥尔良大约100英里的上游珀恩特·库比教区,寡妇玛德莱娜·奥利维奥·波尔切是一个大种植园园主,她与一个名叫尤拉莉·奥利弗的女人的家庭密切相关。尤拉莉曾经在波尔切的种植园当过奴隶,但多年前被允许离开种植园,成为一个有色人种的自由人。多年后,当寡妇起草遗嘱时,她再三称,虽然尤拉莉·奥利弗没有任何书面的被免除奴隶身份的证明,但是波尔切保证,自己多年来从来没有把尤拉莉列为征税的奴隶,尤拉莉已经自由生活,她合法地通过时效获得了自由。

Rebecca J. Scott 接着讲述了上述事例发生时的成文法及其实际适用情况。

当时,新奥尔良拥有美国最大的奴隶市场,而路易斯安那州的糖果和棉花种植园对奴隶劳工的使用使得奴隶主和立法者应该不太可能让那些奴隶摆脱束缚、获得自由。奴隶通往自由的道路一直是曲折的。在路易斯安那州被美国从拿破仑

---

① 这段文字选自 Siete Partidas, Partida IV, Titulo XXII, Ley VII, 它可以被翻译为"若一个奴隶和他的主人在同一个地方自由且真诚地生活了十年,或在别处生活了20年,则即使他的主人没有看见他,他也能获得自由。"("Andando el sieruo, de alguno por si diez años, auiendo buena fe, e cuydando q[ue] era libre, en aq[ue]lla tierra do morasse su señor, o veynte años en otra tierra, maguer non lo viesse su señor fazese libre porende.")

手里买下的部分成为美国的奥尔良领土,关于后来成为路易斯安那州期间,西班牙的大部分法律(以及法国法律)最初可以继续适用于民事领域,奴隶可以据此向其所谓的所有者主张自由。几年后,当地立法机关就着手制定新的民法制度,而新民法中关于奴隶的法规只有在所谓的所有者之间就奴隶产生争议的情形下被适用。

在这一立法背景之下,法官小心翼翼地维护着现行法律和法律渊源的平衡。最初通过的《法律汇集》并不是一部完全重新编撰的民法,其未明确解决时效的适用问题,因此法院拥有了高度的灵活性和自由裁量权,路易斯安那州的法官拥有从西班牙和法国那成堆的法律以及《法律汇集》中选择适用法律的权力,而不是仅仅局限于从固定的法律规则中寻找答案。因此,源于《七编法》的法律自由时效原则仍在大众的法律记忆中占有一席之地。

其次,难民阿德莱德·梅塔耶的案例再次说明,法官如何在没有成文法基础的情况下援引自由时效的观点,以支持奴隶取得自由。

有一位来自圣多明戈州的名叫阿德莱德·梅塔耶的难民,他多年来一直过着自由的生活。1818 年至 1819 年,一个名为路易斯·诺雷特的人从梅塔耶的前主人手中"买"到她的所有权,并主张梅塔耶为自己的奴隶。为了让自己不再成为奴隶,梅塔耶以自己多年来一直过着自由的生活为自己辩护。经过一连串的审判和上诉,梅塔耶成功地证明了她确实已经自由地生活了 23 年,并且使法官相信自己是自由的,路易斯安那州最高法院按照《七编法》最初版本,宣布阿德莱德·梅塔耶"通过时效"获得自由。[①]

这场争取自由的斗争一波三折。初审中,在路易斯·诺雷特主张梅塔耶为自己的奴隶时,梅塔耶找到了证明自己独立生活的证据,因而在初审法院中取得陪审团支持。最高法院也认同阿德莱德·梅塔耶按时效获得自由的可能性,但认为该案适用《七编法》规则。最高法院认为,在本案中,阿德莱德与她的原主人不在同一个地方生活,所以如果从 1801 年阿德莱德与她的前主人在圣多明戈谈判达成非正式协议之日起算,她自由生活的时间太短,无法建立法律自由。因

---

① *Metayer v. Metayer*, 6 Mart. (o. s.) 16 (La. 1819). 关于此案的详细讨论,参见 Rebecca J. Scott, "'She Refuses to Deliver Up Herself as the Slave of Your Petitioner': Émigrés, Enslavement, and the 1808 Louisiana Digest of the Civil Laws," *Tulane European & Civil Law Forum* 24(2009): 115 - 136;以及"Paper Thin: Freedom and Re-enslavement in the Diaspora of the Haitian Revolution," *Law and History Review* 29(2011): 915 - 924。

此，路易斯安那州最高法院于 1818 年 4 月 13 日宣判她为路易斯·诺雷特的奴隶。① 这也说明了正是因为缺少形式法律层面的支撑，阿德莱德才在上诉审判中败诉。直至后来，梅塔耶提供了一份美国取得路易斯安那州之前，法国委员会出具的"自由证明"②，并且证实了自己的原主人十年前曾到过古巴，并且知道她在那里以自由人的身份生活，但没有采取任何步骤来主张对她的所有权这一事实，法官才据此适用《七编法》的逻辑，采纳了她主张的自己长期自由生活的主张。最终，梅塔耶和她的家人艰难地取得了自由。

在这个案例中，梅塔耶原本是个奴隶，她经过一段时间的自由生活，亦即根据《七编法》的自由时效原则，获得了自由的身份。但是，根据自由时效原则获得的自由身份并不是毫无争议的。我们从案件曲折的审理中可以看到，在一定程度上，自由是可以通过行使自由的形式来维持的。从这个意义上说，"通过时效取得自由"的原则只是使这种公众认可的行为必须维持的时间长短正式化，以便在法律上得到承认。梅塔耶的案件则凸显了这个原则适用的复杂性、奴隶身份的反复性，以及由于没有形式上的法律支撑，对自由时效的适用完全取决于法官的个人理解。若审理案件的法官认同自由时效原则，那么奴隶获得自由的几率就会大大增加；反之，奴隶争取自由的道路可谓是无比漫长。但是，不管怎么说，从梅塔耶案件最终的审理结果来看，自由时效原则即使没有被编入《法律汇集》中，它的生命力也并没有因此而减弱，而是仍然活跃在人们的思想中，存在于实践中。这个判决被载于司法记录中，并且被收录在路易斯安那州最高法院关于奴隶制和奴隶解放的主要案件的汇编中。很快，很多声称自己享有自由的奴隶在面对任何律师和地方法官时都能很轻易地援引这个观点，即"通过时效可以获得法律自由"③。

随着路易斯安那州种植园社会的日益壮大，以及制糖业和奴隶市场的扩张，自由时效原则越来越不符合奴隶主寻求无可置疑的权力来对付奴隶的需求。

---

① 最高法院的案件是 Docket No. 288, *Noret v. Métayer*, in HASCL, UNO. The decision is 5 Mart. (o. s.) 566 (La. 1819).

② 由于 1794 年法国国民大会批准的解放运动，许多来自圣多明戈的移民原则上是可以声称本着诚意自由地生活。关于诉讼的概要，参见 Sue Peabody, "'Free upon higher ground': Saint-Domingue Slaves' Suits for Freedom in U. S. Courts, 1792 – 1830," in *The World of the Haitian Revolution*, ed. David Patrick Geggus and Norman Fiering (Bloomington: Indiana University Press, 2009), 261 – 283。

③ 例见 Judah Philip Benjamin and Thomas Slidell, *Digest of the Reported Decisions of the Superior Court of the Late Territory of Orleans, and of the Supreme Court of the State of Louisiana* (New Orleans: J. F. Carter, 1834), 124, in the section titled "emancipation"。

1822年，路易斯安那州的立法机关起草了一部完整的民法典。起草者们采取了一种新的策略，试图通过重新修订该条款来取代《七编法》，从而消除对任何基于西班牙法律的直接上诉。随后，随着立法进程的推进，《路易斯安那州民法典》制定完成，自由时效原则彻底丧失了形式法律基础。在新颁布的民法典中，奴隶主通过条款修订来剥夺奴隶主张自由时效的权利。原条款为"奴隶以自己的意愿在必要年限内行事，相信自己是自由的，他因此使自己自由"，而被修订后的条款为"奴隶主在本州居住期间，准许奴隶享受十年以上、二十年以上自由的，失去恢复占有奴隶的所有诉讼权利，但逃跑、逃亡的除外"①。此次调整看似变动不大，但实际上立法者耍了一个滑头。原条款中的主体"奴隶"被转变为"奴隶主"，仅仅一字之差，条文的意思就截然不同。原条文是规定了奴隶获得自由的权利，但是通过此次调整，该条款由奴隶主张自由时效权利，变为奴隶主对自己财产所有权的处置。自此，新法覆盖了老法，自由时效制度在法律层面上完全失去可适用的空间。

民法典的制定和颁布，从形式法律层面封堵了奴隶主动取得自由的成文法依据。尤拉莉案件的后续发展，展现了奴隶在民法典出现后面临的复杂而严峻的境况。

上述种植园主波尔切与奴隶尤拉莉的纠葛还在继续。当寡妇波尔切去世后，她留下的一封出售文件使得尤拉莉一家陷入了困境。寡妇波尔切将尤拉莉一家卖给了自己的侄孙女的哥哥路易斯·埃斯尼奥特，而为了获得钱财，路易斯·埃斯尼奥特又将尤拉莉一家卖给了新奥尔良的两个奴隶贩子。当尤拉莉的丈夫起诉奴隶贩子侵犯自己家人的自由权利时，奴隶贩子辩称尤拉莉的一个女儿曾经被一个监工鞭打，这件事就代表了她还是奴隶。但是，这个事实并没有被法院采信。然而，奴隶贩子主张诉讼请求不符合《路易斯安那州民法典》第3510条的规定，不能以此作为依据。法官最终支持了尤拉莉的诉求，以《七编法》是1825年的民法典之相关条款的来源为由，认定奴隶可以通过自由时效获得自由。但是，基于当时的立法状况，奴隶的法律地位仍然处于模糊状态。②

---

① 参见 Louisiana Legal Archives, Vol. 1. *A Republication of the Projet of the Civil Code of Louisiana of 1825* (New Orleans: T. J. Moran's Sons, 1937), 414, 在"Of the prescription of ten years"这一节中。并不令人惊奇的是，the *Siete Partidas* 的源引用是 Partida III 的财产篇，而非 Partida IV 的自由篇。

② 有关该决定的官方版本及相关问题的批注，参见 Reports of Cases Argued and Determined in The Supreme Court of Louisiana, vol. XI, For the Year 1856, W. M. Randolph, Reporter (New Orleans: Printed at the Offices of the Louisiana Courier, 1857), 463–464。

  在这里,有些人可能会对自由时效的适用有些疑问。当时的路易斯安那州是典型的奴隶制司法管辖区,即使在南北战争废除奴隶制之后,也有很多白人至上主义者具有强烈的种族优越感,他们认为黑人奴隶不配拥有自由的公民地位。那为什么法官们还会允许奴隶通过时效获得法律自由呢?或者也可以这么问,仅需要通过从奴隶主手中"偷取"一定的时间就可以解放奴隶了吗?在这里,Rebecca J. Scott以反向思维提出了一个问题,那就是多年的奴隶生活真的会使一个人成为奴隶吗?人生而平等自由,没有人生下来就是奴隶。如果深究所谓的奴隶制所有权基础,我们就会发现这个所谓的所有权基础是经不起推敲的,或者可以说是根本不存在的。难道仅仅是使用强权迫使一个人屈从在另一个人的暴力下,前者就会成为后者的奴隶吗?一个自由的人真的会因为被当成奴隶对待而因此失去自由人的身份吗?显然,这个推断是站不住脚的。正如在尤拉莉案中,当奴隶贩子辩称尤拉莉的一个女儿受到类似奴隶的待遇就说明她也是奴隶时,法官并不认同此观点。此外,案件的最终审理结果也表明,把一个自由人当成奴隶去贩卖并不可能使他的社会地位降低为奴隶。换句话说,尤拉莉取得自由是有合法的基础的,并且在此基础上她已然是具有自由身份了,而仅凭一份出售文件就主张她是奴隶是没有合理的基础依据的。

  这说明在一定程度上,自由是可以通过行使自由的形式来判定的。在19世纪的奴隶社会,主张对人(奴隶)的所有权很容易,一个人的社会地位就决定了他的法律地位,这样的隐形规则是符合奴隶主的普遍利益的。[1] 因此,尽管国会一年多以前就已经禁止奴隶贩卖,但在路易斯安那州,1809年从法国殖民时期的圣多明戈进入新奥尔良的难民中,至少有3000名自由人因为其难民身份而被其他人当作奴隶。[2] 与此相对应的,另外3000人则通过公开生活所表现的社会地

---

[1] Partida III, Titulo XXIX, Ley XXIV of the *Siete Partidas*. 路易斯安那州有不成文的规则,就是如果一个人被认为是奴隶,那么他就是奴隶。但是,一个人要对他所称的奴隶主张所有权并不是那么容易。在1824年的一个类似案子中,路易斯安那州最高法院确信并不是仅仅把自由人当作奴隶就能确定奴隶地位的。参见 *Delphine v. Deveze*, Docket No. 996, Eastern District, LSC, HASCL; decision 2 Mart. (n. s.) 650(1824). 同样,此处有一个罗马法先例,《查士丁尼法典》有一个相关的小节叫 relevant section "Long Time Prescription, which may be used in favor of but not opposed to liberty." CJ 7. 22.

[2] *Metayer v. Metayer* 6 Mart. (o. s.) 16 (La. 1819), 18. 关于对从圣多明戈来到路易斯安那州的难民的大规模再奴役,参见 Rebecca J. Scott and Jean M. Hébrard, *Freedom Papers: An Atlantic Odyssey in the Age of Emancipation* (Cambridge: Harvard University Press, 2012), 65 - 70.

位和社会身份,令人信服地取得了作为自由人的社会地位。①

(四) 自由时效原则推动了美国奴隶制的彻底瓦解

南北战争之后,美国废除了奴隶制,但这并不意味着奴隶现象的根本消灭。作者在此将英国的废奴运动与美国进行对比。18 世纪晚期,欧洲开始出现新思潮,启蒙运动带给当时的人们人权、自由、平等的观念,他们渐渐觉得奴隶制是一种不道德的行为,废奴主义开始在各国萌芽。"18 世纪末,在大西洋的另一边,伴随着著名的萨默塞特诉斯图尔特案一起兴起的,还有早期的中世纪学说——英国的'自由空气'。"②在从事奴隶贸易的国家中,英国一直是一名积极的先锋。然而,就在其奴隶贸易发展至巅峰时,英国国内却出现了反对奴隶贸易和奴隶制的呼声,这些呼声逐渐汇聚为一股强大的社会力量,英国的废奴主义开始出现。在 1772 年的萨默塞特诉斯图尔特案中,大法官曼斯菲尔德以坚定的口气说:"每个来到英格兰的人都有权得到我们法律的保护,不管他在此之前受过何种压迫,也不管他的皮肤是何种颜色。英国自由的空气绝不允许被奴隶制玷污。"

美国废奴运动的历史明显比英国更为激烈和复杂,我们从 19 世纪的路易斯安那州关于自由时效的改动中就可以看出。"中世纪的自由主义是在一定时间内自由生活。作为自由和地位规则的一部分,自由主义被路易斯安那州的法典编纂者简化为财产法的一部分,从而破坏了它作为实现地位转变的工具之作用。"最开始从《七编法》中衍生出来的自由时效原则到了 19 世纪的《路易斯安那民法典》中已经被改得面目全非,立法者试图通过改变该原则来限制奴隶的自由,以维护奴隶主的利益。这些变动是立法的退步,是对人权的无视与践踏。

奴隶通往自由与平等的道路是曲折的。内战虽然让黑人摆脱了奴隶的地位,但被解放了的奴隶仍被隔离在主流社会之外,他们在一个与世隔绝的现实世界中生活。"奴隶贩子的律师罗伯特·哈丁·马尔早在 1856 年就主张对身份进行狭义的解释,这种解释在南北战争后出现了新的形式。马尔现在可能不得不

---

① 尽管奥尔良政府偶尔宣布有色人种自由人应提供书面或口头的身份证明,但政府似乎不必采取步骤系统地调查个别难民的身份。关于难民的分类,参见 Scott and Hébrard, *Freedom Papers*, 67–68, 210 n 6。
② 有关萨默塞特案的近期讨论,参见 Patricia Hagler Minter, "'The State of Slavery': *Somerset*, *The Slave*, *Grace*, and the Rise of Pro-Slavery and Anti-Slavery Constitutionalism in the Nineteenth-Century Atlantic World," *Slavery & Abolition* 36(2015): 603–617。

承认，第十三修正案确实废除了把人作为财产的所有权之规定。但是，马尔和他的盟友们希望确保的是，曾经作为奴隶的人仅在有限的范围内改变自己的地位。那些被第十三修正案评定为自由的人可能不再被要求作为财产，但在马尔看来，他们并没有因此获得原本伴随'公民地位'的自由人的权利。"在这里，作者以奴隶贩子律师罗伯特·哈丁·马尔的所作所为为代表，向我们展示了即使奴隶制在形式上已经被废除，但在当时的社会环境中，美国种族主义分子想方设法地在剥夺奴隶的选举权与平等权，他们的手段可谓是花样翻新、别出心裁。虽然联邦宪法第十三修正案和第十四修正案看似规定了自由，但是南部各州的白人至上主义者通过种种手段来限制已经获得自由的奴隶们的平等权，尤其是他们的选举权。在白人至上主义者看来，"虽然一个人可能会因为他的特定的所有权主张而被判定为自由，但是国家没有必要承认他们享有公民自由"[①]。律师罗伯特·哈丁·马尔更是代表被指控于1873年在科尔法克斯屠杀黑人选民的那些人赢得了案件的胜利；不仅如此，1874年9月14日，马尔还领导了鼓吹白人至上主义的委员会，以反对路易斯安那州的共和党政府。[②] 在实践中，完全消灭奴隶制的道路还很漫长。

三、法律拟制对实现公平正义具有重要意义

法律拟制不是肆意行事，法律价值和社会需要是拟制的动因与尺度。若脱离这两者，法律拟制便失去了自身存在的价值。价值与事实不相同，价值是对"善"的追求，事实是对"真"的追求。法律最基本的价值是公平正义，法律拟制正是在这样的原则之指导下被建立起来的。法律拟制及其催生出的自由时效原则，既反映了近代美国奴隶争取自由的残酷历程，又体现了作为一种重要法律工具的法律拟制在实现公平正义的过程中起到的重要作用。

首先，在路易斯安那州的奴隶争取自由的斗争之中，对《七编法》中的自由时效原则的援引在奴隶认定的判定中发挥了巨大作用，这一作用不仅体现在它对

---

① *Eulalie and Her Descendants v. Long & Mabry* 11 La. Ann. 463 (1856). 参见 Concurrence by Spofford, J. and Lea, J.。
② Charles Lane, *The Day Freedom Died: The Colfax Massacre, the Supreme Court, and the Betrayal of Reconstruction* (New York: Henry Holt, 2008). 关于此运动的权威解释以及马尔在其中的作用，参见 Louisiana State Museum, *Carpet-Bag Misrule in Louisiana: The Tragedy of the Reconstruction Era Following the War between the States* (New Orleans: Louisiana State Museum, 1938)。

法官选择适用形式上的成文法还是非形式上的法律渊源之影响,而且体现在它在本州的民众中深入人心。其次,即使是在过去,关于奴隶的判定也是一个十分复杂的过程,其中不仅仅是法律层面的较量,还有更深层次的阶级利益的冲突与斗争。不论处于哪一个历史阶段,斗争必然都充满曲折性与复杂性。第三,作者的讲述截至南北战争,但是关于所有权和公民地位的冲突并未因此停息。奴隶制虽然已经被废除,但是在现实中,奴役事实还是依然存在。面对披着雇佣关系外表的奴役事实,有时大众会被表面的社会关系迷惑,从而对实质上的奴隶制放松警惕。列宁曾指出,"除了名义上的解放,资本家是不会让黑人在现实生活中获得真正平等的"[1]。从过去到近代,奴隶制度以不同的形式轮番出现;那么到了现代,奴隶制这一制度仍有可能改头换面、卷土重来。

通过对历史的研究,我们可以看到,奴隶现象通常披着看似符合法律规定的雇佣关系的外衣来蒙蔽我们,过去奴隶的残酷待遇在现代可能继续存在。我们不能因为奴隶事实的外在表现形式改变就掉以轻心。因此,不管是在奴隶制时期,还是在封建时期,抑或是在如今高度发达的现代文明时期,我们都要清楚地认识到,人是生而平等自由的。学会运用包括法律拟制在内的法律手段以实现公平和正义,从而维护每一位公民的合法权利和自由地位,这是我们不懈的追求。

法律的完善是相对的,不是绝对的。一方面,法律是一个稳定完备的体系;另一方面,法律需要不断地更新以适应社会的变化。法律拟制之所以在历经千年的风雨后依然屹立不倒,是因为它具有弥合社会需要和法律制度缺口的天然作用。在法律拟制的推动下,法律制度能不断地走向完善。因此,我们要发挥法律拟制对实质正义的促进作用,以实现法律体系的不断完善和社会需求的不断满足,这样才能保证制度的稳定和社会的需求更趋近于平衡,从而实现社会的公平与正义。

(编辑:朱瑞)

---

[1] [苏联]列宁:《俄罗斯人和黑人(1913年1月)》,载《列宁全集》(第18卷),北京:人民出版社,1988年版,第541—542页。

法律解释理论

制定法解释规则之评价

[美]昆廷·约翰斯通/著*　郑菲/译**

摘要： 制定法解释规则正在遭受无价值论甚至有害论的攻击。本文之目的即在于明确这些规则的价值，并对它们的内容和使用方式进行切实可行的修订。本文主题的价值毋庸置疑，因为现代上诉法院的主要功能是解释法条。对于法院来说，如果能在解释过程中运用解释规则，那将带来极大的便利。

一、何谓制定法的解释规则？

我们的法律逐渐发觉了法律解释所蕴含的巨大权威。[①] 法律解释的一些规则很原始，而另外一些规则则比较现代。大部分解释规则适用于所有领域的法条，但其中的某些解释规则仅适用于诸如刑法、民法等特定的法学领域。虽然一小部分解释规则是通过很多州的一般制定法形成的，但它们中的大部分仍由判决形成。[②]

"制定法解释规则"这个概念在本文中的运用较为笼统，它涵盖了所有有助

---

* 昆廷·约翰斯通(Quintin Johnstone)，男，耶鲁大学法学院(Yale Law School)法学教授。本文刊载于《堪萨斯大学法律评论》(University of Kansas Law Review)，于1954年10月发表。

** 郑菲(1985—)，女，山东济宁人，华东政法大学2018级博士生，研究方向：法律方法论。本译文原载于陈金钊、谢晖主编：《法律方法》(23卷)，北京：中国法制出版社，2018年版，第54—72页。

① 引领现代制定法解释的书籍有：SUTHERLAND，《规则与制定法解释》(STATUTES AND STATUTORY CONSTRUCTION)(3rd ed. , Horack，1943)，以及CRAWFORD，《规则建构》(THE CONSTRUCTION OF STATUTES)(1940)。一份卓越的书目清单最近已经发表，这份书目清单是围绕关于制定法解释的著作、案例、法律评论而制作的。Sanders和Wade，《制定法解释的法律作品》(Legal Writings on Statutory Construction)，3VAND. L. REV. 569(1950)。在这份论文中，制定法解释和制定法阐释被当作同义词来使用。

② KAN. G. S. 1949, 77-201，MO. REV. STAT. C. 1(1949)；ORE. REV. STAT. C. 174. 这个脚注以及随后的脚注是对权威文件的说明，但并没有穷尽它们。

于法条解释的法律规则和概念,其中的一些规则经常作为解释的规范被法院引用。从表面上看,每一条规则的目的都是为了阐明制定法的含义。所有州的上诉法庭都曾在庭审中实质性地运用过这些解释规则。

大部分制定法解释规则可以被划分为两类:一种关注法条词语之间的关系;另一种关注法条词语实体之外的关系。另外,还有一些分散的规则不适用于这两个主要的分类。①

被归入第一类的规则包括:同类解释规则②;上下文解释规则③;明示其一,排除其他规则④;无明文规定规则⑤;条文的目的由词语决定规则(the purpose of a statute is determined from its words)⑥;整体法规则⑦;高度歧义的条文无效规则⑧;标题⑨、序言⑩、标点符号效果受限规则(only limited effect is given to titles、

---

① 一个很好的例子出现在 Tunk 教授对 LOWA 系列条文分析后所做出的 LOWA 条文适用于实物财产的评价。在 Tunk 教授看来,多样的规则可以催生出任意法条。TUNKS,《立法权分配的意义——一个新瓶子》(Assigning Legislative Meaning: a New Bottle),37 LOWA L. REV. 372(1952)。

② Cleveland v. United States, 329 U. S. 14(1946); State v. Certain Contraceptive Materials, 126 Conn. 428, I I A. 2d 863(1940); Parman v. Lemmon, 120 Kan. 370, 244 Pac. 277(1926); Small v. Small, 56 Kan. I, 42 Pac. 323(1895); Hammett v. Ka'nsas City, 351 Mo. 192, 173 S. W. 2d 70 (1943). But ct. United States v. Alpers, 338 U. S. 680(1949).

③ Patton v. United States, 159 U. S. 500, 509(1895); Behrens v. State, 140 Neb. 671, 1 N. W. 2d 289 (1941); Application of Spartan Airlines, 199 Okla. 305, 185 P. 2d 925(1947).

④ Walla Walla v. Walla Walla Water Co., 172 U. S. 1,(1898); Rooney v. Horn, 174 Kan. 11, 254 P. 2d 322(1953); Ledwith v. Bankers Life Ins. Co., 156 Neb. 107, 54 N. W. 2d 409(1952); State ex rel. Port of Seattle v. Department of Public Service, 1 Wash. 2d 102, 95 P. 2d1007(1939).

⑤ United States ex. rel. Coy v. United States, 316 U. S. 342(1942); Mitchell v. Mitchell, 312Mass. 154, 43 N. E. 2d 783(1942); ct. Hunziker v. School District, 153 Kan. 102, 109 P. 2d115(1941).

⑥ United States v. American Trucking Assns, 310 U. S. 534, 543(1940); People v. Knowles, 35 Cal. 2d 175, 217 P. 2d 1(1950),调卷令被驳回 340 U. S. 879(1950); State v. Republic County Commrs., 148 Kan. 376, 82 P. 2d 84(1938); State v. Hawk, 360 Mo. 490, 228 S. W. 2d 785(1950)。

⑦ Alexander v. Cosden Pipe Line Co., 290 U. S. 484, 496(1934); Costanzo v. Tillinghast, 287 U. S. 341(1932); People v. Moroney, 24 Cal. 2d 638, 150 P. 2d 888(1944); State v. Moore, 154 Kan. 193, 117 P. 2d 598(1941).

⑧ Connally v. General Const. Co., 269 U. S. 385(1926); Krebs v. Thompson. 387 Ill. 471, 56 N. E. 2d 761(1944); State v. Gaitskill, 133 Kan. 389, 300 Pac. 326(1931); State v. Humble Oil & Refining Co., 55 N. M. 395, 234 P. 2d 339(1951); ct. United States v. Cardiff, 344 U. S. 174(1952).

⑨ Brotherhood of Railroad Trainmen v. Baltimore & O. R. Co., 331 U. S. 519, 528(1947); Mad River Co. v. Town of Wolcott, 137 Conn. 680, 81A. 2d 119(1951); Attorney General v. Goldberg, 330 Mass. 291, 112 N. E. 2d 926(1953). But cf. In re Estate of Butler, 159 Kan. 144, 152 P. 2d 815(1944).

⑩ Coosaw Mining Co. v. South Carolina, 144 U. S. 550, 563(1892); State v. Consumers Cooperative Association, 163 Kan. 324, 345, 183 P. 2d 423, 439(1947); Milk Control Board v. Gosselin's Dairy, 301 Mass. 174, 16 N. E. 2d 641(1938); City of Newark v. Fischer, 8 N. J. 191, 84 A. 2d 547(1951). Contra, Bricelyn School District v. Board of County Commissioners, 55 N. W. 2d 597 (Minn. 1952).

preambles and punctuation marks)①。被归入第二类的规则包括：平义规则②；立法者通过长时间没有行动的方式对法院就某一条文主张的解释的权威性进行默认后③，在其他正式通过该条文的州，该主张具有相似效果之规则④；特殊行为适用一般规定规则⑤；法条意义的普通法效果规则⑥；冲突条文时间近者优先规则⑦；应将相同主题的法律一并解释，以便从中发现并实现立法目的和意图规则⑧；法律通过前的历史材料的使用规则(例如，对法律草案的修订或废除⑨、委员会报告⑩、委员会听证⑪、议员评论及辩论⑫、立法机构和元老院的议事日志⑬、向

---

① United States v. Shreveport Grain & EI. Co., 287 U. S. 77(1932); In re Coffee's Estate, 19 Cal. 2d 248,120 P. 2d 661(1941); Atchison T. & S. F. Ry. v. State Highway Commission, 123 Kan. 576, 255 Pac. 966(1927).

② Ex Parte Collett, 337 U. S. 55(1949); Helvering v. City Bank Co., 296 U. S. 85(1935); In re Estate of Duel, 161 Kan. 593,171 P. 2d 271(1946); McAllister v. Fair, 72 Kan. 533,84 Pac. 112(1906); City of Wayne v. Adams, 156 Neb. 297,56 N. W. 2d 117(1952).

③ Apex Hosiery Co. v. Leader, 310 U. S. 469(1940); Lockhart v. State 150 Tex. Crim. Rep. 230,200 S. W. 2d 164(1947).

④ Marlin v. Lewallen, 276 U. S. 58(1928); In re Russell's Estate, 294 N. Y. 99,60 N. E. 2d 823 (1945); Standard Steel Works v. Crutcher-Rolfs-Cummings, Inc., 269 P. 2d 402 (Kan. 1954); Nelson v. Stull, 65 Kan. 585,68 Pac. 617(1902).

⑤ People v. Moroney, 24 Cal. 2d 638,150 P. 2d 888(1944); Moody v. Edmondson, 269 P. 2d 462 (Kan. 1954); Andersen v. Heltzel, 197 Ore. 23,251 P. 2d 482(1952).

⑥ Michigan v. Michigan Trust Co., 286 U. S. 334,343(1931); State v. Western Union Telegraph Co., 12 N. J. 468,97A. 2d 480(1953); People v. Dethloff, 283 N. Y. 309,28 N. E. 2d850(1940); cf. Morissette v. United States, 342 U. S. 246,263(1952).

⑦ Kimminau v. Common School District, 170 Kan. 124,223 P. 2d 689(1950); Antrim County Social Welfare Board v. Lapeer County Social Welfare Board, 332 Mich. 224,50 N. W. 2d 769(1952); United States Steel Co. v. County of Allegheny, 369 Pa. 423,86 A. 2d 838(1952).

⑧ Harris v. Commr. of Internal Revenue, 340 U. S. 106(1950); City of Wichita v. Wyman, 158 Kan. 709,150 P. 2d 154(1944); State v. Buck, 262 P. 2d 495 (Ore. 1953).

⑨ Fox v. Standard Oil Co., 294 U. S. 87(1935); R. S. Blome Co. v. Ames, 365 Ill. 456,6 N. E. 2d 841 (1937); State v. Kelly, 71 Kan. 811,81 Pac. 450(1905).

⑩ Harrison v. Northern Trust Co., 317 U. S. 476(1943); Church of the Holy Trinity v. United States, 143 U. S. 457(1892); Institute of Living v. Town and City of Hartford, 133 Conn. 258,50 A. 2d 822(1946); City of New Bedford v. New Bedford 5. 5. Authority, 330 Mass. 420,114 N. E. 2d 553(1953).

⑪ Marlin v. Lewallen, 276 U. S. 58(1928); In re Russell's Estate, 294 N. Y. 99,60 N. E. 2d 823 (1945); Standard Steel Works v. Crutcher-Rolfs-Cummings, Inc., 269 P. 2d 402 (Kan. 1954); Nelson v. Stull, 65 Kan. 585,68 Pac. 617(1902).

⑫ Schwegmann Bros. v. Calvert Corp., 341 U. S. 384(1951); District of Columbia v. Murphy, 314 U. S. 441(1941); Bird v. Plunkett, 139 Conn. 491,95 A. 2d 71(1953).

⑬ State v. Kelly, 71 Kan. 811,81 Pac. 450(1905); Liquor Control Commission v. Fraternal Order of Eagles, 286 Mich'. 32, 281 N. W. 427(1938); State v. Ohio Turnpike Commission, 159 Ohio St. 581,113 N. E. 2d 14(1953).

立法机关提出的行政报告①、行政委员会报告②、修订者纪要③,以及某一制定法的同时代的环境等)④;法律通过后的历史材料的使用规则(例如,行政解释⑤、制定法正式修正案⑥和法院的主张⑦);被废除的⑧和重新制定的⑨条文的使用规则;被词典或专家证言公开的词语的常义⑩或专业含义⑪的使用规则;尽可能使条文解释合宪的规则⑫。立法思想的目的和内涵有时被归入第一种分类,有时被归入第二种分类。不适用于这两种主要分类的规则包括:对一些条文的严格解释规则⑬

---

① United States ex rel. Chapman v. Federal Power Commission, 345 U. S. 153(1953); State v. Kelly, supra note 25.
② Wong Yang Sung v. McGrath, 339 U. S. 33(1950)。
③ Western Pacific R. R. Corp. v. Western Pacific R. R. Co., 345 U. S. 247, 255 (1953); Ex Parte Collett, 337 U. S. 55, 69(1949)。
④ United States v. Williams, 341 U. S. 70(1951); Church of the Holy Trinity v. United States, 143 U. S. 457(1892); State v. Kelly, 71 Kan. 811, 81 Pac. 450(1905); Shapiro v. Butts, 155 Ohio St. 407, 99 N. E. 2d 173(1951)。
⑤ Alstate Construction Co. v. Durkin, 345 U. S. 13(1953); Wotton v. Bush, 261 P. 2d 256 (Cal. Sup. Ct. 1953); Sykes v. Lochmann, 156 Kan. 223, 132 P. 2d 620(1943),调卷令被驳回 319 U. S. 753(1943)。
⑥ B1People v. Sparks, 312 Mich. 140, 20 N. W. 2d 136(1945); Chatlos v. McGoldrick, 302 N. Y. 380, 98 N. E. 2d 567(1951); In re Dorrance's Will, 333 Pa. 162, 3 A. 2d 682(1939)。
⑦ Missouri v. Ross, 299 U. S. 72(1936); State v. One Gaming Table, 174 Kan. 757, 258 P. 2d 225 (1953); Nyland v. Department of Labor and Industries, 41 Wash. 2d 511, 250 P. 2d 551(1952)。
⑧ Kucera v. State, 160 Kan. 624, 164 P. 2d 115 (1945); Board of Insurance Commrs. v. Texas Emp. Ins. Assn., 144 Tex. 543, 192 S. W. 2d 149(1946); In re Phillips' Estate, 193 Wash. 194, 74 P. 2d 1015(1938)。
⑨ 重新制定行为包含了原条文被重新制定之前的司法和行政解释。Armstrong Paint & Varnish Works v. Nu-Enamel Corp., 305 U. S. 315, 332 (1938); Wotton v. Bush, 261 P. 2d 256 (Cal. Sup. Ct. 1953); Van Antwerp v. State, 334 Mich. 593, 55 N. W. 2d 108(1952)。
⑩ N. L. R. B. v. Highland Park Mfg. Co., 34 I U. S. 322(1951); Old Colony R. Co. v. Commr. Of Internal Revenue, 284 U. S. 552(1932); Hunt v. Eddy, 150 Kan I, 90 P. 2d 747(1939)。
⑪ Deputy v. Du Pont, 308 U. S. 488, 498 (1940); Flour Mills of America v. Burrus Mills, 174 Kan. 709, 258 P. 2d 341(1953); Chicago, R. I. & Pac. Ry. Co. v. Ferguson, 161 Kan. 562, 171 P. 2d 274(1946)。
⑫ United States v. Shreveport Grain & El. Co., 287 U. S. 77 (1932); State ex rel. Osborn v. Richardson, 174 Kan. 382, 256 P. 2d 135(1953); Hunt v. Eddy, 150 Kan. 1, 90 P. 2d 747(1939); State v. Thompson, 57 N. M. 459, 260 P. 2d 370(1953)。
⑬ 刑事条文遵循严格解释规则。United States v. Halseth, 342 U. S. 277(1952); State v. Hansen, 55 N. W. 2d 923 (Iowa 1952); State v. Waite, 156 Kan. 143, 131 P. 2d 708(1942); Wanzer v. State, 97A. 2d 914 (Md. 1953). 关于自然财产权的减损的条文遵循严格解释规则。Babb v. Rose, 156 Kan. 587, 134 P. 2d 655(1943). 财产权的立法解释应遵循严格解释规则。Magnolia Petroleum v. Walker, 125 Tex. 430, 83 S. W. 2d 929(1935). 在人们寻求免税时,免税条款应被严格解释。Atlantic Coast Line v. Phillips, 332 U. S. 168(1947); Palmer v. Commissioner of Revenue and Taxation, 156 Kan. 690, 135 P. 2d 899(1943)。

与对其他条文的自由解释规则①;制定法不得被解释为具有溯及力规则②。

联邦法院越来越倾向于使用立法史材料;迄今为止,美国最高法院在其大部分制定法解释案件中都使用了这个技巧。相比较而言,州法院对立法史材料的运用并没有那么频繁,大概是因为每个州有记载的可靠的历史材料远远少于联邦立法机构。所有的法院都在大量地使用相同主题法律一并解释规则、先例主张和平义规则。在某一特定的案例中,法院在解释条文时经常使用多个解释规则。

比起州上诉法院,美国最高法院近年来对制定法解释问题展示出了很好的理解力,它在这个领域表现出了富有创造力的领导能力。人们可能对美国最高法院处理的很多案件持有异议,但毋庸置疑的是,在诉讼事务的处理方面,法院目前非常重视审判职责和审判方式。在运用制定法解释规则方面,杰克逊和弗兰克福特是现代法官的杰出代言人。

二、对解释规则价值的主要抨击

在法院描述、使用这两个方面,制定法解释规则都被抨击为矛盾、含糊不清以及不合乎社会道德标准。③ 其中一些批评直接针对一般解释规则,而另外的

---

① 法条应做出对经验丰富的人有利的解释。Fishgold v. Sullivan Corp. , 328 U. S. 275,285(1946). "利益"条款应做出对受益人有利的解释。Denton v. West, 156 Kan. 186,131 P. 2d 886(1942). 药品和治疗条款应被自由地解释。Cosmopolitan Shipping Co. v. McAllister, 337 U. S. 783(1949);Zehender & Factor v. Murphy, 386 Ill. 258,53 N. E. 2d 944(1944). 工人赔偿条款应做出对该条款目的之实现有利的解释. Industrial Commission of Wisconsin v. Mc Cartin, 330 U. S. 622,628(1947); Alexander v. Chrysler Motor Parts Corp. , 167 Kan. 711,207 P. 2d 1179(1949). 税收条款应做出对纳税人有利的解释。United States v. Updike, 281 U. S. 489, 496 (1930); Ready-Power Co. v. City of Dearborn, 336 Mich. 519,58 N. W. 2d 904(1953); School District of Allentown 上诉案,370 Pa. 161,87 A. 2d 480(1952)。
② Hassett v. Welch, 303 U. S. 303,314(1938); In re Estate of Brown, 168 Kan. 612,215 P. 2d 203 (1950); Ellis v. Kroger Grocery Co. , 159 Kan. 213,152 P. 2d 860(1944); In re Layman's Estate, 208 Okla. 174,254 P. 2d 784(1953). But cf. Fay v. Allied Stores Corp., 262 P. 2d 189 (Wash. 1953).
③ ALLEN,《制定中的法律》(*LAW IN THE MAKING*),pp. 494,500(5th ed. 1951);Friedmann,《现代国家的制定法及其解释》(*Statute Law and Its Interpretation in the Modern State*), 26 CAN. B. REV. 1277(1948); Horack,《推动制定法解释的合作行为》(*Cooperative Action for Improved Statutory Interpretation*), 3 VAND. L. REV. 382(1950); Horack,《制定法解释的瓦解》(*The Disintegration of Statutory Construction*), 24 IND. L. J. 335(1949);Jackson,《法条的意义:国会与法院的意见》(*The Meaning of Statutes: What Congress Says or What the Court Says*), 34 A. B. A. J. 535(1948),8 F. R. D. 121(1949); Jones,《联邦法规解释中的平义规则和外部帮助》(*The Plain Meaning Rule and Extrinsic Aids in the Interpretation of Federal Statutes*), 25 WASH. U. L. Q. 2 (1939); Lattin,《法律准则及其在制定法解释中的适用》(*Legal Maxims, and Their Use in* (转下页)

一些批评只针对特定类型的规则,尤其是平义规则和在解释过程中涉及到外部立法帮助[①]的规则。如果这些抨击站得住脚的话,那么法条的功效将会变得不可预测,因为法院应遵循或忽略哪些规则无法被更为精确地描述。关于制定法解释的法律变成了一套儿戏,法院可以用"声誉好"的规则推导出符合法官意愿的任意结果。这种法律将成为一种挡箭牌,使法官在解决所面临的问题时能够免于审慎思考,或者可以拒绝坦白他们作出判决的真正原因。这种法律会滋长法院一方的懒惰与虚伪。

虽然一些评论者经常谴责解释规则,但他们并不会反对所有的解释规则。甚至最严格的批评者也喜欢在制定法的解释中使用立法史材料、相同主题法律一并解释规则以及明显修改的决定。评论者中的大部分也喜欢利用某些立法方法的目的。

平义规则近年来饱受批评,这不仅是因为运用它的习惯做法中存在矛盾,还因为批评者认为,没有任何事物能够达到所谓平义的标准。[②] 批评者主张,所有的词语都存在不确定性,所以没有法条的含义能够被明晰地解释;法院在审判中声称其依靠的平义解释,只不过是对推导出判决结果的其他原因的合理化掩饰。还有的相似观点认为,大部分法条在一定程度上都存在歧义,因为它们与广泛的社会阶层具有关联。[③] 与阶层有关的词语就像划分阶层的边界线一样模糊,因此,针对某个特定问题,我们无法明确整个阶层同意或不同意。普通的阶层范围越广泛,不确定的领域就越多。普通阶层中包含的所有特定情况根本不可能在

(接上页)*Statutory Interpretations*), 26 Geo. L. J. 1(1937); Radin,《制定法解释》(*Statutory Interpretation*), 43 HARV. L. REV. 863(1930). 参见 L. Hand 案评论, J., in Van Vranken v. Helvering, 115 F. 2d 709(2d Cir. 1940);以及 Frankfurter, J., in United States v. Universal C. I. T. Credit Corp., 73 Sup. Ct. 227,229(1952). But ct. Silving,《一个关于法律解释的抗辩》(*A Plea for a Law of Interpretation*), 98 PA. L. REV. 499(1950).

① 关于外部立法帮助的定义,参见 SUTHERLAND,《法条与制定法解释》(*STATUTES AND STATUTORY CONSTRUCTION*), §5001(3rd ed., Horack, 1943).

② ALLEN,《正在制定的法律》(*LAW IN THE MAKING*), pp. 482 - 487(5th ed. 1951); SUTHERLAND,《法条与制定法解释》(*STATUTES AND STATUTORY CONSTRUCTION*), §4502(3rd ed., Horack, 1943). 关于一般词汇存在的多义情况的考虑,请见 Williams,《语言和法律》(*Language and the Law*), 61 L. Q. REV. 71,384 ff. (1945).

③ Jones,《制定法疑义与立法意图》(*Statutory Doubts and Legislatille Intention*), 40 COL. L. REV. 957,963(1940); COHEN,《法律与社会秩序》(*LAW AND THE SOCIAL ORDER*), p. 133(1933). Levi 认为,规则和概念的模糊是固化在所有的法律中的,允许通过新思想的注入来改变阶层的意思是必要的。LEVI,《法律推理引言》(*AN INTRODUCTION TO LEGAL REASONING*), pp. 1 - 6(1949).

一个法条中完全被列举,因此大部分条文运用的阶层词语必然存在歧义。关于判决对使用平义规则的批评通常集中在认为该规则只遵循字面意思,而忽略了制定法想要达成的本质目的。在涉及该规则的案件中,法院指出,如果可以查明制定法的本质目的,则该目的可以左右法条中使用的词语所表达的意思。①

伴随对平义规则的抨击而来的,是对"解释法律条文时应发现并遵循立法意图"这个概念的抨击。与对平义规则的批评相似,批评者谴责了法院运用意图规则时的不可预测性,并拒绝承认立法意图的存在,或者坚持立法意图即使存在也无法被发现的观点。②

平义规则和立法意图的争辩还涉及对制定法解释中使用外部帮助——特别是使用立法史材料——的批评。对于那些强烈坚持正统的平义规则的人来说,他们仅支持立法史材料在条文解释中非常有限的使用③;他们争辩道,如果法条的意思清楚地呈现在它的表面,立法史材料就不能为制定法的解释所援引。④ 如此造成的必然结果就是,即便法条的歧义清楚地呈现在它的表面,立法史材料也不应被引用。⑤ 近年来,越来越多的人开始强力支持使用外部的立法材料,并强烈讽刺平义规则是排除他们使用立法史材料的手段。⑥ 外部材料的使用适用于那些对立法意图和目的能够提供充分洞察力的拥护者。

---

① Church of the Holy Trinity v. United States, 143 U. S. 457(1892); City of Mason v. West Texas Utilities, 150 Tex. 18,237 S. W. 2d 273(1951); Natural Gas Pipeline Co. v. Commission of Revenue and Taxation, 163 Kan. 458,183 P. 2d 234(1947).

② Radin,《制定法解释》(Statutory Interpretation),43 HARV. L. REV. 863(1930);Jones,《制定法疑义与立法意图》(Statutory Doubts and Legislatille Intention),40 COL. L. REV. 957,968(1940)。Gray认为,在需要进行制定法解释的问题中很少出现需要探讨立法意图的情况。"说起解释,它的首要功能仿佛是发现立法的真实意思。但是,即使立法机关有真实意图,不管怎样,总会有千百个质疑声出现,质疑它的意图究竟是什么……事实是,所谓解释的难点在于立法机构并没有什么意图……"GRAY,《法律的本质和根源》(THE NATURE AND SOURCES OF THE LAW),p. 172(2d ed. 1921)。

③ 一份关于立法史材料在法院1938年到1948年解释特定的制定法条款时曾发挥决定性作用的列表,其可以说明立法史材料在美国高等法院审判中的使用频率。这个列表出现在Commissioner v. Estate of Church案的附加意见中。Commissioner v. Estate of Church, 335 U. S. 632,687(1949).

④ Ex Parte Collett, 337 U. S. 55(1949); Helvering v. City Bank Farmers Trust Co., 296 U. S. 85(1935); MCCAFFREY,《制定法阐释》(STATUTORY CONSTRUCTION), p. 62(1953)。

⑤ Wisconsin Railroad Commission v. Chicago B. & Q. R. Co., 257 U. S. 563(1921).

⑥ United States v. American Trucking Assns., 310 U. S. 534,543(1939); CRAWFORD,《制定法解释》(STATUTORY CONSTRUCTION),§ 175(1940); De Sioovere,《法规解释的外部帮助》(Extrinsic Aids in the Interpretation of Statutes),88 PA. L. REV. 527(1940); Jones,《联邦法规解释中的平义规则和外部帮助》(The Plain Meaning Rule and Extrinsic Aids in the Interpretation of Federal Statutes), 25 WASH. U. L. Q. 2(1939)。

诸如议员的辩论内容、委员会听证过程中制定的条文等立法史材料的使用已经遭到反对。反对者声称,这些材料没有显示出立法的意图,而只是体现了一小部分立法者的意图。① 制定法解释过程中对立法史材料的使用也招来了抨击,因为这些材料无法被大部分律师获得。②

三、制定法解释的本质目的

在深入考虑这些关于制定法解释规则的抨击之前,我们应把注意力放在对解释行为提供基本的引导上。法院在解决解释问题时应遵循什么样的原则?法院对他们面前的条文进行解释时应努力去实现什么?以下就是对上述问题的回应,虽然陈述有些抽象,但相信大部分现代律师和法官应该会同意。

(一)立法机关与法院的权力分配

法院应该认识到它们的权力在解释法条时会受到限制;它们也应该认识到,立法机关在法律解释方面拥有更高的地位,法院必须遵循立法机构通过的清楚且合宪的法律。③ 法院无权表示,虽然这是法条所陈述的,但我们并不喜欢它,因此我们拒绝遵守它。但是,在合宪性审查方面,法院的地位高于立法机关,它们可以宣布立法机关已通过但是违宪的法律无效。① 法院应该遵循这些权力分配原则,并探索如何使它们永葆活力。

---

① Mc Caughn v. Hershey Chocolate Co., 283 U. S. 488,493(1931); United States v. Trans Missouri Freight Assn., 166 U. S. 290,318(1897).

② 参见 Jackson 在 Schwegmann Bros. v. Calvert Corp. 案中发表的并存意见。Schwegmann Bros. v. Calvert Corp., 341 U. S. 384,395(1951); Jackson,《法条的意义:国会与法院的意见》(*The Meaning of Statutes*: *What Congress Says or What the Court Says*),34A. B. A. J. 535(1948),8 F. R. D. 121(1949)。

③ "法官认为有责任去限制的东西却未被限制是一个长久的问题,就同一个判决来说,不同的法官对以前的判决会有不同角度的看法。然而,我们有责任实施国会权力没有表明的东西。在国会没有就它的目的清楚地做出说明时,困难会不可避免地产生,但关于这个目的的表述,我们在英语的语言中可以做出明确的、没有疑问的、被普遍认同的表达时,如果法院还对此表示漠视,那么其实法院就是漠视了我们宣称的最低限度的审判功能。"Frankfurter, J., Commissioner v. Church 案异议意见, Commissioner v. Church, 335 U. S. 632,677(1948)。

① 然而,在一些宪法领域中,法院已被拒绝进入。Colegrove v. Green, 328 U. S. 549(1946); Dodd,《宪法上无法实施的司法条款》(*Judicially Non-Enforceable Provisions of Constitutions*),80 PA. L. REV. 54(1931)。

（二）立法机关与法院的责任分配

法院应该认识到，在大部分政策问题上，除了合宪性审查，立法机关已逐渐成为最重要的法律制定者。法院应该认识到，立法者在汇总材料、召开听证会处理政策事务中的矛盾方面比法官受到过更好的训练，尤其当规则适用于与法院面对的当事人处境完全不同的人群时，这一表现更加明显。法院应该鼓励立法机关承担好立法职责，起码在一些立法机关试图把立法责任推卸给法院时应提出反对。

（三）创建法律的稳定性

法律的稳定性使得人们可以依照法律来规划事务，这些规划也成为实现预期的基础。稳定性确保法官的行政职责保持不变，并约束了法官自由裁量权的行使。稳定性还使借鉴以往的法律经验成为可能。

（四）在多变情况下改变法律适用

法律必须改变，因为社会一直在改变。诸如法条这类对法律原理起到概括作用的事物，在处理特定案件时所遭遇的不确定性和不可预见性一直在增加。随着时间的推移、条件的改变，一些已经建立起来的法律解决途径逐渐变得不合时宜。法院应该消除这些条文的不确定性并不断地改变法律，以使之适应新的环境。

（五）对法院面临的诉讼争议做出决定

不管是否涉及制定法解释，对诉讼争议做出决定都是法院最主要的功能。法院不堪制定一般法律规则的巨大压力而逃避，或忽视诉讼当事人的争议，这些都是很危险的。这两种情况会导致产生不合乎社会道德标准的一般法律规则，或者产生与特定诉讼当事人的关注不符之判决。[1]

（六）为确保公平，法官如有必要应制定法律

在某些地区，这仍是一个极富冲击力的想法，但这其实是从法律系统开始存

---

[1] 参见 Frank 在 Aero Spark Plug Co. v. B. G. Corporation 案中发表的并存意见。Aero Spark Plug Co. v. B. G. Corporation, 130 F. 2d 290(1942).

在就应被贯彻的理念。英裔美国法官在实际的法律制定中已经取得了杰出的成绩。我们的法律系统如果离开了法官制定法就无法运转,这些法官制定法存在于宪法、普通法、制定法的解释等所有的法律领域。[1]

(七) 在法官立法的领域,他们应运用智慧和理解力完成制定法律的任务

制定优秀的政策所必需的相关事实材料应该被提供给法官。这不仅是指法官面对的特定诉讼当事人之间的案件事实,还包含了法官对社会运行应具有足够的理解力的要求,这样他们在审判案件时才能够评估各种法律解决方式的有效性。法官还应该像立法者一样清楚认识他们的权力、责任以及面临的约束力。尽管存在法官不制定法律的谣言,但他们仍应该知晓,在这个国家,法官制定法的覆盖面有多广。

法官应该对同时代的基本道德标准具备理解力,并且对它们保持坚定的信仰。在民主社会,这些信仰应该反映在当时社会的各个方面。这给法官带来了一种典型的政府属性。在制定法律的过程中,法官应该诚挚地表达他们坚定的道德信仰。[2] 一些评论者还认为,法官对案件的判决应符合一般意义上的福利救济标准[3],或使基本的民主价值得到发扬[4]。

(八) 在立法时,法官应详尽、清晰和诚实地展示所制定的法律是什么以及制定的原因

法院应该公正并准确地公布它们作出判决的真正原因。这使得法院的判决像先例一样更加有用,且能为有益、有效的批评提供更好的基础。除此之外,法

---

[1] 关于法官是否造法的全面讨论,见 COHEN,《法官造法的程序:法律和社会秩序》(*The Process Of Judicial Legislation*: *LAW AND THE SOCIAL ORDER*)(1933)。还可参考 CARDOZO,《司法程序的自然属性》(*THE NATURE OF THE JUDICIAL PROCESS*), pp. 14 - 18(1921)。
一个法官在这个问题上这样表述:"当立法表述低于起草判决应有的最低限度的合理预见时,这个案子为法院工作任务的计算提供了说明;它同时说明,当立法意图隐于云朵之后,司法解释不可避免地含有了司法创造的意味。当成熟的意见不仅仅来自于对文本的阅读时,解释必须在两种意义之间做出选择,公平地做出具有可持续性的理性分析。"Frankfurter. , Andres v. United States 案中的并存意见。Andres v. United States, 333 U. S. 740,752(1948)。

[2] Cf. CARDOZO, op. cit. supra note 56, at pp. 107—109.

[3] Pekelis,《福利案件中的法理:法律和社会行为》(*The case for a Jurisprudence of Welfare*: *LAW AND SOCIAL ACTION*) (1950)。

[4] Lasswell、McDougal,《法律教育和公共政策:公共利益中的专业训练》(*Legal Education and Public Policy*: *Professional Training in the Public Interest*), 52 YALEL. J. 203(1943)。

院的判决还可以增加法院在审判中审慎思考的可能性。

以上的目的和原则都是笼统的,所有归纳出的法条也是如此。另外,其中的一些内容与其他内容会产生矛盾。这为我们考虑诉讼中的变化和矛盾留出了空间,也平衡了由此带来的冲突。

四、以本质目的为指引分析对解释规则的抨击

本文已经说过,我们应在之前讨论过的本质目的之指引下评判制定法解释规则的价值。任何不能促成这些目的的规则都是无价值的。

目的也可以依照标准被确定。关于标准化问题的抨击,本文已经在第二部分讨论过了。但是,这些批评也引出了一些推论,如法院在制定法的解释中如何使用权威、语言自然属性中的不确定性、立法意图的自然属性、立法史材料的自然属性等。在对被抨击的标准化问题提出解决建议之前,我们应该预先说明隐含在这些抨击背后的事实。法律规则在真实的背景下运行,因此在脱离了对真实背景的理解之情况下,试图对规则做一个标准化评价将是愚蠢的。

法院对制定法解释规则使用的不一致和不确定很容易被证明。在任何美国或英国上诉法院的意见中,我们很容易找到这样的案例。[①] 这种对待规则的做法是所有法律的特点,只是程度不同,其并非仅发生在有关制定法解释的法律

---

① 如果法条的字面意思是明晰的,那么法院就不会考虑外部帮助。Helvering v. City Bank Farmers Trust Co., 296 U. S. 85(1935). 外部帮助在法条的文本意思明晰时也可能会被考虑。United States v. American Trucking Assns., 310 U. S. 534(1940). 同类解释规则被应用在 Cleveland v. United States 案中。Cleveland v. United States, 329 U. S. 14(1946). 同类解释规则不是用来实施的,它只是对解释的帮助,而不是结论。Helvering v. Stockhoms Enskilda Bank, 293 U. S. 84(1934).

刑事法条应被严格地解释。Prussian v. United States, 282 U. S. 675(1931). 规则不是用来实施的。United States v. Brown, 333 U. S. 18(1948).

在解释法条时,词汇不应被省略或增加。62 Cases of Jam v. United States, 340 U. S. 593(1951). 扩张性的表述会被视为达成立法目的的行为。Elizabeth Arden Sales Corp. v. Gus Blass Co., 150 F. 2d 988(8th Cir. 1945).

这个不一致已被《阅读和麦克唐纳:案例与其他立法材料》一书中的案例选摘提出。READ AND MCDONALD, CASES AND OTHER MATERIALS ON LEGISLATION (1948).

更多的例子出现在 Llewellyn,《上诉判决理论、法条解释的规则或原则评论》(*Remarks on the Theory of Appellate Decision and the Rules or Canons About How Statutes are to be Construed*), 3 VAND. L. REV. 395(1950); Friedmann,《现代国家的制定法及其解释》(*Statute Law and Its Interpretation in the Modern State*), 26 CAN. B. REV. 1277(1948); 以及 ALLEN,《制定中的法律》(*LAW IN THE MAKING*), pp. 494-500(5th ed. 1951). Allen,一位英国评论家,他公开了普通法律师对法条的反感,那是一种看起来比美国法律专业人士更强烈的感觉。

中。但是，在制定法的解释中，尽可能限制法官适用法条行为的可预测性之做法非常流行。这些是实际情况。仅仅凭借这些事实，我们并不能得出法官的判决不符合道德标准的结论，更不意味着法院的整个解释权力应被彻底剥夺。只是在制定法解释的本质目的之标准下，这些不确定、不一致且不可预测的不符合道德标准的部分才逐渐变得醒目。

现如今运用制定法解释原则的不可预测性严重妨碍了制定法解释目的之实现。这种情况对法律的确定性提出了强烈的警告，并以掩饰的技巧拒绝合理的决定，拒绝清晰而真实地宣告法律是什么以及为何如此。这些滥用无法通过任何措施来弥补。

针对这种情况，我们有什么可行的解决措施吗？彻底废除全部的或某些关于制定法解释的法律，或者改变法院运用立法权力的实践？有效的解决方案似乎只能是法典化或法律重述，而后者很难脱离前者。①

这些法律中的大部分存在逻辑上的不一致，与它实施的方式背道而驰。为了达到一致的目的，这些法律中的一些内容可能应被彻底废除。如果像在即将开始的讨论中所说的那样，这些存在不一致的规则建立在不确定的政策基础上，那么将它们废除的充足理由甚至已经存在了。这些最值得被废除的应是那些关注条文词语之间关系的规则，如同类解释规则和严格/自由解释规则。

通过对事实的观察，我们可以证实对平义规则的这种抨击；我们应当按照制定法解释的目的来运用这个规则。有人声称，只要词语的内涵存在歧义，我们就有充分的理由废除该规则，而事实却是没有哪个由词语组成的法条或材料能够绝对地避免歧义。特别是法条很容易发生歧义，因为它们通常被用来规范所有阶层的事务与行为；关于社会阶层的词语总是含糊的，它无法准确地表达这个阶层的范围。法条还为庞大的人群所使用，每个人对词语的理解都存在微小的差异。

如果没有法条能达到完美的平义标准，那么平义规则是否就应被彻底废除？答案是否定的。虽然没有条文能够绝对地避免歧义，但在大部分情况下，法条歧

---

① 杰克逊法官建议重述关于一般制定法的解释规则。Jackson,《法条的意义：国会与法院的意见》(The Meaning of Statutes: What Congress Says or What the Court Says), 34 A. B. A. J. 535(1948), 8 F. R. D 121(1949)。

义的程度是非常低的。这种程度的歧义实质上只存在于有限且次要的情况下。[1] 大量的法条在本质上是明晰的，因此，除了在个别情况下，迫使法条使用一个以上意思的法条语言是愚蠢可笑的。为了实现解释的目的，一个广义的平义规则就出现了。在平义规则的适用中，如果有词语超越了合理明晰的限度[2]，那么这条规则的价值便开始显现，尽管会产生什么是合理的怀疑或什么是"歧义的实质性减少"这类公认的难题。

拒绝承认平义规则有影响力或有效力的思想，开启了违反制定法解释的本质目的之大门。这种观点导致了在制定法领域，对立法机构至高无上地位的否认。在这种观点下，因为法条总是不能保证绝对的准确，所以法院可以不被束缚

---

[1] 这种看法几乎可以被任何法条证实。工人赔偿条款是很好的例子，它们影响了数以万计的雇员，但只有很小比例的申诉可以被准确地告知法律如何运用。在工人赔偿领域范围内发生的诉讼，大致都与"在就业过程中因意外事故造成的人身伤害"这条制定法的描述有关。在一般情况下，这个语句的意思很清楚，但当极端案件出现时，在判断案件内容是否符合这条制定法规定时，疑惑开始产生。近期发生在堪萨斯州的系列工人赔偿案件可以作为这类极端案件的例子：被雪佛兰汽车经销商雇佣的机械工人，在参加其他镇上举行的雪佛兰通用汽车事业部组织的考试后，于返回途中死亡，他被认为是在就业过程中受到了伤害，Blair v. Shaw, 171 Kan. 524,233 P. 2d 731(1951)；一个雇员在工作时间攻击另一个雇员，导致被攻击者失去一只眼睛，其不被认为是就业过程中的意外事故，Johnson v. Guggenheim Packing Co., 168 Kan. 702,215 P. 2d 178(1950)；一位油井钻孔工人在上班放松间隙维修他自己汽车时受到伤害，他被认为是在就业过程中受到了伤害，Hilyard v. Lohmann-Johnson Drilling Co., 168 Kan. 177,211 P. 2d89(1949)；一位看守参加公司安排的几个月时间的手枪培训班，结果听力逐步受损，他被视为在就业过程中受到意外伤害，Winkelman v. Boeing Airplane Co., 166 Kan. 503,203 P. 2d 171(1949)；工作期间嬉笑打闹造成的伤害后果不被视为就业过程中的意外伤害，Neal v. Boeing Airplane Co., 161 Kan. 322,167 P. 2d 643(1946)；一位雇员在工作时间查看他用于上班的汽车轮胎时受到了伤害，他不被看作是在就业期间受到伤害，Brandon v. Lozier-Broderick &Gordon, 160 Kan. 506,163 P. 2d 384(1945)；因寒冷天气在户外工作造成的冻伤被视为意外伤害，Murphy v. I. C. U. Const. Co., 158 Kan. 541,148 P. 2d 771(1944)；由于艰巨的卸装工作导致的严重冠状动脉血栓形成被视为在就业期间的意外伤害，Peterson v. Safeway Stores, 158 Kan. 271,146 P. 2d 657 (1944)；建筑公司的雇员在军械车间被汽车伤害被认为不是在从业过程中，因为在被伤害的时刻他在去上班的路上，而且还没有到达他的工作场所，Harrison v. Lozier-Broderick &. Gordon, 158 Kan. 129,145 P. 2d 147(1944)；职业病的结果，如精炼厂气体中毒，不被认为是意外伤害，El Dorado Refining Co. v. United States Fidelity &. G. Co., 157 Kan. 198,139 P. 2d 369(1943)。
一位英国评论者这样描述："……我们使用的词汇，虽然它们的核心意义是相对固定的，但在相当数量的边缘案件中，它们的适用是值得怀疑的。"Williams,《语言和法律》(Language and the Law), 61 L. Q. REV. 71,191(1945)。

[2] 最近，在决定一个规定不因模糊而无效时，美国最高法院运用了合理确定性的标准。这个规定由州际商业委员会颁布，违反者将受到刑事制裁。在法院看来，Justice Clark 先生表示，"一个刑事法条必须给予充分、明确的提示，使行为人为避免受到处罚而做出适当的行为，并给予法官以适用指导，让律师为被指控的人辩护。但是，寥寥数语无法表达精确，大部分条文必须处理无法预见的各种各样的具体情况。由于处理政府事务的实践需要，立法者要求的明确标准不可避免地降低到极限。总之，合理确定性的标准没有达到。"Boyce Motor Lines v. United States, 342 U. S. 337,340(1952)。

地对法条进行解释。法院可以按照自己的喜好去制定任何规则,按照自己的意愿去审判案件,而不用去管制定法的意思,因为它可以不为制定法的语言所束缚。

关于法律内涵的规则是被抨击的另一个焦点,这同样值得深入分析。这些批评引出了一个问题,即作为被随意使用的一个短语,"立法意图"是什么。关于意图的看法总是给法律制造麻烦,在制定法的解释领域更是如此,因为立法是群体行为的聚合。如果立法意图被解释为所有立法者对该特定法条的想法,那么这个概念对于制定法解释来说就是无用的。[1] 先不管证明精神内容的可能性有多少,如果它能被证明,那么它将是一个巨大的混合物,这个混合物由差异巨大的各种思想构成,所以我们很难把思想来源的种类从中理清。

在立法核心成员对法条意思表达了意见的情况下,立法意图这个概念可以拥有一个更加明确的意义。这样,对一些立法史资料的使用(如委员会报告、委员会听证的内容以及在议院或立法机构的会期中由委员会主席或议案的发起者组织的议员会议的记录)可能会以拥有全部立法话语权的核心成员的想法为基础。暗示的力量会逐渐形成一种权力。[2] 当这种理论使意图能够被轻易地发现时,这种力量的权威性便丧失殆尽;况且,如果这种力量隐含在法律中,那么我们就很难在实践中适用该规则。

"立法意图"这个词有时被用于揭示法条的含义,这种揭示可以通过分析条文本身的语言的方式,也可以通过使用所有合理的外部帮助(譬如立法史材料)的方式。[3] 从这个意义上说,立法意图可以摆脱与立法者思想进程的联系,取而

---

[1] "我们同意这个问题还没有摆脱质疑……这个问题令人困惑,关于所有类型的解释都常常被它困扰:究竟还有多远,阅读才能超越字面意义而认清文本的首要目的? 发表再多的论文,浪费再多的墨水,也无法使这个讨论有所根据。当我们询问国会的'意图'时,常常找不到答案,如果我们的意思是任何人或一群人实际上想到了什么。"L. Hand, J., in United States v. Klinger, 199 F. 2d 645, 648 (2d Cir. 1952). 立法意图的同样的效力,见 KOCOUREK,《法律科学引言》(AN INTRODUCTION TO THE SCIENCE OF LAW), pp. 201 - 202(1930), 以及 ARNOLD,《政府的象征》(THE SYMBOLS OF GOVERNMENT), p. 37(1935).

[2] S. E. C. v. Collier &Co., 76 F. 2d 939(2d Cir. 1936).

[3] "'立法意图'被视为围绕制定过程——前立法史而进行解释的标志,其有助于归纳出法律的条件和动机。立法意图如此被逐渐描述成一种相关性规则。裁判的时间和紧迫性使调查所有与之有关的社会现象的材料的能力降到了极限。所谓的调查结束,当然不可能是调查所有的方面,立法意图的概念仅被指引到看起来与法条意思有关的资料上……立法意图渐渐不是立法机关的真实意图,但确实是理解未来立法行为所需要的可靠证据。"Horack,《制定法解释的瓦解》(The Disintegration of Statutory Construction), 24 IND. L. J. 335, 340(1949).

代之地形成一份常以书面方式来记录的、记载明确意图表达方式的材料。在立法者对他们制定的法律进行解释时,这些材料可以作为具有效力的参考。立法意图的这个意义,使法条解释更接近法条的本质。现在看来,这即将被大部分值得尊敬的地区大力提倡。① 有时,为了让法院能够发掘部分或全部立法者在解决某一问题上的立场,立法意图会以其他的名字出现。② 另外一些时候,若法院能够坦率地承认它们在制造法律,则它们能够更好地发现立法目的或意图。③

立法意图或目的通常是为了排除其他给出相反结论的解释规则的效果而设置的。④ 这在逻辑上经常制造麻烦,增加制定法解释的不可预测性和混乱程度,因为其他制定法解释规则也可以被看作是立法意图的产物。⑤ 判断为何以及何时一个关于意图的表达凌驾于其他表达之上,是一个难题。这个问题在法院通常能够得到最好的解答,因为它们具有出于某些原因而隐含的自由裁量权,所以可以按照自己的想法来决定如何解释法律。

"立法意图"和"立法目的"这两个概念在法律中被运用得如此随意,以至于表述了如此之多混乱的思想,还不如不被纳入法律词汇。⑥ 在这一方面,这两个概念与另一些通常被认为导致法律混乱的标志性词汇相似,如接近的原因、法院间的礼让承认和确切事实(proximate cause, comity, and res gestae)。但是,废

---

① S. E. C. v. Joiner Corp., 320 U. S. 344,350(1943); United States v. American Trucking Assns., 310 U. S. 534(1940); Helvering v. New York Trust Co., 292 U. S. 455,464(1934); Federal Dep. Ins. Corp. v. Tremaine, 133 F. 2d 827(1943); City of Mason v. West Texas Utilities Co., 150 Tex. 18,237 S. W. 2d 273(1951); Rogers v. Board of Public Utilities, 158Kan. 693,149 P. 2d 632 (1944); Frankfurter,《法条阅读的反省》(Some Reflections on the Reading of Statutes), 47 COL. L. REV. 527(1947); Jones,《制定法疑虑与立法意图》(Statutory Doubts and Legislative Intention), 40 COL. L. REV. 957,974(1940); LENHOFF,《评论、案例与其他立法材料》(CASES AND OTHER MATERIALS ON LEGISLATION), pp. 626,630(1949)。很多法条是政治斗争妥协的产物,这个事实常常为查明目的带来困难。LENHOFF,同上,第 631 页。
② United States v. American Trucking Assns., 310 U. S. 534(1940),词语的意图和目的在这里成为同义词。
③ Caminetti v. United States, 242 U. S. 470(1917),在解释模糊的制定法语言时,立法内涵发现被用于简明意图规则;Schwegmann Bros. v. Calvert Corp., 341 U. S. 384(1951),在不确定和冲突的立法史中发现了国会的意图;Clifford v. Eacrett, 163 Kan. 471,183 P. 2d 861(1947)。
④ S. E. C. v. Joiner Corp., 320 U. S. 344,350(1943); United States v. American Trucking Assns., 310 U. S. 534(1940)。
⑤ 同上;Hassett v. Welch, 303 U. S. 303(1938); United States v. Jackson, 280 U. S. 183(1930)。
⑥ 法官 Frankfurter 先生明确表明,应限制"立法意图"这个词语的使用,但他确实使用了"立法目的"。Frankfurter,《法条阅读的反省》(Some Reflections on the Reading of Statutes), 47 COL. L. REV. 527,538(1947)。"使用'立法意图'的表达易造成误解,且完全没有必要。"KOCOUREK,《法律科学引言》(AN INTRODUCTION TO THE SCIENCE OF LAW), p. 201(1930)。

除这些词语解决不了任何问题，反而会在避免解释它们时造成更大的困难。

通过外部帮助寻求立法意图的观念是否理想，依赖于之前讨论过的平义规则的价值，也依赖于关于使用外部帮助的规则的价值。

在决定何时以及何种方式使用外部帮助时，法庭应该考虑被牵连进来的力量。外部帮助有可能成为法院不恰当之分配权力的手段。当把一些立法者的表达当作权威时，法院可能会给予那些未被法律赋予权力的人过度的权力。另一方面，法院可能为了采纳一个存在多个冲突记录的立法史材料而故意忽略平义规则，此时法院可能掌控了太多的权力。① 在后一种情况中，法院看起来在从事另外一个邪恶的实践，即合理化它们已失去的优先权地位。

针对不以全部的立法表达为基础的立法史材料，一个有力的论点认为，法院不应被它束缚。将这样一种材料视为权威会导致不民主的结果，且违反我们代表制政府的观念。约束法院的目的是为了避免法条自身的不清晰，如果一个案件植根于为约束法院而举办的听证或报告，那么在与立法史材料发生对抗时，它的效力最强。② 法官此时应该成为超越全部立法者的地位最高之法律制定者。

虽然法院遭到是否应该自行判断"应否受所有外部帮助的约束"的质疑，但它们从外部材料中可以获得关于法律应是怎样又为何这样等有价值的思想。这样的材料可以增强法官对英明的法官前辈所制定的法律的理解力，而对法院是否按照它们表述的优先权来行事无任何强制要求。③ 不管是法律通过前的还是

---

① Jackson, J., Schwegmann Bros. v. Calvert Corp. 案中的并存意见。Schwegmann Bros. v. Calvert Corp., 341 U. S. 384,396(1951)。

② "如果仅通过探讨这一事实——我们的研究在参议院委员会主席允许 O. P. A. 的总法律顾问提交的 60000 个词汇中揭示了它的存在——的原因，便将此归因为国会熟悉更不用说接受某种解释，那么我们定会公开反对立法程序的现状。这里是否存在最微薄的基础可以假定委员会成员会阅读法院目前正在依赖的律师提交的意见？……很难相信，即使是国会中最认真的成员，仅因为他们的观点正如 O. P. A. 概要一样被记录在备忘录文件上，就要对被记录下的观点负责。在备忘录的基础上，我们可以更多地信赖法院的意见。如果一个法条的语言取决于暗含的神秘的解释程序，由于允许备忘录可按照他们定义的利益提交给国会委员会是一种通行的做法，那么我们将会为政府的诱惑提供一种巨大的鼓励，并为国会通过收集这些资料对他们个人观点的确认赋予一种自保的证据。Hitherto 并未因此怀疑过能够为看上去无害的立法确定一种所需的注释机会。"Frankfurter, J., Shapiro v. United States 案的不同意见，Shapiro v. United States, 335U. S. 1,46(1948)。

③ Skidmore v. Swift &Co., 323 U. S. 134,139—140(1944)，在一个针对涉及公平劳动标准的案件发表的意见中，Jackson 法官表明了对这个观点的赞同："没有这样的制定法规定，如果真有的话，遵守法院应该对行政官员的结论有好处。并且，我们注意到，没有理由试图规制制定法规定的影响…它们当然不是决定性的，即便它们直接处理的案件，也比它们仅提供了分析的少得多。制定法规定并非由法令的解释构成，也不像高级法院或许会做出的权威性宣示那样，成为在裁判事实情况时约束地区法院程序的标准。但是，行政政策的出台是为了追求行政职责的完成。相对于单个案例的判决，制（转下页）

通过后的外部帮助,看起来对解释问题都进行了极为深入的思考,如同它们在制定法效果和意义的判断上所表现出来的敏锐的观察力。外部帮助资源增加了法院在解释条文时衡量所有相关资料和想法的机会,因此它们不会遗漏任何重要的因素。如果大部分外部帮助都被当作思想和信息的来源渠道,而不是被视为权威,那么关于法院在考虑这些帮助时是否需要被限制的争论就可以终结了。这个观点也使得各州对法律通过前的立法史没有过多记录的情况变得不那么重要了。①

所有关于制定法解释的评价都应考虑其他两种规则的价值:关注条文词语之间关系的规则和严格/自由解释规则。这两个规则之前就被指出与政策存在出入,用途也不确定。但是,先把这些情况放在一边,这些规则有任何价值吗?这些规则的目的是通过单词和句子结构的不固定组合,以增强法律语言的确定性。在一定条件下,这是一个有价值的目的。当阅读法条的人们都对法条有很好的理解力时,并且在法庭能够严格地按照规则办事的情况下,一个严谨制定的规则无疑可以消除一些歧义。但是,增强确定性的目的却被事实击败了,因为法条没有获得广泛的理解,而法院也没有严格按规则办事。法院为它们想要消除的事情做了贡献。幸运的是,我们还有其他更好的途径去探寻这些规则想要创造的确定性,即进行更加谨慎和彻底的挑选。②

法院有时会表示,制定法解释规则对于他们来说不是束缚,而仅是帮助和指导。③ 在这种严谨的态度下,我们有必要使用规则吗?一般来说不需要。对平义规则的限制侵犯了立法者合理情况下的至高无上之地位。如果一个规则(如同

(接上页)定法规定需要更丰富的具体经验、广泛的调研和信息搜集……在这个法令下,我们考虑了有关行政官员的规则、解释和看法,他们没有因自身的权威而将法院置于控制之中;在法庭和当事人需要指引的时候,他们确实提供了经验和判决指导。某个具体案件的分量,如果没有外来力量控制的话,取决于它的证据的完整、理由的正当、前后宣称的一致以及所有对说服有利的事实。"

① 为了推进解释进程,Horack 教授强烈要求提供更好的州立法记录。Horack,《制定法解释的瓦解》(*The Disintegration of Statutory Construction*),24 IND. L. J. 335,348(1949)。
② 关于改进 Conard 草案的卓越建议,见《书写法律的新路径》(*New Ways to Write Laws*),56 YALE L. J. 458(1947)。
③ S. E. C. v. Joiner Corp., 320 U. S. 344,350(1943);United States v. Dickerson, 310 U. S. 554,561(1940);Texas v. United States, 292 U. S. 522,534(1934);Church of the Holy Trinity v. United States, 143 U. S. 457,462(1892);Johnson v. Hensley, 150 Kan. 96,102,90 P. 2d 1088,1092(1939);State v. Miller, 90 Kan. 230,233,133 Pac. 878,879(1913)。"法律规则"与"解释规则"之间的区分增加了法院的迷惑。Illinois Central R. R. Co. v. Franklin County, 387 Ill. 301,56 N. E. 2d 775(1944);City of Lexington v. Edgerton, 289 Ky. 815,159 S. W. 2d 1015(1942)。

类规则)的目的是增强意义的确定性,那么即便把它奉为指导者,法院也会通过承认与它相背离的混杂的情况而致使它的目的无法实现。同样,即便把那些规则的性质从规范转化为指导,也不会有任何价值。但是,一些规则,包括大部分关于未通过的立法史的规则,也可以作为指引者被有效地使用,这里的指引是指在审判中向解决解释问题提供的没有权威性的建议。这类指引性规定应被置于没有权威的地位,而不应被视作法律规范。

五、立法机构与法院作为法律制定者的关联价值

立法机构和法院的立法功能紧密相关。立法机构通过的条文越清楚、越细致,法官在立法中能够进行解释的机会就越少。越多的法律集结成法典,法院对普通法进行发掘的机会就越少。立法机构对法官造法感到越称心,制定新法条的机会就越少。

关于立法者造法和法官造法的关系,我们需重点考虑的是它们作为造法主体的关联价值。当人们认识到立法机构拥有一项重要的权力时,即决定自己将制定多少法律,以及留给法院制定多少法律,价值问题就变成一个典型的标志性问题。在相对较小的范围内,法院有同样的选择权。在这个范围内,立法者和法官制定最好的法律的积极性都被激发了,那么我们现在应该关心的是立法者和法官作为法律制定者的能力。对立法者和法官的能力之考量可以对他们所制定的法律之种类产生影响。

好的法律制定者应该具备对事实的认知能力,这个事实包括需要思考的问题以及可能的解决措施所带来的大致效果。立法机构具有更好的事实发现技巧,它们在法律的制定中遵循的程序也比法官更适合立法。[①] 然而,立法机构运用这些技巧优势的概率另当别论。法院系统在发现诉讼当事人之间的纠纷事实方面具有很高的技巧。法院的缺点是,在将具体的案件抽象为法律规则时,它们很难保全事实,而这会导致很多规则与原来的案件产生实质性冲突。当抽象的规则被查明后,法官便很少考虑那些诉讼之外的事情。当规则被查明后,法院一般不会关心这些规则对其他人会产生何种效果。法官把精力放在如何解决双方

---

① 这些已经受到美国最高法院的一致认可。Halcyon Lines v. Haenn Ship Corp., 342 U. S. 282 (1952).

当事人之间的矛盾上。这些是事实,虽然法官可以充分认识到他们的观点会被未来的诉讼引用。在制定法律时,立法机构通常关心的是,新法会对哪些情况下的哪些人造成影响以及对它们自己的影响。立法机构的事实发现技巧可以直接回答这个问题。

在个别情况下,律师会向法庭提交资料,旨在证明庭审中事实的典型性或非典型性,以及展示所需的裁决或法律将对诉讼当事人之外的人产生何种效果。但是,这种现象很少出现,而法院自己也很少从二手资源中探求这些资料。这种判决依赖于支持者能够制造与法律一样的适当事实。虽然法院有法律助理,但法律助理很少研究诸如某个特定判决对诉讼当事人之外的人产生的效果等法律之外的事务。法律助理的服务仅限于与记录、法条、案件、规则等有关的法律事务服务。

刚才之所述并非对法官造法的谴责,而是指出了在同样范围内,相对于立法机构而言,法官造法所面临的不利条件。既然存在相关的规定,那么更多的法官造法是不可避免的,也是值得期待的。不管是现在还是未来,立法机构通过的法律——那些可适用于所有事实情况的法律——都不可能没有歧义或矛盾。立法者不可能参与所有发生的情况,他们也无法赞成大部分立法者在面对含糊抽象的词语时具有的妥协态度。[①] 法院需要通过提供条文来填补这些法律漏洞。在制定法律的某些方面,法院的地位高于立法机构。法院可以给予掌握的案件足够的谨慎态度和足够的时间;通过发明上诉程序,至少两家法院——事实上通常是两家以上的法院——会给予每个案件谨慎的考量。另外,法院在使用先例(特别是判决先例)方面具有高超的技巧,其通过分析相似判决中蕴含的经验和智慧来解决几乎所有现有案件的争议。法院还保持着政府从没有过的公平传统。除了少量例外,法院是不能被影响和施予压力的。事实上,除了通过当事人、诉辩状、申请、庭审、诉讼要点、口头辩论等常规程序,法院甚至不能受到手头案件的动机之影响,不管是形式上的还是非形式上的动机。

虽然立法机构无法像法院那样公正地运行,但是它们承受的压力迫使它们成为更好的立法者。院外游说的民众迫使每个立法机构寻求卓越的信息储备,从而不会发生现代立法机构无法运行的情况。这些信息不仅由解决问题的建议构成,还包括事实(包括那些不容易通过其他方式获得的事实)。法院把这些信

[①] LEVI,《立法内涵引言》(*AN INTRODUCTION TO LEGAL REASONING*), p. 22(1949)。

息完全排除在外,而立法机构则接受它们。

  院外游说经常以非正式的方式进行,但其会获得正式组织的核心团队与程序的支持。这些组织和程序包括委员会的听证与调查、法律协议仲裁、法律政务委员会、法律挑选服务、由专业行政部门向立法机构提供的报告,以及法律辩论会。① 法院不能与之相提并论。不幸的是,由于每个会议面临着繁重的工作,所以它们不能发现潜在的全部立法事实。大部分州的立法会议都存在这个缺陷。最近那些为了令政策难堪而进行的调查并不是为新的法律制定打基础,而是一种政治策略。

  立法机构在运用事实发现技巧上的频繁失败,以及法院在作为事实发现者时遇到的阻碍,成为了行政机关和行政法律权力滋长的借口。② 相似的是,法院在作为事实发现者上的局限性可能使它们不情愿承认它们制定法律的原因。③ 这也很好地解释了为何在法律解释中,法院宁愿依靠任何一条法律规则来裁决案件,也不愿坦白它们在碰到条文歧义时所发挥的造法功能。这也可以部分解释联邦法院在碰到条文解释问题时对法律历史的迷恋。法院似乎意识到了它们在制造抽象法律规则上的局限性。法院好像也意识到了,如果它们承认是在以自己的看法解决条文解释中的歧义问题而不是依赖概念,那么这些局限性将变得十分明显。

六、结论和建议

  关于条文解释的法律不可能精确严谨地运行。其中一个困难是,法条解释的规则已经被叙述得过于精确,并被过多地寄予了能够进行精确适用的期望。

---

① WALKER,《立法进程》(*THE LEGISLATIVE PROCESS*), ch. 16(1948); Guild,《堪萨斯立法委员会的成就》(*Achievements of the Kansas Legislative Council*), 29 AM. POL. SCI. REV. 636(1935); Jones,《国会和州立法委员会的清单起草服务》(*Bill-Drafting Services in Congress and the State Legislatures*),65 HARV. L. REV. 441(1952); Lindsey,得克萨斯州立法委员会,2 BAYLOR L. REV. 303(1950); Ruud,俄亥俄州立法服务委员会,14 OHIO S. L. J. 393(1953)。
② 关于法院的观点由 PEKELIS 提出,《法律和社会行为》(*LAW AND SOCIAL ACTION*), p. 13(1950)。具体语言见 Skidmore v. Swift, supra Note 75。
③ 关于法院勉强承认造法的另一种解释是害怕公众指责。Frank,《词语和音乐:立法解释的一些评论》(*Words and Music*:*Some Remarks on Statutory Interpretation*), 47 COL. L. REV. 1259,1269(1947)。当权者坦白公开地解释他们的所作所为,关于这种行为危险性的讨论,见 PEKELIS, op. cit. supra note 82, at pp. 30-33。

由此带来的结果就是迷惑和不确定。诉讼案件所使用的条文陷入了复杂的境地，那里有过多的运用条件存在、过多的权力以及判决的争斗要解决，其无法妥协地指望依赖口头解释惯例。另外，语言自然属性内在的歧义也大大地限制了严谨的可能性。

虽然制定法解释不可能成为一门简单的艺术，但在法律规则和立法情况的实践中，我们还是可以做出改变，以使它更好地执行其最基本的目的。以下几点改变可以产生这种效果。

1. 在解释条文时，法院应该更深刻地认识制定法解释的本质目的。在法官的思维中，像本文的第三部分所阐述的那样，法官的酌处权和制定法案件中的规则应该一直伴随着本质目的。

2. 我们应该更好地发掘法官和律师对解释进程的理解力。法律执业者特别应该对法院作为法律制定者的范围有所认识，并了解现如今法官的法律制定者属性是如何通过任意的规则被频繁隐藏起来的。当上诉法院在法条适用中进行造法时，它们应该坦白，而不是在其他准则恰好推出相反结果时，声称去发现法律意图或提供一个结构性准则。[1] 在现代审判中，现实主义趋势已为增强这种理解力做了很多工作，但这还不够。律师组织在它们批准通过的教育项目中也许应该给予这个问题关注。州法院尤其落后，因为它们在制定关于条文解释的法律时缺乏明智的领导。这种情况亟需改变。一个令人鼓舞的进展是，最近许多法律学校的课程开始关注法律解释。这一情况将使青年律师在解释法条的过程中比他们的前辈少一些天真。

3. 关于制定法解释的法律应该被修订。一部制定法或者重述的修订意味着其可以获得法院更多的接受。修订应该删除原有的法律中对解释规则没有什么帮助但容易导致混乱的部分。"学说灌木丛"（the doctrinal underbrush）的消除应使得法律更加清爽，有更强的可预测性，让法院更难作出没有原因而只能自圆其说的判决。关注条文词语之间关系的大部分规则应该被彻底排除，包括同类规则、明示其一即排除其他规则以及上下文解释规则。另外，严格和自由的解释规则也应该被排除。规则的任何修订都应该明确平义规则，并在条文存在合理歧义时恰当地适用它。修订还应该排除与"法律意图"这个词有关的内容，因为它们会造成困惑，而且它们的适用还会产生误解。

---

[1] Frank, supra note 83, at 1271.

4. 不管法院是否喜欢由此带来的结果,它们都应接受一些先例和当权者彻底的束缚。但是,其他的先例和当权者应被仅仅当作法官造法的思想来源,法官可以按照自己的偏好遵循或忽略它们。带有合理歧义的条文应被法院彻底约束,这保证了立法的至高无上。不受遵循先例原则限制的判决先例,也应该被绝对约束。我们应一直遵循条文解释的平义规则,除非全部立法者有所表达,诸如法律条文的主题相同的应一并解释原则,以及废除法律草案或者废除的行为指出这个法条的归属。这也可以担保立法的最高地位。其他关于制定法解释的外来帮助,包括未通过的立法史,不应受到法院的限制。这些外来帮助应该被当作解决问题的建议;遇到与它们有关的不公平的扰乱时,它们也可以正式地被适用。

5. 如果法院相信立法机构能够比法院更好地履行制定法律的职责,那么法院就应该在最狭窄的可行范围内裁判案件,以避免它们作出的判决之权威减少到最低程度。但是,这只应该发生在当法院发现立法机构在法院拒绝行动的情况下要行使它的高端立法技巧之时。一般情况下,针对立法机构通过的不适当的法律,法院将通过判决造法来弥补。通过这种途径,立法机构可以减少通过不被认可的法律的窘迫。在这种情况下,法院造法还是立法机构造法已经没有区别,除非有情况显示立法机构具有法院所不具有的条件,因而其能制定更好的法律。有个很少被法院使用的发明,其应该被更广泛地利用,从而迫使立法机构创造出更好的法律。这个绝对有效的发明就是,在条文产生高度歧义时,声明该条文由于它的歧义而无效或不合宪。

6. 为了减少解释问题的数量,立法机构在创造更好的法律上仍有空间。技术性的挑选可以消灭很多歧义。最近几年,立法机构有了大幅度的发展,法律挑选办公室(legislative drafting offices)为此提供了巨大的帮助[1];但是,它需要做的还有很多。例如,最近的肯塔基州和俄勒冈州进行的谨慎的法律修订[2]仍需要消除一些有缺陷的挑选,以及与现有规范不一致的条款。州立法机构应该保护并且公布更多的关于立法史的书面记录。特别是,具体的委员会记录和议员辩论的副本以及委员会听证应被允许获得。这类外部帮助资源在州立法过程中

---

[1] 参见 note 81 supra。
[2] Cullen,《俄勒冈州制定法修订》(*Revision of the Oregon Statutes*),28 ORE. L. REV. 120(1949);Cullen,《制定法修订技术——修订者手册》(*Mechanics of Statutory Revision-A Revisor's Manual*),24 ORE. L. REV. 1(1944)。

几乎不存在。鉴于立法机构能够获得比法院更好的法律制定资源,立法机构应承担起更多制定法律的责任。一个公共机构的出现可能会对此有所助益,它在判决意见被宣布后的很短时间内提供法条解释的梳理服务,并将其作为建议提供给立法机构,以指出某个法条为何应在解释中被改变。① 这给立法默认的概念带来了更多的压力。有趋势表明,这项工作需要具有资质的成员对所有本州存疑的上诉判决进行高质量的学习研究,并且对需要更改解释的法条提出修改建议。我们还应该考虑由法院正式提出的立法建议,并保证法院接受关于它们建议的听证。还有一些已存在的立法服务,如制定法的修订者可以被赋予审核判决的任务,或者可以将这个任务分配给一些立法委员会的普通律师或代理律师。

7. 应该更谨慎地挑选法官。法官不仅应是优秀的律师,而且还应该是同一时期珍视审判公正价值的人。后者在政治民主的社会尤为重要,因为法官造法的功能更为广泛。政府在任命法官时,以及政治家在支持法官的候选人资格时,都应该高度关注他们选择的造法者的素质。

(编辑:俞海涛)

---

① 最近,Ruud 教授推荐了这种服务类型的方案详述。Ruud,《司法意见的立法审计——一个建议》(A Legislative Audit of Judicial Opinions-A Proposal), 32 TEX. L. REV. 539(1954)。

实物证据鉴真规则：语词诠释与学理探微

孔祥伟*

摘要：在西方两大法系中，证据鉴真不仅是一个有着清晰内涵的学理概念，更是一套具有完整适用程序的诉讼制度。鉴真不同于鉴定，而且其与最佳证据规则也有着诸多实质性的区别。在历史上，证据法的制度价值发生了由偏重"真实发现"向"正当程序"与"真实发现"并重的功能转换，"鉴真"理论的兴起即可使我们管窥一二。鉴真规则弥补了鉴定、最佳证据规则，乃至"沉默的"实物证据本身的缺陷，为证据的进一步运用做好了铺垫。鉴真之逻辑前提源自普通法上一项重要而又古老的法则，即在刑事审判中，凡是当庭出示的证据，无论其出自控方还是辩方，都应首先被推定为不真。当前，在先定真实主义支配我国刑事司法实践的情况下，只有改变先入为主、预断性的审判思维定式，我们才能有效发挥鉴真规则的证据铺垫功能。

关键词：鉴真规则；证据属性；事实认定；逻辑起点

引言

事实是证据法的逻辑起点[①]，而证据法则是法治的基石。"权利和义务取决于准确的事实认定；如果没有准确的裁判，权利和义务根本就没有意义。"[②]因此，对于证据法而言，真实发现至关重要。但是，实践表明，无关或不真的证据不

---

* 孔祥伟，男，汉族，福建福州人，华东政法大学 2018 级博士研究生，研究方向：刑事诉讼法。本文系 2012 年国家社科基金青年项目"最佳证据规则研究"（项目批准号：12CFX056）的阶段性成果。
① 张保生主编：《证据法学》，北京：中国政法大学出版社，2014 年版，第 1 页。
② ［美］罗纳德·J. 艾伦：《刑事诉讼的法理和政治基础》，张保生、李哲、艾静译，载《证据科学》，2007 年第 1 期，第 163 页。

仅会分散事实认定者的精力,从而造成司法资源的浪费,甚至还会对事实认定者产生有害的误导,从而进一步妨碍事实真相的认知。于是,在出示证据的时候,向事实认定者进行他向证明的诉讼当事人应当首先证明其声称出示的或打算出示的证据与案件事实有关;其次,该当事人还需证明,其向法院声称的证据与实际向法院出示的证据属同一证据。这就涉及到了证据的鉴真。长期以来,我国刑事司法实践普遍存在着重证明力而轻证据能力的不良倾向。这种不良倾向的直接后果就是取证环节轻视证据鉴真,审证环节忽视证据准入,而这最终导致冤错发生,程序正义遭到破坏。欲遏制此类倾向,我们必须建构鉴真规则,以有效强化公安司法人员的证据意识。

放眼域外各法治发达国家或地区之实践,实物证据鉴真规则大多是作为一项基本的诉讼证据制度而存在的;尤其在英美法系国家,实物证据鉴真规则更是一种显性制度。但是,在我国的诉讼法律体系中,实物证据的鉴真长期隐含于证据审查判断制度之中,这种隐性存在不能充分地发挥其功能、彰显其价值。可以预见,将鉴真规则从证据审查判断制度中剥离并赋予其独立地位,是未来深入推进庭审实质化改革终将面对的问题。有鉴于此,笔者拟通过梳理西方鉴真理论的形成过程来厘清"鉴真"概念的基本内涵,通过对鉴真与相关证据制度、规则的关系辨析来挖掘其与证据基本属性的学理联系,进而论证证据鉴真的逻辑起点和运作机理。

一、鉴真理论的形成过程

纵观西方证据法学思想的历史沿革,我们不难发现,由经验主义向理性主义的嬗变,由纯粹自由心证向证据裁判边界内自由心证的过渡,是其发展的基本脉络。尤其是文艺复兴后的司法活动,神示证明方法逐渐绝迹,法定证明制度不断式微。[1] 证据法的制度价值发生了由偏重传统的"真实发现"向"正当程序"与"真实发现"并重的功能转换。"鉴真"理论的兴起即可使我们管窥一二。

(一) 吉尔伯特(Gilbert):自我鉴真的雏形

吉尔伯特是早期的英美证据法学家,他十分重视书面材料的证明作用,认为

---

[1] 参见孔祥伟:《沿革与比较:刑事诉讼证明的基础考察》,载《哈尔滨师范大学社会科学学报》,2017年第3期,第56—57页。

书面材料具有超越直接证言的优势地位。吉尔伯特的这一观点被称为"书证最佳规则"。接着,吉尔伯特又根据不同形式的文件的证明力对书面材料进行了排序,以体现出"书证"的最佳性。在这个形式化的由若干类文书构成的等级结构里,处于结构顶端的是"被视为最佳证据的公共记录文书"[①],如立法机关和国王法院的法律记载。相对于书面材料而言,吉尔伯特对各种以言词形式表现的证据不太重视。这并不是说吉尔伯特否定言词证据的基本价值,而是因为他将证据制度的全部意义置于真实发现之上。在吉尔伯特看来,"证人证言规则仅仅是规范证据资格的规则"[②],其不涉及证明力问题,更与重构事实无关,而"证据法的目标在于协助陪审团获得'最为精确'的结果"[③]。尽管吉尔伯特的证据法思想——特别是其关于不同文书效力等级的机械性划分——在日后遭到了诸多的批判,但批评声丝毫不影响他关于公文书证的"优势证据"观点成为后世书证自我鉴真制度的雏形。

(二)边沁(Bentham):相关性基础上的证据排除

在猛烈抨击吉尔伯特证据法思想的过程中,英国哲学家边沁逐步发展出一套独立且影响深远的功利主义证据法学思想。边沁认为,吉尔伯特"犯了混淆文书的确实性(authenticity)和真实性(verity)之间界限的错误"[④],而这一错误的最大危害就是构建了等级森严的书证效力"金字塔"与严格的书证最佳规则。于是,证据规则愈加臃肿且证据法"大厦"几近支离破碎,"充满了为应付不同时期不同形势所产生的各种例外、界限区分以及含糊的技术性"[⑤]。基于此,边沁反对塑造各种形式的证据规则体系,建议事实认定者回归日常生活,以普通人的常识经验和理智推理来判断证据。在边沁所著的《司法证据原理》一书中,建立证据不排除原则的主张被正式提出——为了查明纠纷的真相,司法者应当去看一切可见之物,听一切可能了解案件争议之人的陈述。[⑥] 在边沁看来,证据是公正的基石,排除了证据就等于排除了公正,司法人员的任何排除证据之行为都要有正当的理由作为支撑。

---

① [美]约翰·W.斯特龙主编:《麦考密克论证据》,汤维建译,北京:中国政法大学出版社,2004年版,第10页。
② 杜国栋:《论证据的完整性》,北京:中国政法大学出版社,2012年版,第32页。
③ 杜国栋:《论证据的完整性》,北京:中国政法大学出版社,2012年版,第32页。
④ [美]约翰·W.斯特龙主编:《麦考密克论证据》,汤维建译,北京:中国政法大学出版社,2004年版,第11页。
⑤ [美]约翰·W.斯特龙主编:《麦考密克论证据》,汤维建译,北京:中国政法大学出版社,2004年版,第12页。
⑥ See Jeremy Bentham, *The Works of Jeremy bentham VII*, New York: Russell & Russell, 1962.

当然，证据不排除思想并不意味着所有证据都绝对不可排除。如果那些没有相关性的证据被错误地提交法庭，那么其理应被排除，因为这些与案件无关的材料很可能会造成诉讼拖延和效率损耗。边沁之所以不对此过多着墨，是因为他将检验证据关联度视为一种逻辑性的甚至经验性的问题，不必以正式规范的形式写入法典。

边沁的证据法思想代表了证据法学理论的一种极端，即为了得到一个真相，不惜运用低价值乃至有瑕疵的证据，并希望司法者不受任何限制性规则的约束，进而实现高效、自由地进行裁判之目标。但是，即使这样，边沁依旧主张排除无关联性的证据。这也是为什么今天的鉴真规则仍然保留强制性排除后果的原因——当无法确定一份实物证据是否源自现场时，任何的审证、质证都是对诉讼公正与诉讼效率的无谓牺牲。

（三）麦考密克（McCormick）：书证的"确证"

查尔斯·T. 麦考密克（Charles T. McCormick，1889—1963）是人们在研究美国证据制度的过程中无论如何也绕不过去的一位人物。麦考密克曾任全美法学院协会（Association of American Law Schools）主席，并于1931年至1940年间在美国证据法学研究的重镇西北大学法学院（Northwestern University）任教。《麦考密克论证据》（*McCormick on Evidence*）一书就是他的同事和学生将其课程讲义《证据法学手册》（*Handbook on the Law of Evidence*）整理汇编后的结晶。《麦考密克论证据》站在历史与现状相结合、理论与实际相结合的高度，以美国《联邦证据规则》为范本，对英美法中各项证据规则的源流演变、价值内涵、实践样态进行了详尽无疑的介绍。2004年，汤维建教授主持翻译《麦考密克论证据》时将第二十二章的章名"authentication"译作"确证"。由此，"确证"成为了"authentication"的主流译法之一。在书中，麦考密克教授认为，"在提交实物证据时，为了给可采性奠定充分的基础，提交者需要以证据证明：第一，该物是案件事实所涉及的物品；第二，物品的性状在案件事实发生之后未发生改变"[1]。《麦考密克论证据》设专章讨论书证的确证问题，论述了以直接证据（如见证人、笔迹证据等）进行文书确证和以情况证据（如古老文件、保管、知悉、口头交流等）进行文书确证的具体方法，探讨了法官与陪审团在确证中的作用以及有关不需

---

[1] See Charles T. McCormick, *Evidence*, 2d ed., 1972, p. 527.

出示证据进行确证的现代理论与实践。除此以外,更为重要的是,《麦考密克论证据》率先提出了"文书的真实性不存在推定"之观点,指出"确证"的重大意义在于"'确证'不仅仅是引入绝大多数文书的初步程序,而且它也是引入其他各种类物证的初步程序"①。这一论断使我国的证据法学界首次接触到了"证据未经审查认定不存在真实性推定"的基本法理。但是,《麦考密克论证据》亦有不足之处,即对"确证"的介绍仅限于文书证据,缺乏对所有实物证据鉴真规则的一般性展开。

二、"鉴真"内涵的概念检视

(一)"鉴真"的语词诠释

鉴真(authentication),又译作"确证"或"验真"。如汤维建教授主持翻译的《麦考密克论证据》一书就采"确证"这一译法,该书第二十二章以"确证"为名,专章讨论了书证的确证问题,并指出了"确证"的重要地位——"'确证'不仅仅是引入绝大多数文书的初步程序,而且它也是引入其他各种类物证的初步程序。"②2002年,中国台湾地区资深检察官蔡秋明等人在翻译美国科罗拉多州丹佛大学法学教授Arthur Best所著 *Evidence, Examples and Explanations* 一书时,将该书第八章的"Authentication and the Original Writing Rule"译为"验真与原本法则"③;由于该书影响巨大,此后的台湾证据法学界大多将"authentication"译作"验真"。2006年,时任中国政法大学副校长的张保生教授及该校证据法学教研团队在翻译美国证据法学家罗纳德·J.艾伦等人所著《证据法:文本、问题和案例》一书时,首次将美国《联邦证据规则》之规则901中的"authentication"译作"鉴真"。所谓"鉴真",顾名思义,意指鉴别其为真的证明方法。由于"鉴真"这一译法更好地揭示了"authentication"的本质内涵,故得到了大陆法学界的广泛接受。目前,学界基本以"鉴真"代指"确定物体、文件等实物

---

① [美]约翰·W.斯特龙主编:《麦考密克论证据》,汤维建译,北京:中国政法大学出版社,2004年版,第451页。
② [美]约翰·W.斯特龙主编:《麦考密克论证据》,汤维建译,北京:中国政法大学出版社,2004年版,第451页。
③ [美]Arthur Best:《证据法入门:美国证据法评释及实例解说》,蔡秋明、蔡兆诚、郭乃嘉译,台湾:元照出版有限公司,2002年版,第277页。

证据真实性的证明活动"[①]，其"旨在证明物证、书证、音像和电子证据及其展示性证据与案件事实的相关性、可靠性或真实性"[②]。陈瑞华教授也曾指出"鉴真"的两个相对独立的含义："一是证明法庭上出示、宣读、播放的某一实物证据，与举证方'所声称的那份实物证据'是一致的；二是证明法庭上所出示、宣读、播放的实物证据的内容，如实记录了实物证据的本来面目，反映了实物证据的真实情况。"[③]其中，同一性解决的是证据关联性问题，真实性解决的是证据客观性问题，二者之结合体现出对实物证据形式合法性和程序合法性的双重保障。可见，鉴真规则与证据的三大基本属性都存有不同程度的联系。另一方面，鉴真仅具有证据能力规则的性质，将其完全等同于那种在法庭调查环节大而化之的、以所有证据材料的"三性"为检验对象的证据审查判断活动，实是对实物证据鉴真规则的误读。

综上，基于对"鉴真"一词概念之厘清，如下一些问题会随之产生：针对鉴真规则所关涉到的每一种证据属性，我们是否有必要对其进行层次与维度的划分，以便更好地把握其证据能力规则的性质？同样作为证据的分析方法和运用规则，鉴真与鉴定、最佳证据规则间有何区别？作为一项可能在未来被独立适用的证据规则，鉴真的性质和逻辑前提又是什么？就此看来，仅仅依靠概念的廓清无法为上述问题提供完满的答案，对鉴真规则的理论问题进行精细化研究十分必要。

（二）鉴真与相关概念的内涵辨析

1. 鉴真与鉴定的关系

鉴真不同于鉴定。鉴定是"鉴定人运用自己的专门知识和技能，以及必要的技术手段，对案件中发生争议并具有专门性的问题进行检测、分析、鉴别的活动"[④]。鉴真与鉴定虽均为分析、判断证据的两种独立方式，但二者存在明显的差异。首先，二者的对象不同。鉴定的对象是刑事诉讼中的专门性问题，而鉴真的对象则主要涉及实物证据的来源可靠性、提取规范性以及保管链条的完整性，

[①] 张保生主编：《证据法学》，北京：中国政法大学出版社，2014年版，第193页。
[②] 张保生主编：《〈人民法院统一证据规定〉司法解释建议稿及论证》，北京：中国政法大学出版社，2008年版，第270页。
[③] 陈瑞华：《实物证据的鉴真问题》，载《法学研究》，2011年第5期，第127页。
[④] 卞建林、谭世贵主编：《证据法学》，北京：中国政法大学出版社，2014年版，第252页。

即实物证据的关联性与真实性问题,而关联性和真实性问题并不必然属于专门性问题。其次,二者的主体不同。鉴定的主体是法定的司法鉴定机构以及具有国家认可资质的鉴定人,但鉴真的主体既可以是具有专业知识的人(如鉴定人、专家辅助人等),也可以是知情的普通证人,甚至当侦查人员就其提取、扣押、保管、送检实物证据的有关情况出庭作证时,其也可以成为鉴真主体。此外,当审判人员采用自我鉴真或推定鉴真的方法来确定实物证据的真实性与关联性时,司法认知的主动性促使审判人员实际上也扮演着鉴真主体的角色。再次,二者的结论不同。鉴定人"根据科学技术或其他专门知识而提供的鉴定意见,具有科学证据或专家意见的性质"[1],是法定的证据种类之一;鉴真的结论则往往不以书面形式呈现,而是表现为审判人员做出的证据真实、同一,且可予质证的决定,或表现为鉴真不能所导致的证据排除结论,但无论如何,证据的采信与否均应在最终的裁判文书中有所回应。最后,二者的机理不同。鉴定所运用的原理主要来自于以自然规律、科学定理等为代表的现代科学技术,而"鉴真一般是由实物证据的制作者、提取者、保管者等拥有亲身体验和经历的证人,对实物证据的来源或保管锁链提供证言,属于经验性的证明方法"[2]。

正是基于上述的不同,证据鉴真与鉴定意见的审查判断存在先后顺位,即只有经鉴真确认符合同一性要求的实物证据,其鉴定意见所载之检测结果才可被接受。这是因为,一旦送检样本在保管期间就已发生混淆、污染乃至替换,则其鉴定意见必将背离事实真相。需要指出的是,有的时候,鉴定可以实现检材状态的逆推回溯,并以此发挥鉴真的功效。事实上,鉴定鉴真的办法一直为我国司法实务部门所青睐。以电子数据为例,无论是基本确立鉴真规范的《最高人民法院关于适用〈中华人民共和国刑事诉讼法〉的解释》(以下简称"《最高法刑诉解释》")第93条,还是晚近发布的《关于办理刑事案件收集提取和审查判断电子数据若干问题的规定》第29条,都十分明确地将鉴定列为一种电子数据存疑时的鉴真方法。这或许是针对实践中我国司法人员频繁依赖鉴定方式进行鉴真的普遍情形所给予的立法承认,但其也在无形中强化了这一现象。对此,理论界的批判观点居多。比如,陈瑞华教授认为,"未经鉴真过程,任何专业人士对实物证据所作的'司法鉴定意见'都将是没有法律意义的",并提出"作为鉴定对象的检材

---

[1] 张保生主编:《证据法学》,北京:中国政法大学出版社,2014年版,第195页。
[2] 牟绿叶:《论实物证据的鉴真与鉴定——以美国法为参照的分析》,载《中国司法鉴定》,2012年第3期,第28页。

一旦在鉴真环节存在严重缺陷,以至于难以令人对其真实性加以确认的,法官还可以将根据这一检材所作的鉴定意见予以排除"[1]。刘品新教授也曾指出,"从性质上说,鉴定鉴真是一种事后鉴真,付出的代价很大,效果也不尽好"[2]。

2. 鉴真规则与最佳证据规则的关系

最佳证据规则历史悠久,堪称证据制度发展史的缩影。在早期文书中心主义时期,最佳证据规则"对于形成诉讼证据、塑造行为模式起了重要作用,因此成为最先发育起来的证据规则"[3]。丹宁勋爵在加顿诉亨特案中做出过这样一段评论:"……这一规则依然保持的内涵是,如果一方当事人手中持有书证的原件,那么他就必须提交给法庭。"[4]今天,最佳证据规则几乎已延伸到了实物证据的所有类型而不再局限于单一的书证,其制度内涵更是获得了极大的丰富。为了与那种传统的以文书为中心的最佳证据规则相区别,国内部分学者称其为"原始证据优先规则"。

无论中外,最佳证据规则的立法例都与鉴真规则有着密切的联系。比如,总计十一个章节的美国《联邦证据规则》之第九章为"鉴真与辨认",紧随其后的第十章以"文书、录音和照片的内容"为题,规定了原件的一般要求、复制件的可采性、公共记录的证明价值等内容,其实质就是最佳证据规则。事实上,美国证据法学界一直都有将鉴真规则与最佳证据规则合并进行研究的传统。我国现行的证据制度亦与此相似。以鉴真规则和最佳证据规则的首要交集——书证为例,《最高法刑诉解释》第71条和第73条确立的书证鉴真规范有四层含义:其一,据以定案的书证原则上应为原件;其二,在勘验、检查、搜查过程中提取、扣押的书证必须附有笔录、清单,且笔录、清单上应有侦查人员、文件持有人、见证人的签名;其三,因原件取得困难而以副本、复印件代替时,必须有被收集、调取人签章和制作人关于制作过程、复制时间、原件存放地点的说明;其四,副本、复印件经与原件核对无误后,可以作为定案根据。其中,第一层含义即是典型的最佳证据规则,其他三层含义则以十分严苛的技术要求塑造副本、复印件的形态,以使其尽可能地接近原件,是书证鉴真的具体做法。由此可见,我国现行的证据规范

---

[1] 陈瑞华:《实物证据的鉴真问题》,载《法学研究》,2011年第5期,第138页。
[2] 刘品新:《电子证据的鉴真问题:基于快播案的反思》,载《中外法学》,2017年第1期,第98页。
[3] 张栋:《中国刑事证据制度体系的优化》,载《中国社会科学》,2015年第7期,第143页。
[4] [美]乔恩·R.华尔兹:《刑事证据大全》,何家弘等译,北京:中国人民公安大学出版社,2004年版,第420—421页。

已将二者融为一体。

既然如此,我们为何还要设置独立于最佳证据规则的鉴真规则呢?这是因为,鉴真规则仍与最佳证据规则有着诸多实质性的区别。首先,二者的范围不同。随着电子数据等新型证据在诉讼中的广泛运用,最佳证据规则的适用范围及相关理论遭遇到了前所未有的挑战——据笔者走访司法部司法鉴定科学技术研究院刑事技术室了解到的情况来看,电子数据的拷贝可以实现无差别复制,实践中一般将原始数据和备份数据均视作原件。这说明,早已延伸适用于所有实物证据的最佳证据规则正逐渐呈现出萎缩的倾向。相比之下,鉴真的对象涵盖书证、物证、视听资料、电子数据等一切实物证据,不易受到技术革命的冲击。其次,二者的功能不同。最佳证据规则要求据以定案的根据应为原件、原物。但是,庭上出示的原件、原物究竟是不是举证方所宣称的那一份原件、原物?是否真的来自于勘验、检查、搜查、扣押的现场?这些疑问只能由鉴真规则来回答。最后,二者的补救措施不同。过去的两百多年来,最佳证据规则"已经很少适用,在现代证据法中也不再作为一项普遍适用的排除规则。现在无论是否为最佳证据,法庭均可采纳,只不过,不能提供最佳证据可能会降低证据的证明力"[1]。因此,最佳证据规则有逐渐退出证据资格领域而演化为证明力规则的倾向。但是,鉴真规则不允许如此宽松化的处理。鉴真不能的后果只有两种:一是绝对的无条件的排除,二是补正或合理解释后的裁量排除。这也是由其证据能力规则的性质决定的。

三、鉴真规则的理论剖析

(一)鉴真规则与证据属性的理论联系

1. 鉴真规则与关联性的关系

证据的关联性,又称证据的相关性,指"证据必须与案件事实有实质性的联系"[2]。在我国,关联性是证据具备进入法庭之资格的先决条件。"在英美法系,除非由于特别规则或者特殊法律原则的原因而被排除,所有逻辑上具有证明价

---

[1] 叶青主编:《诉讼证据法学》,北京:北京大学出版社,2013年版,第138页。
[2] 叶青主编:《证据法学:问题与阐述》,北京:北京大学出版社,2013年版,第25页。

值(即具有相关性)的证据都具有可采性。"[1]一般来说,当事人均可将其收集到的所有关于支持其诉讼主张的证据展示给事实认定者,一切具有证明力的证据材料也都应为事实认定者知悉[2],除非该证据属于证据排除条款的规制对象。所以,关联性是可采性的基础,排除规则是可采性的把关人(见图1)。我国刑事诉讼法虽没有直接使用"可采性"这一概念,但《最高法刑诉解释》第四章中关于实物证据"关联性审查+排除"的若干条文,其实就扮演了"可采性规则"的角色,而可采性规则在大陆法系亦被称作"证据能力规则"。

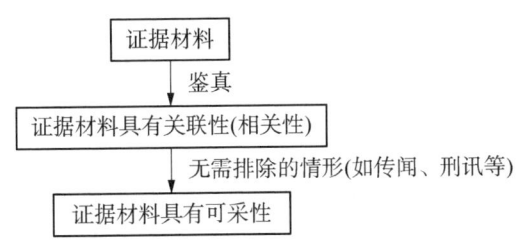

```
证据材料
   ↓ 鉴真
证据材料具有关联性(相关性)
   ↓ 无需排除的情形(如传闻、刑讯等)
证据材料具有可采性
```

图1 英美法中的鉴真与关联性之关系

鉴真规则的诉讼功能之一,就是检验证据关联性的成立与否。具言之,"证据要具有关联性,应当具备两个构成要素:实质性和证明价值"[3]。其中,"实质性"指的是被提交之证据所对应的事实应当是案件中的争议事项,否则证据就不具备实质性。因而,实物证据的鉴真首先要求举证方证明该证据确属其所声称的那一份实物证据——庭上展示的书证、物证,以及读取到的视听资料、电子数据,应始终与侦查机关首次固定的书证、物证、视听资料、电子数据保持同一。可见,鉴真规则是一种通过检验同一性来确保关联性的证据审查方式。

当然,我们不能将实物证据的鉴真简单等同于关联性审查,二者之间存在着明显的理论分野。对于实物证据而言,顺利通过鉴真环节仅仅只是其关联性得到认可的一个必要但不充分条件,该证据仍有可能因为关联性的微弱或证明价值较低而不被采信。事实上,庭审活动对证据关联性的审查判断包含两大方面,一是审查关联性是否具备,二是审查关联性的大小与强弱。鉴真规则只涉及关

---

[1] See Wigmore, *Evidence*, pp. 655—674,转引自陈卫东、谢佑平主编:《证据法学》,上海:复旦大学出版社,2005年版,第66页。
[2] See Jeremy Bentham, *The Works of Jeremy bentham VII*, New York: Russell & Russell, 1962.
[3] [美]约翰·W. 斯特龙主编:《麦考密克论证据》,汤维建等译,北京:中国政法大学出版社,2004年版,第360页。

联性是否具备的问题,至于关联程度的判断,则交由法官进行自由心证。

2. 鉴真规则与真实性的关系

真实性,我国传统证据属性学说又称其为"客观性"。"实事求是"思想路线是我国证据制度的指导理念,受其影响,真实性或曰客观性被普遍认为是诉讼证据的最本质属性。以电子数据为例,真实性要求数据电文所呈现的信息及电子数据所对应的事实应客观真实,绝非主观臆造或者空想猜测。作为高新科技产物,电子数据的强电子性为其带来了固定并完整地呈现事实的优势证明价值,但同时,强电子性又使其易发增删、篡改、伪造、变造的风险。这就需要有一套专门的证据规则及适用程序来审查判断电子数据的真实性,其能通过核验电子数据的提取技术、保管链条,以达到"事实认定符合客观真相、办案结果符合实体公正"①之目的。

尽管真实性审查是实物证据鉴真的题中之意,但确保真实性并非证据鉴真的全部价值所在,原因如下:其一,审查关联性亦是证据鉴真的主要诉讼功能;其二,鉴真之"真"具有层次上的差异性。真实性可以分为实质上真实(或曰内容上真实)与形式上真实的二阶层次。英美法原义上的鉴真规则更倾向于一种形式上真实的审查,而非涵摄包括实质真实在内的全面审查。但是,遍览中国的审判实践可知,混同实质真实与形式真实是证据审查判断的常态做法。对此,刘品新教授通过比较分析《死刑案件证据规定》和《最高法刑诉解释》当中有关电子数据鉴真的若干条文,认为这些条款"对电子证据的关联性和真实性内容进行了一定程度的融合……没有进一步区分真实性的不同层次。也就是说,我国电子证据的鉴真判断不仅指涉形式真实性,也指涉实质真实性。……这一特色也就决定了电子证据鉴真的独立性不强"②。

3. 鉴真规则与合法性的关系

证据的合法性,又称证据的法律性,它要求"证据必须具有合法内容和形式,提供、收集证据的主体要合法,证据收集程序合法,证据必须经法定程序查证属实等"③。"证据之搜集必须适法,方能提出,以证明犯罪。"④我国若干司法解释所初步确立的一系列鉴真规范及其对应的排除后果,其实质就是要保障实物证

---

① 《中共中央关于全面推进依法治国若干重大问题的决定》,载《人民日报》,2014 年 10 月 29 日,第 1 版。
② 刘品新:《电子证据的鉴真问题:基于快播案的反思》,载《中外法学》,2017 年第 1 期,第 98 页。
③ 叶青主编:《证据法学:问题与阐述》,北京:北京大学出版社,2013 年版,第 28 页。
④ 蔡墩铭:《刑事诉讼法论》,台湾:五南图书出版公司,1999 年版,第 230—231 页。

据的形式合法性和程序合法性。根据《最高法刑诉解释》的规定,审判人员一旦发现某一实物证据的收集、提取过程存在违反法律规定的情形,以至于无法保证其关联性和真实性的,"不能排除来源非法就不应当采信"[1]。可见,鉴真规则具有典型的合法性审查色彩。甚至在某种程度上,鉴真不能的制裁力度超过了非法实物证据排除规则。例如,《最高法刑诉解释》第 73 条规定,未附笔录、清单的物证、书证,不能证明其来源的,不得作为定案根据。此条确立的是物证、书证的强制性排除制度,既没有审判人员自由裁量的余地,亦不给予举证方补正或合理解释的机会。相比之下,《刑事诉讼法》第 56 条规定的实物证据排除条件则要苛刻得多——不仅允许举证方进行必要的补正和合理解释,还赋予审判人员以自由裁量是否"严重影响司法公正"的巨大空间。

4. 小结

作为赋予证据准入资格的先决条件和门槛规则,鉴真的主要指向是鉴别并保障定案证据的关联性、真实性(客观性)与合法性。又由于鉴真规则具有独特的诉讼价值和程序内涵,因此其诉讼功能亦无法与证据基本属性的判断效果进行简单对应。如果说鉴别实物证据是否具备关联性与形式真实性是鉴真规则的外在功能,那么鉴真规则的内在目的就是确保定案根据的合法性。证据的合法性、真实性(客观性)和关联性虽有所区别,但三者实为证据基本属性这一整体的数个侧面,缺一不可。如果说关联性鉴真、真实性鉴真体现的是事实判断,那么合法性鉴真体现的就是价值判断与法律判断。其中,价值判断强调证据的生成和提取要严守正当程序,法律判断强调证据的运用和认定要合乎制度规范。

(二)鉴真的性质与逻辑起点

1. 鉴真的性质:基础、预备和铺垫

从鉴真规则的最初设立目的来看,监管并控制"证据的动态变化"是最主要的考量。"只要物证正在被转移或者被创造,就将产生证据动态变化。证据动态变化始终存在,并且在证据的整个存在过程中一直对证据产生着影响,直到证据完全毁灭。"[2]刑事证据的收集和提取主要在侦查阶段完成,而证据的审查和认定通常都留待数月甚至数年后的庭审。其间,相隔的时间越长,动态变化的可

---

[1] 张军主编:《刑事证据规则理解与适用》,北京:法律出版社,2010 年版,第 5 页。
[2] [美]W. 杰瑞·奇泽姆、[美]布伦特·E. 特维编著:《犯罪重建》,刘静坤译,北京:中国人民公安大学出版社,2010 年版,第 163 页。

能、频率和幅度就越大。因此,审判人员需借助鉴真规则来核验实物证据的真伪,以消除各方对其真实性、同一性的质疑,为证明奠定基础。试想,如果鉴定检材本身发生了污染、变质,或者与其他案件的检材发生混淆,那么再高超的鉴定技术、再专业的鉴定人员恐也难以得出科学的结论。同样,最佳证据规则只能保障定案证据的原始性。但是,原始的实物证据就一定是举证方所宣称的那一份原件、原物吗?就一定直接来源于勘验、检查、搜查、扣押的现场吗?这些涉及到实物证据同一性与可靠性的疑问,构成了综合运用证据、认定案件事实的预备事项。鉴真规则弥补了鉴定、最佳证据规则,乃至"沉默的"实物证据本身的缺陷,为证据的进一步运用做好了铺垫。

2. 鉴真的逻辑起点:推定不真

鉴真规则与证据基本属性的高度相关性,决定了鉴真的性质是证据提出或证据开示的铺垫和预备。只有同时具备了关联性、(形式)真实性与合法性的证据才具有举证和开示的资格。易言之,证据铺垫一旦缺失,事实认定的机器就必将运转失灵。那么,鉴真的逻辑前提是什么?鉴真的启动又应基于何种立场?

鉴真之逻辑前提源自普通法上的一项重要而又古老的证据法则,即在刑事审判中,凡是当庭出示的证据,无论其出自控方还是辩方,都应首先被推定为不真。由此,控辩双方在提交并开示证据的时候都附带有举证证明该证据"确属他所声称的那份证据"的义务。并且,在一般情况下,法庭不得将这一证明责任转移给对方[1],以使之异化为反驳责任。正是基于这一假定前提,证据鉴真——尤其是证据的主动鉴真——才在英美程序法上获得相当关键的法律地位,连威格摩尔都称赞其为"本质上的逻辑必要性,而非证据法中矫揉造作的原则"。

那么,我国质证程序的逻辑起点乃至审判人员的司法理念具备这一前提要素吗?实践的经验表明,中国法庭对证据的审查判断活动并无此种假设。一方面,就法律规范而言,几乎所有关于刑事诉讼的有效立法均未为举证方——尤其是控方——在提出控诉证据时设定主动鉴真义务,此举意味着在辩方对控诉证据首提异议之前,法庭默许了该证据的证据资格。若辩方在庭审中始终未发起任何有关鉴真的动议,则该证据就被当然地推定为真,审判人员可径自裁量其证明力。另一方面,就实际操作而言,鉴真的一般运行样态为被动鉴真,当且仅当诉讼对方提出了真实性或关联性的合理质疑时,鉴真程序方可启动(见图2)。

---

[1] See Steven L. Emanuel, *Evidence* (4th edition), Aspen Law & Business Inc., p. 457.

以2016年的快播案为例,控方起初并没有就服务器来源的真实性、提取的合规性以及保管的稳妥性主动进行说明,合议庭亦未要求控方举证鉴真,直到辩方对服务器的提取方式与保管状态提出强烈质疑时,控方才给予被动回应。事实上,控方的鉴真效果并不理想,最终的证据认定还是依靠国家信息中心电子数据司法鉴定部门出具的带有补正性质的鉴定意见来完成的。可以说,这种"若无相反异议,首先推定证据为真"的预设立场已经构成了我国庭审质证活动的主要逻辑前提,我们可将其概括为"先定真实主义"。

英美法:不真实假定 → 主动鉴真 → 未能主动鉴真或鉴为不真 → 不得作为定案根据

中国法:先定真实主义 → 被动鉴真 → 未能主动鉴真,相对方亦不提议鉴真的 → 证据当庭宣读、出示(具有证据资格)

图2 主动鉴真与被动鉴真

"先定真实主义"并非无源之水、无本之木。在民法物权领域,为了鼓励交易、助长流通,动产交易奉行如下推定法则:初次进行动产交易时,如无相反证明,可首先推定现时占有者即所有者。此例即为民商事领域的"先定真实主义"。然而,一旦进入程序正义的视阈,先入为主的预断性立场就与诉讼原理根本不容了。诉讼证据不存在真实性的推定,诉讼认知领域更不允许事前预设一个假定为真的立场。在刑事诉讼中,控方承担举证责任,指控被告人构成刑事犯罪、应予刑事处罚的证据均应由控方提出。并且,基于平等对抗、平等武装的诉讼法原理,控辩双方提交的证据材料本身并无优势与劣势之分;在接受法庭调查以前,我们亦无法断言证明力孰高孰低,只有逐一经过由证据资格到证明力的递进式审查,这些证据才能成为定案根据。我们不可将证据资格与证明力混为一谈,更不能以证明力反制证据资格,从而形成证明力因证据资格瑕疵而减等的现象。鉴真规则的实质意义就是,通过审查从证据提取到证据出示的整个保管流程,在证据能力的评价环节排除无关或不真的证据,以发挥过滤与筛选证据之作用。鉴真规则十分类似于英美法中那种在庭前解决证人资格问题或遴选陪审员的"预先审核程序"(voire dire)。但是,在我国"先定真实主义"的模式下,由于那种假定证据为真——特别是假定控诉证据为真——的预断立场极易诱发有罪推定的认知偏见,因此鉴真规则的实然功能无法有效发挥。质证的客观基础一旦带有天然的倾向性,证据的审查判断就将丧失可靠前提,因此庭审实质化改革不免受困于侦查中心的传统惯性。综上,笔者以为,只有改变"先定真实主义"这一预断性的审判思维定式,我们才能有效发挥鉴真的证据铺垫功能,从而将案件事实的重构和认定筑基于公允与正当的程序之上。由此看来,控方举证责任中的举证"绝不是简单地出示证据,而是应当包含对所出示之证据具有可采性的证实"[1]。那种主动鉴真的义务一旦被设定,举证方——尤其是控方——就应自动证明证据来源的真实性、取证方式的合法性和保管链条的完整性,以此作为证据开示的前提。

结语

近年来,随着法学界对证据理论研究的关注度不断提高,我国证据法学的理论体系基本形成了包含总论(以证据法学基础理论为核心内容)、证据论、证据规则论、证明论和证据实践论五大板块[2]的结构格局。在证据论中,证据属性既是一个重点,又是一大难点。在证明论中,如何证成证据的基本属性——尤其是真实性的证明——一直以来都是学理研究的薄弱环节。对证据发挥证明作用之前的证据资格审查问题,更是乏人问津。作为证据审查、采信乃至事实认定的逻辑前提,鉴真规则正是这样一种关涉证据资格审查的的门槛程序与铺垫机制。在西方两大法系中,证据鉴真不仅是一个有着清晰内涵的学理概念,更是一套具有完整适用程序的诉讼制度。在英美法域,绝大多数学者——尤其是美国学者——以《美国联邦证据规则》为指引,阐述鉴真规则的重要性、鉴真的适用对象、鉴真的方法、鉴真的后果等问题。英国学者则较多地结合"最佳证据规则"进行论述。在大陆法系国家中,学者们把鉴真的问题放置在了"严格证明"的背景之下,将其视作证据调查的程序或证据能力的积极要件来进行论证。进入 21 世纪后,域外关于实物证据鉴真规则的研究多集中于新型证据和科技证据领域。相比之下,我国理论界关于鉴真规则的研究则刚刚起步,其理论体系的内涵与外延仍需得到进一步廓清。

(编辑:俞海涛)

---

[1] 邱爱民:《实物证据鉴真制度研究》,北京:知识产权出版社,2012 年版,第 190 页。
[2] 参见叶青主编:《诉讼证据法学》,北京:北京大学出版社,2013 年版,第 7 页。

通过指导性案例激活"休眠法条"

雷槟硕*

摘要:"休眠法条"的存在不利于法律的实施;面对大量的社会需求,我们需要激活"休眠法条"。激活"休眠法条"主要有四种方案。在尚未修法或出台有权法律解释前,法官可以进行法律解释并适用指导性案例激活"休眠法条"。尤其是通过指导性案例,法官不仅能够激活个案中的"休眠法条",而且还能在类案中激活"休眠法条"。但是,在借助指导性案例激活"休眠法条"的过程中,我们必须遵从指导性案例的适用要求,通过附着于演绎推理的类比推理之方法,真正激活类案中的"休眠法条"。

关键词:休眠法条;指导性案例;法官解释;激活;事实要点对比

作为规范人们行为的规范载体,法律条文通常会规定对人们行为的引导和评价。尽管并非所有法律条文都具有明确的引导性,因为不同的法律条文具有不同的功能与目的,但以规范性引导为目标的法律条文若缺乏行为引导性,则该条文就处于且只处于"有效"状态。但是,规范性条文不仅需要"有效",还需要具有实效,否则法律条文就沦为"休眠法条"或"僵尸法条",法律规范的目标就会落空。"休眠法条"不能有效供给现实的规范需求,或者说,"休眠法条"与现实需求处于供需不平衡甚至供给缺位的状态。在尚未修法或出台有权法律解释前,法官就必须面对待决案件大前提存在空缺的问题。为此,我们就需要采取必要的方案来激活"休眠法条"。

---

* 雷槟硕(1993—),男,山东日照人,上海交通大学凯原法学院 2018 级博士研究生,研究方向:法理学。

一、"休眠法条"概述

(一)"休眠法条"实例

2018年初,汤某某事件在网络上引起了轩然大波。抛开本案的道德争议与刑事问题,人们普遍忽视了一个至关重要的民事问题,即监护人若侵犯被监护人,则被监护人可以提起监护权撤销之诉。根据本案生效裁判文书的说明,汤某某于2008年夏就受到其父亲的侵犯,其母予以阻止未果。随后,汤某某还受到其他乡邻、亲友的侵犯。此时,汤某某的母亲不但未阻止,还向众人收取钱财。我们由此可以认定,作为被监护人受到了监护人的侵犯和损害。[①] 为保障被监护人的利益,我国《民法通则》第18条第3款后半句规定:"人民法院可以根据有关人员或者有关单位申请,撤销监护人的资格。"《民法总则》第36条与最高人民法院、最高人民检察院、公安部、民政部《关于依法处理监护人侵害未成年人权益行为若干问题的意见》(以下简称"《意见》")也规定,特定主体可以提起撤销监护人的民事诉讼。但是,本案审理时(2009年),《民法总则》与《意见》尚未出台,仅有1986年发布的《民法通则》。《民法通则》第18条第3款尽管规定了监护权撤销,但并未明确规定具体由谁提起诉讼,这导致该法条在司法实践中处于"休眠"状态。到2018年,该事件再次被曝光于人们的视野下,汤某某此时已经成年,即使《民法总则》与《意见》已经出台,也已不再适用于这个案件。前车之鉴,后事之师。我国监护人侵犯与损害被监护人的事件时有发生,如"福建省仙游县榜头镇梧店村村民林某某(女)多次使用菜刀割伤年仅9岁的亲生儿子小龙(化名)的后背、双臂,用火钳鞭打小龙的双腿,并经常让小龙挨饿"。但是,在2014年《意见》与2017年《民法总则》出台以前,监护权撤销之诉陷入无人提出申请的困境。我们进一步将该问题进行抽象总结,即存在规范性条文,但条文缺乏实效。《民法通则》第18条第3款后半句属于有效法律条文,但该条文因其自身的不确定性,而在面对社会生活中关于撤销监护权的需求时无能为力。在《民法总则》与《意见》公布以前,《民法通则》第18条第3款就属于典型的"休眠法条"。

---

① 黑龙江省黑河市(2010)黑中刑一初字第13号刑事附带民事判决书。

(二)"休眠法条"的界定

为有效解决"休眠法条"问题,并使激活方案行之有效,我们首先需要对"休眠法条"进行界定。

"法条'休眠'是指法律法规已经制定,现实生活中亦有诸多情形有待规制,但该条款在实践中没有得到实际实施而呈现出的休眠状态。"[1]与动植物休眠一样,法律条文也会遇到"不良环境",而与不良环境不相适应既可能是其自身的问题,也可能是因为环境发生变化。以上两种情形在客观形势上均呈现为法律条文不能有效回应社会环境需求。

"休眠法条"主要为对人们行为提出规范性要求的规范性条文,尤其是法律规则。但是,"休眠法条"不等于法律规则。法律条文与法律规则并非一一对应,有时一个法律条文即是一条法律规则,有时一个法律条文阐述多条法律规则,而有时一条法律规则需要数条法律条文表达。而且,法律条文在形式上可能是不完整的法律规则,而法律规则必然是逻辑上完整的条文内容。当法律条文在形式上欠缺假定条件、行为模式与法律后果中的一个或多个时,我们一定程度上可以采取相应的法律方法对其进行完善。同时,区分法律规则与法律条文对于"休眠法条"的界定来说是必要的,因为"休眠法条"可能是因为条文本身的表述模糊、内容空缺才会陷入"休眠"。为完善法律规则,我们需要借助法律方法将不同法律条文进行融贯。此外,我们还需要区分"休眠法条"与"僵尸法条",因为两者具有很高的相似性;若不注意区分,我们很容易将两者混淆。"它们('僵尸法条')同'休眠法条'的共同之处是都因特定原因的存在使得法律规范的实施效力低下,只是摆设。"不同的是,"休眠法条"具有社会适用需求,而"僵尸法条"却缺乏真正的社会适用需求(包括缺乏社会需求与仅是虚假的社会需求)。如1988年的《全民所有制工业企业法》、1988年的《私营企业暂行条例》等,皆为1992年市场经济政策出台前制定的,"尽管它们在1992年后依然有效,但适用范围却受到了极大的限制。例如,在企业纷纷建立现代公司制度的背景下,裁判者就必须用市场经济的背景体系去重新解释这些法律,甚或使它们中的很大一部分丧失实效"[2]。相反,具备社会需求的法条便成为"休眠法条"。所以,"僵尸

---

[1] 宋保振:《激活"休眠"法条的法律解释》,载《学术交流》,2016年第6期,第82页。
[2] 雷磊:《融贯性与法律体系的建构》,载《法学家》,2012年第2期,第14页。

法条"的内核是,法律条文实行一段时间之后,相应的社会问题已经被消灭或者已不存在相应的规范需求;而"休眠法条"的内核则是,法条被制定且生效以后,由条文本身或社会环境的变化所导致的条文规范性供给不能满足社会需求或规范性需求。

(三)"休眠法条"存在的原因

"某一法律不一定能执行,成为具文。社会现实与法律条文之间,往往存在着一定的差距。如果只注重条文,而不注意实施情况,只能说是条文的、形式的、表面的研究,而不是活动的、功能的研究。"[1]因此,为激活"休眠法条"以使之具有实效性,我们首先需要分析研究"休眠法条"存在的原因。根据前述分析,我们可以将"休眠法条"分为条文本身导致的"休眠"与规范环境导致的"休眠"。两类"休眠法条"的分类依据即是其出现的原因。

第一,条文本身存在问题。条文本身存在问题又可以被分为两类。一类为法律条文对应的行为规则孤立,从而缺乏必要的裁判规则所对应的法律条文。一条完备的法律规则通常需要具有三个要素:假定条件、行为模式、法律后果。[2]条文可能未必包含全部三个部分,但我们可以通过法律推理、体系解释等方式进行融贯。若法律条文缺乏特定要素,那么在尚未再行立法或借助司法解释的情形下,我们只能通过法律方法将其补全,因为作为法律条文意义的法律规则可以分为行为规则与裁判规则。[3]通过法律推理,我们可以经由裁判规则推导出行为规则,但我们无法经由行为规则推导出裁判规则,因为"它们间存在着单向推导关系:如果只存在裁判规则,则可以从中推导出相应的行为规则;相反,如果只存在行为规则,则无法推导出相应的裁判规则"[4]。因此,如果呈现行为规则的法律条文缺乏配套的裁判规则所对应的法律条文,那么我们就无法借助法律推理抑或体系解释进行融贯,因为法律的可预期性与裁判规则的明确性

---

[1] 瞿同祖:《中国法律与中国社会》,北京:中华书局,2003年版,导论第2页。
[2] 参见国家统一法律职业资格考试辅导用书编辑委员会:《2018年国家统一法律职业资格考试辅导用书》(第一卷),北京:法律出版社,2018年版,第27—28页。关于法律规则的要素有不同的观点,包括二要素说、三要素说、新三要素说与新二要素说,当前学界的通说为新三要素说。为方便论证,本文采用通说的观点。
[3] 参见陈景辉:《合规范性:规范基础上的合法观念——兼论违法、不法与合法的关系》,载《政法论坛》,2006年第2期,第63—64页。
[4] 雷磊:《法律规则的逻辑结构》,载《法学研究》,2013年第1期,第76页。

要求相应的法律条文必须具体、确定。两类规则指向不同主体,尤其是指向行为规则提供的方案,如最高人民法院《关于案例指导工作的规定》(以下简称"《规定》")第7条与《〈案例指导工作的规定〉实施细则》(以下简称"《细则》")第9条规定,待决案件承办人员面对与指导性案例相似的待决案件时应当参照,但不参照的后果却因裁判规则所对应的法律条文之缺失而阙如。对司法实践中出现的适用指导性案例的规范性需求,前述两个条文显现出规范性供给不足。根据有关实证研究显示,"只有21.3%的司法裁判文书比较明确地回应了当事人提出来的指导性案例,更多的时候是法院不回应当事人提供的指导性案例"[1]。最终,法律条文(《规定》第7条与《细则》第9条)沦为"休眠法条"。另一类为法律条文本身用语或要素不明确。此处仍以前文的《民法通则》第18条第3款后半句为例:"人民法院可以根据有关人员或者有关单位申请,撤销监护人的资格。"作为一项行为规则,《民法通则》第18条第3款包含的要素为:假定条件(有关人员或者有关单位申请)+行为模式(人民法院可以撤销监护人的资格)。法院不予适用的,可以依据诉讼法的二审或再审程序构成裁判规则。因此,在法律规则要素上,《民法通则》第18条第3款的后半句并非前一种类型的"休眠法条",其问题在于,条文本身的用语和要素不够明确。何为"有关人员或有关单位"?条文本身在《民法总则》与《意见》出台以前处于模糊状态,缺乏对提出撤销监护权的主体之规定。2015年,江苏省徐州市铜山区基层人民法院立案受理了一起申请撤销监护权资格案,"此案之前20多年来,可操作性的缺乏使得全国无一例剥夺监护权案件进入司法程序"[2]。与《民法通则》第18条第3款后半句本身的明确性之阙如不同,在社会生活中,该法条的规范性需求是巨大的。"截至2011年12月20日,根据全国20个省份的数据推算,全国事实无人抚养儿童的总数为58万人(含父母双重残的儿童)。这就是说,在全国有几十万的孩子,即便有父母,其父母要么没能力监护,要么没尽到监护义务。"[3]在巨大的规范性需求与规范性供给缺位的情况下,法律条文呈现为"休眠法条"的状态,并且因脱离实践而被误认为"僵尸"或"沉睡"。综上所述,法律条文可能得因自身的要素问题——或实质意义的规则层面或外观形式的用语层面——而沦为"休眠法条"。

第二,社会环境变化引发的"休眠法条"。与因法律条文本身出现问题而产

---

[1] 彭中礼:《司法判决中的指导性案例》,载《中国法学》,2017年第6期,第141页。
[2] 舒锐:《依法撤销监护权,打破"僵尸条款"》,载《民主与法制时报》,2015年2月10日。
[3] 龙敏飞:《撤销监护权判例唤醒沉睡法条》,载《法制日报》,2015年2月6日。

生的"休眠法条"不同,社会环境变化引发的"休眠法条"是外在因素变化的结果。社会生活并不会随着法律规范的确定而一成不变。尽管法律规范可以引导与制约社会生活的变动,但社会环境的自我创生也会影响法律条文或使法律条文不适用于新的外在要素。例如,新型经济运作模式和新式社会产品都是立法工作很难预测到的,我们无力借助原有的法律规范对它们进行调整。无力性既可能是指缺乏相应的规范性方案,也可能是指通过原有的规范性方案进行处置并不恰当。举例来说,公共交通的规范性方案是否适用于近年很热门的共享单车?针对共享单车使用者骑行一段距离后将单车停靠在人行道上的现象,《道路交通安全法》第59条规定:"非机动车应当在规定地点停放。未设停放地点的,非机动车停放不得妨碍其他车辆和行人通行。"据此,共享单车使用者违反了《道路交通安全法》的规定,并且该法第89条规定:"行人、乘车人、非机动车驾驶人违反道路交通安全法律、法规关于道路通行规定的,处警告或者五元以上五十元以下罚款;非机动车驾驶人拒绝接受罚款处罚的,可以扣留其非机动车。"问题在于,交通违法者为共享单车使用者,共享单车的所有权归属共享单车公司,扣留共享单车就会导致"违法者未受处罚,受罚者未违法"。"如果在制定有关共享单车的处罚措施时不考虑共享单车的特殊性,简单地照搬《道路交通安全法》或地方性法规的规定,就会有涉嫌侵犯共享单车所有人权利的可能。"[1]再回到《道路交通安全法》第89条,该条在立法时主要是针对私人自行车,未曾预见到会有共享单车这一新兴事物出现。微量或少量私人自行车可以同其他交通安全管理问题一同处置,相应主体的资格也是明确的,执法主体可以对自行车所有权人或自行车使用者进行处罚。即使自行车使用者受到扣留自行车的行政处罚,执法者也可以因其与自行车所有者之间的关系对其进行处理。但是,当前共享单车的数量是巨大的,政府需要大量的管理人员对其进行处置。相应的结果就是,《道路交通安全法》第59条无力应对共享单车停放问题。在替代性规范方案出台以前,对新兴问题的社会规范需求陷入"休眠"状态。

因此,"休眠法条"既可能因内在原因而出现,也可能因外在环境的影响而出现;并且,"休眠法条"既可能因为不同因素而表现为全域的"休眠",也可能表现为部分的"休眠"。

---

[1] 唐芬:《共享单车管理中的行政执法问题探析——基于对北京、成都两市共享单车相关规定的分析》,载《行政与法》,2017年第9期,第99页。

二、借助指导性案例激活"休眠法条"

我们不能对"休眠法条"熟视无睹,而是必须采取相应的应对措施。法律的生命在于实施,进入"休眠"状态的法条失去了鲜活的生命力。"休眠法条"并非无效的法条,只是处于特定的"休眠"状态。为了保证法律的规范性效力能够转化为实际的运作,我们必须采取相应的方案予以应对。在我国的法律体制与法治要求下,激活"休眠法条"的方案主要有四种:第一,立法论视角下的替代性或补充性立法;第二,解释论视角下的司法解释;第三,解释论视角下的法官解释;第四,裁判技术视角下的案例激活。其中,上述《民法总则》第 36 条属于第一种方案,《意见》属于第二种方案。为了应对因撤销监护权的条文自身原因而引发的"休眠",立法者可以进行立法,提出替代性方案,或者在现行规范性方案可以涵摄的范围内进行司法解释。第三种与第四种方案在实践中也是存在的。与第一种和第二种方案不同,第三种与第四种方案需要法官发挥主观能动性、充分运用自由裁量权,在法律允许的范围内解决社会问题。"如果在遵循先例的诉讼体制或经验丰富的法官面前,如上的法规不明和体制不畅都并不构成法条'休眠'的真正原因,法官完全可以通过裁判中解释方法的合理运用进行化解或降低影响。"[1]但是,法官的法律解释对法官提出更高的要求。我们仍以《民法通则》第 18 条第 3 款后半句为例,法官关于"有关主体或有关单位"的解释未必符合法律的正确理解。并且,即使法官正确理解并解释了该条,其也未必能够获得规范性与权威性的确认。一旦法官通过法律解释在个案中解决了特定问题,但其未获得规范性与权威性确认,那么在法律条文语义的范围内就还可能因不同法官存在差异理解而导致"同案不同判"。《民法通则》第 18 条第 3 款后半句还存在一个更为严重的问题,即该条可能根本得不到法官解释。法院必须秉持不告不理原则,相关主体或单位未确定就意味着案件缺乏相应的适格主体,也就意味着案件得不到起诉或未有主体提出监护权撤销之诉求。针对尚未进入司法程序的案件,法官不能主动解释案件中的法律条文。

相对于前三种方案,第四种方案具有相应的优越性。首先,相对于第一种与第二种方案,第四种方案有其优势。立法需要可预期性与稳定性,法律不能随时

---

[1] 宋保振:《激活"休眠"法条的法律解释》,载《学术交流》,2016 年第 6 期,第 85 页。

得到修订。例如,《民法通则》第18条第3款后半句自1986年诞生,到2014年《意见》出台被替代,历经28年的时间。案例得因问题出现而产生,这不仅不破坏法律的稳定性需求,还能够应对特定的社会需求。而且,第四种方案没有第一种与第二种方案中存在着的抽象性与外延性宽泛问题,如《意见》在具体裁判方面可以提供细则,但并非所有的"休眠法条"都能在替代性方案中找到裁判细则。如前文提及的《道路交通安全法》第59条,社会问题的急切性需要替代性方案及时出台,这可能导致替代性方案不能够充分回应社会问题。因此,成文规则有其特定的局限性;在具体案件的处理上,案件与规范之间存在缝隙。其次,相对于第三种方案,第四种方案也具有相应的优势。在指出第四种方案相对于第三种方案的优势之前,我们必须指出,在第一种方案与第二种方案出台以前,关于"休眠法条"的案例必须建立于法官解释之上,因为"休眠法条"首先需要被激活,但激活分为个案激活(解决个案)与类案激活(解决类案)。类案必然是由个案组成的,类案总有第一个个案。在因条文不明确而引发"休眠"的情况下,第一个个案必然首先进行法官的法律解释。但是,如前文所论证的,个案的法官解释可能存在解释不统一、权威性缺乏的问题,从而诱发"同案不同判"。因此,第四种方案存在四点优势。第一,规范性、权威性的解释。比如,2016年最高人民法院发布了12个侵害未成年人权益被撤销监护权的典型案例。法官关于个案的解释属于法的非正式解释,但因个人能力、法治素养、法治思维与裁判水平的差异,法官的解释可能不属于对法律条文的正确理解。在不同个案中,差异化的法官解释会给上级法院提供不同的备选方案,上级法院可以对备选方案是否符合法律规定做出判断和选择。其中,一旦某个法官解释经过更高层级法院的确认,其就可以获得权威性与相应的规范性。但是,法院无法直接确认下级法院的法官解释具有规范性。在我国,司法机关做出的解释能够得到规范性确认的依据只有《立法法》第104条与最高人民法院《关于司法解释工作的规定》。但是,为便于案件的审理,最高人民法院可以发布典型案例。下级法院的法官进行的法律解释因正确理解法律条文而被上级法院连同该法官解释所属的个案确认并发布为典型案例之后,便能够起到参考、引导作用。而且,"下级法院一般不会作出有悖于上级法院之案例的判决,因为由于审判机制和上诉制度的存在,这样的判决会面临被推翻的风险"[①]。因此,经过上级法院确认的法官解释就具备权威性、规范性。

[①] 雷磊:《指导性案例法源地位再反思》,载《中国法学》,2015年第1期,第275页。

第二，统一不同的法官解释。上级法院发布的典型案例将特定问题的法律解释统一在更高层级，以此指导本院及下级法院对该问题的理解，使得法官再次遇到需适用"休眠法条"的待决案件时，能统一地进行适用。第三，可操作性的"同案同判"。"司法裁判以个案的方式将抽象的法律具体化，这不但降低了他们理解法律的成本，而且也使得他们更加清楚地掌握法律的具体要求是什么。"[①] 在具体个案中，法官借助解释析清"休眠法条"，同时经上级法院确认并发布成为典型案例，由此统一了一定区域内法院关于"休眠法条"的理解。上述做法不仅激活了"休眠法条"，还将对"休眠法条"的理解统一到经上级法院确认的正确理解上。但是，对"休眠法条"的正确理解之最终目标还是司法适用，即将经上级法院确认的法官解释具体适用到将来的待决案件中，以形成类案解决的方案。此时，典型案例的发布不仅可以将"休眠法条"的正确理解适用到待决案件之中，而且还能将此种理解以具体化、低成本以及更易理解的方式推广到未来的关于"休眠法条"的类型化待决案件。第四，指导性案例的最高权威性。与前述撤销监护权的典型案例不同，指导性案例具有更高的权威性与规范性地位，这不仅是因为其是最高人民法院发布的，而且是因为其得到了相关规范性文件与政策的支持。其中，规范性文件包括《规定》《细则》等，政策包括中国共产党十八届四中全会《关于全面推进依法治国若干问题的重大决定》、最高院《"二五"改革纲要》等。一系列文件与政策促使指导性案例具备最高的权威性与规范性。

综上所述，通过指导性案例激活"休眠法条"首先需要运用于基础案件的法官解释，但此种解释又不等于个案中的法官解释，其相对于前三种方案具有特定的优越性，即权威性与规范性、"统一法律适用"的目标指引与"同案同判"的价值支撑、具体明确与可操作性。

三、通过指导性案例激活"休眠法条"的两个阶段

（一）来自个案：基础案件中的法官解释

"禁止法官拒绝裁判"原则的存在，使得法官不得以没有法律规定、规定不明确或不完备为由拒绝裁判。面对"休眠法条"的模糊或不完备，个案中的法官可通过各类法律解释、漏洞填补方法来解决个案。因此，对于待解案件中的法官而

[①] 陈景辉：《同案同判：法律义务还是道德要求》，载《中国法学》，2013年第3期，第59页。

言,他们可以考虑通过法官解释等方法激活"休眠法条"。即使被选为指导性案例的基础案件,也用到了不同的法律解释方法。例如,第 10 号指导性案例关于公司决议的撤销之诉只做形式审查而不做实质审查,是对《公司法》第 22 条第 2 款规定"违反公司章程"的解释。再如,第 23 号指导性案例关于《食品安全法》第 148 条第 2 款(公布时为旧《食品安全法》第 96 条第 2 款)中关于知假买假的食品购买者是否可以主张 10 倍惩罚性赔偿。尽管第 23 号指导性案例的基础案件并未使得《食品安全法》第 148 条第 2 款沦为"休眠法条",但在司法实践中却出现两种对立的观点,引发了"同案不同判"的问题。尤其是类似于食品安全等具有高社会关注度的案件,更容易引发人们的讨论,从而引发质疑。实质上,类似于《食品安全法》第 148 条第 2 款规定的问题不仅可能基于不同法官的不同理解而导致同案的差异裁判,严重的还可能诱发《民法通则》第 18 条第 3 款后半句无法适用的问题。案件承办人员——尤其是一审法院的法官——在进行法律解释时,通常会考量文义的含义、社会常识、舆论导向等因素,如社会公众一般认同知假买假者仍是消费者。在一系列因素不明确的情形下,进行法律解释会使法官陷入两难境地,即"拒绝裁判"与法律解释嗣后的不确定性。相对于案件经过法官解释后存在的嗣后风险,法官以法律并无规定或规定不明确为由规避适用之做法风险更小。因此,在个案中遇有"休眠法条"时,鼓励法官进行合理的法律解释是必要的,否则纠纷就会积压,社会矛盾就会基于规范性需求的增大与规范性供给的持续不足而不断扩大,并最终削弱司法公信力与法律的权威。

因此,在指导性案例生成前的基础案件阶段,法官可以通过法律解释的方法对"休眠法条"进行激活。尽管不同法官基于自身理解会出现对"休眠法条"的差异理解,但首先要激活"休眠法条",以使其具有生命力,从而强化法律的正当性与权威。至于法官解释的不统一,其并非基础案件中法官解释的任务。对基础案件中的法官解释进行规范化确认以及统一法律适用都属于指导性案例激活"休眠法条"的第二个阶段的任务,即从个案中的解释激活走向类案中的统一与规模化激活。

(二)走向类案:指导性案例中的权威解释

如前文所述,个案中的法官解释可能基于个体因素等原因而出现差异理解,从而不利于解释的统一性与同案同判。但是,在差异的法官解释中存在适合的优选解释,根据《细则》第 2 条规定:"指导性案例应当是裁判已经发生法律效力,认定事实清楚,适用法律正确,裁判说理充分,法律效果和社会效果良好,对审理类似案件具有普遍指导意义的案例。"从不同的法官解释中,我们应选择适用法律正确的法官解释,并将其作为指导性案例的基础案件进行推荐。如前述第23号指导性案例,人们对《食品安全法》第148条第2款存在差异化理解,即"知假买假"的食品购买者是否属于消费者,而此问题的答案决定了该案的基础案件是否适用10倍的惩罚性赔偿。司法实践中出现了差异化的理解,有的法官认为是,有的法官认为不是,因为该条并未明确指出知假买假的食品购买者是否属于消费者。因此,在面对知假买假的食品消费案件时,法官必然需要对案件进行法律解释。从最基本的类型划分上来看,我们可以将答案分为是与不是,从而呈现出相互矛盾的结果。法官解释不统一,司法实践就容易出现同案异判,激发的就不仅是人们对法院不处理商家售假行为之做法的负面情绪,而且会引发人们对司法机关公正性的质疑。因此,个案中的法官解释激活"休眠法条"仅仅是走出了第一步。面对广量社会需求的案件,个案可能基于案件中法官解释的合法性与合理性赢得其他待决案件法官的认同,但也可能基于待决案件法官的个人理解而不被认同。纯粹个人观点基于个体要素无法获得认同,关于法律规范的理解需要在法律职业共同体内形成内在观点,并通过批判性反思态度谋取支持,其原因主要有两个。第一,法官对个案中的"休眠法条"之理解可能会构成特定案件的裁判规则,但"相信自己在遵守规则并不是遵守规则。因此人们不可能私人地遵守规则。因为,否则,相信遵守规则便等同于遵守规则了"[1]。个案通过法官解释对"休眠法条"的激活并不能被称为规则,"休眠法条"仍处于整体上的"休眠"状态。第二,自我规范性的设定具有任意性,存在可以通过规范性理由认可的变化来解除规范性的问题。尽管法官不能基于个体规范性任意实施解除行为,但个体规范性无法有效约束其他个体。在特定个案中,法官的法律解释很难约束其他法官,因此"休眠法条"在该案结束之后会再次陷入"休眠"状态。综上,来自个案的法官解释还需要走向类案,以真正激活"休眠法条"。

走向类案的法官解释也要被划分为不同阶段。指导性案例不等同于基础案件,当指导性案例的基础案件素材被推荐到最高人民法院时,最高人民法院可以对其进行编辑和完善,编辑和完善呈现出三种样态:略去基础案件的法律条文、

---

[1] [奥]维特根斯坦:《哲学研究》,韩林合译,北京:商务印书馆,2013年版,第144页。

在法律论证上可能对原案判决有所修正、修正基础案件的事实。[①] 因此，激活"休眠法条"的基础案件被推选为指导性案例，并且可能因为解释瑕疵或偏差被修订。指导性案例应尊重基础案件，"因为指导性案例的理由不是学术上的案例分析，只能在原裁判说理的基础上'锦上添花'，而不能脱离原判决的说理'无中生有'"[②]。但是，指导性案例不等于基础案件，而且基础案件也未必能够充分地说明理由或做到有效总结。因此，我们首先要区分的是，基础案件中对"休眠法条"的法官解释是否等同于指导性案例编辑后的法官解释，这是基础案件对"休眠法条"的法律解释走向类案适用的前提。经过编辑修订的法官解释在实质内容上可能会产生不同的指引，但就激活"休眠法条"的目标而言，它们是一致的。最高人民法院在法院系统内部具有最权威的地位，因此其修订的解释因科层逻辑更易赢得认同。相应的后果是，经最高人民法院编辑后的解释更具有说服力与解释力，从而能够全面、充分地激活"休眠法条"。

满足类案适用的前提之后，我们考虑的便是指导性案例的确认与发布。因为，在未被发布为指导性案例之前，备选案例仍为对基础案例的文本剪辑，而最高人民法院所做的工作就是素材的整理。指导性案例仍需要通过公布程序，将个案中法官解释进行公示，从而借助《规定》《细则》以及其他政策与最高人民法院的权威形成法律渊源。[③] 指导性案例为其他适用"休眠法条"的案件提供模本素材，为差异的个案法官解释提供一个标准解释。尤其是后一种情形，不仅对激活"休眠法条"进行了权威性确认，还解决了第三种方案——个案中法官解释的差异理解问题，从而做到了"统一法律适用"和"同案同判"，维护了司法公正的目标与法治权威。

最后，为整体激活"休眠法条"，基础案件被选为指导性案例，但指导性案例适用的机制与成文法的演绎推理不同，与个案中的法官解释不同，甚至与判例法国家的判例亦不同。我国并非判例法国家，因此不能按照判例法的方式直接适

[①] 参见汤文平：《论指导性案例之文本剪辑》，载《法制与社会发展》，2013年第2期，第52页。
[②] 胡云腾：《谈指导性案例的编选与参照》，载《人民法院报》，2011年7月20日。
[③] 关于指导性案例的性质，学界存在分歧，主要分为四种观点：法的正式渊源、准法源、事实效力与法的非正式渊源。首先，我们可以排除事实效力，因为性质是一个本体论问题，强调的是应然规范性问题，而事实效力则是一个实然的描述性问题。根据休谟的"是"与"应当"的诘难，我们可以推知两者无法等置（参见雷槟硕：《指导性案例适用的阿基米德支点——事实要点相似性判断研究》，载《法制与社会发展》，2018年第2期，第81—85页）。其余观点尽管存在矛盾，但都承认指导性案例为法律渊源。本文此处论证只需保证指导性案例为法律渊源即可，因此不再赘述指导性案例的性质问题。

用指导性案例。与其他成文法国家一样,我国在司法裁判中一般采用演绎推理,但演绎推理的大前提只能是法的正式渊源。因此,我们不能直接将指导性案例作为法的正式渊源来适用。根据《规定》第 7 条与《细则》第 9 条,待决案件与指导性案例相似的应当参照,因此指导性案例的适用需结合判例的适用方式与我国成文法体制的要求,结合的方案是"附着于演绎推理的类比推理"[1]。所谓"附着于演绎推理的类比推理"是指,待决案件 C 适用的法律规范(法律条文 Rn)存在空缺结构,无法完整、充分地形成演绎推理的大前提,而法律规范存在的空缺结构引发了法官的差异理解,进而可能会导致同案不同判。为此,将出现差异理解的法律条文 Rn 作为关键词或联结点到指导性案例库进行检索后,我们会发现以 Rn 为"相关法条"的指导性案例 GC‐xx。检索到指导性案例 GC‐xx 并不意味着将指导性案例 GC‐xx 当然适用于待决案件。在将指导性案例 GC‐xx 适用于待决案件之前,我们需要将待决案件 C 与指导性案例 GC‐xx 进行要点相似性判断。在两者相似性满足盖然相似性的前提下,我们才将指导性案例中关于"相关法条"理解的"裁判要点"传递到待决案件的大前提,以辅助出现空缺结构的法律条文进行补充说理。所以,指导性案例的"裁判要点"已经为"休眠法条"提供了激活方案,并且该要点是对法律条文的统一的、正确的解释。指导性案例不再也不能进行二次法官解释,司法裁判中的指导性案例适用需要法官做的是事实要点相似性判断。

综上所述,通过指导性案例激活"休眠法条"并非孤立的方式,而是必须基于基础案件中的法官解释,以做到个案激活。为保证"统一法律适用"的目标与维护司法公正,通过编辑推送与发布指导性案例的方式,将个案激活拓展为类案激活,使得"休眠法条"一招活、满盘活,真正走出"休眠"状态,而不是昙花一现。

结语

"休眠法条"的激活不仅关系到该法条自身的适用,更关系到公众对法律权威的尊重。"休眠法条"的存在会使公众对法律产生质疑与不满;为维护法律权威,我们必须对"休眠法条"进行激活,而最具实践意义的激活方案就是通过指导性案例激活。通过指导性案例激活"休眠法条"的基础是个案中的法官解释,因

---

[1] 参见雷槟硕:《如何"参照":指导性案例的适用逻辑》,载《交大法学》,2018 年第 1 期,第 66—75 页。

其并非本文主题,在此不再论述,但其并非不重要。在个案激活的基础上,通过指导性案例整体激活"休眠法条"。如果个案中法官的解释激活是一种必要性的研究,则指导性案例的类案激活是充分性的研究。通过不同激活措施的配套推进,最终激活"休眠法条",使得法律条文真正具有实效性和生命力,也使得"书本上的法律"转变为"行动中的法律"。

(编辑:阎一宁)

体系解释之概念考证

裘飒飒[*]

摘要：法学知识的体系化一直被视为人类的科学和理性之进步的重要标志。作为形式性的解释方法，体系解释也随之备受重视。以德国为代表的法律发达国家对体系解释的研究颇为细致深入，但笼统效仿西方理论的中国体系解释理论研究，在实践中产生了法律解释规则粗泛、逻辑思维缺失、内外体系未兼顾等诸多问题。因此，我们有必要回溯体系解释在中国的境遇，以总结我国体系思维的历史特点和演变效果，从而探寻出推进体系解释规范运用的有效途径并提供合理建议。

关键词：体系解释；法律解释；体系思维；历史演变

从一般含义上看，我们可以将体系解释（System Interpretation）定义为，在一定的整体背景下，根据特定的体系对特定的部分进行解释的法律解释方法。在德国和日本，体系解释作为独立法律方法的同时，也是一种法律思维范式。无论是历史法学派、概念法学派还是利益法学派，都致力于法律体系化研究，并将体系分为内部体系和外部体系。[①] 不同于大陆法系国家，英美法系国家的法官只有在个案裁判中积极、能动地建构出"体系"后，才能实现体系解释的运作，并遵循黄金解释规则、上下文解释规则等进行语境解释。[②] 就我国而言，体系解释的字眼与研究多出现于民国后。中国是否存在与西方类似的体系解释规则或体系思维模式？体系解释如何适应中国的思维环境？这些问题的解决是当代中国

---

[*] 裘飒飒（1996— ），女，浙江宁波人，华东政法大学2018级硕士生，研究方向：法律方法论。
[①] 参见[德]卡尔·拉伦茨：《法学方法论》，陈爱娥译，北京：商务印书馆，2003年版，第314页。
[②] 参见[英]迈克尔·赞恩：《英国法：议会立法、法条解释、先例原则及法律改革》，江辉译，北京：中国法制出版社，2014年版，第245—258页。

推进体系解释运用的前提。

一、古代中国的体系解释内涵之澄清

在古代中国,"体系解释"不是一个独立的概念,但体系解释的内涵之应用并不少见。为澄清古代中国的体系解释之内涵,我们需由表及里,从文辞(即词源)、思维模式(即古代中国传统思维),以及各个时期具体的体系思维表现入手。

(一)"体系""解释"的文辞渊源考证

"体"在《康熙字典》中的意思为"動乎四體""體包仁道",后注"辭以理實爲要",又附笺"體,成形也"。[①]《康熙字典》就"系"字有两义:一为动词"系,繫也",不同于现代意义上的"体系解释"之"体系";二为"言繫賦之前意也",并注"系,繼也",附《左思·魏都賦》之例("本前修以作系"),此义接近现代意义上的"系"。[②] 当代的《古代汉语词典》对"体""系"的解释也类似,认为"体"为"整体","系"为"世系、系统"。[③] 但是,《康熙字典》未记录"体系"一词,舒新城先生于1915年主编的《辞海》也未收录"体系"一词,这进一步证明"体系"这一概念在我国之出现很可能晚于清末。最有可能的情形是,在民国时期引入西方法律文献时,国人将"System Interpretation"一词译为"系统解释""体系解释",从而此译法被沿用至今。

"解"在《康熙字典》中的意思是"判也,相說以解,分析之名"。[④] 同时,《康熙字典》认为,"释"同"解",即以言自解。[⑤]《康熙字典》未收录"解释"一词,但《辞海》有收录:一为分析阐明,二为说明某事的原因、理由。[⑥]《古代汉语词典》将"解释"标为"解说"或"理解",其中"解说"一义更接近"体系解释"之"解释"。[⑦] 结合两个方面可见,"法律解释"并非我国自有的说法,而是一种"舶来

---

① 上海书同文:《康熙字典》,北京:万方数据电子出版社,2000年版,第98页。
② 上海书同文:《康熙字典》,北京:万方数据电子出版社,2000年版,第915页。
③ 张双棣、殷国光:《古代汉语词典》,北京:商务印书馆,2014年版。
④ 上海书同文:《康熙字典》,北京:万方数据电子出版社,2000年版,第1142页。以《礼·学记》为注"解物爲解,自解釋爲解,是相證而曉解也"。
⑤ 上海书同文:《康熙字典》,北京万方数据电子出版社2000年版,第1290页。
⑥ 舒新成:《辞海》,夏征农、陈至立主编,上海:上海辞书出版社,2010年版。
⑦ 张双棣、殷国光:《古代汉语词典》,北京:商务印书馆,2014年版。

品"。

(二) 体系解释的思维模式界定

若无法从表面的文辞寻得体系解释在中国的历史渊源,那么我们可以尝试从体系解释的内在成分(即思维层面)楔入。思维决定并指导行为,故体系解释的思维基础为体系思维,即在对构成思维体系的元素进行假设的基础上,探寻各要素的一致性和融贯性之方法。

1."六经注我,我注六经"思想暗含体系思维①

汉时重儒术,表彰六经,六经之地位高于律令。当时"我注六经,六经注我"的思想意为,在修注六经的过程中,六经也在潜移默化地改变修注者的思想。换言之,注六经者是立足于六经的体系而进行注解工作的,而非孤立地对个别语句进行注解。

至南宋,陆九渊就诠释学角度言"六经注我,我注六经";不少解释学研究者喜以此句探讨中国古代的解释方法,并将其视为对文本诠释方法的辨析与取舍。通常认为,"六经注我"是一种文本为我所用的读者中心主义诠释取向和诠释方法,而"我注六经"则代表了一种遵从文本原意的作者中心主义诠释取向和诠释方法。② 遵循上述理解,"六经注我"接近于主观解释法律思维,而"我注六经"则类似于法律解释中的原意解释或目的解释思维。③ 但是,此种观点显然是牵强、不合理的,从而表明体系思维不是"六经注我,我注六经"的思维模式。

另有观点反对"六经注我,我注六经"的诠释学理解,其从原文语境出发,主张此言不是在谈论文本解释的正确方法,而仅是倡导一种正确的"为学""求道"

---

① 陆九渊:《陆九渊集》,北京:中华书局,1980年版,卷三十四第395页。原文:"《论语》中多有无头柄的说话,如'知及之,仁不能守之'之类,不知所及、所守者何事;如'学而时习之',不知所习者何事。非学有本领,未易读也。苟学有本领,则知之所及者,及此也;仁之所守者,守此也;时习之,习此也。说者说此,乐者乐此,如高屋之上建瓴水矣。学苟知本,六经皆我注脚。""或问先生何不著书? 对曰:'六经注我,我注六经。'韩退之是倒做,盖欲因文而学道。"
② 作为解释学论题,"六经注我,我注六经"在中国学术界被广泛研究;汤一介认为,"六经注我"与"我注六经"是宋儒自创的解释方法。洪汉鼎教授曾表示,"我们的解释始终是文本的解释。尽管从宋明以来发展的这一部分,与文字的解释有所区别,是'六经注我'……但其目的是修身、齐家、治国、平天下"。参见洪汉鼎、黄小洲:《西方诠释学的东渐及其效应——洪汉鼎先生访谈(下)》,载《河北学刊》,2012年第3期。陈立胜教授认为,儒学经典诠释行为的发生乃是基于一个"意义视界"与"行为视界"共同交织而成的"前理解状态"。参见陈立胜:《"儒学经典诠释传统"与"我们"》,载《中山大学学报(社科版)》,2003年第2期。
③ 刘化兵:《陆九渊"六经注我,我注六经"本义解析》,载《中华文化论坛》,2008年第1期。

方法。① 其中,"六经注我"与原文首段对应,旨在说明为学应把握根本;"我注六经"则符合原文疑问语境,是对"先生何不著书"的回答。而且,从历史和原文角度进行分析可知,陆九渊对"我注六经"这种汉代以来盛行的经学求道方式并不认可,他形容注六经的韩愈是本末倒置。

因此,以上两种观点虽可划清"六经注我,我注六经"与体系思维的界限,毕竟体系思维重视立足体系思考问题,与单纯专注通过六经思考问题的整体思维不同,但第二种非诠释学的理解更具说服力。不得不提的是,第二种观点虽在文本理解上区分了陆言与解释方法,但在对"六经注我,我注六经"的理解方法上,其采用了结合语境、联系上下文等方法,从而成为后文讨论的典型的狭义体系思维模式。

2. 体系思维异于"持经达变"思想

体系思维异于整体思维的关键在于,体系不等于简单的整合体,因此体系思维不拘泥于问题涉及的个别文本,而是有规律、有目的地结合体系,以灵活应对社会关系之变动。可以说,体系思维是变化的思维模式,但并非无限制的随意变动,其有别于"持经达变"与"百变不离其宗"的思维方式。

"持经达变"源于道家思想,意为用完整的思想体系圆通应对事物。其中,"经"为自己完整的思想体系,"变"为圆通应对事物的目的,两者都具有明显的主观性。完整的思想体系与应对事物的目的和程度都是因人而异的,这种绝对的变化的思维模式在实践中不容被任意操作与规制。

与之相反,陈金钊教授将体系思维的特点总结为"持法达变",即在坚持法治(目标、精义、稳定性等)的基础上,以变化的法律灵活应对社会变化以及相应的关系变化。② 持法达变之"法"具有相对独立性,是集一般性、稳定性、体系性、固定性于一体的整体性法律,其不拘泥于法律的规定,通过引入法律价值、法治理念来恰当地调整复杂多变的社会关系,从而将法治思维引向正义思维、公平思维,引向对社会矛盾的调整。持法达变的运用可被细化为三种模式:根据语境的变化而互动改变法律意义、以改变法律的方式调整不断变化的社会关系、法律不变的情况下运用不变的法律调整不断变化的社会。③ 因此,相较于绝对变化

---

① 彭启福:《陆九渊心学诠释学思想辨析》,载《安徽师范大学学报(人文社会科学版)》,2011年第1期。
② 陈金钊:《法律如何调整变化的社会——对"持法达变"思维模式的诠释》,载《清华法学》,2018年第6期。
③ 同上。

的"持经达变","持法达变"是稳中求变的思维模式,是辩证的具体问题具体分析的变化。

3. 体系思维与法家"一断于法"思想的关系

相较于上文探讨的"六经注我,我注六经"与"持经达变"思想,"一断于法"既是法家思想的重要观点,又能与本文探讨的体系解释领域相呼应。"一断于法"的思想可追寻至《史记》文本中,其是法家严刑重法特点的体现。①

可以说,在"一断于法"的思想中,实然的法律之存在是核心,并且突然的法律具有极强的权威性,这符合体系解释适用的基本法制条件。无论是当下学界所争论的狭义体系思维模式还是开放体系思维模式,都囊括了现有的法律规范,而且成文法甚至是狭义体系思维模式中的主要思维依据。体系思维与"一断于法"思想都承认法制,"一断于法"可被视为当今依法审判之雏形;当然,两处的"法"是不同的,"一断于法"之"法"是奴隶主法或封建君主的法体系,其带有很强的主观任意性,往往与君王的意愿高度相关。

正是"一断于法"所适用的律法制度,在一定程度上导致其无法成功发展为体系思维。体系思维具有"持法达变"的本质,实现法治是其目的;而作为奴隶社会与封建社会思想成果的"一断于法"虽承认法制,但受限于"尊主卑臣"等观念。此外,"一断于法"思想中的一律以法令进行决断的理念与西方的分析法学类似,其在当今的适用相应地也要面对恶法是否为法等学理争议。再者,"一断于法"思想的灵活性和社会效果不及体系思维,且过分"严而少恩",使得"人俭而善失真",太史公也称其为"可以行一时之计,而不可长用也"②。体系思维的适用坚持法律至上;在应对不同的社会关系问题,体系思维更具实践性。

(三)体系解释的历史进程梳理

我们可以将自唐虞时期至唐宋元明清的历史可分为两阶段进行分析,两阶段原则上以社会类型和成文法的出现作为划分标准。阶段划分理论上以秦朝为

---

① 司马迁(公元前145年—公元前90年):《史记》卷一百三十太史公自序。原文:"法家不别亲疏,不殊贵贱,一断於法,则亲亲尊尊之恩绝矣。可以行一時之計,而不可長用也,故曰'嚴而少恩',若尊主卑臣,明分職不得相踰越,雖百家弗能改也。"可译为:法家不区别亲疏远近,不区分贵贱尊卑,一律依据法令来决断,那么亲亲属、尊长上的恩爱关系就断绝了。这些可作为一时之计来施行,却不可长用,所以说法家"严酷而刻薄寡恩"。至于说到法家使君主尊贵,使臣下卑下,使上下名分、职分明确,不得相互逾越的主张,即使百家之说也是不能更改的。

② 司马迁(公元前145年—公元前90年):《史记》卷一百三十太史公自序。

界,但类似《法经》的先秦成文法被划入第二阶段进行讨论。由于清末制宪过于仓促,法律移植色彩浓厚,多止步于草案阶段,且与本文相关度不大,故本文暂不探寻清末至民国时段的情况。同时,早期法的内容以刑罚为主,因此刑法体系的历史演进将表现得更为直观。

1. 先秦奴隶制社会的刑法体系

先秦奴隶制社会包括唐虞、夏、商、周、春秋战国时期,根据以上说明,该阶段尚未出现系统成文法,故其"法体系"往往体现于政治制度与刑罚制度领域。一方面,各个国家(包括诸侯国)都有各自较为系统的一套政体,领土、官品、军队、刑事等往往都囊括其中,而且各个国家也都拥有一套刑罚制度;另一方面,随着朝代的变更,各朝往往会借鉴前朝的刑罚等制度,从而形成一种"类法律继承"现象。

唐虞时期的法制虽无文字记载,但据清末沈家本所著《历代刑法考》记载,至唐虞时期,"五刑"制度"由来久矣"。① 我们以此推测,唐虞的"五刑"是沿用了前期制度,而唐虞后的夏、商、周的刑罚制度都在沿用"五刑"的基础上得到了增改。至周朝,法制系统内容更为丰富,刑罚类型也逐步多样。一方面,前朝"五刑"制度继续被沿用,且"五刑"内容得到明确,即"墨、劓、宫、刖、杀";另一方面,不少其他的刑罚制度被创设,如疑赦(罪疑为轻)②、無餘刑(财产刑)③、圜土(徒刑)④。周朝已呈现出政法一体的国家治理模式雏形,该模式将持续至清末;即使中间出现了春秋战国的诸侯分散势力,各朝总体也始终没有突破政法一体的结构。

2. 封建专制社会缺少现代意义上的法体系

自郑国子产"铸刑书于鼎"、魏国李悝著《法经》起,中国的成文法时代到来,我国民族大一统格局逐步稳定,该阶段的法主要呈现出三大特点,但并未形成现代意义上的法体系。

---

① 沈家本(1840—1913年):《歷代刑法考(附寄簃文存)》,鄧經元、駢宇騫點校,北京:中華書局,1985年版。《刑制總考一·唐虞篇》原文:"有虞氏五刑,他無明文,偽孔傳亦同馬融之說……至五刑始於何代,經傳無文……知五刑由來久矣。"
② 同上。《刑制總考一·周篇》原文:"〈周禮·秋官·司刑〉:墨、劓、宫、刖、殺。"
③ 同上。《刑制總考一·周篇》原文:"五刑之疑有赦,五罰之疑有赦。"汉朝孔安国所著《集解》之解释:"罪疑从赦,刑疑赦从罚,罚疑赦从免,其当清察,解得其理也。"即审案时,对是否适用五刑事实不清、证据不足、有疑问的,赦免五刑,适用罚金刑;对是否适用罚金刑仍有疑问的,就赦免不予处罚;司法官应当清明察案,按照情理解决疑案。
④ 同上。《刑制總考一·周篇》原文:"〈眷暫〉:無有餘之刑,刑者非一也。"汉朝孔安国所著《集解》之解释:"罪疑从赦,刑疑赦从罚,罚疑赦从免,其当清察,解得其理也。"即审案时,对是否适用五刑事实不清、证据不足、有疑问的,赦免五刑,适用罚金刑;对是否适用罚金刑仍有疑问的,就赦免不予处罚;司法官应当清明察案,按照情理解决疑案。

首先,立法对君权与统治阶级价值的彰显。《法经》便以"王者之政,莫急于盗贼"为思想基础,进行了"诸法合体""以刑为主"的刑事法综合。① 秦朝重视中央集权,"商君受之以相秦"后发展为封建制法②,且深受法家"事皆决于法"思想的影响。③ 至汉代,政治上大一统的局面促成了统一大法的出现;同时,受主流儒家思想的引导,"六经注我,我注六经"随之诞生。至隋唐,"删繁就简,权衡轻重,务求平允,废除酷刑,疏而不失"的法律思想盛行。宋朝则始终坚持"与士大夫共治天下"的祖制。明朝提倡"治乱世用重典""明礼以导民,定律以绳顽",因此立法集权严重,刑罚异常苛刻。

其次,成文法中存在大量的狭义体系解释。由于历史原因,《法经》的文本难以查找。但是,秦律文本目前有流传,其中有不少根据法条在秦律中的位置所做出的体系解释,如《仓律》中出现了不少"其出入禾,增积如律令"④"以律食之"⑤的立法。再如,《唐律疏议》也常有"馀罪论如律"⑥"并从官荫之法"⑦等说法。

最后,法律体现为一脉相承的成文法结构。例如,《法经》首创"总则+分则"的成文法结构,该结构被沿用至今。以《九章律》为代表的汉朝法律则通过"类法律继承"⑧,"攈摭秦法,取其宜于时者,作律九章"。⑨ 之后的《晋律》是在损益汉

---

① 房玄龄(579—648年)、褚遂良(596—659年)等:《晋书・刑法志》。"其文起自魏文侯师李悝。悝撰次诸国法,著《法经》。以为王者之政,莫急于盗贼,故其律始于《盗贼》。盗贼须劾捕,故著《网捕》二篇。其轻狡、越城、博戏、借假不廉、淫侈逾制以为《杂律》一篇,又以《具律》具其加减。是故所著六篇而已,然皆罪名之制也"表明,《法经》为诸法合体的刑法诉讼法体系。本句译为"王道政治,首要的是惩治盗(侵犯财产所有权的犯罪)和贼(伤害人身及反抗朝廷等严重犯罪)"。
② 秦律与《法经》为法律继承关系,表现为从奴隶制法向封建制法的转变。"法律继承"概念参见马长山主编:《法理学导论》,北京:北京大学出版社,2014年版,第129—131页。
③ 译为"商鞅继承了李悝的《法经》,进行改革,用来治理秦国"。
④ 《睡虎地秦墓竹简・秦律十八种・仓律》,原文为"栎阳二万石一积,咸阳十万一积,其出入禾,增积如律令",译为"在栎阳,以二万石为一积,在咸阳,以十万石为一积,其出仓、入仓和增积的手续,均同上述律文规定"。
⑤ 《睡虎地秦墓竹简・秦律十八种・仓律》,原文为"不操土攻(功),以律食之",译为"不作土工,按法律规定给予口粮"。
⑥ 《故唐律疏議卷・第二名例》,凡一十一條,第一十六疏議,原文为"卑官犯罪,遷官事發;在官犯罪,去官事發;或事發去官;犯公罪流以下者勿論,餘罪論如律"。
⑦ 同上,《唐律疏議》。《故唐律疏議卷・第二名例》,凡一十一條,第一十六疏議,原文为"其有官犯罪,無官事發;有蔭犯罪,無蔭事發;無蔭犯罪,有蔭事發:並從官蔭之法"。
⑧ 此处"类法律继承"为笔者自创。若以"法律继承"概念进行研究,我们只能就先秦与秦后两种不同历史类型的法进行展开。中国古代史是多朝代变迁的历史,仅遵法律继承进行研究难免于表象,故笔者将同一历史类型社会阶段的不同朝代间法的延续和继承现象拟制为"类法律继承"现象,简称"类继承"。
⑨ 班固(公元32年—公元92年):《汉书・刑法志》,徐世虹注,北京:法律出版社,1983年版。原文为"汉承秦制,萧何定律,除参夷连坐之法,增部主见知之条,益事律《兴》、《厩》、《户》三篇,合为九篇"。

代的《九章律》与魏代的《新律》之基础上完成的。① 《北齐律》"校正古今,锐意创新,省并篇名,务存清约"。② 又如,《唐律疏议》多沿袭《贞观律》与汉律,其中多次出现"盖循汉制也"的语句。③

二、近代以来体系解释在中国的发展

近代以来,中国的法学研究总体上沿着民国时期效仿德日、新中国成立初期学习苏联、改革开放后借鉴与发展并行的趋势向前发展。相应地,体系解释的理论研究也经历了民国时期奠基、新中国成立初期苏化、当代理论地位提升的演进过程。

(一)民国时期的体系解释

民国时期,随着西学东渐的兴起,法律解释的理论与实践也逐步在中国得到拓展。受德日法学的影响,体系解释的观念与论理解释一起被呈现在学者面前。朱显桢在对论理解释进行分类时指出了"组织解释"(systematische Element der Auslegung)的概念及其规则④。相较于目的解释,体系解释在该时期的运用率虽然不高,但当时的学者普遍都承认"不可断章取义""注重法律之全体"等解释规则。

1. 体系解释的非独立性

民国时期的学者们对法律解释的研究多建立在德日法学的研究基础之上,而以矶谷幸次郎、冈田朝太郎为代表的日本学者将法律解释分为文理解释和论理解释两类,其中的论理解释又包括扩张解释、限缩解释与见真解释。⑤ 在此基础上,中国学者根据本土情况对论理解释进行了更为详细的划分,如夏勤将论理

---

① 沈家本(1840—1913年):《歷代刑法考(附寄簃文存)》,鄧經元、駢宇騫點校,北京:中華書局,1985年版,《刑制總考一·晋篇》。
② 王立民主编:《中国法制史》,上海:上海人民出版社、北京:北京大学出版社,2007年版,第157页。
③ 长孙无忌(594—659年)、李勣(594—669年)等:《唐律疏議》,《故唐律疏議卷·第一名例》,凡七條,第二疏議,原文为"猶之杖刑者也。又蚩尤作五虐之刑,亦用鞭扑。源其濫觴,所從來遠矣。漢景帝以笞者已死而笞未畢,改三百曰二百,二百曰一百。奕代沿流,曾微增損。爰洎隨室,以杖易鞭。今律云「累決笞、杖者,不得過二百」,蓋循漢制也"。
④ 朱显桢:《法律解释论》,载《社会科学论丛》,1930年第2卷第8—9期。
⑤ 〔日〕矶谷幸次郎:《法学通论》,王国维译,何佳馨点校,北京:中国政法大学出版社,2006年版,第108—109页。

解释划分为补正解释、扩充解释与限制解释三类,欧阳谿则更为细致地划分出七种解释方法①,包括陈瑾昆、孟森等人在内的学者也都有类似的法律解释方法分类。但是,除了朱显桢提及了"组织解释"这一概念之外,"体系解释"这一称谓并未出现。

同时,作为独立的解释规则,体系解释的地位不凸显。学者们习惯将体系解释归为论理解释,但事实上当时论理解释与文理解释的界限尚存争议,故体系解释的归属不清。同时,由于没有独立的称谓,体系解释方法当时往往隐藏于论理解释的具体解释规则中。我们不难发现,几乎所有民国时期研究法律解释的学者都曾提及"不可断章取义""解释法文须注意法律之全文意义"②等原则方法。孟森对论理解释之四法中的"比较本法文中所规定者而释之""比较他法文中所规定者释之"与"视法文之通例而释之"三者之介绍,甚至可谓是对体系解释方法的描述。③

2. 体系解释的范围狭窄

体系解释的体系范围被民国主要学者限定为特定的法律之全体,而这一限定的理论基础也离不开日本学者的理论。例如,织田万原提出,"法律之文字须与其法律全文关联而解释之";再如,矶谷幸次郎认为,"法文中之言辞当参考法律之全体"。上述孟森的解释规则所提及的"本法文"亦是如此,类似的还有陈瑾昆所说的"尤应注意于立法精神及法条与法律全体之关系"④,以及"解释法律,不可断章取义。修改补订之条文,应作为原法令之一部(分)解释之"⑤"解释法律上的用语应注意法律的全部"⑥等说法。这些具体规则都将体系解释的范围划定在了特定文本之中,体现出当时追求成文法稳定的主流目标。

3. 体系解释的运用率不高

虽然在民国时期的法律解释方法论位阶中,体系解释(时称"组织解释")的效力仅次于文理解释且优于目的解释,但在当时的法律解释实践中,体系解释的

---

① 参见欧阳谿:《法学通论》,陈颐勘校,北京:中国方正出版社,2004年版,第117页。其中,欧阳谿将论理解释划分为扩充解释、限缩解释、变更解释、反对解释、当然解释、补正解释与沿革解释七种。
② 参见丘汉平:《法学通论》,载程波点校:《法意发凡——清末民国法理学著述九种》,北京:清华大学出版社,2013年版,第502页。
③ 参见孟森:《新编法学通论》,载程波点校:《法意发凡——清末民国法理学著述九种》,北京:清华大学出版社,2013年版,第316—317页。
④ 参见陈瑾昆:《刑法总则讲义》,吴允锋勘校,北京:中国方正出版社,2004年版,第48页。
⑤ [日]织田万原:《法学通论》,刘崇佑译,北京:商务印书馆,1930年版,第87页。
⑥ 参见朱采真:《现代法学通论》,北京:世界书局,1931年版,第88页。

运用率比目的解释更低,并且为数不多的使用大部分集中于刑事司法领域。①虽然运用率不高可归责于体系解释不明确、不独立的地位,但究其主要原因,还是受到了民国特殊大环境的影响。一方面,当时的法规范及其体系不完备,且落实运用的资金、人力受到国情的限制;另一方面,处于振兴救国的历史环境中的民国法律人更愿意选择目的解释以获得更大的解释空间,而体系解释所必须的逻辑规范在一定程度上限制了当时社会思想急速变革的进程。

(二)新中国成立初期的体系解释

新中国成立初期,我国法律对包括制度解释理论在内的苏联法律理论进行了大规模的借鉴,苏联法律的方法论要素也相应地得到了学术移植。可以说,我国对制度解释的研究是苏联制度解释理论的翻版,它充满了政治意识形态和唯物辩证法,形成了这一时期独特的、超辩证的制度解释概念。在唯物辩证法思维的指导下,新中国成立强调挣脱形式逻辑对法律解释的束缚,重视从法律与政治的关系中解释法律规范的含义。在过度的辩证法中,体系解释不仅没有凸显出自身的逻辑成分,反而使已经萌芽的逻辑意识日益弱化。

新中国成立初期,我国的体系解释具有独特性,此时的体系解释之"体系"强调"法的体系不能和法典中、法律全书中以及其他法律文件中的法的规范的外部整理(即整个的立法体系)混为一谈"②,体系解释反而与"法的体系"并无直接关联。法的体系"就是指现行的法律规范结合为各个单独的法的部门和这些部门彼此之间的界限以及它们之结合为一个整体而言……法的体系必须建立在法所调整的社会关系的基础上。把法律规范分成若干组并且把它们的界限划清,应当以法律规范所调整的一定的社会关系之间的联系与区别为根据"③。因此,苏联法学中的"法的体系"概念被认为"是每一个国家所具有的,而不问法典编纂的水准如何",是一个形式。

另一方面,该时期我国的体系解释受到了唯物辩证法思维的主导影响,强调挣脱形式逻辑对法律解释的束缚,重视从法律与政治的关系中解释法律规范的

---

① 参见方乐:《民国时期法律解释的理论与实践》,北京:北京大学出版社,2016年版,第423页。
② 参见[苏联]库德利雅采夫采夫主编:《苏联法律辞典·第三分册·国家和法的理论部分》,北京:法律出版社,1957年版,第106页。
③ 参见[苏联]罗马什金等主编:《国家和法的理论:马克思列宁主义关于国家和法的学说基础》,中国科学院法学研究所译,北京:法律出版社,1963年版,第514页。

含义。苏联法学对体系解释理论的认识,实际上是建立在对所谓"资产阶级"法学纯逻辑运作的批判之上的,其认为资产阶级法学"把法律规范的解释归结为不需要法律规范以外的材料的逻辑加工,把法律规范看作同它的社会政治内容没有联系"。[1] 同时,苏联法学认为,法律关系是社会关系的一种,并且归根到底是由生产关系所决定的,而法的本身又反过来影响生产关系,因此我们只有根据上述的法律与经济的相互联系,才有可能阐明法律规范的内容和含义。苏联法学主张,法律规范之研究必须依靠唯物辩证法的方法。[2]

(三) 当代中国的体系解释

当今时代,体系解释已被广泛运用于司法裁判环节,其是弥补文义解释不足的重要手段。由于体系解释非我国的原生概念,因此其在当代中国的发展呈现出"断层"之特征。虽然同法律知识体系化一样备受关注,但体系解释在实践中的运用状况并不乐观。

1. 体系解释思维依据之争论

作为体现了法学整体论和文本论思维方式的解释方法,体系解释的定义在我国学界中并无定论;学界的主要争议点在于,体系解释方法的思维依据为何、体系究竟是何范围。目前,我国学者对体系解释思维依据的观点主要分为两大类,即封闭体系姿态及要素与开放体系姿态及要素。其中,根据是否仅承认成文法为思维依据,前者又可分为"狭义的封闭体系姿态及要素"与"广义的封闭体系姿态及要素"。

梁慧星教授较早提出的体系解释定义便将思维依据限定为法律条文。[3] 类似的还有,杨仁寿对体系解释的介绍也是完全狭义的体系界定。[4] 即使是将体系解释的目的意义扩展到了整个法律秩序的刘治斌教授,也只是将解释目的扩

---

[1] 参见[苏联]罗马什金等主编:《国家和法的理论:马克思列宁主义关于国家和法的学说基础》,中国科学院法学研究所译,北京:法律出版社,1963年版,第451页。
[2] [苏联]坚金、[苏联]布拉图斯主编:《苏维埃民法》,中国人民大学民法教研室译,北京:法律出版社,1956年版,第120页。
[3] 参见梁慧星:《裁判的方法》,北京:法律出版社,2003年版,第89页。"体系解释是指根据法律条文在法律体系上的位置,即它所在的编、章、节、条、款、项以及该法律条文前后的关联,以确定它的意义、内容、适用范围、构成要件和法律效果的解释方法。"
[4] 参见杨仁寿:《法学方法论》,北京:中国政法大学出版社,2012年版,第143页。"以法律条文在法律体系上之地位,即依其编章节条项款之前后关联位置,或相关法条之法意,阐明规范意旨之解释方法,称为体系解释。"

大,将对某一法律条文的解释放在该条文所在的整个法律规范当中进行,本质上仍为狭义的"体系"界定。"广义的封闭体系姿态"的体现以孔祥俊教授的观点为代表——体系解释的思维依据是法律规范,但与完全狭义的界定不同,其将合宪性解释纳入了体系解释,并将法律规范扩至同位法与异位法。①

显然,无论狭义还是广义,封闭模式皆具有不可周延性。相比较而言,突破成文法范围的"开放体系姿态及要素"更符合实践发展要求。法律体系在结构上易存在缺失,诸如法律漏洞等违反计划的不圆满性时常发生,一些不确定的法律概念及一般性条款都需要我们在司法过程中重新界定其含义。在不同情境下,法律概念与法律条款具有不同含义,仅依照法律稳定性来确保一致含义并不容易。因此,在解释时,裁判者需要借助经验性事实,也即需要在诸多社会规范体系中进行概念界定、价值补充、漏洞填补等。这就意味着,法律体系需要处理多元法源问题,并适度地引入非正式法源。"开放体系姿态及要素"理论目前尚处于萌芽阶段,虽然以陈金钊教授为代表的部分学者在进行探索,但其尚未成为学界的主流观点。

2. 体系思维逻辑性之缺失

从上述的"六经注我,我注六经""持经达变"等思想看,中国人似乎更加重视整体、辩证和实质思维方式的使用,纵然是借鉴德日法学颇多的民国时期亦是如此。居正也认为,"论理解释不是形式的演绎论理,至少是一个辩证法的论理"②。如今,不少人将体系思维直接划入整体思维范畴,因而体系思维和体系解释方法在现实中的使用率并不低。

但是,我们不能否认,整体与体系二者由于中西方历史文化的不同而存在差异。我国的整体思维具有粗放的特点,通常的思维模式是将复杂要素划定为对立统一的两个方面,而后对两个方面进行关系思辨。最典型的例证便是,不少法理学教材对法律与社会现象的关系分析都是将纯粹的法律概念与道德、政治、经济等进行关系思辨。"体系"是一个由逻辑要素构成的整体,体系思维形式上符合逻辑,而法律本来就是一种体系的存在。但是,现实问题是,在运用传统的整体思维之过程中,我们未对构成整体的要素进行严密的逻辑关系论证。不讲逻辑与体系的整体思维、辩证思维还支配着很多人的思维过程,中国的法学研究者

---

① 孔祥俊:《法律规范冲突的选择适用与漏洞填补》,北京:人民法院出版社,2004年版,第165—167页。
② 居正:《法律哲学导论》,北京:商务印书馆,2012年版,第91页。

还没有把逻辑以及对法律思维规律或规则的研究当成重要的事情。在应对整体性法律时，我们仍习惯性地使用辩证思维，致使体系思维、体系解释与机械司法及执法的思维并存，从而使所谓的"整体思维"散碎。

3. 体系解释规则运用之粗泛

法律适用离不开法律解释，法律解释需要借助法律解释方法。在我国的法律解释学研究逐步形成自我体系的同时，其研究的方向仍侧重于将体系解释作为一种法律解释方法置于法律解释方法一章，并沿其与其他解释方法对比联系的路径进行研究。

不同的法律解释方法具有不同的特性，如要素、适用条件、适用目标等；同时，即便是同一种解释方法，在面对不同的解释主体、解释对象等变量因素时，其得出的解释结果也往往是不同的。例如，刑法中的"数量较大"一词，便会因罪名不同而被解释为不同基数。体系解释注重"拘泥文字，转失真意，最佳解释，前后对照"[1]，其将"特别法优于一般法""新法优于旧法"等解释原则都囊括在内。当下对体系解释的研究显然是不够精细的，其过分集中于解释方法样态，而忽视了其本身所具有的细化准则，很多人甚至将体系解释直接与"联系上下文"划等号。体系解释的操作细则得不到概括，以至于运用于实践中的解释结果之可预测性与统一性更为降低，不同法律人进行的体系解释之结果也会各不相同。

三、推进体系解释在当代中国的运用

面对我国当代的体系解释研究中存在着的争论，选择与营造适合体系解释在中国运用的思维环境和话语体系，并就不足之处对症下药很有必要。中国独特的历史与思维传统不可避免地会使西来的体系解释发生不相契合的现象，因此我们要结合我国的研究风格与思维方式来推进其适用。

（一）倡导开放型体系姿态

法律体系完整与否的开放态度与封闭立场之争执，系以法律本身有无欠缺为对峙焦点。[2] 选择开放的体系姿态可以化解法律体系的封闭性所导致的问

---

[1] 郑玉波：《法谚（一）》，北京：法律出版社，2007年版，第10—11页。
[2] 黄建辉：《法律阐释论》，台湾：新学林出版股份有限公司，2000年版，第107页。

题。体系解释方法依托的解释资源并不限于法律规范体系。陈金钊教授认为,法律体系之"体系"并非静态的法律规范体系,而是动态的体系性构成,包括法律规范体系、法律渊源体系、法律价值体系、法律方法论体系等。① 体系解释方法认为,法律解释并不能割裂法律规范与其他社会规范之间的关系,法律规范的不圆满性需要借助社会资源以得到弥补、修正,尤其是法律规范与社会道德的关系。法律规范为司法裁判提供了正式法源,而社会诸多规范可为司法裁判提供辅助性法源。只是在进入司法裁判后,社会规范需要由裁判者经过严格论证方可被适用,但这并不影响诸多社会规范法源的定位。

同时,倡导开放型体系姿态、引入非正式法源将有利于辅助制定法解释。一方面,开放型体系姿态不排斥非正式法源的存在。以多种形式的非正式法源为依据,我们能化解某些领域无法可依的困境,从而将更大范围的社会纠纷囊括入调整范围,以弥补法律体系调整的黑洞;另一方面,通过引入非正式法源,我们能够解决立法表达不能的技术性困境,从而使法律体系之中蕴含各种价值,为裁判正义的实现提供依据。对于当前的中国来说,制定法是法院在裁判中首先予以适用的法律形式。在正式法源缺位的情况下,非正式法源可以作为正式法源的有益补充,并在经由法官的解释、论证等环节后进入司法裁判之中,以弥补正式法源的诸多不足。

(二) 结合"内部体系"与"外部体系"

一个完整的体系解释包含"逻辑"与"价值"两项基本要素,前者体现为"在各自具体思想关联中的法律概念意义"和"一个法律规范在制定法中的外在地位",而后者体现为"借生在具体法律条文中的一系列法律思想,这些法律思想与整个法律体系的组成部分存在着各式各样的关系"②。以此为标准,体系解释分为"外部体系"与"内部体系"。体系解释方法的功能之发挥依托于体系思维形式,而且体系解释以体系思维为前提。恰当的法律实施不仅需要依法办事,还需要对法律的具体意义付出再体系化之努力,即运用体系思维来构建针对个案的整

---

① 参见陈金钊:《体系思维的姿态及体系解释方法的运用》,载《山东大学学报(哲学社会科学版)》,2018年第2期。
② [德]卡尔·恩吉施:《法律思维导论》,郑永流译,北京:法律出版社,2004年版,第91页。

体性法律。①

  体系解释不是简单地联系上下文，而是裁判者的体系性思维通过法律方法得到直观展现。外部与内部两大体系各司其职，共同发挥作用。外部体系为法律推理、法律论证提供逻辑规范指引，内部体系保证推理前提的判断符合法治要求。只有通过内外两种体系的共同运作，将形式逻辑与价值判断结合，我们才能弥补我国传统的整体思维、辩证思维中的逻辑缺位，进而构建法治思维。

  体系解释内外两大体系的结合能实现我们所追求的"持法达变"——将西方重视逻辑思维的特点与中国传统的思辨思维方式勾连起来。我们应该将法律发现、法律解释、法律论证、法律推理、法律修辞的思维规则等当作法的一部分，并在达变的过程中限制各种玄机对法律意义的干扰，以防止没有法律的随机应变的出现。②

（三）归纳体系解释运用细则

  法律解释规则既是法律解释方法适用的一般性要求，又是更为具体的思维规则及操作准则，它是理解、解释及适用法律规范的基础。虽然法律解释过程总结出了诸多解释方法，但是这些解释方法只是一种"类概念"，它们并没有具体告诉法律人该怎样去解释。法律解释规则是法律解释方法的基本构成单元。大陆法系国家习惯将法律解释工具定义为法律解释方法、技巧或工具，而各种各样的解释准则蕴含于这些方法、技巧与工具之下；英美法系国家习惯于将法律解释工具定义为法律解释规则，其是直接针对制定法解释的准则。③ 我们通过对比发现，前述两者实际在具体解释问题上都是在运用各种解释规则，法律解释方法只是提供一种解释的具体路径，而具体解释问题则应交由更为微观、具体的法律解释规则去解决。

  一方面，体系解释方法与文义解释方法相关联，其被用于阐释法律规范的含义，并致力于解释法律文本之含义；另一方面，体系解释方法又与目的解释方法相关联，其通过考察法律规范的语境含义，致力于法律规范目的之获得。西方学界对体系解释运用规则的归纳总结很早就已起步，如英格伯格·普珀提出的"体

---

① 陈金钊：《体系思维的姿态及体系解释方法的运用》，载《山东大学学报（哲学社会科学版）》，2018年第2期。
② 陈金钊：《法律如何调整变化的社会——对"持法达变"思维模式的诠释》，载《清华法学》，2018年第6期。
③ 宋保振：《体系解释的中国运用》，载《济南大学学报（社会科学版）》，2018年第6期。

系解释的无矛盾、不赘言、完整性、体系性要求"观点,已被不少国家视为法律解释的基本原则。我国尚未归纳出能实现传统的辩证思想与规范法律思维相结合的符合实践标准的体系解释运用规则。这样一来,既有的研究实则止步于外部体系层面,因此很难把握内部体系要求。为此,我们需要总结出更具有现实可操作性的指引规则,从而为裁判者的解释实践提供内外逻辑结合的有效引导。

首先,倡导立足整个法律体系对上下文进行联系。上下文联系所映射的是"文理解释",即当法律文字的含义不明时,解释者应该通过不确定法律概念的前后文来进行理解。在中国历史上,"上下文联系"也是各朝代法律体系思维的主要表现形式,其在成文法领域体现得更为直接。"上下文联系"与"文理解释""相辅相成规则"等只是称谓上的区别,它们本质上都是强调对语境的理解和把握,且主要应用于对列举式的各种人、物、事务、行为或情形的含义判断,以及对某些法律语词的一般性含义与特殊性含义的判断和选择之场合。而且,随着历史的演变,"上下文联系规则"在我国一直被沿用至今,其有着深厚的实践基础。

其次,根据概念的特定范围来把握文本的整体与部分。根据上述理解,"上下文联系规则"将理解不确定法律概念的范围限定在上下文之间,而此条"整体文本规则"将其理解概念的范围划定为整部法律规范。从某种程度上说,"整体文本规则"是对"上下文联系规则"所存在的不足之弥补。"上下文联系规则"在条文被明确列举时最能发挥有效的解释功能,但在其他语境下,其自身必须符合的特定条件往往会限制解释效果。张志铭教授曾将这些特定条件总结为:第一,假定立法者是理性的,他们在创制法律的过程中追求整体上的和谐统一;第二,法律概念上的统一,即立法者在同一意义上使用同一语词;第三,不同的语境之间相互协调。①

最后,在"无赘言规则"指引下,确保对法律语词的有效解释。"无赘言规则"要求法律不说多余的话、不调整规范外领域的纠纷,这是许多法律解释的共有解释目标,也是体系解释的规范性要求。但是,不得不承认,"无赘言规则"的实现有些过于理论化和理想化,这个要求有些绝对。一方面,法律语言自身的不周延性、立法者不可避免的主观性、裁判者的理解差异等因素,都将使得法律体系遗漏了相关的问题或是添加了其他内容;另一方面,法律体系调整的社会是一个变化的社会,而作为统治工具,法律有时也会随着时代的发展纳入政策等内容,这

---

① 张志铭:《法律解释的操作分析》,北京:中国政法大学出版社,1998年版,第110页。

不能说是绝对违反"无赘言规则"的。

结语

对于大多数中国人来说,完全封闭的"法律思维"模式是很少见的,更多的人是在强调法律意义的体系性与统一性。上述这个显著的思维特点在我国文化传统的漫长演变中产生,并为体系思维、整体思维在法律上的运用创设了思维层面的可接受性,但其与体系解释在我国的运用终究是不同的。立足于开放的体系姿态意味着,我们需要面对如何系统定位范围与规制要素的瓶颈,我们应在结合案例的基础上进行严谨的考虑。在归纳体系解释运用规则的同时,我们需要进一步化解合理性问题,而有关此内容的具体分析就构成了接下来的体系解释研究之重点。

(编辑:翁壮壮)

论主观目的解释

侯竣泰*

摘要：主观目的解释是一种站在立法者立场，探求其在制定法律时所欲达到的目的，以确定法律真实含义的法律解释方法。不同于历史解释与社会学解释，主观目的解释具有独特的价值与作用，如维护法的安定性、克服机械司法现象，以及缓解客观目的解释方法带来的法律适用者在解释、适用法律时的任意性问题。当然，主观目的解释并非完美无缺，我们也不可能只运用主观目的解释就确保司法裁判的万无一失。主观目的解释在运用中仍面临许多困境，我们需要结合客观目的解释与社会学解释来克服它们，也需要加强规制以发挥主观目的解释的积极作用。

关键词：主观目的解释；立法目的；客观目的解释；机械司法

主观目的解释是指，站在立法者的立场，探求立法者在制定法律时所欲达到的目的，以确定法律文本的真实含义的法律解释方法。萨维尼的"古典"解释理论认为，法律解释的任务是"将自己在观念上置于立法者的立场，人为地重复他的活动"，也就是说，法律解释是"重构法律中固有的观念"[1]。萨维尼以立法者的立场与目的来界定法律解释的任务，这足以体现主观目的解释在法律解释当中的重要地位。然而，主观目的解释在我国的研究领域中尚未受到充分重视，但我们不能忽视其在解释法律中的作用。因此，本文将从主观目的解释出发，初步界定主观目的解释与历史解释之间的关系，以探寻获取立法目的之途径，分析主观目的解释方法的优势及其在运用当中面临的困境，并试图提出克服与规制困

---

* 侯竣泰（1996— ），男，山东潍坊人，华东政法大学 2019 级硕士研究生，研究方向：法律方法论。
[1] 参见［德］齐佩利乌斯：《法学方法论》，金振豹译，北京：法律出版社，2009 年版，第 59 页。

境的建议。

一、主观目的解释初探

主观目的解释是指,站在立法者的立场,探求立法者在制定法律时所欲达到的目的,以确定法律文本的真实含义的法律解释方法。主观目的解释不同于通过探寻立法历史资料来解释法律的历史解释。在进行主观目的解释时,法官需通过立法材料与法律文本来寻觅立法目的并解释法律。

(一) 主观目的解释并非历史解释

魏德士曾言:"遵循立法者的规范目的、忠实于方法,这是对法律适用者的首要要求。"[1]作为一种法律解释方法,主观目的解释与客观目的解释相对,两者皆为目的解释方法的组成部分。主观目的解释与客观目的解释之争在历史上风起云涌,虽然近年来,国内对客观目的解释方法的研究愈加深化,且客观目的解释方法近乎成为了学界阐释目的解释时的通说,但是主观目的解释因其不可替代的作用而仍应得到重视。在德国法学界,除萨维尼外,支持主观目的解释的学者不胜枚举,如温德沙伊德、雷格尔斯贝格尔、恩内塞鲁斯、施塔姆勒、彼得拉施克、纳维亚斯基等。[2]

并且,目前学界有将主观目的解释与历史解释混同之倾向。杨仁寿教授认为,"法意解释,又称为历史解释,系指探求立法者于制定法律时所作价值判断及其所欲实践的目的,以推知立法者之意思,而为解释之方法"[3]。郑永流教授认为,"历史解释指力图从立法资料和历史背景中获得立法者的原意"[4]。卡尔·拉伦茨教授认为,"何种解释最能配合立法者的规定意向或其规范想法,由此就进入解释的'历史性'因素"[5]。上述三位学者将主观目的解释界定为历史

---

[1] [德]魏德士:《法理学》,丁晓春、吴越译,北京:法律出版社,2005年版,第312页。
[2] 温德沙伊德认为,解释是"确定立法者受他使用的语词所约束的意义";雷格尔斯贝格尔认为,"制定法是立法者意志的表述,制定法的内容是由立法者彰显出来的意愿,是立法者的意志";恩内塞鲁斯认为,解释是"立法者在制定法中得到表达的意志";黑克认为,"制定法解释的正确方法是……一种历史的要求和利益之探究"。参见[德]卡尔·恩吉施:《法学思维导论》,郑永流译,北京:法律出版社,2013年版,第106—107页。
[3] 杨仁寿:《法学方法论》,北京:中国政法大学出版社,2013年版,第162页。
[4] 郑永流:《法律方法阶梯》,北京:北京大学出版社,2008年版,第166页。
[5] [德]卡尔·拉伦茨:《法学方法论》,陈爱娥译,北京:商务印书馆,2003年版,第207页。

解释,从而混淆了两者之间的关系。

本文认为,主观目的解释是指,站在立法者的立场,探求立法者在制定法律时所欲达到的目的,以确定法律文本的真实含义的法律解释方法。对立法资料的探求是为了获取目的,是为了通过目的来解释法律;而历史解释是指,从法律规定产生时的上下文中确定规范要求的内容和规范目的①,是通过查找立法历史资料等来解释法律,其不一定必须确定立法的目的,有时即使立法目的很明确,我们也可能需要通过历史解释来判断法律的含义。当然,主观目的解释与历史解释有重合的可能,但两者不应该是完全等同的,因为主观目的解释的不可替代性与重要性使其与其他解释方法有所区别。

(二) 寻觅"立法目的"的途径

主观目的解释是对法律规范采取符合立法者制定规范时所要追求的目的之解释,换言之,主观目的解释是从已被掌握的所有证据,以及更直接地从当时的历史(政治、经济、社会、意识形态)背景——"促使立法产生的社会框架性条件"与立法背后的"立法者的目标追求"——来发现法律意旨。② 然而,如何确定"已被掌握的证据""促使立法产生的社会框架性条件""立法者的目标追求"等立法者的意旨,则一向是主观目的解释方法运用当中的困难之一。正如王泽鉴教授所指出的,一个具有意思能力的立法者并不存在,法律的草拟历经各单位机关,何人为立法者,殊难确定。意思不一致时,应以何人为准,实有疑问。③ 于何处以及通过哪些资料可以更加便捷、精准地确定立法者目的,这是克服主观目的解释任意性的关键,也是提升其在法官判案当中的运用频率之重要举措。

法律在产生过程中积累的各种立法资料(如立法理由书、立法活动记录等)为法律目的提供了发生史线索;此外,我们也可以借助法律文本之中有关法律目的之素材(如法律的序言)或者通过法律的上下文来寻找有关法律目的之线索(如有待解释之法律规范在该法律的外部体系中所处之位置等)。④ 立法资料、法律文本本身等皆为确定立法者制定法律时的目的之素材来源。结合我国国情,本文提出以下材料,以便捷、精准地确定立法者的意旨。

---

① 参见[德]魏德士:《法理学》,丁晓春、吴越译,北京:法律出版社,2005年版,第331页。
② [奥]克莱默:《法律方法论》,周万里译,北京:法律出版社,2019年版,第89页。
③ 王泽鉴:《民法思维》,北京:北京大学出版社,2009年版,第171页。
④ [德]齐佩利乌斯:《法学方法论》,金振豹译,北京:法律出版社,2009年版,第72页。

1. 关于法案的说明、审议结果报告、立法机关审议意见等[1]

认识参与法律准备及起草工作者之规范想法的书面依据有不同的草案、讨论记录及添附在草案中的理由说明；认识参与立法行为者之想法的根源则为国会的报告。[2] 在我国，全国人民代表大会及其常委会（以下简称"全国人大及其常委会"）是国家立法机关，因此立法者意旨之确定，关键在于确定全国人大及其常委会的立法思想。在全国人大及其常委会卷帙浩繁的文本材料当中，有一部分与立法目的密切相关：

（1）关于法案的说明，即提案人在提出法案时于人大会议上对法案做出的说明。关于法案的说明一般包括制定本法的目的、指导思想、立法理由等内容，其是理解立法者目的之重要材料。

（2）审议结果报告，即人大法律委员会、法制工作委员会在统一审议法案后，在向人大会议提出修改稿时对法案修改理由所做出的说明，以及对为什么没有接受各方面提出的修改意见所做出的解释。这些文献对有关法律条文含义的说明，实际上就是一种法律解释。

（3）全国人大在起草、审议、审查、讨论法案的各个阶段中的意见。在审议、讨论法案的过程中，会议成员和有关专门委员会或者有关部门发表的意见，代表着立法者对法律条文含义的理解。

2. 法律文本

法律文本是立法机关综合考虑政治、经济、文化、社会等历史背景，经过严格的立法程序结出的"硕果"，其字里行间天然地体现着立法者的立法目的与法律追求。制定法的语言被认作是立法者或制定法的意志的表达方式，且其据此被延伸或限缩。[3] 因此，关注法律文本本身，对于如何便捷、精准地确定立法者的目的而言有很大帮助。

杨仁寿教授提出了三条于法律文本中探寻立法者意旨的途径[4]：

（1）有的法律明确规定法律目的。例如，《中华人民共和国公司法》《中华人民共和国义务教育法》和《中华人民共和国劳动法》三部法律的第 1 条便明确规

---

[1] 参见郑永流：《法律方法阶梯》，北京：北京大学出版社，2008 年版，第 167 页。
[2] ［德］卡尔·拉伦茨：《法学方法论》，陈爱娥译，北京：商务印书馆，2003 年版，第 209 页。
[3] ［德］卡尔·恩吉施：《法学思维导论》，郑永流译，北京：法律出版社，2013 年版，第 126 页。
[4] 参见杨仁寿：《法学方法论》，北京：中国政法大学出版社，2013 年版，第 172 页。

定了立法目的。① 在此种情形下,法律的立法目的一目了然,便于法律适用者探寻。

(2) 有的法律并未在法律文本中规定立法目的,或者虽规定立法目的但十分模糊,无法具体适用。在此种情形下,我们可以直接从法律名称中探寻立法目的,因为名称往往蕴含着立法者制定此法的意图与目的,从而可以清晰地反映出立法者希望通过此法达到的目的与规范效果。例如,《中华人民共和国消费者权益保护法》虽然未在法律文本中明确规定立法目的,但根据其名称"消费者权益保护法",我们便可以推知此法的立法目的是保护消费者合法权益,维护社会经济秩序的健康发展。

(3) 有的法律并未在法律文本中规定立法目的,我们也无法从法律名称中推知其立法目的,那么我们就必须采用"逆推法"。若法律的个别规定或多数规定所欲实现的"基本价值判断"较为具体,则我们比较容易寻觅其立法目的。通过对这些法律进行分析、整合,我们可分析出它们所欲实现的目的,亦即规范目的。

此外需注意的是,我们要把一部法律当作一个整体来考量,因为一部法律不是法条的简单聚集,而是一个有机的整体。只有通读整部法律,并将法律视为一个内在自洽的整体,法律适用者才能明确该法律的主观目的。"每个语词当下的意义只能透过整个文字的意义关联来取得,后者最后又必须借助——构成它的——个别语词及语词组成的适切意义才得以确定。"②

二、主观目的解释的优势

虽然主观目的解释在当下有被忽视之虞,但其仍有不可替代的作用。主观目的解释可以帮助法律适用者确定立法者的目的,使法律适用者精准地理解法律所欲实现的调控意图,进而推动法官作出公正合理的裁判。

---

① 《中华人民共和国公司法》第1条:"为了规范公司的组织和行为,保护公司、股东和债权人的合法权益,维护社会经济秩序,促进社会主义市场经济的发展,制定本法。"
《中华人民共和国义务教育法》第1条:"为了保障适龄儿童、少年接受义务教育的权利,保证义务教育的实施,提高全民族素质,根基宪法和教育法,制定本法。"
《中华人民共和国劳动法》第1条:"为了保护劳动者的合法权益、调整劳动关系,建立和维护适应社会主义市场经济的劳动制度,促进经济发展和社会进步,根据宪法,制定本法。"
② [德]卡尔·拉伦茨:《法学方法论》,陈爱娥译,北京:商务印书馆,2003年版,第87页。

（一）克服法官裁判的机械性

在法律解释中加入目的考量可以修正立法文本中可能存在的模糊，克服法律解释的机械性，提高法律裁判的合理性。[1] 概念法学派唯制定法至上，认为法官即自动售货机，在投入法律规范与案件事实的"硬币"后，法官只需凭借逻辑三段论推理，便可以吐出裁判结果的"货物"。这种机械司法也许在应对简单案件时可以发挥一些功用，"然而在面对疑难案件的时候，如果仅仅运用简单的'根据法律的思考'就会出现不恰当的法律运用问题"[2]，从而造成一批不公正的、未实现法律目的之司法裁判。王泽鉴教授在《民法思维》中曾举"狗与猪不得携入公园"[3]的例子，哈特在《法律的概念》中曾举"车辆禁止进入公园"[4]的例子。在日常生活中，我们也经常会见到类似"外来车辆禁止进入校园"的规则，然而警车、消防车、救护车等"外来车辆"却可以进入校园，这是因为规则的执行者熟知学校在制定此规则时的出发点是维护校园有序与安宁的环境，因此不会墨守成规。所以，允许警车、救护车等车辆入内这种站在规则制定者立场来探寻超出文本含义的解释之方法即为主观目的解释，它有利于克服简单的依法办事和防止机械司法现象的发生。

以南京"正麒麟"案为例，李宁、沈莉瑶夫妇在南京以开办"正麒麟"演艺公司为名，组织男青年卖淫。案发后，李宁、沈莉瑶被南京警方刑事拘留，但是检察机关却以"法无明文规定不为罪"为由将二人无罪释放。于是，最高法院接到江苏省高院的请示后，报全国人大常委会做出决定。之后，全国人大常委会根据全国人大制定《中华人民共和国刑法》"组织卖淫罪"时的惩处有组织的性交易行为的目的确定，组织男青年卖淫比照组织卖淫罪定罪量刑。因此，李宁被判犯组织卖淫罪，判处有期徒刑8年。《中华人民共和国刑法》中的"组织卖淫罪"的立法目的是禁止和惩处金钱下的性交易行为，而男性向女性卖淫或男性之间的卖淫行为的危害程度等同于女性向男性的卖淫行为。"正麒麟"案中，检察机关犯了简单的依法办事、机械司法的错误。如果检察机关能运用主观目的解释方法，分析出立法机关所欲禁止、惩处的是金钱下的性交易行为，并将组织卖淫罪中的"卖

---

[1] 陈金钊等：《法律解释学——立场、原则与方法》，湖南：湖南人民出版社，2009年版，第508页。
[2] 陈金钊：《现有"法律思维"的缺陷及矫正》，载《求是学刊》，2018年第1期，第76页。
[3] 参见王泽鉴：《民法思维》，北京：北京大学出版社，2009年版，第201页。
[4] 参见[英]哈特：《法律的概念》，许家馨、李冠宜译，北京：法律出版社，2018年版，第191页。

淫"行为解释为包括男性向女性以及男性向男性提供的性交易行为,那么犯罪分子就会及时得到应有的惩罚。孟德斯鸠式的法官似乎成为当下的主流,但若法官如同自动售货机般进行司法裁判,则必将导致机械司法的现象发生。因此,法官在解释法律时只有结合立法者的主观目的,才能积极克服严格法治的僵化性,法律也才能以灵活的姿态应对复杂多变的案件,从而发挥其应具有的作用。①

(二) 缓解法官裁判的任意性

拉德布鲁赫是客观目的解释方法的支持者,他以一艘轮船作为比较。这艘轮船"在驶出时,由领港员沿着规定的路线通过港口水域控制着,但是后来在船长的指挥下,在自由的海面上寻找着自己的航向,不再受领港员的支配,否则将无法应付惊涛骇浪"②。人们也试图把立法者与其制定法的关系思考成父母与子女的关系,子女首先是被父母灌输家庭的精神,但后来他们变得越来越独立了,产生了不同于父母的见解和决断。③

诚然,客观目的解释近乎成为学界通说,其在实务中也发挥着越来越重要的作用。我们应当承认,法官对法律目的之考察必定包含了其主观因素,因为对于法律目的之探究行为来说,法律条文本身是无法言说的,只有作为解释主体的法官才能识别法律的目的,因此也只有在理解的过程中,目的才能彰显出来。所以,即使我们说法律目的应该是立法者目的,但最终做出决定的其实是法官。④并且,法律适用者在解释、应用法律时,总是存在着先入为主的主观性前理解;法律条文不会主动说明其蕴含着的目的,只能被动地等待法律适用者的适用。表面公正客观的"客观目的"常常成为法律适用者解释法律时粉饰自己主观臆断的工具,一些法律适用者在客观目的之掩护下,便可以毫无顾虑地将其主观见解带入到判决之中。"解释者的主观意志的前置影响力被表面的客观概念掩盖了。通过援引看似客观确定的法律之外的规范或者所谓规范的发挥作用的事物结构,由法官自己的调整意志所主宰的法官造法变得神秘化。那些听起来科学的词句掩盖了制定法和法官法的精确性。"⑤具体来说,客观目的解释存在以

---

① 参见陈金钊:《作为方法的目的解释》,载《学习与探索》,2003年第6期,第37页。
② 参见王泽鉴:《民法思维》,北京:北京大学出版社,2009年版,第171页。
③ [德]卡尔·恩吉施:《法学思维导论》,郑永流译,北京:法律出版社,2013年版,第111页。
④ 陈金钊等:《法律解释学——立场、原则与方法》,湖南:湖南人民出版社,2009年版,第498页。
⑤ [德]魏德士:《法理学》,丁晓春、吴越译,北京:法律出版社,2005年版,第312页。

下弊端：第一，臆想的客观性，即客观目的解释为法律适用者的意志行为创造了极大的空间，从而给法律适用的可信度造成了极大的负面影响；第二，法律约束的松动，即"客观的"解释方法不是用它的标准为法律解释服务，而是为法律适用者所希望的对法律的背离或者修正服务；第三，裁判可监督性的缺失，即客观目的解释有意地放弃了裁判规则的尽可能明确、清晰的要求，使得对裁判的监督愈发困难。① "处于客观解释中的法律就像'一只自由的气球'，升起之后就摆脱所有期望，随风漂浮。"②

由此观之，所谓的"客观目的解释"是主观的法官造法，其带有浓重的主观色彩。客观目的解释并没有我们想象中那样完美无缺，我们应提升主观目的解释的运用频率，发挥主观目的解释维护法律的安定性之作用，以此制衡客观目的解释，并缓解其带来的法官任意裁判案件的现象。正如黄茂荣教授所言："轻视立法者的意思，可能导致法律意旨的根本改变。由解释获得的结果常只是解释者基于各自不同的观点所作的偶然性决定。其结果，法律解释者依客观说所做成之解释，常是主观的……因而也危害了法的安定性。盖为求得最衡平、最合目的之裁判或决定，客观说的拥护者常在法律当代的客观意旨的掩护下，依据所谓的法律感情来了解法律。而光凭法律感情无法提供法的安定性与法律效果的可预见性，则是显然的。"③

（三）维护法的安定性

当能够被适用于同一案件的法律规范发生冲突时，通过探寻立法者的目的来明确该法律规范的含义与调整对象之做法，便可以准确地把握法律的精神和原则，实现法律调整的目的。④ 当法律条文出现字义含混不清或者仅有原则性规定时，主观目的解释通过探寻立法目的之方式，确定立法者在制定本法时所欲实现的立法意图，从而对概括性、模糊性的相关条文进行解释，以消除法律条文含义的不确定性。若遇到借助文义解释和体系解释无法解决的法律规范含义模糊之情形，"只要每一个人取向于这种能历史地被探知的意旨，执法机关的裁判或决定便不会捉摸不定，而根本地动摇法的安定性，换言之，主观目的解释之见

---

① 参见［德］魏德士：《法理学》，丁晓春、吴越译，北京：法律出版社，2005年版，第340—343页。
② ［德］魏德士：《法理学》，丁晓春、吴越译，北京：法律出版社，2005年版，第344页。
③ 黄茂荣：《法学方法与现代民法》，北京：法律出版社，2007年版，第330页。
④ 参见陈金钊主编：《法律方法论》，北京：北京大学出版社，2013年版，第133页。

解的贯彻可以提高法的安定性"①。

三、主观目的解释的困境及其克服

虽然主观目的解释在克服机械司法、缓解客观目的解释带来的主观任意性的问题、维护法的安定性等方面有着积极的作用,但不可否认的是,其在当前的运用过程中也面临着许多困难与挑战,我们需要通过客观目的解释、社会学解释等方法从外部进行应对。同时,在运用主观目的解释的过程中,我们要借助文义解释对其进行规制,使主观目的解释符合法律价值,以保障其作用的正常发挥。

(一) 主观目的解释的困境

主观目的解释面临一些困境,下文分述之:

1. 主观目的解释存在"食古不化"的缺陷

寻求当代的、合时宜的解释是法律适用者的任务,他们的目光不是投向过去,而是朝向当代和未来。一旦人们使自己成为立法者的服从的仆人,那就意味着法律适用者的退化。② 当今经济社会发展迅速,人民生活日新月异,而主观目的解释力求借助历史上立法者的真实意图来解释法律,并解决当下社会的矛盾纠纷,这颇有刻舟求剑、食古不化的意味。"倘采主观说,则法律的发展将受制于'古老的意思',不能适应新的社会需要。"③ 一切法律都是具体的,有条件的。具体的情况在变化,价值标准也会随之而变,因此立法者根据过去的情况所做出的价值判断是否适应当下的社会需求是值得怀疑的。例如,自书遗嘱方式的变迁,以及许霆案中ATM自动取款机的普及,这些都是立法者始料未及的。

2. 立法者的目的高深莫测,有时难以探寻

当立法者作为一个集体出现时,它是不存在主观意志的,因为其成员的观点不可能在绝对意义上完全一致,很多成员的观点可能会有所不同甚至相互冲突,但统一立法成果的出台很快就掩盖了这种冲突或矛盾,我们再进行探求已不可得。④ "立法者"究竟是一个机关,还是一个团体,还是进行表决的个人? 这始终

---

① 参见黄茂荣:《法学方法与现代民法》,北京:法律出版社,2007年版,第325页。
② [德]卡尔·恩吉施:《法学思维导论》,郑永流译,北京:法律出版社,2013年版,第110页。
③ 王泽鉴:《民法思维》,北京:北京大学出版社,2009年版,第171页。
④ 陈金钊等:《法律解释学——立场、原则与方法》,湖南:湖南人民出版社,2009年版,第497页。

是一个令主观目的解释黯然失色的疑问。正如博登海默所说的,一个立法机关的众多成员甚或一个立法委员会的成员,对某一法规的有效范围或目的往往也是众说纷纭和存在意见分歧的,而且他们还会就某个成文条款或规定的适用范围产生实质性的分歧。① 除此之外,在某些情况下,立法材料的缺失或不可得也始终限制着主观目的解释的作用之发挥。并且,立法者的意思有时语焉不详,是一个高深莫测的东西,即使解释者掌握了,其仍需要通过进一步的解释来探寻立法者的目的。

(二) 主观目的解释缺陷的外部克服

如上所述,虽然主观目的解释面临种种运用上的困难与挑战,但瑕不掩瑜,其仍具有克服机械司法、缓解客观目的解释带来的任意性、提高法律的安定性等优点,因此值得法律适用者在裁判案件时积极运用。本文试图提出以下方法与规制手段,以克服主观目的解释所面临的困难,方便其运用。诚然,主观目的解释具有许多积极意义与作用,但即便如此,我们仍需要提出针对主观目的解释的具体规制手段,以防止其在运用过程中被当作法律适用者进行主观臆断的工具,保障作用的合理发挥。

1. 与客观目的解释相配合,互通有无

主观目的解释与客观目的解释都存在着种种缺陷,如主观目的解释食古不化,以立法者过去的、也许已经落后于社会发展的价值判断来处理当今日新月异的矛盾与冲突,以及客观目的解释为法官扩大自由裁量权、任意地进行主观臆断提供掩护。这些问题皆需要引起我们的重视,由我们加以解决。主观目的解释与客观目的解释之配合,有利于互通有无、取长补短,从而充分发挥彼此的作用,并克服对方的困难。双剑合璧,确实能发挥更大的价值。

如前所述,主观目的解释"食古不化"的缺陷可以通过客观目的解释得到解决。法律解释的目标只能是探求法律在今日法秩序的标准意义,而只有同时考虑历史上的立法者的规定意向及其具体的规范想法——而不是忽视它——我们才能确定法律在法秩序上的标准意义。② 客观目的解释聚焦于当下——假若立法者生活在当今社会,则其将通过法律实现何种意图——以探寻法律本身所欲

---

① 参见[美]博登海默:《法理学:法律哲学与法律方法》,邓正来译,北京:中国政法大学出版社,2004年版,第557页。
② [德]卡尔·拉伦茨:《法律方法论》,陈爱娥译,北京:商务印书馆,2003年版,第199页。

达到的目的。在适用主观目的解释时,若法律适用者发现立法者过去的立法目的与社会现实明显脱节,则其需要运用客观目的解释,"根据发展的需要,将法律条文的内容扩展到最初的立法意图之外"[1],这有助于改善主观目的解释"食古不化"的问题,以适应迅速变化的社会经济发展的需要。

客观目的解释虽然以公平正义等价值观念为目的考量,但其也于无形之中扩大了法官的自由裁量权,从而造成了"客观目的解释主观化、任意化"的现象。因此,在适用客观目的解释时,法律适用者应结合主观目的解释,坚守对法律服从的要求,提高法的安定性,以缓解客观目的解释带来的任意性现象,平衡好遵循立法原意与适应社会发展之间的关系。法律解释的目的是阐释客观化的法律意旨,但在探求法律意旨的过程中,解释者仍应斟酌立法者的具体规范意思、价值判断及利益衡量,不能完全置立法者的意思于不顾。在此意义上,法律解释实乃结合客观意旨及主观意思,致力于实践正义的一种过程。[2]

2. 与社会学解释方法相结合,提高裁判的可接受程度

主观目的解释与社会学解释在运用上具有高度的统一性,郑成良教授直接将目的解释界定为社会学解释[3],陈金钊教授也指出,社会学解释方法是从法律所具有的多种意义中择一而用时,法官应当考虑法律的社会效果并进行目的考量。从这个角度看,社会学解释与目的解释具有相通之处。[4] 虽然本文主张主观目的解释与社会学解释为两种不同的范畴,但是在具体应用主观目的解释方法时,解释者应当结合社会学解释。"惟如社会急遽变迁,社会目的与法律目的不同时,则应以社会学的解释为之,始能切合社会之需要"[5],并且主观目的解释不可避免地会遇到难以适应当今社会发展需要的情形,因此只有结合社会学解释,法官才能"充分考虑案件所处社会的文化习俗,在维护法律权威的同时提高判决在社会上的可接受性"[6]。借助社会学解释,我们能够发挥善良风俗、乡规民约等在民间具有重大影响的社会规范对法律的支持和补充作用,以缓解主观

---

[1] 孔祥俊:《法律解释方法与判例研究》,北京:人民法院出版社,2004年版,第240页。
[2] 王泽鉴:《民法思维》,北京:北京大学出版社,2009年版,第172页。
[3] 目的解释是指,联系法律目的(即社会效果)的方法,着重于社会效果的预测和衡量,以社会情势变迁、社会诸利益平衡、社会正义情感追求等为标准进行法律解释。郑成良主编:《法理学》,北京:高等教育出版社,2012年版,第316页。
[4] 陈金钊主编:《法律方法论》,北京:北京大学出版社,2013年版,第134页。
[5] 杨仁寿:《法学方法论》,北京:中国政法大学出版社,2013年版,第173页。
[6] 陈金钊主编:《法律方法论》,北京:北京大学出版社,2013年版,第134页。

目的解释的"食古不化"、与社会发展相脱节的缺陷,从而提高司法裁判的可接受度,更好地发挥主观目的解释的价值。

3. 尊重文义解释的优先地位

作为论理解释方法之一,主观目的解释要尊重文义解释的优先地位。在大多数案件中,法律适用者通过演绎推理、文义解释的方法便可得出法律裁判结果。在此情形下,法律适用者需尊重制定法的权威性,将法律条文作为裁判案件的直接前提,主观目的解释不能越俎代庖。若遇到疑难复杂案件,法律适用者只有在穷尽法律规则,且适用文义解释依然无法得出公正的裁判时,方需要通过主观目的解释来探寻法律规则背后的立法目的,从而进行司法考量并得出裁判结果。

4. 侧重于公民权利保护,实现社会公共利益

为防止法律适用者的恣意裁判对公民权利造成的侵害,主观目的解释在实体内容上要侧重于公民权利保护,实现社会公共利益。按照自然法学的要求,目的应当具有某种正当性,所以在运用目的解释时,法律适用者应当将目的与法律价值联系在一起。被法官等解释主体选定的用于解释法律之目的应该是符合正义之要求的。[1]

结语

由于立法资料的缺失、难以获得等情况,主观目的解释在我国的法律实践中始终扮演着次要的角色。主观目的解释更多地为历史解释所兼并,而客观目的解释也逐渐成为目的解释的代名词。但是,由于客观目的解释的任意性扩大了法官的自由裁量权,因此我们需要对其进行限制,以实现制衡。因此,具有维护法的安定性、缓解法律适用的任意性、克服机械司法等功能的主观目的解释进入我们的视野。但是,主观目的解释也不是完美无缺的,我们需要对其进行规制,以更好地发挥其作用,从而帮助法官作出合理裁判,维护社会的公平正义。

(编辑:翁壮壮)

---

[1] 陈金钊:《目的解释方法及其意义》,载《法律科学》,2004年第5期,第44页。

论法律解释中的描述性语言分析之价值

朱瑞*

摘要：语言哲学所提供的描述性分析有益于法律解释的规范性建构。描述性语言分析之所以能够成为法律解释不可或缺的一个环节,是因为其价值基础在于法律解释不可被忽视的语言属性。对于法律解释而言,描述性语言分析至少有三大价值：第一,描述性语言分析是法律解释的重要影响因素,但不是唯一的影响因素,对法律解释中的描述性语言分析的误解大多来源于唯一性的见解；第二,描述性语言分析为法律解释提供基本材料,规范性建构的前提是有材料可选；第三,描述性语言分析为法律解释规则提供思维路径,此种路径表达了描述性语言分析塑造法律语言含义的规律化过程。描述性语言分析为法律解释提供的基础性贡献在上述三大价值之基础上被逐步重视。

关键词：法律解释；思维规则；语言分析；规范性建构

引言

语言哲学所提供的描述性分析是否对规范性的法律解释有所裨益呢？并非所有人都愿意在这个问题上给出肯定的回答。索伦曾经认为,"法官在审理案件时需要解释法律的文本语言,但是在没有语言学家帮助的情况下,他们和其他任何人一样有能力这样做"[①]。国内对法律解释的研究也逐渐超脱于描述性语言分析所带来的文义解释,其开始把更多的注意力转移到字面解释之外的规范性

---

* 朱瑞(1993—),男,河北邯郸人,华东政法大学硕士研究生,研究方向：法理学。
① Lawrence Solan. 1995. *Judicial Decisions and Linguistic Analysis*：*Is There a Linuist in the Court?*. In *Washinton University Law Quarterly*, 1069 - 1080.

判断的内容之中。以上观点很容易将我们带入歧途,因为自哈特以来,人们日益重视语言哲学对法律解释的贡献,而语言学所提供的学术视野可以帮助法官和其他参与解释的人更好地理解法律解释的本质。正如本杰明和谢尔所言,通过将法律语言理解为各种言语互动,我们有可能重新认识法律解释中的描述和建构之区别。① 本杰明和谢尔主张语言的推理性本质在法律解释之中也有所反映。就推理性而言,法律解释的规则和语言学的规则存在一定的相似性。同样,国内部分学者将语言学提供的基础材料作为立论的隐含前提;相关学者将其表述为,既然法官对法律文本做出了创造性的决定,那么解释其实就是法官隐晦的造法过程;更进一步而言,赋予含糊不清的语言以确定之意义的问题并没有超出"解释"的范畴。② 很明显,上述学者将法律解释的描述性讨论作为建构性讨论的前提。但是,仅仅将解释视为不自觉的使用而缺乏系统性认识,并不足以应对未来理论发展的挑战。我们有时走得太远,以至于也生发出了和索伦一样的质疑。在此,我们有必要对类似的质疑做出回应,从而正视语言学的描述性分析为法律解释所做出的贡献。

为了便于解释,本文将区分几个常用术语。关于描述性语言的定义,本文参照伊塞尔的观点,将描述性语言定义为,对所感知事物的忠实表述,即不带有价值判断和主观选择的语言。文本的"法律意义"是法官赋予文本的权威意义。"法律意义"可能与"普通意义"不同,普通意义是指文本语言根据适当的交际语境所传达的意义,或者在讨论的上下文中通常所具有的意义。法院经常提到的普通意义规则规定,除非法规中另有定义,否则法规应根据相关语言的原始意义进行解释。③ 其实,法官在此处规定中已经假定,法律语言受到法律以外的更广阔的语言使用的一般原则之管辖。④

一、描述性语言分析是法律解释的重要影响因素

描述性语言分析是重要但非唯一的影响因素。描述性语言分析的重要性在

---

① Allott N., Shaer B., 2017. *The illocutionary force of laws*. In Inquiry, 1-19.
② 孔祥俊:《法律解释与适用方法》,北京:中国法制出版社,2017年版,第153—154页。
③ [美]波斯纳:《法理学问题》,苏力译,北京:中国政法大学出版社,1994年版,第152—154页。
④ 参见郭贵春、赵晓聃:《一般科学哲学的图景及其特征:科学解释与意义建构》,载《科学技术哲学研究》,2017年第1期,第1—8页。

于法律解释必须对其加以考虑,而非唯一性在于其并非解释的全部。对法律解释中的描述性语言分析之误解大多来源于对唯一性的认识。

我们从小学就开始学习语文,学习汉语,甚至是学习古汉语的使用规则。我们每天可以熟练地使用语言和周围的人交流。语言学家对语法的构建来源于我们每个人在日常生活中的语言实践。① 因而,语言不仅建构着我们对世界的理解,而且更为基础地反映着我们对世界的认识。语言是人类区别于其他动物的重要特征,语言带来的分类能力让人们建立了范畴的概念。人们可以根据语言所设定的范畴概念来确定一个事物是否在其涵摄范围之内。尽管每一个人都可以在日常生活中熟练地使用语言,但是一旦涉及概念的涵摄问题,这种熟练性可能就会下降很多。以哈特提出来的"禁止车辆进入公园"中的"车辆"为例。② 何者可以被纳入"车辆"的概念已经成为一个被广泛讨论的问题,哈特以此例展现出分类中的概念之模糊性所带来的不确定性。大多数模糊的自然语言概念不会影响日常交流,因为它们在日常交流中不需要达到高度精确。但是,法律需要明确的"是"或"否"的答案,而且法律的争议通常会涉及相关概念的边缘之情形。

法律语言对准确、明确等属性有着天然的偏好。清末思想家梁启超曾指出,"法律之文辞有三要件,一曰明,二曰确,三曰弹力性。明确就法文之用语言之,弹力性就法文所含意义言之。若用艰深之文,非妇孺所能晓解者,时曰不明。此在古代以法愚民者恒用之,今世不取也"③。但是,当法律语言落在具体的社会行为上之时,它便极有可能表现得模棱两可、含糊不清,充满不确定性。语言的描述性分析并不能对法律解释造成决定性影响,因此现在很多学者都不愿意在分析法律解释的时候涉及描述性的语言分析,而是更加倾向于非语言的因素。罗斯认为,语言学家分析一般语言使用者所承载的具体规则与表达对于法律的解释而言往往没有什么价值,尤其是在非刑事领域。罗斯极力主张法律语言的特殊性,他认为法律语言针对的是律师、法官和受特定法规约束的人,而这一小部分人可以借助法律史、立法资料汇编等诸多内部资料来准确理解特定法律。罗斯认为,在大多数情况下,法律语言的一般含义应该是一个薄弱的、破坏性的因素,其不可被作为主要的解释手段,仅当法官不能根据立法者和实际受法律约

---

① Schütze, Carson, *The Empirical Base of Linguistics*, University of Chicago Press, 1996, p. 1.
② 哈特曾提出以下问题:法律规定禁止你把"车辆"开进公园,但自行车、旱冰鞋、玩具汽车呢?飞机呢?如我们所说,这些东西能不能为了规则的目的而被称为"车辆"呢?
③ 梁启超:《中国成文法编制之沿革》,北京:中华书局,1957年版,第69—70页。

束的人所理解的立法含义作出裁判时才可勉强使用此一般含义。①

这种批评并不是非常准确,因为语言学家在使用的描述性语言分析并非只能了解语言的普通意义,我们还可以从政治、道德等非语言学的内容进行多种考察。普通意义的重点在于它强调了其中的语义,并通过一定规则对语词进行拆解,从特定的语境中抽象出语言含义,以将其传达给其他对象,从而解释了语言现象。但是,如果我们认为现有法律的内在含义不是普通意义的一部分,那么便是对语言普通意义的另一种误解。普通意义囊括了现有法律法规的语言及其立法背景资料,而这些资料有可能会对普通意义起到决定性的影响。法律实践操作中也存在一些极端情况,即法律解释者完全根据自己对法律内容的理解进行选择性解释,而丝毫不考虑法律文本的描述性语言含义。极端情况往往会让我们付出一定的社会代价,而在一般情况下,我们没有办法忽视描述性语言分析和法律解释的关联性。但是,仅仅依靠关联性就将法律解释规范性建构的失败归咎于描述性语言分析,未免也有些草率。

将语言的普通意义固定下来的重要载体之一是字典,但法官在判决中对字典的引用并没有引起我们的额外重视。② 字典的内容是语言学家对日常生活用语的凝练和总结,其内容是描述性的,但是词典的利用方式却很难称得上还是在描述。在某些情况下,法官可以在字典里轻易地找到一个看似客观的"是"或"否"的答案,但是利用字典的过程却是高度不确定的。查字典的过程可能涉及选择一本字典和选择其中某一条释义,就好像它提出了必要和充分的条件;当满足这些条件时,该条目就保证了其在所代表的类别中的成员资格。通过字典来定义法律上的语词,并认为这些定义已经提供了必要和充分的意义条件,这貌似可以限制解释中的自由裁量权,但这一结果与语言学家和心理学家关于词义本质的实证研究及理论工作背道而驰。③ 司法部门从未承认这一法律文本在语言

---

① Stephen Ross. 1995. *The Limited Relevance of Plain Meaning*. In *Washington University Law Quarterly*,1057-1067.
② 引用字典来判决的实例非常之多,我们以字典为关键词,可以在裁判文书网查到1937篇判决书,但是这方面的争论并不是非常充分,大多是从朴素的法感情出发所做的分析。这方面为数不多的分析参见:王文昌:《火车是不是机动车》,载《检察风云》,2010年第15期,第32页;香香、书生、崔雷:《妙用新华字典 巧断保险理赔》,载《民主与法制》,2009年第19期,第44—45页;王梦宇:《法律解释中的词典运用》,载陈金钊、谢晖主编:《法律方法》(第24卷),北京:中国法制出版社,2019年版,第63—75页。
③ 胡剑波:《试论索绪尔的概念化理论》,载《湖南科技大学学报(社会科学版)》,2019年第4期,第127—137页。

性方面的权威,它们害怕此种做法会让法律陷入更加不安定的状态。即使法律词汇的表达没有任何歧义,文本的语言含义也可能完全有别于法律含义。一个特定的案件总是会包含一些法律条款未涵盖的情况,而该条款本身不能决定在此特定案件中是否应优先考虑相关利益。[1] 描述性的文本自身并不一定是法官做出最后选择的决定性因素,因为在文本的语言含义之外,总是会有诸多因素来影响特定案件的结果,但是这并不是否认法律文本的描述性之理由。

语言的普通意义是描述性的,利用语言的普通意义来解释规范性的法律词汇是极为困难的。在许多情况下,文本的语言内容不能代表其法律意义。例如,法律语言也存在模棱两可、含糊不清之情况。在这种情况下,法院必须根据语言以外的因素来消除歧义,以使其更加精确。正如皮特所说,法律文本的意义取决于法律范畴,而非语言范畴所考虑的解释原则和判断。基于语言哲学的解释将会同时具备两种特征,即描述性与建构性,前者代表涉及相关法律条款的普通意义理解,后者则代表了法官在超越语言理解的基础上所做的选择。[2] 索伦的错误在于,他误将建构性的影响因素视作语言含义之唯一因素,从而完全忽视了描述性的存在。语言的建构性可以帮我们做出行业内的判断,但语言描述性的普通意义是基础性的存在。描述性的基础工作可以帮助我们跨越众多的学科或行业壁垒,从而为建构性的解释提供尽可能充分的材料支撑。国内的学者在向建构性靠拢之时,必须时刻注意描述性的基础之存在,因为只有基础足够夯实,他们才能够对语言的普通意义进行合适的建构。

二、描述性语言分析为法律解释提供基本材料

格林纳沃特将法律解释的语言进益总结为三点[3]:第一,归纳出法律解释发生时,解释者和解释相对人交流的核心内容;第二,提供一些社会生活中发生的类似案例;第三,为那些除语言学之外的其他解释方法提供正反两方面的佐证。尽管描述性的法律解释存在万般不是,但是我们也不应该将其彻底忽略。通过

---

[1] 参见徐梦醒:《语用学视野下的法律论证》,北京:中国政法大学出版社,2014年版,第101页。
[2] Peter Tiersma. 1995. *The Ambiguity of Interpretation:Distinguishing Interpretation from Construction*. In *Washington University Law Review*, 1095 – 1010.
[3] Kent Thomas. 2008. *Meaning, Language, and Time:Toward a Consequentialist Philosophy of Discourse by Kevin J. Porter*. In JAC, vol 28, No. 3/4, 788 – 801.

考察解释性争议中出现的各种语言问题,我们发现语言哲学为法律解释提供了基础性的语言架构,所有的法律解释都应该在一定的语言架构上展开。语言现象本质上是众多独立的概念系统持续地相互作用,内部任意一个概念系统的崩溃将会毫无疑问地波及到法律解释。人们利用学者们所构造的概念体系来尽可能精准地表达内心所思所想,但概念总是会有边缘情形。边缘情形出现于一般生活场景之中时,更多地表现为一种纯粹的语言现象,此种语言现象限制了法律解释的完满性。正如索伦所说,我们的语言能力存在局限性,这些局限性限制了人们在法律解释中追求清晰与明确。

法律文本的解释以语言学的"一般语言使用者"为标准。"一般语言使用者"旨在表示法律解释必须面向外部的、客观的意义判断,并远离立法者意图。法官们广泛使用"一般语言使用者"的概念,但是从来不愿意去解释它的意义和属性,因为这种客观的判断可能是建立在完全虚构的基础之上。基于语言学和哲学诠释学的法律描述性表达并不是完全从自身衍生出来的,其更多地是借助多学科的交叉配合而得到证成。即使普通意义规则已经介入了法律领域,其描述属性也依旧未发生变化。虽然普通意义规则是规则,但其只是对描述性语言的部分含义做出了提醒式的强调,即希望司法者在适用法律的时候能够充分注意到这是描述,而非建构。

语言是非规范性的,但这并不意味着语言的描述对规范性的法律解释无所增益。法律的解释总是一种多学科交叉的行为,因而我们需要重视与法律解释直接相关的语言要素。[1] 尽管法律解释在某些方面的确是规范性的,但是法律文本的意义一般取决于和人们通常如何使用语言有关的意义之客观因素。单靠语言学,我们无法确切地知晓法官应当如何解释;语言学也难以成为说服法官放弃其他解释的理由,因为法律的解释必然是跨学科的多种因素共同作用的结果。而且,语言学也无法完全回应法律文本的模糊性、术语的开放性、一般社会价值观的冲突性,以及当初立法者无法预见的情况。

法律解释中的描述性语言分析之理论渊源主要立足于语言学和哲学诠释学。拉维奇认为,哲学诠释学并不能为法律解释带来规范性的效果,但是毫无疑问,任何规范的方法都必须被建立在其他的描述性理论之上。如果解释者理解

---

[1] Slocum B. G., *Introduction*: *The Nature of Legal Interpretation*: *What Jurists Can Learn about Legal Interpretation from Linguistics and Philosophy*, Social Science Electronic Publishing, 2016. p. 131.

人们如何使用语言，那么这将会有助于其采取规范的解释方法。不存在绝对客观的解释方法，每一位解释者都会将自己的前理解带到文本的解释之中。解释者的前理解受到诸多方面的影响，包括他自身的成长环境、他所处的阶层、他解释时所处的社会环境等，但是这一切非相关性因素都为他提供了解释的倾向。在解释者阅读法律文本时，这个倾向将会产生一些潜移默化的意义选择之作用。如果我们从语言学和哲学诠释学的角度了解法官和法律体系中的其他参与者是如何解释的，了解当初的立法者和现在的法律执行者理解法律的方式，那么我们将会清晰地看到法律得以长期平稳运转的重要基础就是描述性的语言分析。语言学和哲学诠释学的分析为解释的建构提供了尽可能多的需要我们考虑的素材。

在法律解释的实践操作中，描述性语言分析为规范性建构提供了基础的材料支撑。以对"枪支"的解释为例，《中华人民共和国枪支管理法》第46条对枪支做了定义式的规定，根据这一规定："本法所称枪支，是指以火药或者压缩气体等为动力，利用管状器具发射金属弹丸或者其他物质，足以致人伤亡或者丧失知觉的各种枪支。"可是，在"天津老太持枪案"的判决公布之后，舆论一片哗然。公众无法认同法院对枪支的理解，法院也无法理解公众对枪支的认同。普通意义上的描述性用语和经过精心设计的法律语言发生了冲突。法院对枪的定义是其凭空想象出来的吗？绝非如此，枪支的法律含义是在普通意义之基础上诞生的。从法院对枪支的理解出发，我们不妨回溯到语言的描述性分析之上，以检讨普通意义对此甄别过程究竟产生了何种影响。

法院在判词中提到，"涉案枪支外形与制式枪支高度相似，以压缩气体为动力，能正常发射，具有一定的致伤力和危险性，且不能通过正常途径购买获得，赵春华对此明知，其在此情况下擅自持有，即具备犯罪故意。至于枪形物的致伤力的具体程度，不影响主观故意的成立"[1]。法院的解释"忠实地"符合了法条所要求的枪支定义。有学者从法条的定义出发，推演出法条所能涵摄的四大特征：第一，动力特征，以火药或者压缩气体为动力；第二，发射工具特征，利用管状器具作为发射工具；第三，发射物特征，发射物质是金属弹丸或者其他物质；第四，性能特征，足以致人伤亡或者丧失知觉。[2] 上述四大特征是法条的语言描述性

---

[1] 参见天津市第一中级人民法院(2017)津01刑终41号刑事判决书
[2] 陈兴良：《赵春华非法持有枪支案的教义学分析》，载《华东政法大学学报》，2017年第6期，第6—15页。

之转述。在此,我们并不能看出描述性语言分析对最终案件的影响,因为这一切都发生在立法者的规范性"建构"之后。普通意义上的人们对枪支之认知,比四个描述性分析特征更加广阔。

"枪"在普通意义上至少有四种含义:"第一,是一种兵器,长柄的一端装有尖锐的金属头;第二,口径在两厘米以下发射枪弹的武器;第三,性能或形状像枪的器械,如电焊枪;第四,姓氏。"① 从第二种含义向外延伸,我们可以推演出《中华人民共和国枪支管理法》的定义,并将其具体细化为《公安机关涉案枪支弹药性能鉴定工作规定》所认可的"当所发射弹丸的枪口比动能大于等于1.8焦耳/平方厘米时,一律认定为枪支"。在生活中,我们有时把在外形上极为类似于武装警察所持有的武器枪支定义为枪,有时将枪械结构而不是枪的构成材料作为定义的依据,即使该武器是木质的,我们也可以将其定义为枪。法律的一般语言意义是对其法律意义的约束。② 一千个人有一千种对枪的认知,生活的广阔与个体的差异为我们带来了极为丰富的关于枪支认知的描述性语言。立法机关和司法机关基于各种各样的非语言学的理由,对描述性语词进行塑造挑选,最终形成了与普通意义不太相同的法律语言。但是,无论此挑选过程是多么复杂,时间是多么长久,我们终究不能否认,法律语言是在语言的普通意义之基础上被塑造成型的。描述性语言所提供的极为丰富的资源是法律语言得以形成的根基,但若将这种根本性材料之贡献理解为偏向性的误导则显得有些荒谬。

三、为法律解释规则提供思维路径

立法时,从便于实施的目的出发,语词的普通意义和法律含义在通常情况下是重合的。但是,进入到法律解释的场域之后,我们需要剥离或增扩语言的部分含义。当我们开始拆解语言含义的时候,"路"便开始延展了。在进行法律解释的时候,法官从最一般的日常用语出发,在逐步建构的过程中确定法律的含义。在最高人民法院第32号指导案例中,最高人民法院对"追逐竞驶"和"情节恶劣"做出了解释。"追逐竞驶"是指,机动车驾驶人员出于竞技、追求刺激、斗气或者

---

① 中国社会科学院语言研究所词典编辑室:《现代汉语词典》(第7版),北京:商务印书馆,2016年版,第1046页。
② B. Flanagan. *Revisiting the Contribution of Literal Meaning to Legal Meaning*. In *Oxford Journal of Legal Studies*,255-271.

其他动机,在道路上曲折穿行、快速追赶行驶的;"情节恶劣"是指,尽管追逐竞驶未造成人员伤亡或财产损失,但综合考虑超过限速、闯红灯、强行超车、抗拒交通执法等严重违反道路交通安全法的行为,足以威胁他人生命、财产安全。①

"追"在最一般的用语上存在至少五种含义:第一,做动词用的追赶;第二,做动词用的追究;第三,做动词用的追求;第四,回溯;第五,事后补办。②"追逐"至少存在两种含义:第一,追赶;第二,追求。③"竞"在一般用语中至少存在两种含义,第一,竞争、竞赛;第二,强劲。④"驶",在一般用语中至少存在两种含义:第一,飞快地跑;第二,开动。⑤将"追""逐""竞""驶"四个字组合起来我们可以发现多种不同的含义,既可以是违反交通规则的行为,如并线、超越其他车辆、超速行驶等方式,也可以是在比赛场上的良性行为。我们可以将"追逐竞驶"理解为个人单方意愿的行为,也可以将其理解为双方基于一定的规则所共同实施的行为,还可以将其理解为双方没有事先约定而临时起意所实施的行为。语言学可以对"追逐竞驶"展开多种多样、不同情景的描述。但是,对于握有最终解释权的法官而言,在众多的描述性解释当中,他会结合其他因素选取一种解释,从而完成法律的解释。选择的过程是建构的过程,但是语言分析的过程也是描述性的过程。在描述性的分析之中,法官对一般用语的截取有可能会超出一般用语自身所涵盖的范围。例如,在解释中,将"低速驾驶"也纳入"追逐竞驶"的范围内。⑥但是,这些都丝毫不影响纯粹的语言学上的描述工作对法律解释的贡献,因为这既是语言含义在逐步分离的表征,也是语言含义介入法律解释的体现。法官即使将日常用语未包含的内容涵盖到法律解释的范围之内,也是在语言分析的基础上得出的结果。正如美国最高法院对语言学家们的回应所指出的,"语言学作为法律分析的一个重要工具,可能有助于本案提出的一系列解释性

---

① 参见最高人民法院官方网站:http://courtapp.chinacourt.org/shenpan-xiangqing-13228.html。
② 中国社会科学院语言研究所词典编辑室:《现代汉语词典》(第7版),北京:商务印书馆,2016年版,第1726页。
③ 中国社会科学院语言研究所词典编辑室:《现代汉语词典》(第7版),北京:商务印书馆,2016年版,第1727页。
④ 中国社会科学院语言研究所词典编辑室:《现代汉语词典》(第7版),北京:商务印书馆,2016年版,第694页。
⑤ 中国社会科学院语言研究所词典编辑室:《现代汉语词典》(第7版),北京:商务印书馆,2016年版,第1190页。
⑥ 于文广:《追逐竞驶不必以超速驾驶为前提》,载《检察日报》,2011年05月18日(第03版:观点)

争议"①。

　　语言学含义的范围通常比法律意义更加广阔,法律可以通过特殊化的拟制来扩大法律语词的含义,但是其依旧不会逃脱语言学含义的总体范畴。法院经常根据法律条文的语言学意义来界定法律解释之中容易产生的争议。以"色情"一词的语言学含义参与到法律解释的过程之中为例,我们可以瞥见语言学含义进入法律解释的整体路径。

　　西方法学界对"色情"一词的内涵有着长久的争论。在不同历史时期,美国最高法院对色情或淫秽物品的界定先后出现了"希克林标准""尤利西斯标准""罗斯标准"等不同的标准。争议最大的,无疑还是美国最高法院在1995年提出的关于认定色情视频的科学标准。对"色情"含义的争议之来源是《美国联邦刑事诉讼规则和证据规则》第2252条,其规定(a)任何人以任何方式(包括通过计算机或邮件)在州际或国外商业中故意传输任何视觉色情画面的,应当按照第(b)小节的规定处罚;色情应当涉及以下两点:(A)这种视觉描绘的制作涉及使用未成年人进行露骨的性行为;以及(B)这种视觉描绘就是这种行为。② 在英语的一般语法结构之中,作为副词的"故意"显然是被用来修饰"传输"一词的,但是美国最高法院并没有采用最一般的、众人皆认同的语法结构方式来解释该项条款。美国最高法院认为,如果采用了最一般的语法结构解释方式,那么有可能会实质性地导致该条款被废除。

　　从纯粹的语言分析的角度来看,美国最高法院给出的解释是有争议的。美国的一些语言学家认为,美国最高法院采纳的解释与语言规则相矛盾。从纯粹的语义分析的角度来解释第2252条是相当简单的。作为动词传输的修饰词,"明知"与动词短语内的其他表达结合起来形成同一类型的完整含义的表达。除了"传输"这个动词之外,其他的词汇显然不会被这个副词修饰。第2252条所包含的"假如"从句,根本不包括"明知"或名词短语的动词短语的一部分。在语义上,"假

---

① *Brief of Professors of Linguistics as Amici Curiae in Support of Neither Party at 1, Flores-Figueroa v. United States*, 556 U. S. 646(2009) (No. 08 – 108),2008 WL 5394023.
② 附联邦法规原文,同时为方便表述,笔者将英文原文的"knowingly"翻译为"明知",将"if"翻译成"假如"。原文如下:

　　(a) Any person who—(1) knowingly transports or ships in interstate or foreign commerce by any means including by computer or mails, any visual depiction, if — (A) the producing of such visual depiction involves the use of a minor engaging in sexually explicit conduct; and (B) such visual depiction is of such conduct; shall be punished as provided in subsection (b) of this section.

如"从句可以说只是一个附加词;在英语语法规则当中,此处的副词是无法被涵摄到内嵌的从句之中的。因此,至少在语言上,美国最高法院对第2252条的解释是错误的。

众多学者在此质疑语言学的规则是否应该干涉法律的解释。反对干涉的学者大多是在质疑语言学家专业知识的相关性与可容许性,其认为一般的生活用语或者是语言分析上的语法和法律上所使用的专业化语言是有重大区别的。波里埃便认为,"法官在表述规则的普通意义时,可能说的是法律上的普通意义,而并不是语言学家们所认为的社会大众所接受的普通意义"[1]。但是,以波里埃为代表的分析显然夸大了法律语言和一般语言的区别,它们都忽视了法律语言终究还是立足于一般的描述性语言之上。其中的细微区别在于,法律语言立足于一般的社会语言之中时,可能将其原初的范围限缩或扩大。美国最高法院只是拒绝采取其中一种语言学的描述性分析,但是它终归是落脚到另一个描述性分析之中。这是规范性的选择与建构,而此项操作之前提就是让语言学意义参与进来。从表面上看,美国最高法院在判词之中拒绝了语言学提供的分析思路。但是,不可否认的是,美国最高法院的判决恰恰是语言参与的最终结果。就这一点而言,由汉语表现的语义分析体现得更为明显。

汉语首先将"色情"与"淫秽"进行了明确区分。《中华人民共和国刑法》第367条对淫秽物品进行了明确的法律界定,即具体地描绘性行为或者露骨地宣扬色情的或淫秽性的书刊、图片、影像等作品,并且该条第3款将淫秽物品与包含有色情内容的具有艺术价值的作品明确区别开来。另外,原国家新闻出版署于1988年12月27日发布了《关于认定淫秽及色情出版物的暂行规定》,并在该暂行规定中对"淫秽出版物"和"色情出版物"进行了明确区分。其中,依据该暂行规定第二条之规定,所谓"淫秽出版物"是指,在整体上宣扬淫秽行为,挑逗人们的性欲,并足以导致普通人的腐化或堕落,而又没有科学价值或艺术价值的出版物;依据该暂行规定第三条之规定,所谓"色情出版物"是指,在整体上并不是淫秽的,但其中一部分存在淫秽的内容,并且对普通人——尤其是对未成年人——的身心健康有毒害,而缺乏科学价值或艺术价值的出版物。将淫秽从色情之中剥离出来以后,汉语对淫秽做了更加精确的定义。法律解释的整体思路

---

[1] Marc Poirier. 1995. *On Whose Authority; Linguistics Claim of Expertise to Interpret Statutes.* In *Washington University Law Quarterly R.*, 1025-1042.

也是从最一般的语言分析入手,进一步地在其中进行意义的选择,并最终挑选和界定出法律的含义。

综上所述,几乎每一个经过认真思考的法律概念都是在普通语词的含义之基础上经过不断的延展或限缩而形成的。一个精准的法律概念在运行过程中通常不会引起人们的质疑,但是一旦走到边缘的模糊领域,情形往往就不太一样了。描述性语言分析为法律解释规则提供的思维路径以语义的疑问为起点,以语义广泛的搜寻为过程,并最终得到规范性确定。解释者从既定的概念出发,在更加宽广的层面上寻找解释的理由。思维的路径就是逐步返回概念缔造之时的语义参与过程。

结语

法官的思维过程是极为复杂的,他们需要在纷繁多样的社会现象和法律行为之中完成规范与事实的穿梭。法官思维的多重性让自动售货机的比喻变成了莫大的嘲讽,但多重性并不意味着法官不再重视描述性的语词分析。如果语言学能够为法律解释提供接近于理想状态的语词描述,那么法官在实践操作中就有可能类似于"自动售货机"。在语言学的努力之下,或许有一天这个嘲讽性的比喻将会变成我们对法治理想的尊称。法律解释并非由单一的因素所决定;在案件的处理过程中,法官往往会不自觉地从多种进路出发作出最后的裁判,而法律解释也不可避免地成为了多种法律解释观念和方法的结合。这种多重性是不可回避的司法现实,但语言学所做的描述性分析并不反对此种多重性。语言学的描述性分析首先建立在对司法者的最高尊重之上。语言学家自身并不是法官,他们也不提出任何建议,他们唯一的贡献就是尽可能地将与该法条所涉及的内容有关的语言性材料不带价值色彩地进行描述。语言不是唯一的因素,其也不会起决定性作用,最终的一切决定是由司法者来负责的,但我们不能因为最后的表现结果就忽视了其在初始之时所做的贡献。建构性的法律解释是易变的、不稳定的,其极易受特定时空条件下的价值观之影响,但描述性分析就并非如此了。考夫曼等认为,不存在解释准则的一成不变的目录;而只存在一成不变的四种"要素"之说法也已被证明有误,因为还有许多四种要素之外的能说明法律判断的辩因,如法之确定性或正义的保障、后果评价、是非感、实用能力、法之统一性等,可能的辩因之数量从根本上说是无限的。① 考夫曼等法学家也许并没有将内容说尽,但是他们却毫无疑问地向人们展示了描述性分析的重要性。

(编辑:曹一)

---

① [德]阿图尔·考夫曼、[德]温弗里德·哈斯默尔主编:《当代法哲学和法律理论导论》,郑永流译,北京:法律出版社,2002年版,第148—149页。

清代司法过程中的情理表达之方法论析和当代价值

陈宇超[*]

摘要：清代司法以情理为基本精神和价值追求，司法过程中的情理表达含有重要的内在价值。中国传统社会是伦理和宗法社会，重视道德和纲常，所以司法判例对情理的表达非常充分，以追求情罪允协的司法效果。司法过程以案件事实与裁判依据的确定为核心，司法官员采用比附、类推、解释、漏洞填补、综合论证等各种司法方法来选择最适合案件的裁判依据。清代司法过程不是简单机械的形式逻辑推导，而是充分体现实质正义要求、富有实质逻辑思维、符合司法形式规范的综合性推理过程。相比之下，我国当代司法的情理表达则差强人意。清代司法过程中的情理表达对新时代中国司法具有借鉴意义，有益于我国当代司法在情理表达上的进步。

关键词：清代司法；情理；司法方法；当代价值

世界范围内的法律移植进程肇始于西欧资本主义发达国家的武力扩张。就中国而言，1902年3月11日，清光绪皇帝下谕成立修订法律馆，并"著各出使大臣，查取各国通行律例，咨送外务部。并著责成袁世凯、刘坤一、张之洞慎选熟悉中西律例者，保送数员来京，听候简派，开馆编纂，请旨审定颁发"[①]。中国传统法律的全面近代化就此拉开大幕。自清末以来，我国以西方法制为参考坐标来进行我国的法律变革，引进西方法律的制度和原则，这使我国法律的近代化与传统呈现出明显的断层。

我国的法律近代化曾出现过两种不足取的现象：一是过度批判、否定本国

---

[*] 陈宇超（1992—　），男，江苏苏州人，华东政法大学2018级博士研究生，研究方向：比较法、法律史。
[①] 参见《清实录》（第五十八册），《德宗实录》（七），卷四九五，北京：中华书局，1987年影印版，第536页。

的传统法律;二是盲目吸收、借鉴和学习外国法律,主张全盘西化。这种在法律移植中产生的现象源于中国近代国运的衰败,广大国人希望用较短的时间迎头赶上,摆脱半殖民半封建的现状。现今,我国正走在社会主义建设的康庄大道上;在国民生产总值已经位居世界第二的情况下,我们理应有比过去几代中国法律人更多的考量。中国法律的发展与现代化必须重视对传统法文化中的优秀资源之发掘,这有以下三个原因:

第一,在法律移植的过程中,本土化进程也已经同步开始。在把一种发源于不同国家、民族和社会的法律引入本国,并将其翻译成本国文字的过程中,其意思表示已经掺杂了部分翻译者的主观意识。被移植过来的法律要在中国社会扎根并且发挥效能,其势必要受到中国社会的本土化改造。萨维尼认为,"法律首先产生于习俗和人民的信仰……而非法律制定者的专断移植所孕就"。事实上,世界各国在移植外国先进法律的过程中,都会自觉或不自觉地保留下本民族或本国法律的若干内容,保存着本民族或本国法律的特色。

第二,在中国法律近代化的过程中,发挥决定性作用的因素还是在中国社会内部。法律近代化的过程也是中国社会由一个深受儒家思想影响、有着悠久君主专制传统、以宗法制为组织形式的农业社会向以共和、民主、法治和人民当家作主为特征的工业国转向的过程。中国社会的剧烈变化才是中国法律持续改革进步的基础,学习西方先进法律是重大动因而非决定性因素。

第三,我国传统法律在中国本土有着许多成功的经验可资借鉴。比如,西方著名哲学家伏尔泰也曾在其著作中谈道:"如果说曾经有过一个国家,在那里人们的生命、名誉和财产受到法律保护,那就是中华帝国。"在伏尔泰眼中,中国有开明的政治("文官被称为父母官,而帝王则是一国的君父"),有完备的体制("一切都由一级从属一级的衙门来裁决,官员必须经过好几次严格的考试才被录用"),有良好的道德("儿女孝敬父亲是国家的基础"),有先贤的宗教("孔子只是以道德谆谆告诫人,而不宣扬什么奥义")①。从中国人角度出发,在如此漫长的历史中,被较为长期地实施的能有效稳定统治的法律,绝不可能是一无是处的。

法的移植和本土化共同构成了我国法律现代化的内部动力和总体目标。在基本法律制度仿行西方的大背景下,我们尤其要注意本土化,要尊重历史,要对传统法文化中的优秀资源进行有益的借鉴和运用。具体而言,我们可以从两个

---

① [法]伏尔泰:《风俗论》,梁守锵译,北京:商务出版社,2003年版,第124页。

方面入手：第一，在立法层面，对本民族固有的传统法律进行创造性改造，以促使其融入现今的法律体系，并成为其中的一部分；第二，在司法层面，我们要发掘优秀的传统司法经验与智慧，以使得司法过程能更符合社会的期待。为符合上述两个方面的要求，我们必须认清我国法律的本土资源和优秀传统，并使其成为完善中国现代法律的源泉。

一、中国当代司法较为轻视情理的表达

（一）轻视情理的现象

我国社会主义法律体系已经建成八年有余，许多成文立法相继出台。然而，在司法实践中，不时有案件裁判结果因为不合情理而引起很大的社会反响。清代司法则以情罪允协为目标，达到了较好的社会效果。新时代的中国需要借鉴传统司法中的优秀资源，而不是简单地移植西方的法律。以我国的司法现状为基本考量点，参考清代司法过程中的情理表达之有益经验，在坚持依法治国的基础上发挥情理的司法功能，如此才有助于推进我国社会主义法治理念的进一步完善。毋庸讳言，中国法律的近代化是一个全面移植西方法律的过程，而这种移植性质的近代化势必会导致接受国对外来的法律制度产生某种不良反应。要想充分发挥被移植法律的长处，我们必须将外来的法律制度及其背后蕴含的价值和文化与本国固有的制度、文化、观念等相融合，以构建具有本国特色的先进法制。

目前，我国的司法实践缺乏对情理的重视。在司法过程中，法官严格依照成文法条判案，忽视了对情理的关照。有些法官仅仅只是机械化的法律复读机，他们在法律中找到对应的条文，并通过模板式的三段论推理作出判决。由于没有考虑公共道德、风俗习惯、社会公共利益、公序良俗、公众伦理等因素，此类判决极易引起民意的反弹。清代参酌情理也并非一味从轻，有些案件正是因为严重违背情理而被加重了处罚。现阶段，但是，缺乏有关将情理融入司法的系统理论和统一标准，从而导致有些案件虽考虑了情理因素，但出现了滥用的现象，反而引起司法的混乱。

例如，吉林省农安县人民法院判决的一起见义勇为的案件，就在当地引起很大的舆论反响。[1] 就读小学四年级的曹杨为了救助不慎掉入水坑的同学小明而

---

[1] 相关链接：http://m.kdnet.net/share-2002306.html，最后访问日期：2019年7月3日。

不幸遇难,曹杨的行为得到农安县见义勇为评审委员会颁发的舍己救人证明。但是,为避免承担赔偿责任,受救助者小明和其父母声称小明是自己爬出水坑的,与曹杨的行为无关。随后,曹杨的父亲曹宪柏一纸诉状将土地承包者曹庆德、挖坑的张胜和负有管理责任的闫家村村委会告上法庭,要求赔偿曹杨死亡的各项损失共计14万余元。农安县人民法院在判决书中写道:"因无法认定曹庆德承包这个大坑,故曹庆德无责任。而张胜擅自挖坑取土,显然不妥,但他的行为与曹杨的死亡无因果关系,故张胜不承担任何责任。闫家村村委会对自己所有的土地应加强管理,对危险区应设有明显标志。为此,闫家村村委会应承担部分赔偿责任。但由于村里只是疏于管理的责任,主观无任何故意,曹杨死亡地点又在农田中,原告自己应承担大部分责任。故判决闫家村村委会承担曹杨死亡赔偿金、丧葬费共计7.2万余元的30%,另70%由原告自行承担,驳回原告其他的诉讼请求。"一审判决后,不仅曹宪柏一家陷入很大的痛苦之中,社会公众也产生了强烈反响。有着数十年法律执业经验的社科院退休教授尹航表示,"一是判决将挖坑人张胜置于本案之外;二是村委会管理不当只承担30%的责任,见义勇为者的父亲却承担70%的责任。这与社会大力弘扬的见义勇为精神是背道而驰的,是使舍己救人行为贬值的判决"。许多律师也表示,从管理角度看,闫家村村委会肯定负有过错责任,但造成此悲剧的挖坑人不应置身事外。孩子的家长虽然也应负有一定的监护责任,但因为孩子做的是好事,让其承担70%的绝大部分"责任"是欠妥的。长春市见义勇为基金会副秘书长杨世平则担忧地表示,见义勇为的受益人躲起来或不承认受救助的事屡屡发生,这不仅使对见义勇为者的评定产生困难,也对弘扬舍己救人精神造成致命的打击。究其原因,主要是有关规定未明确提出受益者有责任和义务给予见义勇为者一定的经济补偿。来自民间的反应则更为强烈,很多市民表示,面对这样的结局,我们有什么理由去责备那些在别人危难时不愿伸出援手的人呢?法院判决虽然有明确的法律依据,但是其欠缺对情理的充分考虑,这样的司法效果所造成的不良社会影响是难以估量的。诸如许霆案、于欢案、彭宇案、昆山反杀案等社会关注度较高的案件,法院在一审判决时机械套用法条,裁判文书欠缺说理性,对情理的考虑不足,从而使裁判结果在社会上产生了不良影响。

(二)轻视情理的原因

上述只是一些典型案例。事实上,目前我国司法只以成文法为依据而不考虑情理是有其深层的制度原因的。首先，司法过程中的"情理不足"主要是由于缺少强制性的规范指引和操作标准。如果我们要求法官群体依据规则行事，那么必须要制定和公布规则；如果我们要求法官在写判决书时加入对情理的论述，那么必须要有可行的规则。事实上，我国现今缺少这样的强制性规则。其次，相比于英美法系判决书的充分论述，大陆法系在这方面存在短板。相较于英美法系动辄几十页的判决书，大陆法系的判决书往往就只有两三页纸。再次，司法过程中的"情理不足"也有司法审判模式和法院审判效率上的考虑。由于我国的司法审判总体上采用的是职权主义模式，并且基层法院案多人少、法官超负荷工作的现象屡见不鲜，因此再苛求法官在案件审理过程中论情论理则难免有强人所难之嫌。最后，当前的司法氛围与司法环境也影响到判决书的论理述情。例如，在彭宇案中，法官在判决书中试图论理，其写道："从常理分析，其与原告相撞的可能性较大。如果被告是做好事，根据社会情理，在原告的家人到达后，其完全可以在言明事实经过并让原告的家人将原告送往医院，然后自行离开，但被告未作此等选择，其行为显然与情理相悖。"①然而，正是这段对情理的论述，当事法官在事后遭到了来自社会方方面面的批判，这也导致出于对自身安全的考虑，法官只就如何适用法律进行解释，并认为不涉及情理论述是最明智的选择。

除了以上现实原因，当代司法情理表达不尽人意的背后还有历史原因：一方面，自近代化以来，中国法律大量移植西方法律，对中国传统法文化几乎全盘否定，将传统司法中的情、理、礼、义、仁等重要遗产同维护封建专制的愚忠、愚孝、尊卑等级等一同不加区分地抛弃；另一方面，司法官员只注重依法审案，强调形式主义，在司法过程中有意排斥对诸如道德、习惯、风俗等的考量。然而，司法必须要考虑民意。作为国家组织架构的有机组成部分，司法必须考虑到其所处的社会环境中的情理和普通大众的情感价值评价。司法不能一味从简、就法论法，而是必须把法律外的因素充分考虑进来，并将它们作为法律适用的依据，从而将法律形式主义和实质主义结合起来，以达到平衡。

中国传统司法很早就将情理作为司法实践中的重要价值导向，情理直接影响着司法官的裁判结果。早在周朝就有"以五声听狱讼，求民情"②。西汉时，随着汉武帝"罢黜百家，独尊儒术"，司法中又发展出了"春秋决狱""经义折狱"。隋

---

① 南京市鼓楼区人民法院(2007)鼓民一初字第 212 号。
② 参见《周礼·秋官·小司寇》："以五声听狱讼，求民情，一曰辞听，二曰色听，三曰气听，四曰耳听，五曰目听。"

唐时期,司法官进一步引礼入法。传统司法的伦理化进程可谓源远流长。情理是我国传统司法的基本精神和价值追求,对司法实践始终有重大的影响。

清代学者余樾曾经指出,"通达治体于天理、国法、人情,三者皆到,虽老于吏事者,不能易也"①。这是对中国传统政治的精辟解读。清代的司法实践坚守了传统,清代名幕汪辉祖曾对司法过程中的情理和法之关系有非常独到的理解,如"勤于听断,善已,然有不必过分皂白,可归和睦者,则莫如亲友之调处。盖听断以法,而调处以情,法则泾渭不可不分,情则是非不妨稍借。理直者既通亲友之情,义曲者可免公庭之法,调人之所以设于周官也。或自矜明察,不准息销,似非安人之道。"②"法有一定,而情别千端,准情用法,庶不干造物之和。"③"法所不容姑脱者,原不宜曲法以长奸;情尚可以从宽者,总不妨原情而略法。"④清代司法重视情理的文化基础是儒家伦理价值观。在清代的司法实践中,法律前提的确定过程充分体现了清代司法判例的情理表达之方式,比附律例、类比成案、解释律例等都是为了使司法达到符合情理的目标。从司法方法论的角度出发,我们可以看到多种方法的并用,这都是为了系统地突出和展现情理在司法过程中的核心价值。

二、"情理"在司法中的具体内涵

传统上,学界习惯将情、理、法三者并称,分别代指人情、天理和国法。作为一个专业的司法用语,情理究竟是什么含义?学者们对此没有做出明确的回答。滋贺秀三曾进行过解释,他认为,情理是情与理的结合连词。"理是指思考事物时所遵循的、也是对同类事物普遍适用的道理",而"情字的含义及其作用颇具多面性,因而难以说明"⑤。滋贺秀三认为,情理是一种"中国型的正义衡平感觉"⑥。如要进一步厘清"情理"在司法中的意涵,那么我们必须从清代的具体司

---

① 参见翁传照:《书生初见·官箴书集成》(第九册),安徽:黄山书社,1997年版。
② 参见汪辉祖:《学治臆说卷上·断案不如息案》。
③ 参见汪辉祖:《学治续说·法贵准情》。
④ 参见汪辉祖:《学治续说·能反身则恕》。
⑤ [日]滋贺秀三:《清代诉讼制度之民事法源的概括性考察——情、理、法》,载《明清时期的民事审判与民间契约》,北京:法律出版社,1998年版,第36页。
⑥ [日]滋贺秀三:《中国法文化的考察》,载《明清时期的民事审判与民间契约》,北京:法律出版社,1998年版,第14页。

法判例中寻求答案。

(一)"情"的内涵

依据传统,我们将"情"指代为"人情"。"人情"的基本含义是人们的自然情感和需求。《礼记·礼运》说:"何谓人情:喜、怒、哀、惧、爱、恶、欲七者弗学而能。"王阳明说:"喜怒哀惧爱恶欲,谓之七情。"《说文解字》认为,"情,人之阴气有欲者也"。由是观之,"情"的含义在演进中基本保持一致。我们通过一则案例来分析司法过程中的"情"的多面含义。

乾隆三十五年,龚大大杀死杨世南后,投案自首。① 该县吴县令判处龚大大绞监候,上报省府复核,但判决被提刑按察使发还,要求重新审理。重新审理后,知府张船山作出判决:"审得龚大大缢死杨世南一案,前由该县吴县令判处龚大大绞监候。详经臬审驳回,发交本府重行审断。经查,龚大大系为父报仇。其父龚泰兴的妻子龚王氏年轻漂亮,恶霸杨世南买通狱卒、强盗,栽赃陷害,将龚泰兴害死在狱中,并强占龚大大母亲为妾。司法官认为,案情既白,判断自有根据。查律载,杀死人者,斩立决。有故者,减一等。挟恨报仇,情出义愤者,再减一等。又查康熙八年,陕甘肃总督奏准,凡人子欲为父母报仇,而杀死人者,按照挟恨报仇情出义愤律,处绞监候。又康熙三十二年奉上谕,凡人子欲为父母报仇者,应先报官控诉,如不得胜,再图报复,不得擅行杀戮,以紊法纪。违者以擅杀人例。雍正五年,奉上谕,凡人子为父母报仇杀死仇人者,无论曾否报官,一律处绞监候。该令判处龚大大绞监候刑,实即根据于此。合之律例,尚无不合。但此案死者杨世南,不保贿通狱卒毒死龚大大之父龚泰兴,且用强抢夺龚大大之母龚王氏,龚大大忍辱含羞,已历二十载,始有今日之事。是不仅报杀父之仇,抑亦雪夺母之恨。与寻常报父母之仇者,微有不同。况杨世南为一乡之土豪,声气广通,龚大大不过一细民,何能与之相匹,投牒涉讼,适以取辱。且使杨世南有以戒备,反无从手。故其不报官而擅行复仇,实非故意蔑视王法,紊乱国宪,盖亦不得已而为此。"

最后,知府张船山判令龚大大免予一死,杖五十,流一千里。"对杨王氏即龚王氏,随杨已有十七年,已生子女,亦已成丁。平日丝毫无故剑之思,则其身心已完全归向杨世南,自应仍归杨姓。但果愿随前子归还龚氏者,亦可听。"

---

① 襟霞阁主编:《清代名吏判牍七种汇编》,台湾:老古文化事业股份有限公司,2000年版,第78页。

此案中，司法官之所以对犯罪人龚大大从轻处理，是因为考虑到两种"情"。第一，龚大大为雪杀父夺母之恨的普遍意义上的感情。中国古代强调以孝和仁义治天下，身为人子为父母报仇之情节，官府理应在司法中予以考量。第二，龚大大只是细民，而杨世南为地方豪强，纵使龚大大复仇前报官，也会因案情久远而很难匹敌，只是自取其辱而已。这里的情则指的是人情世故，即日常所见的事情或事理，亦即普通人根据日常生活经验稍加思索便可探知的情事。至于龚大大之母杨王氏，则因其已随杨十七年，又生子女，故维持其杨姓身份，如若随子也可以听其选择。这里的"情"则是一种趋利避害的性情，杨氏出于利害考量自会做出最有利于其的选择。综上所述，情共有以下三种：普遍意义上的感情、人们在日常生活中所能感知的事情或事理（即人情世故），以及趋利避害的功利性的性情。

"人情"的存在是清代司法体系中不容被忽视的基本面，而清代法律的基本使命也是治理人情。"夫礼者，先王以承天之道，以治人之情，故失之者死，得之者生……故人情者圣王之田也，修礼以耕之，陈义以种之，讲学以耨之，本仁以聚之，播乐以安之。"[1]就带有普遍性的"人之常情"而言，清代法文化认为，司法需要照顾人们的自然感情和需求，不能不讲人情。"治天下，必因人情"，所谓"一人之心，千万人之心，千万人之心者，民众之心"。戴震认为，"圣人治天下，体民情，遂民之欲，而王道备"[2]。由于人情观的巨大影响，清代司法官员都追求"仰答朝廷之恩，俯慰士民之望……答上恩而慰民望"[3]。这在清代的判词中也有体现，如清代李钧的《判语录存》中的判词包含了大量"情"字，其判词通常以"审得……等情"开始，叙述案情用"情势""情由"等词汇，结论中出现"别有阴情""真情吐露""昧情饰控""装点情节""供情如绘"等词句。[4] 可见，"人情"并非只是老百姓口中的俗语，而是作为严谨的法律语言被广泛地在司法实践中使用。

作为清代圣人治国理政的重要思想基础，"人情"进而成为司法过程的重要组成部分。所谓"法合人情"，人情与司法的融合和互动，体现了清代司法深厚的民本精神与深切的人文关怀。

---

[1] 陈进南、柯富雄校订：《中国名言佳句大辞典》，黑龙江：黑龙江人民出版社，1996年版，第301页。
[2] 《礼记》。
[3] 中国社会科学院历史研究所隋唐五代宋辽元金史研究室点校：《名公书判清明集》，北京：中华书局，2002年版，第5页。
[4] 参见李钧：《判语录存》。

（二）"理"的内涵

诚如滋贺秀三先生所言,相比于"情"的变换多端,"理"的含义要明确许多。"理"即广义上的事理,除了指思考事物时所遵循的、也是对同类事物普遍适用的道理以外,其在中国传统司法中还包括了伦理的内涵。伦理指的是基于儒家的三纲五常思想的人伦之理,而"事理"和"伦理"又为中国人的"天理观"所统辖。

顺治十八年,徐胜等人被掳下海为盗贼,后乘贼首不备,他们伺机逃离后向清廷自首。依当时《大清律例》有关自首和贼盗的律文规定,徐胜等人依旧被刑部判处有罪。顺治帝批阅奏章时发现处理不当,遂批示:"近览尔部章奏徐胜等一案。因其被掳下海,旋经投归,仍按律拟罪。但念此辈先虽经从贼,乃能不忘故土,乘间来归。徐胜等已有旨免罪,以后,凡有这等投诚者,俱著免罪。钦此。"[1]在审理此案时,顺治帝认为刑部判决有误,不符常理。徐胜等人系被掳下海,且乘机来归,主观并无过错,如若判令他们有罪,则不符事理,即普遍性的道理。嘉庆二年,华用禄因无名贼人护赃,用拳殴伤其左额角等处,复揪住发辫往下掀按,华情急之下用手抓伤贼人肾囊殒命。[2]《大清律例》"格杀律勿论"条规定,贼犯持仗拒捕,被事主格杀,律得勿论。然而,本案中双方皆为徒手,与律文中的"持仗"不符。如若不用此条,则需用"擅杀"律,貌似又不合理。司法官员最终在事实构建时认定,徒手或持仗不影响法律的适用,进而作出了无罪判决。律文规定的重点是事主遭遇贼犯抢劫,因此是否持仗并不影响案件的本质,这也是事物之理。

除了事物之理外,清代还有人伦之理。乾隆四十七年,鹿邑县民李东海图财引诱赵三奸宿其老婆李张氏。李张氏不允,且严词拒绝。[3]李东海几次相劝不成,又把赵三带回家企图逼迫李张氏就范,但其老婆抵死不从,遂作罢。旬月后,李张氏晚上迷糊中听到有人在窃窃私语,遂把纺车的插条拔出,防止有人图奸。慌乱间,李张氏打死了其丈夫李东海。督抚将李张氏按照"妻殴夫致死"律判斩立决。刑部认为,李东海无耻在先,李张氏纯属自卫,并非有意谋杀亲夫,将李张氏按照"男子拒奸杀人之案,照斗杀律减一等,拟杖一百,流三千里"。乾隆皇帝在批阅奏章时也肯定了刑部的意见。这里的理即是伦理,正因为李东海不顾夫

---

[1] 参见吴坛:《大清律例通考》,卷二八"名例律下"。
[2] 参见祝庆祺、鲍书芸编:《刑案汇览三编》,北京:北京古籍出版社,2004年版,第578页。
[3] 参见全士潮:《驳案新编》,上海:上海古籍出版社,1995年版,第298页。

妻间的伦理,无耻在先,才导致其被妻误杀。为了平衡伦理,刑部对其妻作出了较轻的刑法判决。例如,在嘉庆五年(1798年)的高傅氏殴伤伊翁高大身死与嘉庆十五年(1810年)的张扬氏殴毙伊翁两案中,嘉庆帝均认为两案犯夫平时不能教导妻子,且早应该休妻,但均因懦弱纵容,从而导致最终酿成惨案。因此,嘉庆帝发布上谕:"高奇山著于高傅氏凌迟处所重责四十板,看视伊妻受刑后于犯事地方枷号一个月,满日仍重责四十板。"发生儿媳殴死公公的惨案,儿媳自然罪不容诛,但作为在家庭中担任重要角色的丈夫也应当受到严肃处理。在上述案件中,翁媳、父子、夫妻间的伦理皆被破坏,因此除了对儿媳使用极刑外,对担任儿子、丈夫角色的犯夫也不能轻易纵容。为此,在司法过程中,嘉庆帝甚至不惜法外加刑。[1]

如此观之,清代的"理"应当包括以下四个含义:第一,"理"是社会伦理和道德的总括,包括仁、义、礼、智、信、忠、孝等。这实际上便是中国传统文化中对完人的要求,是衡量人的标准。虽然我们很难要求每个人都能达到上述的标准,但是严重违反其中任何一项都会触犯相对应的法律规定,这体现了清代理和法律的结合。第二,"理"是指自然界普遍的规则,传统话语中的"天命""天道""天意""太极""道"等指的便是这种理。这属于哲学中形而上的本体,具有宗教的神秘性,是终极性的。古人认为,天理是切实存在的,其是一种精神上的实体,世间万物皆是由天理演化而成并按照天理的轨迹运行。第三,"理"是当然的道理,是自然法则。例如,日出日落、斗转星移、江海奔流等,都是毋庸置疑的自然现象。这与我国当代法律所规定的在诉讼过程中无需证明的法律现象类似。第四,"理"指人的良知或本然之性,是人在实际生活中的认知之先验性本源。陆九渊的"心"和王阳明的"良知"都指向此意。

三、清代司法过程中的情理之表达形式

司法过程通常包含事实认定和法律适用两个基本阶段。无论在何种法系之下,司法过程最为核心的问题都是"案件事实如何适用法律"。法律发现既是正确适用法律的必要方法,也是整个司法过程的根本前提。纵使法律发现的目的是确定法律判断的大前提,法律大前提的确定也必然以司法者对事实的认知为

---

[1] 参见《驳案续编》,卷七"子媳殴毙翁姑犯夫匿报及贿和分别拟罪"。

基础。德国法学家考夫曼说:"我们绝非能够分别独立地探求所谓法律推论的大前提或小前提,法律发现绝非单纯只是一种逻辑的三段论法,而是一种逐步进行的,从存在领域探索前进至当为的领域,以及从当为领域探索至存在领域,是一种在事实中对规范的再认识,以及在规范中对事实的再认识之过程。"[1]事实是做出法律判断的小前提。通常来讲,司法官只需确定案件事实即可。但是,确认事实的过程不仅是对一个客观事物的认知过程。在司法判断的过程中,事实的确认是受法律规范的指引,严格依据证据规则对已经发生的事实进行建构的过程,即司法官只就事实中对适用法律有影响的部分进行识别。司法过程高度依赖于司法官的思维在生活事实和法律规范之间不断地进行切换。伴随着思维逻辑的推演,事实部分不断被确认和建构;相应地,适用的法规范逐渐清晰,司法判决最终被作出。当然,在这一过程中,最初被朴素感知的"事实"可能得到修正,基于直觉所发现的法律条文也可能被发现不适用于当前的具体案件而为其他的法律条文所代替。就如同高明的工匠选择合适的原材料,并运用熟练的技巧做出满意的产品一般,法律职业者在司法过程中也是通过自身的法律技巧与素养来选取案件的事实部分和合适的法律条文,并作出正确的法律判决。清代的司法官员需要将情理融入到案件事实的构建和法条的适用中去,具体的方法则主要有以下几种:

(一) 通过法律识别来选择情罪相当之法条

法律识别是指,在审理案件时,司法官从现行有效的法律规范的体系中找出相关的法条,抑或一个案件面临多个法规范可能被适用时,司法官从中选择最为密切的法规范之专业方法。在进行法律识别时,清代司法官的目的是妥当地解决纠纷,以达到情罪允协,和实现情理法三者的和谐。识别对象的范围涵盖全部现行有效的法律,既包括大清律、条例、通行等正式法渊,也包括成案这样的非正式法渊。

例如,嘉庆二十年,山西省咨"殷林捏造假票叠次纠伙诓骗钱物"一案,根据"诓骗人财物律",犯该罪者计赃准窃盗论。[2] 刑部官员认为,应将该犯照诓骗本律计赃拟杖,同时考虑到其纠伙诓骗达八次之多,情节恶劣,故于应得本罪上加

---

[1] [德]亚图·考夫曼:《类推与事物本质》,吴从周译,台湾:学林文化事业有限公司,1999年版,第106页。
[2] 参见《刑案汇览》,第十九卷"刑律贼盗·诈欺官私取财·八月之内假票谎骗八次之多"。

枷号一个月。但是,嘉庆帝对此处理意见颇感不满,指出"(诓骗)八次之多,实属扰害",并将此案发交律例馆酌议。司法官员重新拟定了判决:"查此案殷林私刻图章,纠伙诓骗,于八月之内共计八次之多,虽无凶恶情状,实属生事扰害。若仅照诓骗本律计赃拟杖,酌加枷号问拟,洵无以示惩儆。拟将该犯改照棍徒扰害拟军例量减一等,杖一百,徒三年。"在司法过程中,同时有诓骗人财物律和棍徒扰害军拟例两种法律规范可以适用于上述案件,最后在针对其构建法律事实之侧重点的衡量中,司法官选择了较重的一种,以做到判决的合理。

乾隆三十八年,安福县民姚彬古殴死赎身仆人孔正偶。姚彬古的祖父已将孔正偶赎身开户,孔正偶与姚彬古已无主仆名分。司法官认为,如若按照凡人议处绞刑偏重。刑部亦认为,家长和奴婢名分相关,奴婢虽然已经赎身,但不是转卖义绝。因此,在可以选择的三种律条(按凡人处置,以斗杀论处;按殴死奴婢论处;照旗人殴死族中奴婢例减一等定拟满流论处)之中,司法官比照选择了第三种,此时情罪最为允协。

又如,在乾隆二十年的张裕志案中,因知县德荣没有第一时间审理其父自尽一案,张裕志便心怀痛恨将知县德荣谋刺,司法官应当按照"谋杀制使及本管长官"律的规定,判处张裕志斩立决。司法官员认为,案犯以下犯上大逆不道,故上奏皇帝要求以"大逆律"凌迟处死。①

(二)通过法律解释来构建符合情理的案件事实

法律解释方法可以分为文义解释、论理解释、比较法解释和社会学解释。梁慧星认为,"论理解释包括七种方法:体系解释、立法解释、扩张解释、限缩解释、当然解释、目的解释和合宪性解释"②。通常,法律条文所使用的语言具有一定的概括性,因而理解起来具有一定的模糊空间。"可能意义在一定的波段宽度之间摇摆不定,就是那些相对较为明确的概念,也常常包含着一些本身欠缺明确界限的要素。"③在适用法律前,对法律文本做出必要的解释,以确定其具体的含义,这已经成为适用法律的必要过程。清代司法官常采用此解释方法,以解决疑难案件。

---

① 参见,《刑案汇览》第二十二卷"刑律人命·谋杀制使及本管长官·因父自尽控审稍迟谋杀知县"。
② 参见梁慧星:《裁判的方法》,北京:法律出版社,2012年版。
③ [德]拉伦茨:《法学方法论》,陈爱娥译,台湾:五南图书股份有限公司,1998年版,第65页。

在道光元年的"杨妈吉拐带王冠群银两逾贯"一案中①,王冠群托付杨偽吉为其照管银两,而杨偽吉却乘王冠群离开之际携财潜逃至扬州,并将银两购粮售卖。刑部官员对"诈欺官私取财律"规定的"拐带人财物者,计赃准窃盗论,免刺"中的"拐带"一词能否涵摄受托付照管银两的行为举棋不定。在翻阅《集解》后,司法官发现此书将"拐带"定义为"携带人财物,乘便离去",故刑部最终将案件定性为拐带,适用"诈欺官私取财律"的规定。在上述案件中,通过文义解释的方法,司法官将法规范适用于具体的案件之中,从而准确适用了律条。

嘉庆朝有一起杀害幼童的案件(谢张来杀死幼孩冯九儿)。② 司法官员查证,冯九儿生于嘉庆五年九月二十二日,谢张来将其杀死于嘉庆十五年二月初二日。查例载,凡谋杀幼孩之案,除年在十岁以上者仍照例办理,如将未至十岁之幼孩逞忿谋杀者,首犯拟斩立决等语。此乾隆五十一年钦遵谕旨,纂为定例。案件的焦点在于,司法官员需解释冯九儿的年岁应以何种方式来计算,而这部分法律事实的构建将直接决定刑罚的适用。总督温承惠核计冯九儿生年日月尚未足十整岁,因此以谋杀未至十岁幼孩例,拟判谢张来斩立决。刑部官员则认为,《大清律例》中有关年岁计数的律例条文是以现在岁数为据,并不扣生年日月。因此,刑部以死者现在11岁为由,判处谢张来斩监候。后该省解释,依据嘉庆七年饶阳县刘虎一案,死者刘达子核计年龄以扣除生年日月为准。刑部则进一步解释认为,督抚拘泥错误,有定例不得言成案,至于所引之成案与律例不符,亦应当一并纠正。最后,嘉庆皇帝支持了刑部的观点,并下诏嗣后遇有计年论罪之案仍照旧律以年甲为准,用昭画一。

(三)通过漏洞填补使成文法更具情理特质

1. 依习惯补充

萨维尼认为,"法律首先产生于习俗和人民的信仰……而非法律制定者的专断移植所孕就"③。中国幅员辽阔,南北差异、不同民族间的习惯差异等诸多因素都使统治者不得不做出一定程度的妥协。

《大清律例》"户律·婚姻"的"娶亲属妻妾"条规定:"若收父祖妾及伯母者,

---

① 参见《刑案汇览》,第十九卷"乘空盗取搭伴同船托管银两"。
② 参见《刑案汇览》,第四卷"名例·老幼废疾收赎·计岁定罪之案不扣生年月日"。
③ [德]萨维尼:《论立法与法学的当代使命》,许章润译,北京:中国法制出版社,2001年版,第90页。

(不问被出、改嫁)各斩。若兄亡收嫂,弟亡收弟妇者,(不问被出、改嫁)各绞。妾,(父祖妾不与)各减妻二等。"虽然国家法律明确处以重刑,但是这样的恶习却在清代民间广泛存在。例如,光绪二十五年,马应龙子死,留妻李氏。次年,马应龙同族堂侄马维刚娶李氏为婚,议定彩礼钱十四串。马应龙后又向马维刚索要安置费,不允,两造间发生冲突。司法官判决:"查讯家族,并无估抬情事。然同族转房,卖者买者均应有罪,姑念乡愚无知,饬令马维刚仍照中议补应龙老衣钱四串,余概免究,各结完案。"①针对上述案件,司法官在审理中并未严格依照国家法律审判,而是向民间习惯做了一定的妥协,以期平息诉讼。

《大清律例》中针对苗疆治理的部分多使用苗例,这是对社会情况较为复杂的苗疆地区所做的妥协。雍正朝规定:"凡苗夷有犯军流徒罪,折枷之案,仍从外结,抄招送部查核。"乾隆朝对此也进一步规定:"其一切苗人与苗人自相争讼之事,俱照苗例归结,不必绳之以官法,以滋扰累。"

2. 类推适用

法律上的类推一般表现为,把一条法律规则扩大适用于一种并不认为该规则的语词所涉及的,但却被认为属于构成该规则之基础的原则范围内的事实情形。②

例如,道光三年,外结徒犯王嚚囤积私铅,但是《大清律例》仅对"囤积硝黄未曾兴贩"有治罪规定。但是,司法官认为,黑铅与硝黄两者均"攸关军火",于是比照该律条减等处罚。③

又如,嘉庆二十年,袁某纵妻卖奸,妻母黄氏知情纵容。后袁某欲将妻嫁卖,被黄氏毒死。司法官类比嘉庆十三年山西省发生的祖父贪财纵容孙女与外甥孙七小子通奸,嗣后因孙七小子令伊孙女卖奸,气愤将其故杀毙命的案件,类推认为舅之于甥,与妻母之于婿同一尊卑名分,且案情无耻程度又类似,情罪相同。最后,司法官认为应按故杀外姻卑幼拟罪。

3. 创造性补充

创造性补充"指依据法理,就现存实证法毫无依据之类型,创造其规范依据

---

① "为差唤马应龙具告马维刚等霸配子媳行凶案内人证赴县候讯事";光绪 25 年;目录号 15;档案号 144;南部县正堂清全宗档案;四川省南充市档案馆。
② [美]博登海默:《法理学:法律哲学与法律方法》,邓正来译,北京:中国政法大学出版社,1999 年版,第 173 页。
③ 参见《刑案汇览》,第十一卷"兵律军政・私藏应禁军器・囤积黑铅比照私贩焰硝治罪"。

而言"①。如"子妇拒奸致毙伊翁奏请订例"条云:"应请嗣后子妇拒奸殴毙伊翁之案,如果实系猝遭强暴,情急势危,仓促捍拒,确有证据、毫无疑义者,仍照殴夫之父母本律定拟。刑部核覆时援引林谢氏成案将可否改为斩监候之处奏请定夺;……如蒙俞允,臣部即纂入例册,永远遵行。"在面对儿媳拒绝公公强暴而导致其死亡的案子时,司法官奏请创制新的法律规范,以减轻处罚。后经刑部复核和皇帝认可,此规定被正式编纂进入《大清律例》。

四、清代司法过程中的情理表达之当代价值

依据"情理"是清代司法的出发点,也是清代司法最值得后人借鉴的地方。清代司法过程中无处不在的对情理之表达在当时产生了较好的司法效果;与之相比,当代中国司法裁判中的情理表达却差强人意,需要做出一定的改变。清代司法过程中的情理表达对转型时期的中国司法有重要的价值,有益于我们思考如何筛选出其中的有利因素,并进行转换性创造来,以将其接融入现今的司法体系之中。以古鉴今,清代司法将情理表达作为司法的重要目标和价值衡量,并且把情理与社会的道德、风俗、习惯等充分连结起来,这种做法值得我们充分学习,也其能够在新时代的中国司法实践中发挥重要作用。

(一)依情理缓和具体司法案件和抽象立法间的矛盾

一方面,就清代司法官员群体而言,其法律素养普遍较低。雍正十一年(1733年),刑部侍郎托时向皇帝奏称:"刑部新进官员于律例文义能讲明通晓者甚少,每至临事翻阅,援引失宜。"②当时最高司法机关"天下刑名总汇之地"刑部的官员尚且如此,那么低层级官员的水平就更加堪忧了。

另一方面,就立法技术而言,《大清律例》《大清律集解附例》和《大清律集解》自乾隆五年(1740年)正式定本,共计本律436条、附条例1049条。本律号称"垂一定之制",直至辛亥革命再无修改。虽有条例增补,以期应对形势变迁和"情伪无穷",但是仍旧力有不逮。条例亦是官方承认的法律渊源,有严格的定期修例制度。初条例三年修订一次,经过乾隆八年和十一年的两次修订后,形成五

---

① 杨仁寿:《法学方法论》,北京:中国政法大学出版社,1999年版,第144页。
② 《雍正朝汉文朱批奏折汇编》(第24册),江苏:江苏古籍出版社,1988年版,第569页。

年一小修，十年一大修的惯例。清代立法者理性地认知到，要用有限的法律条文来囊括诈伪无穷的案件是不可能的，因而在司法过程中，清代司法官尤重用情理来缓和立法与司法间的矛盾。"情理"是中华法系的内在灵魂，因此在司法过程中，以情理为依据进行变通处理非但不会出现违背立法者意图的问题，反而可以应对因立法者在立法时无法预见到的各种纷繁复杂的事实和无法预测到的未来变化而导致的法条僵化之问题。

就当代法制实践而言，为了缓和成文立法和具体司法的矛盾，法律赋予了立法机关、行政机关和司法机关一定的对法律进行解释的权力，而这导致了在本已经浩如烟海的法律条文之外，又新增了更多的由各种部门颁布的解释。根据学者不完全统计，自1997年至今，仅最高人民法院颁布的司法解释就已经超过5000余件。司法解释的激增导致了我国司法实践中的舍本逐末的现象，大部分司法从业者（如法官、检察官、律师等）都将司法解释奉为圭臬，而对本质的法律条文多有忽略。并且，各个部门立场不同，因此它们颁布的法律解释有自相矛盾之处，令人无所适从。比如，关于网约车合法性的认定，工信部和交通运输管理部门出台的解释文件在很长一段时间内都截然不同。通过这种碎片化的司法解释来弥补立法缺失之做法，只会导致法律体系的进一步混乱和动摇成文法的稳定性。在对法律进行解释的过程中，我们应当参考清人的经验，融入立法者、司法者和守法者都能接受的价值观，诸如情理、法治、人道、民主等理念。

（二）参酌情理有助于发挥法律衡平的作用

梅因（Henry Sumner Maine）曾指出，法律适应社会需求的一个重要手段就是衡平，它的特点是能公开地、明白地干涉法律，它所建立的原则是一切法律都要遵循的。[①]清代司法过程是对多种法律渊源进行综合适用的过程，充分体现了"衡平司法"的技巧。清代司法过程的关键便是情理，而其中不乏通过皇权直接创设新的法律规范、直接适用儒家经典文献等颇具特色的技术。清人刘献廷曾说道："圣人六经之教，原本人情。"梁治平说："中国文化的精神特质，正包括了缘情设教这一项。法律自然不应与人情相悖。"[②]寺田浩明也指出，"当事人经常高唱的'情理'这一用语之所以重要，是因为其代表了对调和当事人人际关系的

---

① ［英］梅因：《古代法》，沈景一译，北京：商务印书馆，1959年版，第76页。
② 梁治平：《法意与人情》，广东：海天出版社，1992年版，第151页。

重视和一种衡平的感觉,而非强调遵循某种预先客观存在的严格规则"[①]。

清代的司法衡平是通过司法官在循法与悖法的矛盾冲突来实现其社会价值的。清代司法的终极价值不是对法律的严格执行,而是通过司法来维护建立在情理价值基础之上的儒家所倡导的和谐社会秩序。清代的司法官尽管缺乏系统化、职业化的法律训练,但是他们生于斯,长于斯,了解传统社会的规则和习惯,洞悉本土的人情世故和社会风俗,掌握着一套独特而又行之有效的解决社会纠纷与冲突的方法,从而形成了一套在形式上和价值上根本不同于西方的司法观和司法运作模式。主要由儒家弟子构成的司法官群体,依据儒学经典中的司法理念,形成并分享着他们群体内部有关公平和正义的价值观。清代的司法官力图在具体的司法实践中身体力行,以实践浸透着情理观的"衡平"司法,而这种"衡平"司法在很长一段时间里维持着地方基层的秩序,并且起到了很好的效果。当代司法则要求"有法可依,有法必依,执法必严,违法必究"。虽然通过法律的大量引进和移植,我国法制制度的现代化和国家化程度明显提高,但与之相对应的法治理念还未深入人心,传统的情理理念仍旧惯性般地存在于每个人的脑海中,并深刻影响乃至困扰着当代司法。在此种情况下,片面强调现代法治理念或者全盘肯定人情凌驾于法律之上都是不可取的。当代司法理念不允许法官不依法判案,因而事实上赋予法官一定的自由裁量权是将情理融入当代司法的最好做法。有鉴于此,在现代司法的制度框架内,我们应更多地考虑到情理因素,以将传统的衡平司法融入新的司法中,从而在克服其弊端的同时,切实发挥其优势,建立人性化的司法制度。

(三)情理所体现的人道思想符合现代法治精神

清乾隆皇帝御制《大清律例序》云:"朕……简命大臣取律文及递年奏定成例,详悉参定吗,重加编辑。撰诸天理,准诸人情,一本于至公而归于至当。"[②]这说明清律本身便是根据天理和人情为标准而制定出来的。沈家本也说:"无论旧学、新学,大要总不外情理二字……不能舍情理而别为法也。"[③]沈家本进一步指出,"法律根极于天理民彝,称量于人情事故,非穷理无以察情伪之端,非清心无

[①] [日]寺田浩明:《权利与冤抑——清代听讼和民众的民事法秩序》,载[日]滋贺秀三等:《明清时期的民事审判与民事契约》,王亚新等译,北京:法律出版社,1998年版,第194页。
[②] 参见《大学衍义补》卷108谨详献之议。
[③] 同上。

以祛意见之妄……是今之君子，所当深求其源，而精思其理矣"①。

中国传统的情理思想与现代的法治思想有某种暗合之处。比如，"与其杀无辜，宁失不经，此圣贤平恕之旨"与现代法治精神中的"无罪推定"和"有利被告"的原则相通。"刑责自负"与《尚书·虞书》推美"罚弗及嗣"、《周誓》讥抨"罪人以族，罪人不孥"的儒家经义以及"今世各国，咸主持刑罚止及一身之义"相似。我国传统上便有"设狱之宗旨，非以苦人、辱人，将以感化人也"的说法，这与现代监狱的以教育感化为主之理念相似。李贵连在论述沈家本对"情理"内涵之理解时指出，此内涵体现在四个方面，即"义、序、礼、情"。"义者，谊也，有罪而予之以罪"，这与法律面前人人平等的原则相似；"序"指罪行的大小与刑罚的轻重相适应，与现代的罪刑相当原则相似；"礼"指人伦之理，与现代法律中的公序良俗理念相似。"情"指人情，与现代法律中的以人为本的理念相似。又如，中国古代的春秋决狱是基于儒家经义实现司法的实质正义，这与西方大法官并不囿于先例或者成文法，而是依据良心来判案有相似之处。

中国法文化中的"情理观"源远流长，最早可追溯至三皇五帝时期。在经过历代先贤的进一步阐述和发扬之后，"情理观"成为了中国独特的法律文化价值观。现代法治精神来源于西方的人权思想，其最早可追溯至古希腊城邦时期的民主思想。前述两种思想虽然殊途，但是在具体的法律制度和法律思想方面，两者有许多相似之处。充分发掘"情理"中所蕴含的符合当今法治精神的思想，将有助于我国法治的进一步完善。

结语

我国当代司法判决中的情理表达不足之现象，与我国在法律近代化过程中大量移植西方法律、忽视对本国优秀法文化的继承有密切关系。在清代的司法过程中，专业司法官员和普通民众对"情"与"理"有着共通的认识。在此基础之上，清代的司法过程通过多种法律方法将情理与司法规范相结合，以规范来容纳和承载情理，从而取得了良好的司法效果。

事实证明，尽管法律职业者的"情理"与大众的"情理"存在认知上的差异，但如果司法判决不顾及大众情理，那么司法本身的权威会受到影响。正如有学者

---

① 沈家本：《唐律疏议序》，北京：中华书局，1957年版，第3页。

指出,"情理与法有着特殊的联系,而中国人似乎也有一种理解法律未得牵扯上情理的特殊情愫。事实上,从古代直至近代的中国人,在对本朝或前朝的法律、法典进行评价时,确实是用情、理作为标准的"[①]。习近平总书记在中央政治局第四次集体会议学习时提出,"努力让人民群众在每一个司法案件中都感受到公平正义"。随着我国社会主义建设进入攻坚深水区,来自各方面的风险挑战逐渐增多,各种社会矛盾更加易发、多发,越来越多的矛盾纠纷将被提交给法院解决。与清代的司法官员相比,当今的人民法官遇到疑难案件的概率大大提高;清代的案件多集中在刑事领域,而如今涉及环境保护、信息网络、知识产权等新领域的案件也越来越频繁地出现。司法过程需要通过为大众所接受的论理陈情之方法来增强自己的说服力,从而提高司法判决的可接受度。

(编辑:侯竣泰)

[①] 霍存福:《中国传统法文化的文化性状与文化追寻——法的发生、发展及其命运》,载《法制与社会发展》,2001年第3期。

部门法解释

类比"善意取得"解决条约冲突

方瑞安*

摘要：通过类比国内法上的"后法原则"，《维也纳条约法公约》第 30 条成功解决了相同缔约主体就同一事项先后所订的条约发生冲突时的适用问题。然而，某一缔约主体就同一事项分别与不同缔约主体先后订立的条约所发生的冲突在国际法实践中更为多见，公约却未设明文予以解决。通过类比私法中的"善意取得"，上述条约冲突可以得到有效解决，并且该方案符合国际条约法的价值理念和发展需要。

关键词：条约冲突；后法原则；《维也纳条约法公约》；善意取得

随着全球化进程的逐渐深化与国际社会关系的飞速发展，国际法也蓬勃生长、焕发活力。然而，不同于国内法，国际法并无统一的立法机关，且其司法机构也在不断进行着多元化扩展，这在相当大的程度上造成了国际法的碎片化。其中，作为国际法最为重要的渊源之一，国际条约首先在数量上飞速增长，其次在调整的范围与对象上也有了新的改变，这固然是其蓬勃发展的表征，但其也必然将面临不同条约间的互相冲突以及由此引发的适用困境。就条约冲突而言，1969 年通过的《维也纳条约法公约》至关重要、成效卓著，但时至今日，国际法经过 50 年的发展，出现了许多新的条约冲突情形，而《维也纳条约法公约》在订立时也多有留白，从而使得我们很难仅借助《维也纳条约法公约》去解决问题。具体来说，《维也纳条约法公约》第 30 条规定，当条约的当事方就同一事项存在相冲突的两个条约时，在相同缔约主体间后约优先。《维也纳条约法公约》第 30 条的规定实则是国内法上解决法律冲突的经典原则"后法优于前法"在国际法上的

---

* 方瑞安(1994—)，男，江苏淮安人，华东政法大学国际法专业博士研究生，研究方向：国际法学。

类比适用。然而，当面对就同一事项存在相冲突的两个条约，但是缔约主体不相同的情形时，何者优先适用至今未有明确规则，而此种条约冲突在国际法实践中更为常见。

一、回溯：《维也纳条约法公约》已规制的条约冲突类型

1969年的《维也纳条约法公约》第30条规定了就同一事项先后所订条约的适用问题，其在规则的建构上类比了国内法的法律适用中的"后法优于前法"（*Lex posterior derogate [legi] priori*）原则，该原则亦被称为"后法原则"。"后法原则"起源于国内法，各国的立法和实践中都有其身影。[①] 就后法原则的合理性而言，有学者认为，"这个原则是建立在假定同一制定机关在制定新法时，有意废止与新法相抵触的规定"[②]，从而彰显了立法者的立法目的；也有学者认为，"新制定的法律通常也更能反映和适应社会发展的最新情况，因此秉持'后法原则'能更合理、更妥善地处理现实问题"[③]。

"后法原则"有其特定的适用场域或者说适用前提，具体包括：第一，必须是同一机关制定的法律[④]；第二，先后法律之间并非特别法与一般法的关系；第三，必须是针对同一事项；第四，后法与前法的冲突必须达到严重矛盾的程度。我们不难发现，国内法上的"后法原则"之所以能成为解决法律冲突的重要公理，是因为国内法的立法主体是同一的，它反映了同一立法主体在同一事项中因前法不再符合社会现实而对其进行实时调整改进的正当性。如果是在后的法律规则与在前的宪法规则发生冲突，则"后法原则"无法发挥作用，因为此时立法主体不

[①] 在1888年的"惠特尼诉罗宾逊案"中，美国最高法院第一次正式使用"时间在后的一个优先"的措词来界定后法优先规则，并且该规则在之后的司法裁判中被不断沿用。参见陈卫东：《论条约在美国国内适用"后法优先规则"》，载《甘肃政法学院学报》，2009年第1期，第24页。英国法下的"后法原则"也是处理判例法冲突的重要原则；一般而言，在同级法院的判例之间发生冲突时，法官可根据"后法优于先法"的原则，选择适用某一判例，以规避适用另外的先例，即用后一判例规避适用另外的判例。参见李浩：《英国判例法与判例规避》，载《现代法学》，1995年02期，第95页。《意大利民法典》第15条："法律只能由立法者在嗣后制定的法律中明确宣布废除，或者因旧法与新制定的法律规则相抵触而废除，或者由于新法全面规范了由旧法调整的领域而废除。"《中华人民共和国立法法》第92条："同一机关制定的法律、行政法规、地方性法规、自治条例和单行条例、规章，特别规定与一般规定不一致的，适用特别规定；新的规定与旧的规定不一致的，适用新的规定。"

[②] 朱力宇、张曙光主编：《立法学》，北京：中国人民大学出版社，2002年版，第129页。

[③] [德]魏德士著：《法理学》，丁晓春、吴越译，北京：法律出版社，2005年版，第328页。

[④] 刘幸义：《法律规范之结构及其关联性》，载《中兴法学》，1986年第22期，第43页。

同,存在法律位阶的差异,也可以说"上位法优于下位法"优于"后法原则",而这恰好与国际法的多元主体特点相悖。在《维也纳条约法公约》中,第30条第1款首先明确了"同一事项"的前提①,然后第30条第3款和第4款规定了两种条约冲突类型的解决方案。

(一)《维也纳条约法公约》第30条第3款

《维也纳条约法公约》第30条第3款规定:"遇先订条约全体当事国亦为后订条约当事国但不依第五十九条终止或停止施行先订条约时,先订条约仅于其规定与后订条约规定相合之范围内适用之。"第30条第3款旨在处理前后条约的当事方相同或者先约当事方被后约当事方包含时的情形。为了便于理解和讨论,我们将条约当事方简化为字母,则第30条第3款所述冲突类型可被简化为AB-AB型及AB-ABC型条约冲突。

前者自不必说,其属于同一事项下的完全相同的主体;而后者则是后约的缔约方完全囊括了前约的缔约方,后约在此情形下反映了当事国A国和B国最新的意图,因此其应被优先适用。试举一例,在2002年的"斯利文科(Slivenko)等诉拉脱维亚案"中,拉脱维亚与俄罗斯之间的一项在先的双边条约就与在后的《欧洲人权公约》发生冲突。在此案中,欧洲人权法院认为,不能援引拉脱维亚和俄罗斯之间先前的双边条约来限制《欧洲人权公约》的适用:"把《欧洲人权公约》第57条第1款与第1条合看可以表明,一个国家批准该公约,就要求当时在其境内实行的一切法律应当符合该公约。法院认为,同样的原则必须适用于在批准公约之前已经缔结而且有可能与该公约某些规定相左的国际条约的任何条款。"②这个案件就是典型的AB-ABC型条约冲突,拉脱维亚和俄罗斯都是在前的双边条约和在后的《欧洲人权公约》的缔约国,法院判定《欧洲人权公约》优先的根本性依据就是"后法原则"。

---

① 《维也纳条约法公约》第30条第1款:"以不违反联合国宪章第一百零三条为限,就同一事项先后所订条约当事国之权利与义务应依下列各项确定之。"
② *Slivenko and the others v. Latvia*, Application no. 48321/99, Decision as to the admissibility of 23 Jan. 2002, Grand Chamber, European Court of Human Rights, Reports of Judgments and Decisions 2002-Ⅱ, p. 467; See also *Yearbook of the International Law Commission*(2006), Volume Ⅱ, Part Ⅱ, p. 181.

(二)《维也纳条约法公约》第 30 条第 4 款

《维也纳条约法公约》第 30 条第 4 款规定:"遇后订条约之当事国不包括先订条约之全体当事国时:在同为两条约之当事国间,适用第三项之同一规则;在为两条约之当事国与仅为其中一条约之当事国间彼此之权利与义务依两国均为当事国之条约定之。"第 30 条第 4 款旨在处理先约当事方的范围大于后约当事方时的情形,其可被简化为 ABC - AB 型条约冲突。

值得注意的是,在《维也纳条约法公约》问世前的很长一段时间内,国际社会的理论和实践就面对 ABC - AB 型条约冲突时应秉持先法优先还是后法优先是存在争议的。在制定《维也纳条约法公约》的过程中,包括劳特派特(Hersch Lauterpacht)、菲茨莫里斯(Gerald Fitzmaurice)在内的国际法委员会的数任特别报告员都支持先约优先[1],第四任特别报告员沃尔多克(Humphrey Waldock)则对先约优先持怀疑态度。[2] 沃尔多克的报告提及了常设国际法院的"奥斯卡·钦案"(Oscar Chinn case)[3]与欧洲委员会的"多瑙河案"(European Commission of the Danube case)。[4] 与"奥斯卡·钦案"中,尽管常设国际法院最终支持后约《圣日耳曼条约》优先适用,但少数派的法官仍持相反主张,认为后约因违反先约而无效。在欧洲委员会的"多瑙河案"中,法院的观点与"奥斯卡·钦案"类似,也存在争议。

《维也纳条约法公约》的最终态度是贴近沃尔多克的,其认为针对 ABC - AB 型条约冲突,在均为两条约当事国之间,先约仅在与后约相合的范围内才适用;均为两条约当事国和仅为后约当事国之间,后约适用;均为两条约当事国和仅为先约当事国之间,先约适用。[5] 简言之,在 ABC - AB 型条约冲突中,AB 间后约优先,AC 或 BC 间先约优先。

综上所述,作为条约法上的习惯国际法的一次成功编纂[6],《维也纳条约法公约》类比了国内法上的"后法原则",即对同一事项下的相同当事国之间的国际

---

[1] *Yearbook of the International Law Commission* (1953), Vol II, p. 156. See also *Yearbook of the International Law Commission* (1958), Vol II, p. 44.
[2] *Yearbook of International Law Commission* (1964), Vol II, pp. 43 - 44.
[3] P. C. I. J. (1934), Series A/B, No. 64.
[4] P. C. I. J. (1927), Series B, No. 14.
[5] 廖诗评:《条约冲突基础问题研究》,北京:法律出版社,2008 年版,第 93 页。
[6] *Yearbook of International Law Commission* (1966), Vol I, part II, p. 95.

条约冲突适用"后法原则",这基本上遵从了"后法原则"源于国内法的适用要件,从而限缩了其适用范围。但是,针对同一事项下的不同当事国之间的国际条约冲突,《维也纳条约法公约》未设明文加以规定。

二、建构:类比"善意取得"填补条约冲突的制度漏洞

通过类比"后法原则",《维也纳条约法公约》回应了 AB - AB 型、AB - ABC 型以及 ABC - AB 型条约冲突中的条约适用,但在就同一事项先后所订条约的适用问题中,尚有一种条约冲突类型被《维也纳条约法公约》排除在外,即针对某一缔约主体就同一事项分别与不同缔约主体先后订立的条约发生冲突之情形,公约没有明文规定,此种类型的冲突可被简化为 AB - AC 型条约冲突。其条约冲突最为复杂,AB - AC 型可以扩展成双边条约间的冲突(AB - AC 型)、双边条约与多边条约间的冲突(AB - ACD 型/ABC - AD 型)以及多边条约间的冲突(ABCD - AEFG)三种情形。

从结果上说,在现行的国际法框架下,一旦出现 AB - AC 型条约冲突,我们便将处于无法可依的状态,这使得条约缺乏稳定性与期待性,甚至变得不正义。举例来说,A 国与 B 国、C 国分别签订了相互冲突的条约,那么当 A 国面临条约义务的履行时,其只能择一为之,并向另一方承担违反条约义务的国家责任。但是,向哪一方履行义务的选择权却被牢牢地掌控在 A 国手中,其永远可以选择对其最为有利的条约来履行。此时,至少有三个问题会出现:其一,会造成不正义的结果,A 国是造成条约冲突的过错方,但它却永远享有最大化的利益;其二,动摇条约的稳定性,主权国家难以对条约保有履约期待;其三,会在价值导向上实质性地鼓励冲突条约的涌现。因此,笔者认为,对 AB - AC 型条约冲突进行制度性、原则性的规定有利于冲突条约数量的减低与条约冲突的解决。为了与国内法上的"善意取得"有所区分,笔者权且将条约冲突中类比所得的制度称为"善意取得"模型。

(一)国际法类比私法的正当性证成

现代条约法理论是从 17 世纪至 19 世纪的私法中不断衍生、发展出来的。17 世纪与 18 世纪的自然法学家——如普芬多夫(Samuel von Pufendorf)、沃尔夫(Christian Wolff)等——认同民事合同与国际条约是基于同样的基本法则,

即义务的创设。① 而且,即使是如劳特派特(Hersch Lauterpacht)这样坚定的实证主义者,也认为试图完全区别条约与私法上的契约很困难②,构成国际公法的各种法律关系的内容通常都是按照或者类比某种私法观念被塑造出来的③。费尔德曼和巴斯金也认为,"理论上可以把国际法体系想象成在'空地上'产生的,但是国际法则不允许并且实质上也不能允许这种'忘本'"④。我国学者潘抱存教授亦曾说道:"我们研究国际法,如果不探讨一些民法原理对国际法的影响,就很难达到一定的法学理论高度。"⑤

举例来说,条约必须遵守原则,在语源上就是契约法上的约定必须信守原则;国际法上条约有效的实质要件类似于契约的规则,均与当事人的意思自由有关;条约无效时有关条约履行的问题,同私法上可撤销与效力待定的合同情况相似,所涉及的事实及原因亦极为相像;罗马法上的"不履行契约的抗辩"成为国际法渊源的一般法律原则;条约的解释原则(如善意原则、整体解释和目的解释等)与人们对合同解释的要求相当;条约和第三国的关系与契约和第三方的关系相仿,契约上的"约定对第三人既无损亦无益"也是条约法上的内容。⑥

此外,《国际法院规约》第 38 条第 1 款第 3 项实则暗示了类比的正当性。《国际法院规约》第 38 条历来被认为是国际法渊源的权威表达,该条对我们判断"类比"法律方法的价值亦有指导意义。根据《国际法院规约》第 38 条第 1 款第 3 项,法院对所陈诉的各项争端,应依国际法裁判之,裁判时应适用一般法律原则中的为文明各国所承认者。我们知道,第 38 条第 1 款中的前两项——条约和习惯国际法规则——都是纯粹的国际法规则,但各国承认的一般法律原则本质上却是来源于各国的国内法律体系,它们是各国的国内法规定。同时,一般法律原则是各国国内法上"共同"的法律原则和规则,它们在各国的国内法律体系中具有"一般性"和"普遍性"。⑦ 正如国际法院的麦克奈尔(McNair)法官在 *International Status of South West Africa* 案中发表的意见:"国际法已经从私

---

① R. Lesaffer. 2000. *The medieval canon law of contract and early modern treaty law*. In *Journal of the History of International Law* 2(2),185.
② H. Lauterpacht, *Private Law Sources and Analogies of International Law*, London: Longmans, Green & Co., Ltd,1927, pp. 160-161.
③ 张文彬:《论私法对国际法的影响》,北京:法律出版社,2001 年版,第 40—41 页。
④ [俄]费尔德曼、[俄]巴斯金:《国际法史》,黄道秀等译,北京:法律出版社,1992 年版,第 4 页。
⑤ 潘抱存:《中国国际法理论新探索》,北京:法律出版社,1999 年版,第四章。
⑥ 李思璇:《评〈论私法对国际法的影响〉》,载《武大国际法评论》,2003 年第 1 期,第 342—343 页。
⑦ 王虎华:《国际法渊源的定义》,载《法学》,2017 年第 1 期,第 17 页。

法中汲取并将继续汲取大量的规则和制度,《国际法院规约》第38条第1款第3项证明了这些做法仍然是积极有效的,该条允许国际法院援引各国的一般法律原则。"[①]《国际法院规约》第38条将国内法的原则纳入国际法渊源之中,这暗示了国际法承认类比国内法并加以吸收借鉴之做法对国际法发展的重要性,该条款成为继自然法之后国际法与以私法为代表的国内法之间的一座新桥梁。在现今这个实证法盛行的时代,一般法律原则的诞生本身就是为了沟通国际法与国内法,从而使得国内法中的宝贵财富能为国际法所用。

因此,尽管与国内法有着本质不同,但国际法也是一门独立的法律学科,私法的丰富精神成果也能为国际法所用。[②] 在面对复杂的 AB‑AC 型条约冲突时,我们不妨复归到私法的经典理论中去,以寻找解决方案,并参考类似情形下的契约冲突之应对方式。

(二) 条约冲突对"善意取得"的描摹

AB‑AC 型契约冲突的经典模型就是一物二卖,即 A 将某物通过契约方式出卖给 B 后,又将其通过另一契约出卖给 C。此时,从结果上说,条约适用的先后可类比为物权变动所导致的所有权的最终归属问题。然而,国内法上的物权变动之立法模式有意思主义和形式主义两大类别。法国与日本所采用的债权意思主义的立法模式将当事人双方转让所有权的债权契约当成所有权变动的唯一根据,即只要当事人债权契约的意思表示一致,便发生所有权变动的法律后果,不动产登记仅仅是对抗第三人的要件。[③] 英美采物权意思主义,契书的交付才是物权变动的要素和根据。德国与我国台湾地区采取物权形式主义的立法模式,在法律没有另行规定时,必须有不动产所有权的转让人与受让人之间独立于不动产转让合同之外的物权合意,以及一定能被外部查知的形式上的要件,即不动产变动的登记和动产的交付。[④] 我国现行民事立法采用认债权形式主义的物权变动模式,该模式的特点在于:一方面,它区分债权变动与物权变动的法律事实基础,认为当事人之间生效的债权合同仅能引起债权变动的法律效果;另一方面,它并不认可在债权合同之外,另有一独立存在的、专以引起物权变动为使

---

① *International Status of South West Africa*, Separate Opinion, I. C. J. Rep., 1950, p. 148.
② 张文彬:《论私法对国际法的影响》,北京:法律出版社,2001年版,第27页。
③ 马新彦:《一物二卖的救济与防范》,载《法学研究》,2005年第2期,第86页。
④ 王轶:《物权变动论》,北京:中国人民大学出版社,2001年版,第27页。

命的物权合同,认为无论交付抑或登记手续的办理都是事实行为。①

对于国际法来说,尽管存在《联合国宪章》第 102 条的规定,即条约如不进行登记,条约当事国就不得在联合国的任何机构中援引该条约,但这并不影响条约的法律效力。② 因此,国际法上的条约冲突领域实际上更接近于以法国为代表的债权意思主义,即只要双方或多方缔约国达成意思表示的一致,条约内的权利义务关系便自动对当事国生效,从而产生相应的法律效果;而债权意思主义模式下解决一物二卖问题的经典范式就是采用善意取得制度,《法国民法典》第 1141 条对此有明文规定:"如对于两人负担先后给付或交付同一动产物件的债务时,两人中已得到该交付之人,虽其取得权利在后,但如其占有为善意占有时,应认其权利优先于另一人的权利,并应认其为该物的所有人。"此外,在善意取得的制度框架下,善意原则上应表现为第三人相信转让人是所有权人③,或者说其不知道也不应当知道出让人无权处分该财产。

(三) 条约冲突类比"善意取得"的法价值

"任何人不得将大于自己权利的权利转让于他人"是罗马法坚守的铁律,因此从无权利人处取得权利也就自然与罗马法无缘。但是,善意取得因其维护交易安全之目的而具有正当性,并因此使得法律在"静的安全"与"动的安全"中选择了后者。④ 19 世纪末,个人所有权的行使被认为应附有义务,并应当以增进社会公利为前提,而对所有权的绝对保护则被认为不利于全社会整体利益的协调和发展;处于社会共同体中的个人应当成为法律的协同者,而不是社会利益的对抗者,只有这样,个人的价值才能得到体现。这种对个人利益做出必要牺牲的观念之盛行,以及国家对社会生活干预范围和规模之逐步扩大,使得民法对交易安全的保护力度大大加强,善意取得制度也应运而生⑤,而善意原则也蕴含着"任何人不得因恶意获利"的价值理念。

---

① 王轶:《论一物数卖——以物权变动模式的立法选择为背景》,载《清华大学学报(哲学社会科学版)》,2002 年第 4 期,第 56 页。
② 《联合国宪章》第 102 条:"一、本宪章发生效力后,联合国任何会员国所缔结之一切条约及国际协定应尽速在秘书处登记,并由秘书处公布之。二、当事国对于未经依本条第一项规定登记之条约或国际协定,不得向联合国任何机关援引之。"
③ [德]沃尔夫:《物权法》,北京:法律出版社,2004 年版,第 258 页。
④ 史尚宽:《物权法论》,北京:中国政法大学出版社,2000 年版,第 559 页。
⑤ 谢忧、彭诵:《善意取得制度的产生与发展》,载《社会科学战线》,2002 年第 2 期,第 264 页。

复归到国际法上,在面对 AB-AC 型条约冲突时,若后约的缔约方 C 国与 A 国订立条约系出于善意,即其不知道也不应当知道已有在先的 B 国与 A 国签订了有关条约,则 AC 之间订立的后约应优先于 AB 间订立的先约,反之则先约优先。这一解决方案的价值取向与善意取得制度类似,是为了国际社会整体利益的协调和发展,即当我们必须在两项条约间做出履行顺序之决定时,保护善意的一方更有助于条约的缔结和保障条约的公信力。反之,若我们倾向于保护先约,则容易使得每一个条约的潜在缔约国处在缔约风险中,缔约国便不得不穷尽对方缔结的所有条约才能确保自己的缔约稳定性和优先性,这样不利于条约这一解决国际事务最重要工具的发展。何况,《维也纳条约法公约》的序言亦曾提到,"鉴悉自由同意与善意之原则以及条约必须遵守规则及举世所承认",可见善意原则在条约法之中应得到更多重视。

此处,我们不妨就 AB-AC 型条约冲突解决中的善意原则多说几句。在《维也纳条约法公约》的缔结过程中,联合国国际法委员会的几任特别报告员都有对善意原则的具体阐述。劳特派特就曾表达过,如果后约缔约国 C 国在明知与 A 国订立条约会致使其违反先约的情况下仍订立后约,则法院应使后约无效,以作为对其的惩罚,这与笔者此处提出的善意取得模型有着高度的相似性。[①] 菲茨莫里斯则将目光聚焦在 A 国上,他认为此时系 A 国违反善意原则,法院仍应使先约有效,但 C 国无论善意与否都有权主张赔偿。第四任特别报告员沃尔多克的观点也非常近似于善意取得模型的表达,他认为 C 国是否善意——是否明知先约的存在——将决定先约与后约何者优先。[②]

三、应用:条约冲突类比"善意取得"的实践可能

(一) 哥斯达黎加诉尼加拉瓜案(Costa Rica v. Nicaragua)

在中美洲法院审理的"哥斯达黎加诉尼加拉瓜案"(Costa Rica v. Nicaragua)中,尼加拉瓜与哥斯达黎加于 1858 年签订先约 Cañas-Jerez Treaty(下简称 C-J 条约),其中第 8 条约定,尼加拉瓜就圣胡安河缔结任何利用开发

[①] Yearbook of the International Law Commission (1953), Volume II, pp. 156-158.
[②] J. B. Mus. 1998. Conflicts between Treaties in International Law. In Netherlands International Law Review, 45(2), 230.

协议的,都应事前征得哥斯达黎加的同意。① 然而,尼加拉瓜却于1914年秘密地与美国缔结了后约Bryan-Chamorro Treaty(下简称B-C条约),许可美国享有对圣胡安河进行建造、运营、维护的专有权利,并将海湾中的一个海军基地租借给了美国。我们不难发现,尼加拉瓜通过C-J条约和B-C条约分别赋予了哥斯达黎加与美国排他的、专有的对圣胡安河之使用权,这两部条约之间不可避免地出现了冲突。并且,该条约冲突是典型的AB-AC型条约冲突。中美洲法院经过审理后认为,后约违反了先约的规定,尼加拉瓜有义务根据国际法采取可能的措施,将与哥斯达黎加的法律状况回复和维持到B-C约订立前的情况。②

在适用"善意取得"模型解决该案争端时,我们不妨将圣胡安河的使用权抽象地视为一个物,尼加拉瓜先后订立C约和B约,将其分别出让给了哥斯达黎加和美国。在该争端中,后约的缔约国美国在明知尼加拉瓜与哥斯达黎加之间存在着先约之情况下,仍然秘密缔结后约,显然非属善意。当然,本案中的尼加拉瓜也并非善意,因其在实然上违反了在C条约中对哥斯达黎加的义务,并且未与哥斯达黎加进行任何协商,甚至都没有通知其自己已然缔结后约。因此,运用一物二卖的善意取得模型后,我们可以得出与中美洲法院的裁决相一致的结论,即在该争端中,先约C约优先,由哥斯达黎加享有对圣胡安河排他的使用权,尼加拉瓜承担对美国的违反条约义务的国家责任。

(二)国际刑事法院的阿富汗情势

我们再以最近发生于国际刑事法院的阿富汗情势为例。2017年11月20日,国际刑事法院检察官办公室发布了正式的声明,其中提到,检察官办公室经审查后确定,有合理的理由相信在2003年至2004年间,美国武装部队成员在阿富汗境内犯下了战争罪,并且美国中央情报局成员在阿富汗和其他《罗马规约》

---

① Art. 8 of Cañas-Jerez Treaty: "If the contracts for canalization or transit entered into before the Nicaraguan Government had knowledge of this convention should for any cause cease to be in force, Nicaragua agrees not to conclude any others relating to the objects above stated without first hearing the opinion of the Costa Rican Government respecting the disadvantages that may result to the two countries, provided that opinion be given within thirty days after the request therefor shall have been received, in case that the Nicaraguan Government should indicate that a decision is urgent; and in the event that the enterprise should cause no injury to the natural rights of Costa Rica, that opinion shall be advisory."
② 贺其治:《国家责任法及案例浅析》,北京:法律出版社,2003年版,第239页。

缔约国境内设置秘密羁押设施的行为也犯下了战争罪。国际刑事法院可以基于缔约国或声明国的同意，对一个非缔约国国民在一个缔约国境内实施的犯罪行为行使管辖权。根据管辖权的属地原则，任何国家都有权对在其领土内犯罪的外国人行使管辖权。[1] 缔约国或声明国将完全属于自己的管辖权以同意的方式交给国际刑事法院去行使，这是基于自身利益和全球利益让渡部分司法权力的行为，是行使主权的特殊方式。因此，国际刑事法院对非缔约国国民的管辖，本质上是缔约国或接受国际刑事法院管辖权的非缔约国属地管辖权的延伸或扩展。[2] 然而，美阿之间曾经签署并于2003年5月生效的《驻军地位协定》规定，阿富汗对美国士兵在其领土上"授予美国行使刑事管辖权"（authorizes the US Government to exercise criminal jurisdiction），并且这一管辖权是排他的、专属于美国的，这就使得阿富汗将属地管辖中对美国士兵的管辖权进行了限制。如此一来，作为《罗马规约》缔约国的阿富汗再想将其属地管辖权交由国际刑事法院来行使就面临着理论上的困境。

如果我们抽象地看待这一管辖权冲突，那么其本质便是 AB‐AC 型条约冲突，具体来说属于双边条约与多边条约间的冲突。阿富汗于2003年2月10日加入了《罗马规约》，其为冲突中的先约，而美阿之间于2003年5月订立的《驻军地位协定》则为后约，前后条约对美国士兵的刑事管辖权做出了相互冲突的约定。如果国际刑事法院之后想要将犯下战争罪的美国士兵送上海牙审判席，那么就不可避免地要解决这一冲突。从善意取得模型出发，我们可以将阿富汗对美国士兵在阿领土上的刑事管辖权视作一个物，阿富汗先后订立两个条约分别将其出让给了国际刑事法院和美国。在该争端中，后约的缔约国美国在明知阿富汗、国际刑事法院以及其他缔约国之间有先约存在之情况下，仍然缔结后约，显然不具备善意的表征。另一方面，美国大量与别国签订名为"98条协定"的双边豁免协议（bilateral immunity agreements），以双边条约义务对抗该国对《罗马规约》的引渡义务，其目的就是避免己国士兵因犯下国际罪行而被送上国际刑事法院审判席，这也从侧面佐证了美国在缔结《驻军地位协定》时，有规避向阿富汗履行《罗马规约》下条约义务的意图，明显不具有善意。因此，在阿富汗情势中，美阿之间的《驻军地位协定》的适用应当位居于《罗马规约》之后。

---

[1] 李世光、刘大群、凌岩：《国际刑事法院罗马规约评释》，北京：北京大学出版社，2006年版，第184页。
[2] 李宝军、董蕾红：《非缔约国规避国际刑事法院管辖权的路径分析》，载《理论学刊》，2014年第3期，第99页。

(三) 实践中的条约冲突"善意取得"适用障碍之解决路径

善意取得在条约冲突中的适用存在一个实操困境,那就是后约缔约国"知道或应当知道"先约存在的证明问题。国际法委员会的 Ago 委员也曾表示,后约缔约国 C 国对 AB 间是否有先约的存在之判断是非常困难的。① 在笔者看来,此等困境可以遵循以下的路径得到解决。

首先,先约的公开性检证。如前所述,AB-AC 型条约冲突有三种类型,分别是双边条约间的冲突、双边条约与多边条约间的冲突以及多边条约间的冲突。针对多边条约(也就是公约)之间的冲突,以及先约为公约而后约为双边条约的冲突,我们可以直接推出后约缔约国知道或应当知道先约的存在,因为公约具有公开性,多由国际组织加以统筹协调制定。在此情形下,我们可以推断后约至少应当知道在先公约的存在,因此"善意"与否的证明难度较低。

其次,后约缔约国主观缔约目的之客观证明。除却上述两种先约为公约的情形,仍然存在双边条约间的冲突以及双边条约与多边条约间的冲突两种情形有待我们讨论。虽然私法上和国际法上的善意都因带有较强的主观色彩而难以判断,但我们未尝不能通过一些客观的条件来进行推断。比如,我们根据上文所述的国际刑事法院的阿富汗情势可知,美国是在明知阿富汗加入《罗马规约》的情况下订立了后约,并且有其他客观证据能够佐证其规避审判的意图。

最后,善意推定。当先约并非公约,且后约缔约国的主观缔约目的亦无客观证明时,即穷尽查明方式后,仍无法判断后约缔约国是否"知道或应当知道"先约存在之时,为了避免使每一个条约的潜在缔约国处在缔约风险中,以至于不得不穷尽对方缔结的所有条约才能确保自己的缔约稳定性和优先性,我们应当推定后约的缔约国为善意。

结语

2019 年是《维也纳条约法公约》通过的第 50 个年头,仅就条约冲突领域而言,公约的重要性无可比拟。但是我们也必须认识到,由于受当时的国际环境、立法技术等多重因素影响,公约采取了相对保守的态度,仅规定同一事项下的相

---

① *Yearbook of the International Law Commission* (1963),Volume I, pp. 131.

同当事国之间的国际条约冲突可以适用"后法原则"。这就使得现实中最为复杂和多见的 AB-AC 型条约冲突的解决长期处于真空的状态,从而令重复缔结冲突条约的始作俑者 A 国掌控履行顺序上的选择权,进而始终是缔约利益的最大受益者,而这非常不利于国际条约的繁荣发展,也不符合法律公平正义的要求。因此,解决 AB-AC 型条约冲突中的先约与后约之适用次序问题实乃当务之急。

在笔者看来,国际法类比私法在事实上无可争辩,在价值判断上亦无可指摘,其对国际法的发展发挥着正向、积极的作用。面对 AB-AC 型条约冲突,国内法解决类似契约冲突的经典方式便是"善意取得",而这一制度也曾经被知名国际法学家考虑采纳。虽然"善意取得"制度最终未被写入《维也纳条约法公约》,但笔者认为其价值不应被忽视。经过本文对条约冲突中的"善意取得"基本框架之构建,笔者希冀能够对国际条约法上悬而未决的 AB-AC 型条约冲突的解决方式有所贡献、有所助力。

(编辑:曹一)

论我国著作权法上的"录音制品"概念之重构

郝亚军*

摘要：长期以来，我国的一些主流教科书和相关部门的规范性文件将"录音制品"理解为某种物质载体，而我国现行的《中华人民共和国著作权法》以及《中华人民共和国著作权法修改草案（送审稿）》也存在着在物质载体意义上使用"录音制品"这一概念的情形。但是，将录音制品理解为某种物质载体，存在着与知识产权基本理论相冲突、用语矛盾等问题。此外，与《中华人民共和国著作权法》立法密切关联的 WPPT、TRIPs 等国际条约有多处细节表明"录音制品"并非物质载体。实际上，邻接权制度保护录音制作者的投入，但其关注的仅是录音制作者的首次录制活动。事实上，而非后续大量制作物质载体的活动；录音制品就是作为首次录制活动成果的以某种形式表现出来的特定声音。

关键词：邻接权；录音制品；权利客体；物质载体

引言

《中华人民共和国著作权法实施条例》第 5 条规定，录音制品是指任何对表演的声音和其他声音的录制品。我国的一些主流教科书认为，"录音制品，主要是指录音磁带、唱片[①]、激光唱片等，是除电影作品或其他以类似摄制电影的方

---

* 郝亚军（1994— ），男，安徽安庆人，华东政法大学 2018 级硕士研究生，研究方向：知识产权法、民法。
① 唱片并非我国著作权法上的规范用语，对该概念的理解只能参见相关工具书。《现代汉语词典》将"唱片"解释为"用虫胶、塑料等材料制成的圆片，表面有记录声音变化的螺旋槽纹，可以用唱机把所录的声音重放出来"。参见中国社会科学院语言研究所词典编辑室编：《现代汉语词典》（第 5 版），北京：商务印书馆，2006 年版，第 157 页。

法创作的作品的录制形式以外,对表演的声音或者其他声音的固定"[①]。"所谓录音制品,是指任何对表演的声音和其他声音的录制品,包括任何声音的原始录制品,如唱片、录音磁带、激光唱片光盘等。"[②]录音制品的具体形式为磁带、CD等。[③] 国务院于2001年颁布的《音像制品管理条例》也将音像制品理解为录音带、录像带、唱片、激光唱盘、激光视盘等。[④] 按照上述解释,录音制品应当是指某种物质载体。《中华人民共和国著作权法》第42条与国务院法制办公室于2014年6月6日公布的《中华人民共和国著作权法(修订草案送审稿)》(以下简称"《著作权法修订草案》")第39条均将录音制品视为发行、出租的对象。关于发行权的对象,《中华人民共和国著作权法》第10条第1款第(六)项明确指出是"原件或者复制件",即作品的物质载体,而出租权的对象也是载有作品的物质载体。[⑤]《中华人民共和国著作权法》与《著作权法修订草案》将录音制品视为发行、出租的对象,我们由此可以得出的结论是,上述规范也存在着在物质载体含义上使用"录音制品"这一概念的情形。

一、将录音制品理解为某种物质载体存在的问题

根据上文可知,理论上存在将录音制品理解为某种物质载体的观点,与著作权有关的规范也在物质载体的含义上使用录音制品这一概念,但是将录音制品理解为某种物质载体却会存在以下几个方面的问题:

[①] 冯晓青:《著作权法》,北京:法律出版社,2010年版,第220页。
[②] 曲三强主编:《现代知识产权法》,北京:北京大学出版社,2009年版,第185页。
[③] 参见刘春田主编:《知识产权法》(第五版),北京:高等教育出版社,2010年版,第104页;参见张玉敏主编:《知识产权法学》(第三版),北京:法律出版社,2016年版,第144页。
[④] 参见该规定第2条。该条例中使用的词汇并非"录音制品",但很多法院在审理有关录音制品的案件时会引用该条例;另外,人们在一些场合也会使用音像制品来指代录音录像制品。参见最高人民法院(2008)民三终字第5号;上海市第一中级人民法法2006年沪一中民五(知)初第97号;北京市第一中级人民法院(2003)一中民初字第3461号,等等。
[⑤]《中华人民共和国著作权法》第10条第1款第(七)项将出租权的对象规定为"电影作品和以类似摄制电影的方法创作的作品、计算机软件"。法条虽有如此表述,但在一般理解上,出租权的对象还是载有作品的物。参见胡康生主编:《中华人民共和国著作权法释义》,北京:法律出版社,2002年版,第47页;参见刘春田主编:《知识产权法》(第五版),北京:高等教育出版社,2010年版,第80页;参见王迁:《知识产权法教程》(第五版),北京:中国人民大学出版社,2016年版,第141页。

（一）与基础理论相违背

针对知识产权客体的性质，不同学者进行了不同的概括。比如，郑成思教授认为，"知识产权的第一个，也是最为重要的特点，就是'无形'。这一特点把他们同一切有形财产及人们就有形财产享有的权利区分开来"[1]。吴汉东教授认为，"权利客体的非物质性是知识产权区别于财产所有权的本质特征"[2]。李扬教授认为，"知识产权本质上是一种无体财产权"[3]。各个学者对知识产权客体的性质之概括各不相同，有的概括为"无形"，有的概括为"非物质性"，有的概括为"无体"。虽然概括不一，并且其中存在一些细微差别，但是我们可以得出的反面推论是，知识产权的客体不是某种有形的物质载体。具体到版权领域，"版权客体一般是有形的，它的'形'又必须附在一定载体上，但又不能因此在客体与载体之间画等号"[4]。在《中华人民共和国著作权法》规定的四项邻接权中，表演者权和版式设计权的客体分别是表演活动和版式设计，而广播组织者权的客体在节目与信号之间存在一定的争论[5]，但毫无疑问的是，上述权利的客体都并非某种物质载体。我们由此可知，大到整个知识产权的客体，小到著作权的客体，它们有一个共通的特点就是，其并非是某种物质内容，这是符合物权保护和知识产权保护的分野之要求的。如果将录音制品理解为某种物质载体，那么我们毫无疑问会打破这一分野，从而造成体系上的混乱。

（二）用语矛盾

《中华人民共和国著作权法》规定，录音制作者对其制作的录音制品，享有许可通过信息网络向公众传播并获得报酬的权利。[6] 依此而言，录音制品可以通过信息网络向公众传播。在录音制作者权利条款中，"通过信息网络传播"的含义是以有线或者无线方式向公众提供录音制品，使公众在其个人选定的时间和地点获得该录音制品。此外，《著作权法修订草案》也规定，录音制品能够以无线

---

[1] 郑成思：《知识产权论》，北京：社会科学文献出版社，2007年版，第54页。
[2] 吴汉东主编：《知识产权法》（第四版），北京：北京大学出版社，2014年版，第6页。
[3] 李扬：《知识产权法基本原理》，北京：中国社会科学出版社，2010年版，第9页。
[4] 刘家瑞：《郑成思知识产权文集版权及邻接权卷》（第1册），北京：知识产权出版社，2017年版，第42页。
[5] 参见王迁：《广播组织者权的客体——兼析"以信号为基础的方法"》，载《法学研究》，2017年第1期，第100—122页。
[6] 参见《中华人民共和国著作权法》第42条。

或者有线方式向公众提供,并使公众可以在其个人选定的时间和地点获得。如果将录音制品理解为某种物质载体,那么其能够被出租和发行是没有疑问的,但令人困惑的是,其能够通过信息网络向公众传播吗?很显然,在现有的技术条件下,录音制品是不能通过信息网络传播,以使公众获得的。然而,《世界知识产权组织表演和录音制品条约》(WPPT)中的向公众提供权——通过有线或无线的方式向公众提供——的对象正是录音制品(phonogram)。① (此点将在后文详述)

(三) 权利保护上的"隔靴搔痒"

根据《中华人民共和国著作权法》的规定,录音制作者对该录音制品享有复制权、发行权、出租权和信息网络传播权。② 在我国的法律中,发行权与出租权的对象是物质载体,其是针对作为独创性表达的作品而言的,发行、出租的是作品的原件或复制件。复制和信息网络传播的对象不可能是某种物质载体,如果复制的是物质载体,那么其必然对物质载体有同一性或者实质性相似的要求。但是,我们在理解对录音制品的复制时,通常不强调载体方面的要求,而是关注复制录音制品中所包含的内容。通过信息网络传播的对象更不可能是物质载体,而是物质载体所包含的内容。例如,王迁教授认为,"对录音、录像制品的复制是指将原有制品中所包含的声音和画面固定在另一载体之上,属于从平面到平面的复制……录音、录像制作者享有的信息网络传播权,因此,未经录制者许可,将 CD、DVD 中的录音、录像的内容上传到网络中,供公众在其个人选定的时间和地点在线点播欣赏或下载的行为构成对录制者权的侵犯"。③ 我们可以看出,王迁教授认为,对录音、录像制品的复制实际上是对录音、录像制品中所包含的声音和画面的复制,而对录音、录像制品进行网络传播实际上是对录音、录像的内容进行传播。曹新明教授在谈及唱片制作者权(实际上就是录音制作者权)中的通过信息网络传播音像制品许可权时指出,只有取得相关权利人的许可,他人才能将音像制品上录制的内容通过信息网络向公众传播。④ 在侵权诉讼中,

---

① 参见 WPPT 第 14 条。
② 参见《中华人民共和国著作权法》第 42 条。
③ 王迁:《知识产权法教程》(第五版),北京:中国人民大学出版社,2016 年版,第 204—205 页。
④ 吴汉东主编:《知识产权法》(第四版),北京:北京大学出版社,2014 年版,第 80 页(对应章节由曹新明撰写)。

判定被控侵权内容与权利人的录音制品是否相同之方法,也是对比其中的声音、音源。① 我们由此可以看出,即使将录音制品理解为某种物质载体,对其提供的保护也仍然是针对物质载体中所承载的内容的。通过物质载体对录音制作者进行保护实际上是"隔靴搔痒"。

二、国际条约中的"录音制品"(phonogram)②并非指物质载体

根据上文分析可知,将录音制品理解为某种物质载体会带来一系列问题。那么,将《中华人民共和国著作权法》上的录音制品理解为以唱片、激光磁盘等形式存在的物质载体是否属于理解上的偏差呢?考虑到《中华人民共和国著作权法》对录音制作者权的相关规范受到《与贸易有关的知识产权协定》(TRIPs)、WPPT 等国际条约的影响,我们在探究录音制品以及与录音制品有关的网络传播权利的含义时,有必要参考国际条约的相关规定。③

"录音制品"这一术语出现在多个国际条约中,如 WPPT 的名称中就含有"录音制品"这一术语,正文部分更是大量出现这一术语,包括第 2、3、5、7、9、12、13、16、17 和 19 条;《保护录音制品制作者防止未经许可复制其录音制品的公约》(《录音制品公约》)第 1、2 条等;TRIPs 第 14 条;《保护表演者、录音制品制作者和广播组织的国际公约》(《罗马公约》)第 2、3、4、5、10、11、12、14、15 和 16 条。④ 在上述条款中,英文版本所使用的与"录音制品"对应的词汇为"phonogram"。⑤ 按照汉语的习惯,一般会将"制品"理解为某种物品。⑥ 为了解答上面提出的问题,并避免语言习惯的影响,以探寻"录音制品"这一词汇的真正

---

① 参见湖北省武汉市中级人民法院(2013)鄂武汉中知初字第 01675 号;湖南省高级人民法院(2008)湘高法民三终字第 44 号;上海市第一中级人民法法 2006 年沪一中民五(知)初第 97 号;上海知识产权法院(2018)沪 73 民终 1 号,等等。
② 在下文提及的国际条约中,涉及定义的条款中使用的英文词汇为"phonogram",涉及权利的条款使用的英文词汇一般为"phonograms"。为行文方便,本文统一使用"phonogram"。
③ 参见胡康生主编:《中华人民共和国著作权法释义》,北京:法律出版社,2002 年版,第 173—174 页。
④ 我国已经加入了《录音制品公约》、TRIPs 和 WPPT,但尚未加入《罗马公约》。我国虽未加入《罗马公约》,但参与立法者在对《中华人民共和国著作权法》中与作者有关的权益部分进行释义时,曾多次提及《罗马公约》,可见《罗马公约》对我国立法也有一定影响。参见胡康生主编:《中华人民共和国著作权法释义》,北京:法律出版社,2002 年版,第 153 页、第 163 页、第 173 页等。
⑤ 下文将提及,TRIPs 中还使用了"sound recordings"这一词语。
⑥ 例如,《现代汉语词典》就将"制品"解释为"制造成的物品"。参见中国社会科学院语言研究所词典编辑室编:《现代汉语词典》(第 5 版),北京:商务印书馆,2006 年版,第 1757 页。

含义,我们有必要参考国际条约关于录音制品(phonogram)的规定。

(一) 从有关国际条约的定义条款进行分析

《罗马公约》《录音制品公约》和 WPPT 均就录音制品(phonogram)给出了定义。[①] 其中,WPPT 将录音制品(phonogram)定义为,"录音制品"系指除以电影作品或其他音像作品所含(incorporated)的录制形式之外,对表演的声音、其他声音或声音表现物所进行的录制(fixation)。[②] 我们从中可以看出,录音制品(phonogram)是一种录制(fixation),而且这种录制(fixation)能够被包含于(incorporated)电影作品或其他音像作品之中。试问,如果录音制品(phonogram)是某种物质载体,那么其何以被包含于电影作品或其他音像作品之中?国际条约的用语应当是十分准确的,所以此处的录音制品(phonogram)显然绝不会是某种物质载体。

WPPT 第2条(b)规定,"录音制品"系指除以电影作品或其他音像作品所含的录制(fixation)形式之外,对表演的声音、其他声音或声音表现物所进行的录制。[③]《录音制品公约》第1条(a)规定,"录音制品"指任何仅听觉可感知的对表演的声音或其他声音的固定。[④]《罗马公约》第3条(乙)规定,"录音制品"是指任何对表演的声音和其他声音的专门录音。[⑤] 这些定义里都提及了一个词汇"fixation",但"fixation"的含义是"固定"。无论是自然界的声音还是表演的声音,如果没有经过某种固定,之后将无法被利用;也只有经过固定,这段声音才能够被确定与区分,才能得到财产权方面的保护。固定是需要依赖某种物质载体的,但是所固定的内容与物质载体实际上又是不同的东西。在有些国家,获得版权保护的条件之一是作品被固定于某种载体上。例如,《美国版权法》第102条

[①] 参见《罗马公约》第3条(乙);《录音制品公约》第1条(a);WPPT 第2条(b)。
[②] 该条文对应的英文文本为:"phonogram" means the fixation of the sounds of a performance or of other sounds, or of a representation of sounds, other than in the form of a fixation incorporated in a cinematographic or other audiovisual work。
[③] 该条文的对应的英文文本为:"phonogram" means the fixation of the sounds of a performance or of other sounds, or of a representation of sounds, other than in the form of a fixation incorporated in a cinematographic or other audiovisual work。
[④] 该条文对应的英文文本为:"phonogram" means any exclusively aural fixation of sounds of a performance or of other sounds。
[⑤] 该条文对应的英文文本为:"phonogram" means any exclusively aural fixation of sounds of a performance or of other sounds。

(a)款规定,任何作品只有被固定在有形的、可以复制的或者可以通过其他方式传播的介质上,方能享有版权。很显然,《美国版权法》虽然要求作品只有得到固定才能获得法律保护,但是《美国版权法》对作品与其物质载体是进行区分的。① 实际上,WIPO 于 1974 年颁布的《关于保护表演者、录音制品制作者和广播组织示范法》中曾提出"体现物"(embodiment)的物质形式要求②,但最终为了适应数字时代的发展,WPPT 不再提及物质形式。③ 所以,"固定"(fixation)这一词汇并没有蕴含录音制品是某种物质载体的意思。

根据《录音制品公约》,一定的声音可以被固定(fixed)在录音制品上,但这并不表明录音制品就是物质载体。《录音制品公约》将录音制品定义为"任何仅听觉可感知的对表演的声音或其他声音的固定",将"复制品(duplicate)"定义为"一件含有直接或间接从录音制品获取的声音的物品,该物品载有固定在该录音制品上的声音的全部或主要部分"。④

根据该条文的文意,声音是可以被固定(fixed)在录音制品上的,那么我们能否据此认为录音制品就是承载声音的物质载体呢?此处,我们以摄影作品为例进行说明。摄影作品是由一系列的视觉要素构成的,我们反过来可以说,摄影作品固定(或者说"承载")一定的视觉要素。通过摄影作品,视觉要素被固定在某种物质载体上。摄影作品最终被固定在胶卷、纸张、墙壁等物质载体上,但是摄影作品并不是胶卷、纸张等载体本身。类似地,录音制品(phonogram)是一系列声音要素的组合,声音可以被固定(fixed)在录音制品中;一系列声音的固定使得录音制品具有了确定的内容,但是录音制品并不是承载这些声音要素的最后物质载体。所以,一定的声音可以被固定于(fixed)录音制品之上,录音制品包含了一系列被固定的声音;在此意义上,我们可以说,录音制品是可以承载声音的载体,但这并不表明录音制品就是物质载体。

(二) 从 WCT 与 WPPT 的权利对象区分之角度进行分析

WCT 与 WPPT 将发行权和出租权的对象与向公众提供权的对象进行了区

---

① 参见《美国版权法》第 101 条中关于复制品(copies)、录音制品(phonorecords)和固定(fixed)的定义。
② See Model Law Concerning the Protection of Performers, Producers of Phonograms and Broadcasting Organizations Section 1(ii) (1974).
③ 参见[德]约格·莱因伯特、[德]西尔克·冯·莱温斯基:《WIPO 因特网条约评注》,万勇、相靖译,北京:中国人民大学出版社,2007 年版,第 314 页。
④ 参见《录音制品公约》第 1 条(b)款、(c)款。

分。WCT第6条第1款规定,文学和艺术作品的作者应享有经授权通过销售或其他所有权转让形式向公众提供其作品原件或复制品的专有权。WCT第7条第1款规定,(i)计算机程序、(ii)电影作品和(iii)按缔约各方国内法的规定,以录音制品体现的作品的作者,应享有经授权将其作品的原件或复制品向公众进行商业性出租的专有权。其中,WCT关于第6条与第7条的议定声明明确认为,两个条款中的用语"复制品"和"原件和复制品"受条款中的发行权和出租权之约束,专指可作为有形物品投放流通的固定的复制品。WCT第8条规定:"在不损害《伯尔尼公约》第11条第(1)款第(ii)目、第11条之二第(1)款第(i)和(ii)目、第11条之三第(1)款第(ii)目、第14条第(1)款第(ii)目和第14条之二第(1)款的规定的情况下,文学和艺术作品的作者应享有专有权,以经授权将其作品以有线或无线方式向公众传播,包括将其作品向公众提供,使公众中的成员在其个人选定的地点和时间可获得这些作品。"通过以上三个条文的对比,我们能够很清楚地看出,发行和出租的对象都是作品的原件和复制品,而向公众传播的对象是作品,没有添加原件和复制品的后缀。由此可以明确的是,在WCT中,向公众传播的对象是作品,而发行和出租的对象是承载作品的物质载体。反观录音制作者权利条款,WPPT第12条第1款规定,录音制品制作者应享有经授权通过销售或其他所有权转让形式向公众提供其录音制品的原件或复制品的专有权。WPPT第13条规定,录音制品制作者应享有经授权对其录音制品的原件和复制品向公众进行商业性出租的专有权,即使该原件或复制品已由录音制品制作者发行或根据录音制品制作者的授权发行。我们可以注意到,在上述两个条文中,"通过销售或者其他所有权转让的方式向公众提供"和"向公众进行商业性出租"的对象不是"录音制品"(phonogram),而是录音制品的原件或者复制品(the original and copies)。① WPPT第14条规定,录音制品制作者应享有专有权,以经授权通过有线或无线的方式向公众提供其录音制品,使该录音制品可为公众中的成员在其个人选定的地点和时间获得。在第14条中,"通过有线或者无线方式提供"(making available by wire or wireless)的对象是录音制品(phonogram)。

在WCT中,条约将作品和作为作品载体的原件与复制品进行了区分,发行

---

① WPPT关于第2条(e)项,以及第8、9、12和13条的议定声明指出,这些条款中的用语"复制品"和"原件和复制品"受各条中的发行权和出租权之约束,专指可作为有形物品投放流通的固定的复制品。

和出租的对象是物质载体,而向公众传播的对象是作品;同样地,在 WPPT 中,条约将录音制品和录音制品的原件与复制品进行了区分,并且规定发行和出租的对象是物质载体,而向公众传播的对象是录音制品(phonogram)(参见下附表1),此处针对不同权利的对象使用不同的词汇之做法应当是有其意义的。① 通过上述对比,我们可知,两个互联网公约在发行权、出租权和向公众传播(提供)权的条款中是对物质载体和载体承载内容进行了某种区分的。录音制品并不是某种物质载体,否则 WPPT 在出租和发行的对象中不会加上原件(the original)的后缀,也不可能将录音制品(phonogram)视为向公众提供权的对象。②

表 1

权利/对象	WCT	WPPT 中有关录音制品制作者权利部分	《中华人民共和国著作权法》中有关作者权利部分	《中华人民共和国著作权法》中有关录音制品制作者权利部分	《著作权法修订草案》中有关作者权利部分	《著作权法修订草案》中有关录音制作者权利部分
发行权	(作品的)原件或复制品	(录音制品)原件和复制品	(作品)原件和复制件	录音制品	(作品)原件或者复制件	录音制品
出租权	(作品的)原件或复制品	(录音制品)原件和复制品	电影作品和以类似摄制电影的方法创作的作品、计算机软件③	录音制品	视听作品、计算机程序或者包含作品的录音制品的原件或者复制件	录音制品
向公众传播(提供)权(信息网络传播权)	作品	录音制品	作品	录音制品	作品	录音制品

---

① WIPO 文件曾表达过,"在解释法律文本的过程中,不能忽略使用不同词汇的重要意义"。Mihály Ficsor, *Guide To Copyright And Related Right Treaties Administered By WIPO And Glossary Of Copyright And Related Rights Terms*, https://www.wipo.int/publications/en/details.jsp?id=361&plang=EN,最后访问时间:2018 年 12 月 5 日。

② 作为《伯尔尼公约》在互联网时代的拓展,WCT 与 WPPT 一起被称为"WIPO 因特网条约",两者具有天然的亲缘性。其中,与制权、发行权、向公众传播权等内容都是同时进行讨论的,因此与发行、向公众传播(提供)权相关的用语应当是协调一致的,我们可以对两个条约进行对比分析。参见[匈]米哈依·菲彻尔:《版权法与因特网》(上),郭寿康等译,北京:中国大百科全书出版社,2009 年版,第 59 页。

③ 法条虽作如此表述,但在一般理解上,出租权的对象还是载有作品的物。参见胡康生主编:《中华人民共和国著作权法释义》,北京:法律出版社,2002 年版,第 47 页;参见刘春田主编:《知识产权法》(第五版),北京:高等教育出版社,2010 年版,第 80 页;参见王迁:《知识产权法教程》(第五版),北京:中国人民大学出版社,2016 年版,第 141 页。

（三）从互换词汇"sound recordings"的角度进行分析

TRIPs就录音制品（phonogram）还给出了另外一个词汇"sound recordings"。TRIPs虽然没有对"sound recordings"进行解释，但该词汇出现在美国、澳大利亚、英国等国家的版权法律中。在《美国版权法》中，"录音作品"（sound recordings）是一类特别的作品。[①]《美国版权法》第101条规定："录音作品（sound recordings）是指由一系列音乐、语言或其他声音（但不包括电影或其他音像制品的配音）的固定而产生的作品，无论声音的物质载体（如唱盘、磁带或其他录音制品）的性质如何。"[②]《美国版权法》还就录音作品的物质载体专门给出了一个词汇"录音制品"（phonorecords）。《美国版权法》第101条规定："录音制品（Phonorecords）是以现在知道或者之后发展出来的任何方法固定声音的物质载体，该载体能够直接或者借助其他机器、设备，使声音被感知、复制或者以其他方式传播。录音制品（Phonorecords）包括声音被首次固定的物质材料。"[③]我们从中可以看出，录音作品（sound recordings）与录音制品（phonorecords）是不同的。录音作品（sound recordings）并不是指某种物质材料，而是美国法上的一种作品类型（美国并不区分作品与邻接权的客体）；录音制品（phonorecords）则是指某种物质载体。在英国，"sound recordings"也被认为是一种作品类型。[④] 在澳大利亚，录音作品（sound recording）是指体现（embodied）于载体（record）上的声音的集合（aggregate），而且"record"包括唱片、磁带、纸（paper）、电子文件或其他体现声音的设备。[⑤] TRIPs并未就"sound recordings"给出解释，而在TRIPs的重要参与国——美国、英国和澳大利亚——的版权法律中，这一词汇均有出现。但是，在上述国家的版权法中，录音作品（sound recordings）均未表现出其为某种物质载体，这可以从侧面印证国际条约中的录音制品并非某种物质载体。

[①] 关于《美国版权法》中的"sound recording"，存在多个版本的翻译。有人将其翻译为"录音作品"，参见李明德：《美国知识产权法》（第二版），北京：法律出版社，2014年版，第270页；有的人将其翻译为"录音制品"，参见王迁：《知识产权法教程》（第五版），北京：中国人民大学出版社，2016年版，第205页。
[②] 孙新强、于改之：《美国版权法》（附英文文本），北京：中国人民大学出版社，2002年版，第6页。
[③] 孙新强、于改之：《美国版权法》（附英文文本），北京：中国人民大学出版社，2002年版，第6页。
[④] See Copyright, Designs and Patents Act 1988, 5A(1).
[⑤] See Copyright Act 1968, Sec. 10(1).

三、录音制品是被录制的以某种形式表现出来的特定声音

如上所述,将录音制品理解为物质载体会带来法律体系的内部混乱、用语矛盾等问题,而且这一理解没有国际条约上的依据。那么,录音制品究竟是什么呢?

WPPT 第 2 条(b)规定,"录音制品"系指除以电影作品或其他音像作品所含的录制(fixation)形式之外,对表演的声音、其他声音或声音表现物所进行的录制。《录音制品公约》第 1 条(a)规定,"录音制品"指任何仅听觉可感知的对表演的声音或其他声音的固定(fixation)。《罗马公约》第 3 条(乙)规定,"录音制品"是指任何对表演的声音和其他声音的专门录音(fixation)(有关"fixation"的问题,本文第二部分已有交代)。虽然上述三个定义略有区别,但实质部分都是相同的,即录音制品是对表演等声音的录制(fixation),而更加符合中文的表述就是"被录制的特定声音"。

此外,从法律为录音制作者提供保护的角度出发,我们也能得出相同的结论。设定邻接权的目的是保护特定自然人和法律实体的法律利益,这些主体要么对作品向公众的传播做出了贡献,要么生产出了虽然不符合版权体系中的作品要求,但又体现创造力、科学性或者组织技巧,从而足以获得与版权相似的权利保护之客体。[1] 对录音制作者提供保护是因为其为文化生活服务投入了精力。[2] 但是,著作权制度为录音制作者提供保护是源于其在声音录制、唱片、磁带等载体制作过程中的投入吗?实际并非如此。WPPT 关于第 3 条第(2)款的议定声明,为了适用第 3 条第(2)款,录制系指完成原始带("母带"),这是不言而喻的。《著作权法实施条例》第 5 条第(四)项规定:"录音制作者,是指录音制品的首次制作人。"上述条文表明,版权保护关注的是声音的首次录制行为,录音制作者的相关权利自首次录制完成之时即产生。因此,对录音制作者提供保护是因为录音制作者的首次录音行为,而非后续的制作大量的唱片、磁带等物质载体的行为[3],这一规定与行业实践也是契合的。据国际音像制作者联合会(IFPI)2016 年的统计报告显示,作为音乐行业的主要投资者,唱片公司在聘请歌手、歌

---

[1] See Sookman B. B., Mason S., Craig C., *Copyright: Cases and Commentary on the Canadian and International Law*, Carswell, 2013, p.337.
[2] 参见[德]M. 雷炳德:《著作权法》,张恩民译,北京:法律出版社,2004年版,第66页。
[3] 关于此点,还可以参见《录音制品公约》第 1 条(b)、《罗马公约》第 1 条(丙)。

曲创作和获得授权方面投入了28亿美元,约占其收入的17%。① 可见,唱片公司等录音制作者的主要资金是花在录音的前期准备工作上,而非后续的制作唱片等物质载体的行为,这一点在网络时代更为明显:现在,一些唱片公司通过网络渠道来发布其音乐产品,制作物质载体的行为不复存在,所以认为录音制作者权保护的是录音制作者对制作物质载体行为的投资,是与数字化音乐趋势相违背的。此外,虽然录音制作者权也能控制包含录音的物质载体的发行和出租,但是这种保护不是因为载体本身,而是因为载体包含有被录音制作者首次录制的内容。同样地,作者能够控制载有其作品的物质载体的发行也不是因为作者制作了该物质载体,而是因为该物质载体承载了其作品。表演者能够控制录有其表演的物质载体的发行并不是因为表演者制作了该物质载体,而是因为该物质载体承载了其表演。对载体本身的保护是通过物权制度得以实现的,而对录音制作者提供的保护财源于其首次录制行为。

著作权法关注的是录音制作者的首次录制行为,而首次录制行为产生的内容就是被录制的特定声音。声音是漫无边际的,是肉眼不可见的,而且是短暂的,这些特点决定了我们难以为其提供保护。但是,如果某段声音被记录了下来,那么这段声音就是确定的,其就具有了借助财产权制度得到保护的可能性。录音制作者权保护录制者对声音的首次录制活动,所以录音制品制作者权的客体只能是录制的声音,而非声音所承载的内容(如被记录的音乐作品),因为声音中所承载的内容并非由录音制作者生成,这是录制者权利的客体与音乐作品的客体的一个重大区别。录制者不能禁止其他录制者聘用相同的表演者来录制并独立制作效果几乎相同的录音制品,从而与其制售的录音制品进行完全的市场竞争;录音制作者只能对其录制的特定声音享有权利,因为只有被录制的特定声音才是首次录制产生的成果。②

结论

综上所述,将录音制品理解为某种物质载体与国际条约的规定并不一致,而

---

① 参见国际音像制作者联合会:音乐投资报告(2016),https://www.ifpi.org/news/IFPIs-Investing-in-Music-report-2016,最后访问时间:2018年12月5日。
② 由劳动者享有成果是符合一般自然法则的。参见[英]洛克:《政府论》(下篇),叶启芳、瞿菊农译,北京:商务印书馆,2005年版,第18—19页。

且会引发一系列的问题。实际上,录音制品是被录制的以某种形式记录的特定声音。① 长期以来,我国的一些主流教科书和相关部门的规范性文件将"录音制品"理解为某种物质载体,而《中华人民共和国著作权法》也存在从物质载体含义上使用"录音制品"这一概念的情形。国务院法制办公室于 2014 年 6 月公布的《著作权法修订草案》仍未将录音制品与其载体进行区分②,这可能是受翻译的影响,因为"制品"本来就有物的意思。③ 可能当初在翻译的时候,将英文词汇"phonogram"翻译为"录音"是比较妥当的。④ 考虑到这一用语已经被写进多部法律并为公众所熟悉,我们难以对这一用语进行改变,但是对该用语的真实含义予以澄清是有必要的。予以澄清的有效手段就是,在之后的著作权立法中,我们要明确录音制作者有关权利的对象,即复制、信息网络传播的对象是录音制品,而发行、出租的对象是录音制品的原件和复制件。此外,为了讨论的聚焦,本文并未谈及录像制品,但是录像制品在此问题上应当与录音制品是一致的,即其并非某种物质载体。针对录像制品的含义,我们也有必要予以澄清。

(编辑:吴冬兴)

---

① 其实,该结论早已被参与立法者清楚地指出:录音制品,指任何凭听觉可感知的对表演的声音和其他声音的固定。录音制品的载体通常是唱片、磁带、激光唱盘等。参见胡康生主编:《中华人民共和国著作权法释义》,北京:法律出版社,2002 年版,第 166 页。
② 参见《著作权法修订草案》第 39 条。
③ 另外,还有人将"phonogram"和"sound recordings"直接翻译为"唱片";根据上文注释,在汉语的习惯里,唱片也通常被理解为某种物质载体。笔者不认同该种译法,这与用"照片"指代"摄影作品"是类似的,实际上混淆了作品与作品载体之间的区别,容易造成误解。
④ 我国台湾地区的《著作权法》从 1994 年开始将录音作品作为著作权保护的客体,但是直至 1985 年修订之前,我国台湾地区一直以"发音片"来称呼录音作品,这实际上也是没有正确区分权利客体与物质载体。参见罗明通:《著作权法论》(第七版),台湾:台英国际商务法律事务所,2009 年版,第 232 页。

法解释学视角下的作品类型认定
——兼评"音乐喷泉案"

熊超成*

摘要：著作权登记证书不是法院认定作品及其所属法定类型的依据。通过"著作权法定"，我们无法直接推出"著作权客体法定"；"作品类型法定"有违创作规律，且有悖于创作自由，不符合著作权法的立法宗旨。作品类型的规范重心在于规则匹配，以及确定相应的著作权内容和限制。《中华人民共和国著作权法》通过"半兜底"条款，为立法适应技术和社会发展留有空间，同时要求司法机关更谨慎地解释现有的作品类型，从而避免向一般条款"逃逸"。《伯尔尼公约》具有妥协性；针对公约的自由地带，我们应当首先考虑回应本国实践的需要。考虑到立法的保守与司法权限问题，解释现有的作品类型比兜底规制方式更优。作为美术作品，"音乐喷泉"可以在艺术事实上得到解释，也能匹配合理的规范效果。

关键词：权利法定；类型化；"半兜底"条款；最低保护标准；美术作品

引言

2018 年 6 月，北京知识产权法院就"北京中科水景科技有限公司诉北京中科恒业中自技术有限公司等案"（以下简称"音乐喷泉案"）作出了二审判决。[①] 二审判决维持了原判，并认为一审判决对作品的定性正确，但在作品类型认定上适用法律条款不当。此二审判决再次引发了学界对如何适用《中华人民

---

* 熊超成（1994— ），男，江西高安人，中国人民大学法学院 2018 级硕士研究生，研究方向：知识产权法。
① 参见北京知识产权法院民事判决书（2017）京 73 民终 1404 号。

共和国著作权法》上的作品类型条款以界定作品类型的问题之关注。①

事实上,针对《中华人民共和国著作权法》上的作品类型条款的问题,早已有文献进行过论述。我国知识产权法学界几乎一致认为,《中华人民共和国著作权法》第3条对作品的分类具有重要意义。② 但是,就第3条规定的作品种类究竟具有何种法律意义,以及该条的列举究竟是封闭式还是开放式等若干问题,学者之间仍存在分歧。目前,学界观点大致可以分为两种:一种观点认为,《中华人民共和国著作权法》第3条对作品类型进行了封闭式列举,实行"作品类型法定"③;另一种观点认为,《中华人民共和国著作权法》第3条的作品分类是例示性的,该条存在进一步解释的空间,"凡是公认符合作品定义的新表达,只要立法未明确排除,应当予以著作权保护"④。以上两种观点在近几年的判决中都有所反映,且在"音乐喷泉案"中尤为显著。有鉴于此,下文将要探讨导致上述分歧的几个主要方面。另外,现有文献多是从立法论的角度展开的,而本文将从法解释学的视角出发来讨论作品类型认定问题,重点考察作品类型条款的规范意义及其中的美术作品之含义,并结合"音乐喷泉案"判决所涉及的几个焦点问题进行阐释。

一、著作权登记与作品类型

在开始探讨作品类型的司法认定之前,我们往往需要先确定争议对象,而在个案中,争议对象的确定很多时候又直接与著作权登记相关,因此理清著作权登记与作品类型的关系是讨论的一个前提。比如,在"音乐喷泉案"中,一审法院认

---

① 《著作权法》第3条规定:"本法所称的作品,包括以下列形式创作的文学、艺术和自然科学、社会科学、工程技术等作品:(一)文字作品;(二)口述作品;(三)音乐、戏剧、曲艺、舞蹈、杂技艺术作品;(四)美术、建筑作品;(五)摄影作品;(六)电影作品和以类似摄制电影的方法创作的作品;(七)工程设计图、产品设计图、地图、示意图等图形作品和模型作品;(八)计算机软件;(九)法律、行政法规规定的其他作品。"

② 参见刘春田主编:《知识产权法》(第五版),北京:中国人民大学出版社,2014年版,第55页;郑成思教授认为,版权客体的性质对于侵权认定而言十分重要。参见郑成思:《版权法》,北京:中国人民大学出版社2009年版,第103页;王迁:《知识产权法教程》(第六版),北京:中国人民大学出版社,2019年版,第69页。

③ 参见王迁:《论作品类型法定——兼评音乐喷泉案》,载《法学评论》,2019年第3期,第10页;陈锦川:《法院可以创设新类型作品吗?》,载《中国版权》,2018年第3期,第26页;参见焦和平:《网络游戏在线直播画面的作品属性再研究》,载《当代法学》,2018年第5期,第84页。

④ 参见李琛:《论作品类型化的例示意义》,载《知识产权》,2018年第8期,第4页。

为,中科水景公司(以下简称"原告")提供的一系列权属证据表明其具有证据优势,因此对涉案作品享有著作权。问题在于,一审法院认为双方的争议是"音乐喷泉作品"的类型归属问题①,而双方争论的以及法院解决的问题实际上是"涉案请求保护的对象是什么"(本文在同等意义上使用"对象"和"客体"),即"音乐喷泉作品"指的是对"音乐喷泉"摄制所形成的录像或电影,还是"喷泉与特定音乐结合而形成的喷射表演效果"?产生这一争议的原因在于,著作权登记证书显示,原告登记的音乐喷泉系列作品的类别为"电影和以类似摄制电影方法创作的作品"。② 在确定对象为后者——"喷射表演效果、具有美感的独特视觉效果"——之后,一审法院马上认定了其作品性,认为该视觉效果具有独创性,因为"整个音乐喷泉音乐作品进行舞美、灯光、水型、水柱跑动等方面编辑、构思并加以展现的过程,是一个艺术创作的过程"。至于"该类作品"属于何种法定作品类型,一审法院实际上没有给出明确答案。从最终适用的法条来看,一审法院选择了《中华人民共和国著作权法》第3条第(九)项的"法律、行政法规规定的其他作品"作为裁判依据,但其却没有给出进一步的解释,这难免令人不解。正因为如此,在上诉时,一审的被告针对一审判决的作品性认定与类型认定结果提出了异议。

虽然法院都对涉案请求保护对象进行了判断,并且二审法院还对此进行了一番论述,但是这里仍然存在着两级法院都没有回答的问题,即在本案中,作品登记证书上登记的保护对象被归类为电影作品,那么法院确定保护对象的类型时可以撇开作品登记证书吗?针对难以被归为现有的某种具体类型的"作品",如果登记的类型不对,是否会影响该种"作品"的司法保护?实际上,作者在创作完成时自动取得著作权,登记仅是一种公示方式,并不是作品受著作权法保护的必要条件,更不是认定作品类型的依据。作品登记证书可以被视为创作完成时间的证据材料,但不能被当作作品类型的判断依据。确定给予保护的权利载体应当以原告的诉请为依据,如果诉请保护的对象构成作品,那么作品登记证书可

---

① 参见北京市海淀区人民法院民事判决书(2016)京0108民初15322号。
② 在一审庭审中,中科水景公司表示,由于《中华人民共和国著作权法》上并无音乐喷泉作品这一单独类别,因此只能选择与音乐喷泉作品最相近的"电影和以类似摄制电影方法创作的作品"这一作品的类别进行登记。中科恒业公司、西湖管理处则辩称,中科水景公司登记的作品类别是电影和以类似摄制电影方法创作的作品,因此其独创性仅体现在摄制而成的录像或电影作品中,而不能涵盖其在本案中所要保护的喷泉与特定音乐结合而形成的喷射表演效果。参见北京市海淀区人民法院民事判决书(2016)京0108民初15322号。

以被用作证明其完成时间以及权属证明的证据材料,但不是判定作品类型的依据,即使登记不准确也不妨碍诉请对象受到保护。在这种隐含的思路下,二审法院基本肯定了一审法院的认定结果,把原告获得授权的两首音乐作品排除出了请求保护范围,并将保护对象限定为"伴随音乐的节奏、曲调、力度、速度等要素及其变化而呈现出的与乐曲相呼应的灯光、色彩、气爆、水膜等多样动态造型的变换",即"涉案音乐喷泉喷射效果的呈现"。

二、著作权法定与法定作品类型

(一) 著作权法定的限度

有的学者主张《中华人民共和国著作权法》实行"作品类型法定"的一个理由是,著作权法定要求著作权客体法定,当然也要求狭义著作权客体法定,即作品类型法定。[①] 本文认为,这一观点的缺陷在于没有看到著作权法定的限度。

首先需要指出,学界对这一推理的前提——著作权法定——存有不同观点。[②] 在法理观念上,著作权法定背后体现的观念与知识产权法定主义一致,但学界对知识产权法定主义本身就存有不同观点,尤其是自然权利观念秉持者更是直接指出,知识产权法定主义"不可能赶上科技进步和社会经济发展的步伐"[③]。在实证法方面,针对我国现行法律是否实行著作权法定,学者也有不同的解读。比如,针对《中华人民共和国著作权法》第 10 条第(十七)项规定的"应

---

① 参见李建华:《论知识产权法定原则——兼论我国知识产权制度的创新》,载《吉林大学社会科学学报》,2006 年第 4 期,第 85 页;参见王迁:《论作品类型法定——兼评音乐喷泉案》,载《法学评论》,2019 年第 3 期,第 10—26 页。
② 参见熊琦:《著作权法定与自由的悖论调和》,载《政法论坛》,2017 年第 3 期,第 82 页。
③ 李扬教授认为,易继明教授的观点实际上会导致反对"知识产权法定主义"的观点。参见李扬:《知识产权法定主义及其适用——兼与梁慧星、易继明教授商榷》,载《法学研究》,2006 年第 2 期,第 3—16 页;"民事制度中的相关学说、理论与规则,可以克服知识产权法定主义与类型化之不足的局限,对完善知识产权法律救济体系起到重要的补充作用。"根据易继明教授的表述可知,他不赞同知识产权绝对的法定主义,但他还是先承认了我国立法坚持的是知识产权法定主义,然后才主张法官在法律适用时,应根据传统民事法律制度对此缺陷进行弥补。参见易继明:《知识产权的观念:类型化及法律适用》,载《法学研究》,2005 年第 3 期,第 110—125 页;郑胜利教授认为,知识产权的种类、权利以及诸如获得权利的要件及保护期限等关键内容必须由成文法确定,除立法者在法律中特别授权外,任何机构不得在法律之外创设知识产权。按照郑胜利教授的说法,知识产权法定主义没有要求知识产权客体法定,也就自然不会产生"作品类型法定"一说。参见郑胜利:《论知识产权法定主义》,载郑胜利主编:《北大知识产权评论》(第 2 卷),北京:法律出版社,2004 年版。

当由著作权人享有的其他权利"这一兜底条款,有学者就认为《中华人民共和国著作权法》没有承接《中华人民共和国物权法》的绝对权法定原则。① 不过,对权利法定主义的质疑不仅存在于知识产权法领域,也存在于传统民法领域,如物权法定主义就同样面临着质疑,但这不妨碍物权法定成为物权法的结构原则之一。② 从权利行使规则的角度来看,如果没有物权法定,那么物权的排他效力和优先效力就难以实现。③ 同时,从更为经济、务实的角度来看,即使是质疑者,也依旧认为物权法定正当化基础尚有进行"成本—效益"分析的余地。④ 著作权与物权都属于绝对权,具有对世效力,著作权法定不仅有助于著作权的排他效力和优先效力之实现,也有助于确定著作权人权利的边界,从而相对人也可以确定自己行为的边界。这种产权的界定能够到达保护交易安全和降低交易成本的目的。基于这一理由,本文赞同著作权法定这一论述前提。

但是,无论是民法学界通说还是《中华人民共和国物权法》第5条关于"物权法定"原则的规定,都只是要求物权的种类和内容法定,而没有将"物权客体法定"列入"物权法定"的概念之中。⑤ 也就是说,我们无法从"物权法定"中直接推出物的种类法定。对此,有观点从公众对权利客体的认知程度差异方面给出解释:立法上之所以不强调物权客体的法定,是因为人们"对什么是'物'早已达成普遍共识",而针对法律抽象物——"作品",如果法律没有明确限定,人们极易产生争议。⑥ 本文认为,这一观点难以成立。"物"与"作品"本身都是抽象概念,人

---

① "所有具有或者可能具有重大的经济或实际重要性的作品利用方式,原则上都应当保留给作者。该条为应对技术发展提供了充分的制度空间。"参见熊琦:《著作权法定与自由的悖论调和》,载《政法论坛》,2017年第3期,第82页。
② 参见申卫星:《物权法定与意思自治——解读我国〈物权法〉的两把钥匙》,载《法制与社会发展》,2013年第3期,第134页。
③ 参见李永军:《对〈物权法〉第一编的反思》,载《当代法学》,2010年第2期,第12页。
④ 参见苏永钦:《民事财产法在新世纪面临的挑战》,载《人大法律评论》,2001年卷第一辑,第204页;苏永钦:《可登记财产利益的交易自由:从两岸民事法制的观点看物权法定原则松绑的界限》,载《南京大学法律评论》,2010年秋季卷,第16页。
⑤ 参见王泽鉴:《民法物权》,北京:北京大学出版社,2010年版,第37页;尹田:《物权法》,北京:北京大学出版社,2013年版,第58页;张志坡:《物权法定,定什么?定到哪?》,载《比较法研究》,2018年第1期,第53页。当然,也有学者在现行《中华人民共和国物权法》颁布后依然持不同观点,但都没有提及物权客体法定。比如,王利明教授就认为,物权效力和物权公示方法也是物权法定原则的内容,参见王利明:《物权法研究》(上卷),北京:中国人民大学出版社,2013年版,第156—157页;申卫星教授在文中先是承认了这一通说,然后提出了自己的不同观点,认为应将物权效力纳入物权法定的内容之中,参见申卫星:《物权法定与意思自治——解读我国〈物权法〉的两把钥匙》,载《法制与社会发展》,2013年第3期,第134页。
⑥ 参见王迁:《论作品类型法定——兼评音乐喷泉案》,载《法学评论》,2019年第3期,第12页。

们看见的都是它们的具体表现形式,"物"是如此,"作品"同样如此。针对"物"这一抽象概念,尤其是它作为法律概念时的含义,学界亦有争论。"物"的指涉对象与范围同样经历了变迁。比如,不同学者在无体物(声、光、电、热)是否属于物权客体之"物",声、光、电、热等到底是有体物还是无体物[①],"物"是仅限于物理上的物还是包括了权利或抽象的物(智慧财产)等问题上,就持有不同见解。[②] 与何为"作品"以及为何种"作品"的争议一样,公众在何为"物"以及为何种类型"物"方面也有争议。从语言学上来说,语义具有空缺结构,其边界是模糊的,我们很难就名词给出一个逻辑周延的定义。因此,《中华人民共和国物权法》与《中华人民共和国著作权法》虽然规定客体的方式各不同,但都没有给出法律上的定义。针对语义的核心区域,公众有着基本一致的认知,所以其未见诸纸上不代表不重要,反倒可能是因为公众对概念之所指有着一致的前见,所以不必在立法上强调。比如,针对典型的物与典型的作品,公众都形成了几乎一致的认识,不会产生误解。反映在"音乐喷泉案"中,判决"并不违反公众的预测和认知,因为相对于大量生效判决中所保护的作品的创作水平而言,音乐喷泉所蕴含的独创性表达明显具有应受法律保护的逻辑应然性"[③]。

除此以外,物质世界具有复杂多样性,因此固定的概念没有足够的能力涵盖所有种类的权利客体,而且法律可能也不希望权利客体仅局限于立法所举。相反,社会鼓励创造新物;除了明令禁止的流通物,某种物即使前所未见,也不影响其受到保护。[④] 这一点在著作权领域更加明显,作品的产生既可以是依葫芦画瓢得出(与现有作品类型相同),也可以是天马行空式的创造(游离于现有作品类型之外)。以上两种方式都是文学艺术创作的可能途径,而且后者往往可能掀起新的文学艺术潮流。但是,后者的作品性一开始往往更容易遭受质疑,因为对于一般人而言,其艺术手法过于前卫或突兀。美国著名法官霍姆斯就曾说:"由那些只受过法律训练的人来判断美术作品的价值是危险的。"[⑤]换言之,在判断作

---

① 有观点认为是无体物,参见梁慧星:《民法总论》(第四版),北京:法律出版社,2011年版,第150页;也有观点认为属于有体物,参见王利明:《物权法》,北京:中国人民大学出版社,2015年版,第16页。
② 参见王利明、江平民法教材;转引自李永军:《对〈物权法〉第一编的反思》,载《当代法学》,2010年第2期,第10页。
③ 参见袁博:《从西湖音乐喷泉案看作品类型的界定》,载《中国知识产权报》,2017年7月7日第010版,第1—3页。
④ 同上。
⑤ Bleistein v. Donaldson Lithographing Co., 188U. S. 239, at 251(1903).

品时,法官需采取"审美非歧视原则"或者说不问艺术价值。① 创作自由是我国宪法上的一项公民基本权利,国家鼓励有益于人民的创造性工作。② 那么,在此情况下,这种自由创作产生的成果应该受到法律的同等对待,不能因为其是一件"新作品"而不受保护。如果法律不保护这种"新作品",那么其应当明令禁止。在对待创作自由时,法律有必要保持谦抑性,不应当采取法定主义,而应当是"法无禁止即可为"。同时,《中华人民共和国著作权法》第1条开宗明义地指出,立法旨在促进社会主义文化和科学事业的发展与繁荣。"音乐喷泉"丰富了人们的精神文化生活,若仅因它异于典型类型就将其排除出作品保护范围,则有悖上述立法目的。

此外,《中华人民共和国著作权法》第10条第(十七)项兜底条款的存在说明,著作权种类也并非穷尽列举,这有助于解决立法预见性不足的问题。③ 即使著作权法定,其也是有限度的。物权法定只是要求权项的法定④,那么著作权法定也不意味着著作权客体法定,更遑论狭义著作权客体——作品类型——之法定。创作规律和自由的价值也意味着,绝对的作品类型法定是不可取的。

(二) 作品类型条款的规范重心

既然我们无法从著作权法定直接推出作品类型法定,且创作规律也表明作品的类型并非固定不变,那么作品类型条款似乎失去了规范意义,因为只要有作品定义条款即可。然而,对事物下定义是困难的,若采取的定义方式不同,结论在大概率上也是不相同的。同样,对作品下定义也是困难的,虽然在相当长的一段时期内,人们对作品是具有基本一致的认识的,但是文学艺术观念的转变对作品概念的影响也不可忽略。如果法律过分追求对第一性的事物进行周延定义,那么立法者将永无宁日,法典也将臃肿不堪。《中华人民共和国著作权法实施条

---

① 参见梁志文:《版权法上的审美判断》,载《法学家》,2017年第6期,第143页。
② 《中华人民共和国宪法》第47条:"中华人民共和国公民有进行科学研究、文学艺术创作和其他文化活动的自由。国家对于从事教育、科学、技术、文学、艺术和其他文化事业的公民的有益于人民的创造性工作,给以鼓励和帮助。"
③ 袁博:《从西湖音乐喷泉案看作品类型的界定》,载《中国知识产权报》,2017年7月7日第010版,第1—3页。也有学者从立法论出发,基于绝对的著作权法定原则以及立法与司法分权制衡原则来否定兜底条款,但这不妨碍本文在解释论视角下的论证。参见刘银良:《著作权兜底条款的是非与选择》,载《法学》,2019年第11期,第118—135页。
④ 袁博:《从西湖音乐喷泉案看作品类型的界定》,载《中国知识产权报》,2017年7月7日第010版,第1—3页。

例》(以下简称"《实施条例》")第 2 条倒是给出了作品的定义,其看似与《中华人民共和国著作权法》第 3 条组合形成了一种"内涵加外延"的定义模式。因此,学界和司法实务界均有观点认为,在判断作品是否受著作权法保护时,要同时结合作品的内涵和外延——作品构成要件只是判定作品的必要条件而非充分条件——还应当考虑某一类型作品的特殊要求。① 紧接着,又有观点根据《中华人民共和国著作权法》第 3 条第(九)项的规定认为,法院无权创设新的作品类型,所以一旦出现难以被归入现有作品类型,但又符合《实施条例》的作品内涵定义,且未被立法明确排除在保护范围之外的对象,就会引发某一对象既是作品又不是作品的矛盾。② 作品之分类符合人对作品的直观认知在一定程度上可以避免概念的空洞,也许有利于缓解定义作品的困难③,但是从对法律圆满性的解释角度来看,其规范重心注定不在于为作品下定义。

实际上,面对万般具象,法律并非无能为力。法律将社会现实作为调整对象,但法不理琐事,法律规范恰恰会通过一定的方式进行有选择的忽略,其仅撷取有限甚至较小数量的重要的情况。④ 关键在于,哪种情况对于法律来说是重要的? 根据法的第二性原理,一方面,法律不能无视第一性的生活事实;另一方面,法律是根据人的需要被建构的,因此其更看重法律效果,即规范的目的与功能。既然在第一性上无法做到对具体事物逻辑周延地进行定义,那么法律选择只从规范目的出发,对该事物进行界定。⑤ 类型化正是法的第二性原理的典型体现,这是一种对事实与规范的形式化界定,是一种区隔事实与规范的方法。其实,民法中的类型化并非只有物权法定。以法律对类型的强制程度——是否只有法定类型才合法——为标准,类型化可以分为两种:一种是类型法定(numerus clausus)⑥,即只有法定类型才是合法的,法律不允许当事人拥有内容形成上的自由,如物权法定原则下的物权种类和内容法定,传统婚姻家庭法中符

---

① 参见崔国斌:《著作权法——原理与案例》,北京:北京大学出版社,2014 年版,第 126 页;陈锦川:《法院可以创设新类型作品吗?》,载《中国版权》,2018 年第 3 期,第 26 页。
② 参见金海军:《作品分类在著作权法上的意义》,载《中国版权》,2019 年第 3 期,第 21—22 页。
③ 同上。
④ 参见[德]迪特尔·梅迪库斯:《德国民法总论》,邵建东译,北京:法律出版社,2001 年版,第 53 页。
⑤ 参见李琛:《法的第二性原理与知识产权概念》,载《中国人民大学学报》,2004 年第 1 期,第 96 页。
⑥ 在拉丁文中,numerus 的基本含义为"数字",而 clausus 意指"封闭",扩展含义为"囚徒、奴隶",二者组合起来即指"封闭的数量"。参见谢大任:《拉丁语汉语词典》,北京:商务印书馆,1988 年版,第 102 页和第 371 页。转引自刘征峰:《家庭法中的类型法定原则——基于规范与生活事实的分离和整合视角》,载《中外法学》,2018 年第 2 期,第 484 页。

合法定条件的婚姻才是合法婚姻,以及婚生与非婚生子女的划分,而在法律适用上,不同法定类型之间禁止类推适用[1];另一种只是进行类型区分,但并不意味着类型强制,更不意味着法定类型以外的类型即非法,当事人可以自由创设新的类型,如当事人之间可以创设新的无名合同,且可以类推适用相似的有名合同的法律规定。[2] 不过,以上两种类型化虽然有强制程度的区别,但是都符合类型化的基本要求,即同一类型的法律效果具有相似性;只是两者对生活事实的形式强制不同,即是否只有法定的第一性事实,才能产生相应的法律效果。前述类型强制程度的不同之原因在于类型化的规范重心不相同,即规范目的不同。例如,物权法之所以严格要求物权的法定,是因为其具有绝对性和排他性,并且需要保障交易安全和秩序;而合同法确定有名合同性质和归属的主要标准就是主合同义务[3],因为对合同的分类更多地是为辅助当事人的意思自治,以进行权利义务规则的匹配。

在讨论作品类型条款的理解适用问题时,我们需要从类型强制的角度出发,以确定《中华人民共和国著作权法》中的作品之类型化属于上述两种中的哪一种。欲回答该问题,我们需要找到作品类型条款的规范重心。作品类型条款同样遵循了类型化的基本逻辑,其注重生活事实或者法律效果的相似性。我国著作权法上的作品类型条款借鉴了美学分类,这符合人们对作品的直观认识,有助于指引人们的行为,也方便裁判者找法,减轻法院对一般公众的解释负担。[4] 但是,类型化要求法律在规范和事实之间做出一定的区分;对于这种区分而言,更重要的是法律效果的相似性,因为如前所述,生活事实的相似性无法完全实现,而规范上的一致则可以被建构,作品分类也不例外。我国立法对作品的分类在借鉴美学分类的同时兼顾了法律的规范目的,考虑特定对象在保护规则方面的

---

[1] 家庭法中的类型法定之意义在于区分合法与非法,一切权利义务的分配都在类型化的前提下进行。从法律适用角度看,与物权法定原则相同,类型法定禁止类推适用,即使事实层面具有相似性,同居关系也不能类推适用有关婚姻的规定,否则其合法与非法的区隔作用将遭重创。不过,如果家庭法已对同居关系等生活事实进行了类型化调整,仅在具体法律效果上存在漏洞,则仍可能适用类推。参见刘征峰:《家庭法中的类型法定原则——基于规范与生活事实的分离和整合视角》,载《中外法学》,2018 年第 2 期,第 484—485 页。
[2] 《中华人民共和国合同法》第 124 条规定:"本法分则或者其他法律没有明文规定的合同,适用本法总则的规定,并可以参照本法分则或者其他法律最相类似的规定。"
[3] 参见刘承韪:《论演艺经纪合同的解除》,载《清华法学》,2019 年第 4 期,第 132 页。
[4] 袁博:《从西湖音乐喷泉案看作品类型的界定》,载《中国知识产权报》,2017 年 7 月 7 日第 010 版,第 5 页。

特殊性并将其单列出来,如在美术作品之外单列图形作品。① 但是,美学分类和规范目的,哪一个才是作品类型条款的规范重心呢? 需要指出,作品与物权不同,我们不能直接参照物权法定来确定作品分类的强制程度。有学者参照《中华人民共和国物权法》对物的划分认为,相比于"物"可以被简单地划分为动产和不动产,定义作品更困难,因此以类型化的方式对此进行缓解。② 这仍然是在第一性上看待类型化,有一定道理。但是,实际上,《中华人民共和国物权法》第 2 条将"物"分为动产和不动产之做法并非严格按照物理标准,而是从财产价值和社会意义的角度出发,将重要财产从一般财产中区分出来,从而给予两者不同的管理和保护,并采取不同的公示方法。③ 这种权利归属和变动规则才是规范重心之所在。同样,针对《中华人民共和国著作权法》第 3 条的作品类型化,我国学者亦正确指出,其功能在于方便作品登记,以及与特别规则衔接。④ 从本质上说,方便作品登记的功能还是为了在第一性上快速找到逻辑上的种属,其确属一项规范功能,但仍不会直接产生法律规范的需求。本文尤其赞同后一项功能,即作品类型条款的规范重心不是进行逻辑定义,而是配置权利义务规则。

  前文已述,针对典型的物和典型的作品,人们都具有基本一致的认识。不过,我们仍需承认,作品与物存在不同。作品本身也是一个被建构起来的东西⑤,而物本身是客观存在的,加之文学艺术观念的影响,作品比物更容易产生不确定性。但是,法律规范只要求绝对权法定。物的确定性会更容易与物权法定对应,物权法定就很容易对应上所谓的"客体法定"了,而作品恰恰相反,著作权与作品类型之间存在的区隔更大。随着技术的发展,不仅作品本身的形式变化多端,甚至著作权的具体种类也还在发展,因此作品类型条款的规范重心既不是逻辑周延的定义,也不在于完全列明保护对象。此外,如果将作品分类与合同分类进行比较,我们或许更容易看清楚作品分类的意义所在。创作自由与合同自由有着基本的一致性,两者都以自由为原则,而且创作和合同的订立都不完全

---

① 参见刘春田主编:《知识产权法》(第五版),北京:中国人民大学出版社,2014 年版,第 55 页。
② 参见金海军:《作品分类在著作权法上的意义》,载《中国版权》,2019 年第 3 期,第 22 页。
③ 按照物理标准来理解该条对物的分类将"存在不可克服的缺陷",因为物理标准无法就分类达成一致。参见张素华:《论我国物权法的调整对象与范围——兼论物权法草案第 2 条》,载《法学评论》,2006 年第 3 期,第 16 页。
④ 袁博:《从西湖音乐喷泉案看作品类型的界定》,载《中国知识产权报》,2017 年 7 月 7 日第 010 版,第 5 页。
⑤ 参见李琛:《著作权基本理论批判》,北京:知识产权出版社,2013 年版,导言部分第 2 页。

是按照既有类型进行的活动,两者在第一性上更为相似。同样,我们对待创作成果应当与对待合同一致,即在没有足够充分且正当的理由之情况下,不得主张限制民事主体的自由。① 如前所述,合同法进行合同分类的目的是区别不同的权利义务规则,而不是限定合同类型;在很大程度上,作品分类的规范意义也应当是区别不同的权利义务规则。例如,出租权只有计算机软件和电影作品这两类作品的著作权人才享有,电影作品的著作权只能由其制片者享有,而制作录音制品的法定许可仅限于音乐作品。②

总之,对类型化的相同点之判断,除了事实形态的相似,更重要的是在相同利益关系的调整上适用相同的规则。正是通过这种从具象中的抽离,法律规范获得了稳定性。因此,法律的规范重心不在于对事实的界定,而在于透过对事物的形式化界定来匹配权利义务规则。同理,不仅对作品概念的选择应当依据哪种概念"最具有规范功能"③,《中华人民共和国著作权法》对作品进行类型化区分的目的也不是作品完整定义的实现,而是规范功能的实现。作品类型条款将重要的事实抽象成作品构成要件,从而实现不同作品类型与不同法律效果的衔接,以及实现权利义务规则的匹配。所以,与其说作品类型是对作品进行分类,不如说其是在对权利义务关系进行分类,而这正是作品类型条款的规范重心所在。

三、作品类型条款中的"半兜底"条款

在明确了作品类型条款的规范重心之后,我们接下来本应考虑如何将具体的作品与某种类型对应,或者说如何判断某种作品类型所能涵摄的对象范围。一般情况下,以上逻辑没有问题,可是一旦碰到难以判断其作品类型的对象(如"音乐喷泉案"中的"音乐喷泉"),一个问题仍然会浮现出来:既然作品类型条款的规范重心不在于对作品进行事实上的完全列举,那么法院是否可以另行认定新的作品类型? 这一问题的答案首先取决于我们如何看待《中华人民共和国著作权法》第3条第(九)项的规定——"法律、行政法规规定的其他作品",其次还关涉到国内法与国际条约之间的关系。

---

① 参见王轶:《民法原理与民法学方法》,北京:法律出版社,2009年,第48页。
② 参见《中华人民共和国著作权法》第10条第(七)项、第15条第1款、第40条第3款。
③ 参见李琛:《法的第二性原理与知识产权概念》,载《中国人民大学学报》,2004年第1期,第96页。

(一) 著作权立法的留白:"半兜底"条款

不论是支持还是反对作品类型法定,学界都认同除了现有的典型作品类型外,仍可能存在符合《中华人民共和国著作权法》要求的"作品",只是在这些"作品"是否受现行《中华人民共和国著作权法》保护这一问题上,双方的意见不同。另外,双方得出各自结论的一个主要法律依据均为《中华人民共和国著作权法》第3条第(九)项的规定。在"音乐喷泉案"中,针对"法律、行政法规规定的其他作品"能否适用,两级法院就有不同的看法。因此,我们有必要考察第3条第(九)项规定的含义。

与其他法律部门不同,在处理涉及知识产权(包括著作权)的问题时,各国立法和司法机关需要受到国际公约的限制。① 就作品及其类型而言,《中华人民共和国著作权法》的作品类型条款借鉴了《保护文学和艺术作品伯尔尼公约》(以下简称《伯尔尼公约》)第2条的规定。《伯尔尼公约》第2条通过"诸如"二字,表明它采取的是既列举典型作品类别又有兜底范围的立法模式。② 同样,《中华人民共和国著作权法》第3条同样先列举了典型的作品类型,并以"法律、行政法规规定的其他作品"作为兜底条款,从而为新类型作品预留了空间;不少学者也将《中华人民共和国著作权法》的该项规定称为"兜底"条款③,这一说法的依据除了该项规定中出现的"其他"二字,还有立法释义材料的支撑。④ 但是,本文认为,以上这种说法不准确。从字面完整含义以及规范结构来看,上述条款并非"兜底"条款。真正意义上的兜底条款应当对相同性质的事项直接兜底,而不是

---

① 参见万勇:《深层链接法律规制理论的反思与重构》,载《法律科学(西北政法大学学报)》,2020年第1期,第38页。
② "'文学和艺术作品'这一表述必须理解为包括一切能够受到保护的作品。为了说明这一点,第二条第一款对作品进行了列举。使用'诸如'二字,表明这一列举完全是一种示例,而不是详尽的;它只是给各国立法者提供若干指导。但实际上作品的主要各类全部都列举出来了""由于仅仅列举示例,公约准许成员国超出这一范围,而将文学、科学和艺术领域内的其他产物也作为受保护的作品对待"。参见《保护文学和艺术作品伯尔尼公约(1971年巴黎文本)指南》。
③ 李永军:《对〈物权法〉第一编的反思》,载《当代法学》,2010年第2期,第10页。
④ "这是指除了上述八项著作权的客体外,由法律、行政法规规定的著作权的其他客体。为什么要规定这一项? 一是随着文化和科学事业的发展,有可能出现新的思想表达形式,如计算机软件是随着现代科学技术的发展而出现的,现在已有越来越多的国家将其列入著作权客体,今后还有可能出现新的思想表达形式,需要列入著作权客体给予保护。二是有可能将现在尚未作为一著作权客体的列入著作权客体,如有些国家将原来不属于著作权客体的录音制品,后来作为著作权客体给予保护。需要指出的是,能否作为著作权法所称的其他作品,必须由法律、行政法规规定,不能由其他规范性文件规定,以保证法制的统一。"参见胡康生主编:《中华人民共和国著作权法释义》,北京:法律出版社,2002年版,第21页。

转介到其他法律、行政法规。对应到作品类型,真正的兜底条款应当是"其他作品",而不是加上限定后的"法律、行政法规定的其他作品"。① 虽然两种规范都为未来立法留有空间,但它们有着重要的差别:前者不仅为日后立法留有空间,而且更重要的是,其直接将判定"其他作品"的自由裁量权交给了法院;而后者中的"其他作品"的判定权仍由立法机关或其授权机关保留,法院无权创设立法规定以外的作品类型。

本文将我国著作权立法的这个留白称为"半兜底"条款。"半兜底"条款的规范结构意味着,我国作品类型条款既非完全开放性的例示,也非完全封闭式的列举。一方面,非开放性的例示说明,法院当然无权创设新作品类型,不过这并不等于法院不能对可能出现的新作品适用现有作品类型的规则,因为私法并不禁止类推适用,所以更准确地说,非例示性意味着法院不能创设新的权利义务规则类型;另一方面,非穷尽性的列举也并非意味着法院可以轻易依赖所谓"兜底"条款②,况且此处的"半兜底"条款是由立法机关"兜底",而非司法机关"兜底",这就要求在立法未明确新的作品类型以前,法院对权利义务规则的适用或者类推适用需更谨慎,不能轻易向"兜底"条款逃逸。

在"音乐喷泉案"中,一审法院就滑向了所谓的"兜底"条款,且未进行充分说理。二审法院意识到了这一点,认为我国作品类型条款与《伯尔尼公约》第2条的"兜底"方式不同,因为我国法律中的"其他作品"有"法律、行政法规规定"的限制。所以,适用《中华人民共和国著作权法》第3条第(九)项规定的前提是法律、行政法规明确增加了其他具体作品类型,否则就意味着立法明确排除了司法机关对该条款的适用。据此,二审法院认为,一审判决适用"法律、行政法规规定的其他作品"这一法律条款不当。③

---

① 民法学界一般称后者为"转介条款"或者"引致条款",指本身没有独立的规范内涵,甚至不具有解释规则的意义,单纯引致到某一具体规范,法官需要从所引致的具体规范的目的去确定其效果的法律条款。"转介条款"或"引致条款"是民法学者在研究不同法域(如公法与私法)互动关系时提出的解释性概念。例如,《中华人民共和国合同法》第52条第(五)项规定:"违反法律、行政法规的强制性规定。"参见彭真明:《论现代民商合一体制下民法典对商事规范的统摄》,载《社会科学》,2017年第3期。
② 在《中华人民共和国反不正当竞争法》于2017年修订前的二十余年间,法院在处理所谓无法用既有类型化规范调整的竞争行为时严重依赖一般条款,这不仅影响了公众对法律的可预见性期待,而且给部分裁判者造成了压力。参见蒋舸:《〈反不正当竞争法〉网络条款的反思与解释——以类型化原理为中心》,载《中外法学》,2019年第1期,第181—182页。
③ 王迁:《论作品类型法定——兼评音乐喷泉案》,载《法学评论》,2019年第3期,第12页。

（二）《伯尔尼公约》与国内法的关系

如前所述，《伯尔尼公约》与《中华人民共和国著作权法》均直接或间接承认了可能存在的新作品类型。同时，国内无论是支持还是反对作品类型法定的学者均认可的结论是，法院不得仅仅依据"半兜底"条款来创设新的作品类型。在"音乐喷泉案"中，一审法院直接将"半兜底"条款作为判决依据，这显然不具有足够说服力。但是，针对法院能否将某一新对象认定为作品，以及能否将其解释或认定为现有作品类型，各方存在分歧。产生分歧的一个原因在于，在处理新作品所归属的类型之问题上，《伯尔尼公约》的兜底方式和我国的"半兜底"方式不同。那么，这是否意味着两者保护的作品范围就不一样？如果存在不同，尤其是当《伯尔尼公约》的兜底范围更广，且我国法律、行政法规未明确开列这些"作品"之时，我国法院将这些认定为"作品"是否超越了公约要求，甚至僭越了司法权限？这些问题关涉国际条约与我国国内法的关系。

有观点主张，《伯尔尼公约》第 5 条第 3 款体现了公约对国家主权的尊重，意味着公约允许成员国对源自本国的作品提供低于《伯尔尼公约》要求的保护水平。[1] 我国法院自行创设或扩大解释作品类型之做法，会导致国际法上不对等保护的后果。[2] 的确，通说认为，国际条约（主要是民事法律关系方面的规定）一般需在我国获得转化后才能被适用，因此我国裁判的依据只能是国内法（包括行政法规）。然而，我国当初既然选择加入《伯尔尼公约》，就代表我国愿意受公约之约束，履行公约义务，并通过一定的努力，将我国对著作权的保护水平整体提升至公约的要求，因为对本国国民的法律保护水平，是对其他成员国实行国民待遇的参照基准。比如，《中华人民共和国著作权法》承认"违禁作品"是作品，只是其出版、传播受到严格监管。其次，《伯尔尼公约》也确实提出了实体意义上的保护要求，即最低保护标准。[3] 如果我们认为《伯尔尼公约》仅仅旨在解决著作权保护的地域性问题，即实行无歧视原则和国民待遇原则，那么在极端情况下，某

---

[1] 《伯尔尼公约》第 5 条第 3 款规定："在(作品)起源国的保护，由该国法律规定。"
[2] 李琛：《法的第二性原理与知识产权概念》，载《中国人民大学学报》，2004 年第 1 期，第 10 页。
[3] 《伯尔尼公约》第 5 条第 2 款规定："除本公约条款外，保护的程度以及为保护作者权利而向其提供的补救方法完全由被要求给以保护的国家的法律规定。"这说明公约最低保护标准以外的部分才可由各国采不同法律规定。另参见知识产权学者论述：李琛：《法的第二性原理与知识产权概念》，载《中国人民大学学报》，2004 年第 1 期，第 19 页；金海军：《作品分类在著作权法上的意义》，载《中国版权》，2019 年第 3 期，第 41 页。

一公约成员国对著作权几乎不提供法律保护,即使该国对其他成员国国民实行国民待遇,但由于该国制定和实施低水平的知识产权保护立法,国民待遇实际上也是一纸空文;此时,该国并没有违反无歧视原则,但源自其他成员国的作品在该国受到低水平的保护,而提供低水平保护的该国国民却在其他国家受到高水平保护,这会导致各国知识产权保护水平的参差不齐。[1] 当然,以上这种情况几乎不会出现,因为在一般情况下,如果提供低水平保护的国家不履行修改国内法的承诺,国际公约管理组织也不会允许其继续作为该公约成员国。再次,《伯尔尼公约》第5条第3款只是对各成员国保护方式的开放式要求。《伯尔尼公约》已经是各国博弈和妥协的结果,任何成员国对作品的保护水平都应当达到公约的最低保护标准。唯一的疑问是,如何确定公约的最低保护标准,换句话说,兜底范围是否在公约最低保护标准范围之内。由于各国对未被列举出来的客体是否属于文学艺术作品可能产生争议,所以它们一般会在公约修订会议上通过增加新种类作品来予以回应,但这绝不等于说未被明确列举的作品就不属于公约兜底范围内的作品。[2] 因此,本文认为,"受本公约保护的作品"应当在任何成员国内都得到保护,只是保护方式和保护程度可能有所差异。

退一步说,即使承认兜底范围不在最低保护标准的要求之内,即公约将兜底范围中的作品交由各国自主决定是否对其进行保护,那么一国法律在国际公约允许的自由地带就应当做出不保护的选择吗?有论者指出,国外早已出现音乐喷泉,但《伯尔尼公约》却未将其列为作品类型。[3] 这不能否定音乐喷泉在公约的兜底范围内,而且更重要的是,我国法院"已经连续多年是世界上审理知识产权案件最多的法院,各类新型案件不断增加,在很多情况下,国外已无现成的经验可以为我国借鉴"[4]。还得重提的是,国际公约既是国际妥协的产物,又是一些国家——尤其是知识产权经济强国——主导和推动的产物。这些国家的国内法的知识产权保护水平往往还要高于公约,那么它们为什么还要冒产生不对等保护的风险呢?原因在于,这些国家国内的产业利益需求更强烈,他国的保护反而影响不大。因此,一国在考虑采取何种保护水平时,其出发点应当是本国的产

---

[1] 赵秀文主编:《国际私法案例研习》,北京:中国人民大学出版社,2014年版,第187页。
[2] 参见万勇:《功能主义解释论视野下的"电影作品"——兼评凤凰网案二审判决》,载《现代法学》,2018年第5期,第96页。
[3] 李琛:《法的第二性原理与知识产权概念》,载《中国人民大学学报》,2004年第1期,第21页。
[4] 万勇:《功能主义解释论视野下的"电影作品"——兼评凤凰网二审判决》,载《现代法学》,2018年第5期,第42页。

业和现实需求。我们必须知道,一国的法律选择首先回应的是本国问题。比如,在《伯尔尼公约》没有明确列举的情况下,《中华人民共和国著作权法》规定了"杂技艺术作品"并遭遇了现实案例,但这并没有造成不对等保护的后果。[①] 当然,这是我国立法机关的行为。如果我国法院遇到这种情况,进行解释或兜底就一定是"法官造法"吗?对此,下文将详述。

四、作品类型的动态开放

前述作品类型条款的规范重心、"半兜底"条款的规范结构,以及《中华人民共和国著作权法》与国际条约的关系都表明,绝对的作品类型法定不是也不应当是我国在作品类型上采取的规制方式。与《伯尔尼公约》不同,《中华人民共和国著作权法》没有对作品类型采用完全兜底的方式,我国法院应当考虑的是如何实现作品类型的动态开放。

(一)兜底与解释:何种规制方式更优?

作为事实与规范的一种区隔,类型化可能带来体系僵化的弊端,因此不同法律体系都会采取一定的方式使之得到缓和。总的来看,主要有两种路径:一是扩展类型数量,二是开放类型要素。[②] 就第一种路径而言,表面上,我国的"半兜底"条款旨在通过立法来扩展类型数量,但这一手段从未得到实际运用,因为立法机关在作品类型问题上显得非常谨慎。对此,本文也赞成立法机关不轻易增加新作品类型,因为"我们容易警惕类型化不足而忽视过度类型化"。在带来司法决策便利的同时,类型化同样有副作用,包括寻求重叠共识和分析多因多果的立法成本,以及误选和寻租的司法成本。[③] 扩展类型数量的另一种方式是赋予法院自由裁量权,然而从我国对《中华人民共和国著作权法》的修订情况来看,虽然2014年的《中华人民共和国著作权法(修订草案送审稿)》曾将"半兜底"条款

[①] 参见北京市第一中级人民法院民事判决书(2010)一中民初字第 10067 号。
[②] 参见刘征峰:《家庭法中的类型法定原则——基于规范与生活事实的分离和整合视角》,载《中外法学》,2018年第2期,第484—485页。
[③] 彭真明:《论现代民商合一体制下民法典对商事规范的统摄》,载《社会科学》,2017年第3期,第190—191页。

改为真正的兜底条款①,但其后的2018年内部意见稿又恢复了"半兜底"②,这至少说明我国还没有确定——甚至可能不打算——将创设新作品类型的权力授予法院。因此,《中华人民共和国著作权法》仍倾向于选择后一路径,即开放类型要素。由于在立法层面上新设一种作品类型将面临诸多利益博弈,而且往往需要出现案例群,所以我们才会以类型化条款对司法判例进行提炼、固定。③ 在立法尚未新增类型且法院也不得创设新类型时,面临个案的法院依然不得拒绝裁判,那么在法解释学视角下,我国更应当采取开放作品类型要素的路径。我们要考虑的是,适用"半兜底"条款与解释现有作品类型,何种开放方式更优。

首先是兜底方式。有观点认为,我们可以将作品类型条款中的"包括"解释为"包括但不限于"。④ 这在文义上可行,而且也符合立法为新作品类型预留空间的目的,但这种解释会导致两种具体的规制选择。第一种规制方式是由法院直接判定(法律、行政法规以外的)新作品类型。这种解释失之过宽,产生的结果与一般兜底条款或者说司法兜底相同,实际效果就是法院可创设新的作品类型,但这与该条采"半兜底"的规范结构之前提不符。此外,采用原则条款进行兜底也容易落入所谓的"法官造法"之困境,从而损害法律的确定性和立法刻意维护的公共政策。⑤ 这就使我们落入了对采用兜底方式的批评:如果法院自行创设新作品类型,那么就违反了作品类型法定的规定,超越了司法权限。⑥ 另一种规制方式是在结合立法目的和规范结构之基础上,适用本文所谓的"半兜底"条款,即"法律、行政法规规定的其他作品类型"。问题在于,目前尚无其他法律、行政法规列明其他具体作品类型。对此,有学者借鉴了中国台湾地区学者提出的方案,将《实施条例》视为是此处所说的行政法规,从而激活了我国《实施条例》第2条的作品定义条款,使凡是符合该定义条款的作品都成为了"其他作品类型"。⑦ 这种方案的不足在于,它实质上只解决了作品性问题,而没有解决作品

---

① 《中华人民共和国著作权法修改草案》(2014年送审稿)第5条第2款第(十六)项。
② 李琛:《法的第二性原理与知识产权概念》,载《中国人民大学学报》,2004年第1期,第17页。
③ 彭真明:《论现代民商合一体制下民法典对商事规范的统摄》,载《社会科学》,2017年第3期。
④ 袁博:《从西湖音乐喷泉案看作品类型的界定》,载《中国知识产权报》,2017年7月7日第010版,第7页;李琛:《法的第二性原理与知识产权概念》,载《中国人民大学学报》,2004年第1期,第97页。
⑤ 参见崔国斌:《知识产权法官造法批判》,载《中国法学》,2006年第1期,第153—154页。
⑥ 李琛:《法的第二性原理与知识产权概念》,载《中国人民大学学报》,2004年第1期,第23页。
⑦ 袁博:《从西湖音乐喷泉案看作品类型的界定》,载《中国知识产权报》,2017年7月7日第010版,第7页。

的归类问题,并且还是会导致适用一般兜底条款的"逃逸"后果,其灵活性有余而限定性不足。

除了以上两种兜底的规制方式,解释现有作品类型也是一种规制方式。[①] 通过对"包括"的非穷尽性解释,再结合规范结构和立法目的可知,作品类型条款的规范重心在于权利义务规则的匹配,而不在于限定作品的可能性,因此完全可以有新的作品类型存在,但"半兜底"条款的存在又将作品类型的数量限制为由立法明定。在将"新类型作品"归入现有作品类型时,我们并非是将之在事实上等同于现有的作品类型,而是通过将其解释为现有类型作品,以类推适用其规则。所以,解释的规制方式之关键在于将立法对作品类型数量的限制解释为对权利义务规则类型数量的限定,而不在于事实上的完全对应。通过这种解释,我们可以实现对类型事实要素的开放,从而在一定程度上既可以消弭类型封闭所导致的体系僵化弊端,又不至于突破立法对作品类型背后的权利义务规则类型之限定。不过,在通过解释开放类型要素来实现规范功能的过程中,我们也需要法院谨慎地对多个相互作用的要素进行整体把握。[②] 但是,相比较而言,功能性解释的路径更优,因为如果认定的作品一时难以被归入现有的作品类型,那么在个案中,法官将面临着当事人甚至社会公众的质疑,其因而会更审慎地解释作品类型,并且会进行充分说理。在这种压力下,法官反倒更能实现公平正义,也不容易发生所谓的"法官造法"(因为没有产生新的法律——权利义务规范)的现象。功能性解释的路径既能实现类型的动态开放,又不至于超越司法权限,从而在不频繁修法的情况下,做到了"持法达变"[③]。

(二)"音乐喷泉"作为美术作品

如前所述,作品类型条款的规范重心是通过对作品进行分类,以区别不同类型作品上的权利归属、行使及限制规则,从而实现法律对社会利益的调整功能及

[①] 即使是持知识产权法定主义观点的学者,也不排除通过法律来解释新问题甚至新权利的可能性。比如,李扬教授认为,"概括式的立法方式可以保证司法者遇到新问题时,在法定主义原则的指导下,通过法律解释解决新问题这种法律解释中有可能出现新的权利……因为这种新的权利本身就包含在知识产权制定法概括性的条款中,因此并不等同于法官在自由行使裁量权"。李扬:《知识产权法定主义及其适用——兼与梁慧星、易继明教授商榷》,载《法学研究》,2006年第2期,第14—15页。
[②] 刘征峰:《家庭法中的类型法定原则——基于规范与生活事实的分离和整合视角》,载《中外法学》,2018年第2期,第486页。
[③] 参见陈金钊:《法律如何调整变化的社会——对"持法达变"思维模式的诠释》,载《清华法学》,2018年第6期,第79页。

规范目的。因此,"对新作品归类时,要重点考虑该作品与保护规则是否匹配"①。在判断音乐喷泉所属的作品类型时,我们主要会涉及电影作品和美术作品,因此我们需要着重考察两者的区别,包括表现形式不同所带来的构成要件和法律效果上的区别。

在事实要素与构成要件上,二审法院认为,美术作品定义中的"等"字意味着其并非是封闭的,其构成要件不排除动态的、持续时间较短的、立体的形式。"音乐喷泉"构成"动态立体造型表达"。② 反对观点则认为,二审法院误把"立体视觉效果"当作平面美术作品和立体美术作品的区分依据,将"音乐喷泉"解释为美术作品违背了其法定含义及人们的普遍认识。"音乐喷泉"稍纵即逝,并未依附于物质载体而得到稳定保存,因而不构成立体美术作品。③ 争议源于对美术作品的认识。从规范结构上来看,《实施条例》关于美术作品的条款简直就是作品类型条款的再版,甚至其不同于"半兜底"条款,该定义直接用"等"字打开了美术作品的类型可能。回到本案中的"音乐喷泉",如果三维世界中的平面与立体艺术造型是非此即彼的,那么"音乐喷泉"就不可能既不是平面造型又不是立体造型。问题的关键在于,"音乐喷泉"是何种立体艺术造型,以及其是否构成美术作品。从文义上来看,需要与美术作品相区别的是电影作品。在《实施条例》中,电影作品和美术作品的核心定义分别为画面和造型。这样看来,我们似乎将"音乐喷泉"归入两者中的任意一个皆可。但是,美术作品的常见表现形式为静态,电影作品的常见表现形式为动态,因此我们更容易将"音乐喷泉"归为电影作品。④ 比如,"音乐喷泉案"的原告以及作品登记机关就将喷泉登记为电影作品。如果仅从"画面"一词的中文意思出发,"音乐喷泉"似乎更符合"有伴音或者无伴音的画面"。对此,有学者从法律概念的翻译角度进行了一番考据。现行《中华人民共和国著作权法》中的"画面"对应的"image"的更恰当的中文翻译是"影像",其呈现的是真实景象的影子与镜像,而"音乐喷泉案"的争议对象是喷泉本身的线条与形状,而不是影像,其本质是一种"水塑"。⑤ 显然,喷泉造型不是影

---

① 袁博:《从西湖音乐喷泉案看作品类型的界定》,载《中国知识产权报》,2017年7月7日第010版,第5页。
② 王迁:《论作品类型法定——兼评音乐喷泉案》,载《法学评论》,2019年第3期,第12页。
③ 金海军:《作品分类在著作权法上的意义》,载《中国版权》,2019年第3期,第24—25页。
④ 参见崔立红:《短时艺术品著作权保护的实证研究》,载《山东大学学报(哲学社会科学版)》,2018年第6期,第69页。
⑤ 参见李琛:《〈著作权法〉中的几个翻译问题(上)》,载《中国版权》,2019年第5期。

像,因此不构成电影作品。退一步讲,即使"音乐喷泉"不是严格意义上的雕塑,其也依旧是立体造型艺术作品,由于"等"字的存在,其属于广义的美术作品。"平面"和"立体"这种以物质载体为依据的技术性区分方法无法保证精确性,而将功能性的视觉效果作为区分依据更有助于规范功能的实现。

　　除了构成要件符合性,更重要的是法律效果的妥当性,因为构成要件的目的是要实现法律效果。前已述及,作品类型条款的分类标准兼顾美学标准和规范目的,而后者需要考虑特定对象在法律规则方面的特殊性。例如,在美学领域,图形作品也是一种美术作品,但我国在美术作品之外单列了图形作品[①],这就考虑到了图形作品的特殊性。又如,不同于绘画和雕塑,根据产品设计图制造产品这种从平面到立体的复制行为并不侵犯复制权。同样,之所以将"音乐喷泉"解释为美术作品而非电影作品,不仅是因为两者的权利归属之规则不同,更是因为前者受到的限制也与后者不同。"音乐喷泉"一般被呈现在公共场所供人欣赏,其往往成为公众的拍摄对象;为了平衡社会公共利益,对"音乐喷泉"的拍摄理应被视为一种合理使用,而将"音乐喷泉"认定为美术作品可以在规范制度上实现这一要求。[②] 再从司法进程上来看,原告对作品的类型不负举证责任,只需要提供特定对象,至于作品性和类型则均应由法院判断。二审法院认为,"音乐喷泉"提出了一个过去未被法院注意到的问题,即判断作品和作品类型是否存在先后顺序。有学者主张,作品类型的归属不影响作品属性,对是否构成作品之判断仅依据作品概念条款。[③] 本文赞同这一观点。不过,认定作品类型同样甚至更为重要,因为它直接关涉权利及其限制。因此,法院的认定思路应当是先排除不受著作权法保护的成果,然后再考虑该作品是否符合作品的一般要件(如果符合,则法院应当做出该对象属于现有作品类型的推定),最后才是考虑如何配置具体类型的规则,从而将该对象解释为或者类推为某一类型作品。

结语

　　作品系经作者自由创作而产生,但创作不必依法定作品类型进行。从私权

[①] 刘春田主编:《知识产权法》(第五版),北京:中国人民大学出版社,2014年版,第55页。
[②] 参见《中华人民共和国著作权法》第20条第(十)项;《最高人民法院关于审理著作权民事纠纷案件适用法律若干问题的解释》第18条。
[③] 金松:《论作品的"可复制性"要件——兼论作品概念条款与作品类型条款的关系》,载《知识产权》,2019年第1期,第59页。

角度来看,在难以确定某一表达形式构成何种具体作品类型,但该表达形式又符合公认的作品定义时,我们应该首先按照"有效推定"规则来认定其构成作品,然后再谨慎地根据现有类型进行解释,而不能因为其不符合法定类型的现有典型表现形式就否定其作品性。法学忌猜想,但创作往往求新。从文学艺术创作的规律来看,创作本身就是带有突破性的活动,很多新奇的作品其实游走在现有类型的边缘。就法理价值而言,文学艺术创作的自由是公民的一项基本权利,其应当在《中华人民共和国著作权法》中得到鼓励。在这一价值判断的前提下,若没有足够充分且正当的理由,我们不应当对作品类型进行限制。国际条约虽然需要通过国内法才能获得适用,但是在司法面临立法未明确规定而存在解释空间的情形时,法院应当选择更符合国际条约义务的解释。"半兜底"条款是立法者对规则类型的限制,而不是对作品实际类型的限制。作品类型条款的规范重心并不在于严格的类型法定(以至于将法律保护对象局限于现成种类),而在于构成要件和法律效果的衔接(最终实现裁判规范和行为规范的功能)。

(编辑:吴冬兴)

行贿罪中的"为谋取不正当利益"之认定

桂雅婷*

摘要：行贿罪中的"为谋取不正当利益"是区分罪与非罪的重要标准，然而该要件具有不确定性，长期以来一直争议颇多。我们结合刑法理论和司法判例可以发现，"为谋取不正当利益"的认定具有不同情形。行为人给予国家工作人员财物并不一定构成"为谋取不正当利益"，如行为人为获取自己合法应得利益且国家工作人员并没有提供违反程序规则的便利、帮助条件之情形。在情感联络中，若行为人给予财产的价值与其所获利益具有对价性，且在时间上具有对应性，则该行为应当区别于一般的情感联络而被认定为构成"为谋取不正当利益"。在行为人谋取竞争优势时，即使其只是维持竞争优势，也会因阻碍了别人获得优势的可能性而被认定为构成"为谋取不正当利益"。

关键词：不正当利益；通融费；时间利益；情感投资；竞争优势

随着社会风气的影响和经济的不断发展，行贿行为愈发普遍。国家对行贿行为的打击力度不断加强，但此种不良风气不仅没有得到纠正，反而越来越具有隐蔽性与创新性，此种趋势不仅体现在行贿行为的方式上，也体现在行贿的周期上。《中华人民共和国刑法》第389条规定了行为人需满足"为谋取不正当利益"这一构成要件才构成行贿罪，但现有的法律法规又无法对"不正当利益"做出非常详细的规定。因此，为钻法律的漏洞以达到自己的目的，行为人往往想尽办法使自己给予国家工作人员财物的行为不满足"为谋取不正当利益"，从而给司法实践和司法工作人员带来了很大的困扰。在当前这种司法实践较难认定"为谋取不正当利益"这一要件的情况下，如何利用法律法规已有的规定来解决实务中

---

* 桂雅婷（1997— ），女，安徽池州人，华东政法大学法律学院2018级硕士研究生，研究方向：刑法学。

的分歧和争议？这是我们亟需解决的问题。

一、立法演进和理论聚讼

（一）立法标准不断放宽

虽然"为谋取不正当利益"是否应被当作行贿罪的要素加入1979年的《中华人民共和国刑法》中这一问题此前有过一定争议，但最终《中华人民共和国刑法》第185条第3款对行贿罪的定义仅是"向国家工作人员行贿或者介绍贿赂的"，认定行贿罪的具体要件并没有被规定。1985年，两高颁布了《关于当前办理经济犯罪案件中具体应用法律的若干问题的解答（试行）》（以下简称"《解答》"），其在行贿罪中加入"为谋取非法利益"这一构成要件，这也是这一要件第一次出现在官方规定中。1997年的《中华人民共和国刑法》第389条明文规定了认定行贿罪的入罪条件，即要求行为人"为谋取不正当利益"。由于"不正当利益"一词本身并不是一个十分详细的描述，因此，随着新型犯罪的频发，司法机关不断地赋予"不正当利益"相对明确的定义。

1999年，两高颁布了《关于办理受贿犯罪大要案的同时要严肃查处严重行贿犯罪分子的通知》（以下简称"《通知》"），其首次对"谋取不正当利益"进行了新的阐述："指谋取违反法律、法规、国家政策和国务院各部门规章规定的利益，以及要求国家工作人员或者有关单位提供违反法律、法规、国家政策和国务院各部门规章规定的帮助或者方便条件。"《通知》中的"为谋取不正当利益"被司法机关解释为首先是利益在实体上是违法的，其次是利益在程序上是违法的。2008年，两高颁布了《关于办理商业贿赂刑事案件适用法律若干问题的意见》（以下简称"《意见》"），其将"谋取不正当利益"进一步解释为"指行贿人谋取违反法律、法规、规章或者政策规定的利益，或者要求对方违反法律、法规、规章、政策、行业规范的规定提供帮助或者方便条件；在招标投标、政府采购等商业活动中，违背公平原则，给予相关人员财物以谋取竞争优势的"。相较于1999年的《通知》，2008年的《意见》新增了在招标、投标、政府采购等活动中谋取竞争优势的规定。2012年，两高颁布了《关于办理行贿刑事案件具体应用法律若干问题的解释》（以下简称"《解释》"），其再次解释了"谋取不正当利益"是指"行贿人谋取的利益违反法律、法规、规章、政策规定，或者要求国家工作人员违反法律、法规、规章、政策、行业规范的规定,为自己提供帮助或者方便条件;违背公平、公正原则,在经济、组织人事管理等活动中,谋取竞争优势的"。该《解释》不仅在对"非法利益"的阐述中新增了违反行业规范的规定,而且将 2008 年的《意见》中规定的对"不正当利益"的解释扩大到所有行贿案件中。同时,该《解释》将谋取竞争优势的范围由原来的限定性范围内扩大到"经济、组织人事管理等活动"。总体而言,"谋取不正当利益"的标准在不断被放宽,以扩大对行贿罪的打击面。

(二)各理论均无法涵盖所有行贿行为

与此同时,学术界对"为谋取不正当利益"也有着以下几种观点。第一种观点是"非法利益说",其主张不正当利益只代表非法利益,即根据法律、法规及相关政策规定不应得的利益。[1] "非法利益说"也是直接根据两高于 1985 年颁布的《解答》中的"个人为谋取非法利益"直接推论而来的。第二种观点是"不应得利益说",该学说将不正当利益划分成非法利益与其他依法不应得的利益,这里的"不应得利益"就是法律评价以外的社会主义伦理道德所不允许的利益。第三种观点是"手段不正说",此学说不评价利益的合法与否,而是评价手段的正当与否,因此只要是以不正当的行贿手段所取得的利益都是不正当利益。第四种观点是"非法利益+不确定利益说",即"不正当利益"应由非法利益和不确定的合法利益构成,其他确定的合法利益不应被当作"不正当利益"看待。第五种观点是"无限制说",该学说认为,行贿罪中的"不正当利益"应包括所有形式和性质的不正当利益,不应再被区分为上述的几种利益。

笔者认为,上述观点都有待商榷。"非法利益说"显然是不当缩小了"不正当利益"的打击范围,不利于惩治罪犯。有些合法利益并不能完全被阻却在行贿罪之外,其既包括合法的可得利益,又包括合法的应得利益。在合法的可得利益中,得与不得是不一定的。例如,在谋取竞争优势时,行为人是否获得合法利益是不确定的,但其通过给予国家工作人员财物以谋取竞争优势而获得的利益必然也是"不正当利益"。在合法的应得利益中,行为人是否得到该利益是确定的,但行为人为了提前获取该利益而给予国家工作人员财物的行为破坏了国家对一定财物在一定时期内的占有,因此此种合法的应得利益也应被认定为"不正当利益"。"不应得利益说"仍然过于笼统,依旧没能给"不正当利益"下一个确切的定

---

[1] 郎胜:《中华人民共和国刑法释义》(第五版),北京:法律出版社,2011 年版,第 663 页。

义。有些合法的应得利益也应在司法判决中被认定为是"不正当利益",因此"不应得利益说"仍不足以评价"不正当利益"的内涵。"手段不正当说"和"无限制说"实际上否定了法条关于行贿罪"为谋取不正当利益"的规定,从而既不符合法条中的语境,又不免会导致有失偏颇的案件处理结果。法条中的每一个字都有其存在价值,我们在理解法条时不能忽视任何字词。既然《中华人民共和国刑法》明文规定了行贿罪需满足"为谋取不正当利益"这一构成要件,那么我们就不能仅以手段的正当与否去界定行为人是否构成行贿罪,更不能不对其进行任何限制。"非法利益+不确定利益说"看似较为合理,但由于"不确定利益"依旧是一个不确切的词语,因此用"不确定"去解释"不正当"未免不够严谨,我们对此学说不能一概而论。

因此,笔者认为,我们不能单纯用一种学说来涵盖"不正当利益"要件的内涵与外延,而是应该分不同的情形进行讨论。具体认定见下文所述。

二、"为谋取不正当利益"的不同情形

由于不断革新的司法解释与理论界的纷争无法实现统一,因此司法实践至今在认定行贿罪中的行为人所谋取的利益究竟是否属于"不正当利益"时仍会引起争议。下文列举了四种典型的行为,并对其是否属于"为谋取不正当利益"进行了基本的认定。

(一) 支付"通融费"与"加速费"不构成"为谋取不正当利益"

"加速费"与"通融费"最初出现在美国的《海外反腐败法》中,两者在我国的贪污贿赂犯罪中也随处可见。在我国贿赂犯罪的语义中,"加速费"与"通融费"的支付并非只存在于商业领域,而是泛指行为人为了加速获取、享有某种确定的合法利益而给予国家工作人员财物的行为。[1] 行贿罪与受贿罪并不是绝对的对合犯。由于受贿罪并非必须谋取不正当利益,因此国家工作人员只要利用本身的职务行为来索取或者收受他人给予的"加速费"或"通融费"的,都属于受贿行为。至于给予"加速费"或"通融费"的行为人是否构成与此相对应的行贿罪,我

---

[1] 参见孙国祥:《"加速费"、"通融费"与行贿罪的认定——以对"为谋取不正当利益"的实质解释为切入》,载《政治与法律》,2017年第3期,第50页。

国的理论界和司法实务界在此问题上出现了肯定说和否定说这两种对立观点，因此我们需要进一步加以论证。

持肯定说的学者认为，不正当利益是指利用不正当手段获得的利益。[①]"通融费"与"加速费"的支付也是为了获取某种利益，而只要谋取"本来不应当得到的利益，或者说虽然应当得到，但采取非法手段取得这样的利益，都属于'不正当利益'"[②]。相反，持否定说的学者认为，行为人没有谋取"不正当利益"，其获得的利益属于"应得利益"。[③] 在"何日宗行贿案"[④]中，被告人何日宗为解决拖欠工程款的问题而送给赵某100万元。根据两高颁布的《关于办理行贿刑事案件具体应用法律若干问题的解释》的规定，二审法院认为，何日宗存在为结算拖欠的工程款而送钱给赵某的行为，其获取利益的手段不正当，因此属于《中华人民共和国刑法》所规定的"谋取不正当利益"。在"何某甲行贿罪"[⑤]一案中，为了矿建工程的顺利进行与工程款的及时结算，被告人何某甲先后两次送给时任灵新煤矿矿长荀某某人民币共计30万元。一审法院认为，何某甲为谋取不正当利益而给予国家工作人员人民币30万元，构成行贿罪；二审法院经审查后认为，原审认定上诉人行贿的目的是为了谋取不正当利益与事实不符，属认定错误，应当属于"在经济、组织人事管理等活动中，谋取竞争优势"的行为。我们从司法判例中可以看出，我国司法实践在支付"通融费""加速费"的罪与非罪之问题上更倾于认定行为人违反《中华人民共和国刑法》第389条第1款或第389条第2款，从而构成行贿罪。

持肯定说的学者和上述认定支付"通融费"与"加速费"构成行贿罪的司法判例主要立基于两个理由。一方面，给予"加速费"与"通融费"的行为属于行贿手段的一种，而行为人只要是通过行贿手段为自己谋取的利益——不论是不是合法利益——都应被认定为是不正当利益。以上观点只关注了取得利益的手段是否正当，而忽视了该利益本身的合法与否，从而不当扩大了不正当利益的范围，这不仅不符合刑法中的文义解释，也不符合刑法的谦抑性和人道主义。另一方面，若我们认为只要利用行贿手段获取的利益都是不正当利益，则等于否定了

[①] 张穹：《中国经济犯罪罪行论》，北京：大地出版社，1989年版，第500页。
[②] 刘方：《贪污贿赂犯罪的司法认定》，北京：法律出版社，2016年版，第334页。
[③] 参见鲁建武、覃俊：《行贿罪之"不正当利益"认定中的疑难问题》，载《中国检察官》，2014年第10期，第64页。
[④] 广西壮族自治区柳州市中级人民法院(2017)桂02刑终421号刑事裁定书。
[⑤] 宁夏回族自治区中卫市中级人民法院(2015)卫刑终字第28号刑事判决书。

《中华人民共和国刑法》第389条第一款中的"为谋取不正当利益"这一构成要件的必要性。既然法条规定了行贿罪的入罪条件是行为人满足需"为谋取不正当利益",那么我们在认定犯罪中就不能忽视这一点,即不能仅以手段之不正当推论出目的之不正当,进而得出行为人谋取了不正当利益。

笔者认为,在此种行为人要求国家工作人员支付应得工程款或其他应得利益的情况下,给予国家工作人员财物的行为不应被轻易认定为行贿罪。首先,职务行为的多样性和复杂性使规则体系之外还存在留给国家工作人员进行自由裁量的空间,但这种自由裁量不是无限度的,其必须受到公平、公正等原则的限制。① 行为人支付"加速费"与"通融费"的行为仅仅是为了避免自身损失,并促使国家工作人员履行正当职责,国家工作人员并没有向行为人提供违反法律法规的便利条件,客观上也没有侵犯行贿罪的客体,仅因行为人采用了给予国家工作人员财物这一行见有手段就认定行为人构成行贿罪显然违背了罪刑法定原则。其次,行贿罪的认定不仅需要行贿的行为,还需要有意图使国家工作人员做出违背职务行为的主观故意,二者兼备才符合主客观一致的原则。行为人支付"加速费"与"通融费"的行为所谋取的是自己应得的合法利益,并没有行贿罪的主观故意,不符合行贿的构成要件。因此,此类支付"加速费"与"通融费"的行为既没有破坏程序上的规定,也没有破坏公平、公正的市场秩序,不宜被认定为构成行贿罪。

(二)"谋取时间利益"构成"为谋取不正当利益"

"谋取时间利益"的行为是指,行为人为了缩短利益取得的时间而向国家工作人员行贿,以提前获得自己合法利益的行为。

在"车长宝行贿罪"②一案中,在政府文件规定了"政府投资建设项目业主单位或建设单位在审计结论出具之前,应留足工程合同价款20%以上的工程款,待审计后根据审计结论办理结算"的情况下,车长宝利用担任重庆市九龙坡区人大常委会主任的潘平之职务便利,先后三次送给潘平人民币共计40.5万元,使自己在审计局还未出具正式的审计报告前就收到了全部工程款。法院经审查后认为,车长宝为谋取不正当利益,先后三次给予潘平40.5万元,构成行贿罪。在

---

① 参见车浩:《行贿罪之"谋取不正当利益"的法理内涵》,载《法学研究》,2017年第2期,第137页。
② 重庆市第五中级人民法院(2019)渝05刑终327号刑事裁定书。

此类行为中,行为人能否取得工程款是确定的,该工程款属于确定的合法利益,但依据相关规定,工程款要等审计程序通过以后才能领取。为了提前收到全部工程款,行为人给予国家工作人员财物,希望绕开审计程序直接领取工程款。在此情况下,虽然行为人实体上得到的利益是正当合法的,但国家工作人员在程序上仍违背了公正的原则,不当行使了自身的权力。因此,此类行为人给予国家工作人员财物,希望国家工作人员违反程序谋取合法利益的行为,依然构成行贿罪。

在"冯某行贿罪"[1]一案中,为了请孟某提前拨付临海路灌云段路面工程款,被告人冯某先后两次在孟某的临海办办公室送给其人民币10万元。法院经审理认定,被告人冯某为谋取不正当利益,给予国家工作人员以财物,其行为已构成行贿罪。在此类行为中,行为人也是必然会收到工程款,但是行为人为了谋取时间利益以便更早收到工程款而给予国家工作人员财物。被告人冯某要求提前支付的工程款是合法利益,但其向孟某个人而非向负责机关提出该要求是不合理行为。对于国家机关来说,对损失了其一定金额资金在一定期限内的占有、使用和收益之权力。[2] 因此,此类要求个人提前支付工程款的行为不正当地谋取了时间利益,宜被认定为是行贿罪。

以上两个案例虽然都是行为人为了谋取时间利益而向国家工作人员行贿,但两者还是有一定差别的。在"车长宝行贿罪"一案中,行为人避开审计程序并通过向国家工作人员给予财物的方式提前领取到全部工程款。在此情况下,虽然行为人获得的实体利益是合法的,但是行为人在程序上是不合法的,国家工作人员在此过程中提供了违反法律、法规的便利条件,因此行为人构成行贿罪。在"冯某行贿罪"一案中,行为人并没有向负责机关提出提前支付工程款的要求,而是向国家工作人员个人提出了该要求,这是不符合规定的行为。国家机关损失了在一定期限内占有、使用、收益该资金的权力,所以此种谋取时间利益的行为也构成行贿罪。

(三)"谋取竞争优势"构成"为谋取不正当利益"

上文提到的两高于2012年发布的《解释》规定,"违背公平、公正原则,在经

---

[1] 江苏省连云港市中级人民法院(2017)苏0706刑初128号刑事判决书。
[2] 干晋:《论行贿罪中的"谋取不正当利益"》,载《最高人民检察院法律政策研究》,2018年第15期,第15页。

济、组织人事管理等活动中,谋取竞争优势的,应当认定为'谋取不正当利益'"。其中,"谋取竞争优势"是"不正当利益"所涵盖的"不确定利益"的最典型形式。这种情形在实务中并不鲜见,利益的不确定往往是因为该利益本身具有市场机制下的竞争性。比如,在招投标活动中,行为人有可能中标,也有可能不中标。在市场经济体制下,各投标单位都可以通过正当竞争来增加自身得到利益的可能性,但如果行为人通过向国家工作人员行贿来谋取不正当利益,则不仅会破坏市场秩序,也会侵害国家工作人员的职务廉洁性。此时,法律所关注与调整的是市场竞争秩序,其特别在意的是取得不确定利益的手段,并将获得该利益的竞争手段的性质与不确定利益相勾连,从而在法律上做出获得的该利益是否属于不正当利益的评价,以实现对市场竞争环境和竞争秩序的维护。[1] 在"赵永刚、李国旺行贿罪"[2]一案中,被告人赵永刚以中铁六局集团呼和浩特铁路建设有限公司名义投标内蒙古呼和浩特市低碳供热亚行贷款项目——呼和浩特市城发公司辛家营、金桥、毫沁营区域集中供热工程项目。在投标过程中,被告人赵永刚通过李国旺介绍认识了缪某,并与缪某商定,由缪某出面联系呼和浩特市公共资源交易中心相关人员帮助被告人赵永刚中标,中标的好处费为50万元,李国旺另外能得到10万元辛苦费。之后,被告人赵永刚以中铁六局集团呼和浩特铁路建设有限公司名义顺利中标该工程项目。按照事先约定,被告人赵永刚从其个人账户中转给李国旺60万元,由李国旺将人民币现金50万元转交给缪某,剩余10万元作为其个人酬劳。法院审查后认定,赵永刚为谋取竞争优势,向缪某行贿人民币50万元,构成行贿罪。上述案例就是非常典型的在招投标活动中向国家工作人员行贿以谋取不确定利益的行为,此种行为当然构成行贿罪。

除此之外,还有一种情况,若行为人原本就在竞争中具有一定的客观优势,那么其为了维持此优势而给予国家工作人员以财物之行为,是否属于《解释》中的"谋取竞争优势"?例如,在"刘某某行贿罪"一案中[3],为帮儿子在神华宁夏煤业集团有限公司找工作等事由,被告人刘某某送给时任神华宁夏煤业集团有限责任公司石炭井焦煤分公司经理的孔某某现金十万元。其间,孔某某承诺为帮助刘某某的儿子安排工作等事项提供支持。一审法院认为,被告人刘某某构成行贿罪,但刘某某在上诉时提出,神华宁煤集团与其儿子签订就业协议的原因是

---

[1] 孙国祥:《行贿谋取竞争优势的本质和认定》,载《中国刑事法杂志》,2013年第7期,第66页。
[2] 呼和浩特市新城区人民法院(2018)内0102刑初69号刑事判决书。
[3] 宁夏回族自治区中卫市中级人民法院(2015)卫刑终字第58号刑事裁定书。

其儿子向该集团人力资源部投递了个人简历,其儿子所学的专业符合报名条件并且参加了面试,其并非利用职务之便为儿子就业谋取了竞争优势,且其儿子后来并未在该集团就业,故其行为不构成行贿罪。二审法院经审理后认定,已有证据只能证明上诉人刘某某的儿子刘某向宁煤集团投递过个人简历、参加过面试,并与人力资源部签订了就业协议,之后未在该集团就业并不能证明上诉人刘某某给予孔某某钱财的目的不是帮助其儿子找工作。二审法院维持原判,认定刘某某构成行贿罪。我们从司法实务中可以看出,即使行为人具有一定的外在竞争优势,但只要行为人有给予财物的行为,其就属于"谋取竞争优势",构成行贿罪。对此,我国学术界存在一定争议。有人认为,即使行为人谋取了所谓的"不确定利益",但是如果本行业行贿已经成为司空见惯之现象,那么行为人为自我保护而行贿之行为也不可以被认定为是行贿罪。[1] 还有学者认为,行为人虽然对国家工作人员实施贿赂,但是为维持竞争优势而给予财物之行为不会损害国家工作人员的职务公正性,国家工作人员依然按照法定的程序履职。[2] 笔者认为,这些观点仍值得商榷。竞争优势本就是一个动态的过程,即使行为人在试图维持竞争优势的当下是具备客观优势的,我们也不能否认,若行为人没有给予国家工作人员财物并传达试图获得利益的目的,那么他人可能就会通过自身的努力夺得优势地位。如此看来,即使行为人只是"维持竞争优势",其仍然可能违反了公平、公正的原则,故应被认定为是"谋取竞争优势"。

因此,行贿罪中的"谋取竞争优势"的情形不仅包括行为人在原本没有竞争优势之情况下,通过给予国家工作人员财物以谋得竞争优势的行为,而且包括行为人在已经具有一定程度的竞争优势之情况下,为了阻碍他人获得优势的可能性而给予国家工作人员财物以维持自己已有竞争优势的行为。

(四)"情感投资"构成"为谋取不正当利益"需要具有对价性、对应性

随着中国反腐措施的不断升级,传统的行贿手段也在不断升级。现在,行贿人不敢明目张胆地直接送钱求人办事,而是迂回行贿。这种披着礼金外衣的行贿行为往往比传统的行贿更难被定罪,其主要有两种情况:第一种是借助逢年过节或是家有喜事的契机,给予国家工作人员一定数额的金钱或是一定价值的

---

[1] 曹坚、吴允峰:《反贪侦查中案件认定的疑难问题》,北京:中国检察出版社,2010年版。
[2] 参见蔡士林:《为"维持竞争优势"而给予财物的行为定性——行贿罪保护法益的视角》,载《江西社会科学》,2018年第7期,第191页。

礼物,希望与其保持良好的合作关系或上下属关系,虽然行为人在给予财物时并没有向国家工作人员提出详细的请托事项,但其希望在日后能获得好处;第二种是为了感谢国家工作人员曾经提供的帮助或便利,在事后持续进行情感投资,行为人明面是表示感谢,实际是想通过这种方式在未来继续谋取利益。

在"陈文双行贿罪"[①]一案中,被告人陈文双与原麦盖提县水利局局长朱某在经济往来中建立利益输送关系,先后11次向朱某行贿现金共计66万元。一审法院审理后认定,被告陈文双构成行贿罪。上诉人陈文双及其辩护人辩称,陈文双先后送给朱某的66万元属正常经济交往,陈文双既没有行贿的故意,又没有获取任何不正当利益。二审法院认为,上诉人陈文双送给朱某66万元款,数额巨大,已经超出正常人际交往中的馈赠范围,不属于正常的经济交往,具有谋取不正当利益的目的和行为。二审法院仍认定陈文双构成行贿罪。在此类行为中,行为人虽然自称只是与他人进行单纯的感情联络,但实际上是期待日后获得利益。行为上的隐蔽性和时间上的不连续性使此类行为难以被认定。

在"彭某甲行贿罪"[②]一案中,在担任某某市政协主席、人大常委会主任期间,彭某乙帮助被告人彭某甲承揽到了某某市矿税办后坪硬化场、绿地化项目、某某市土地政治局稠树塘镇杨柳村土地开发项目、2012年城乡建设用地增减挂钩项目、某某市经开区排污管道安装工程等工程项目,彭某甲在2010年至2011年期间先后三次送给彭某乙人民币共计四万元。法院经审理认定,彭某甲为谋取不正当利益,先后三次送给彭某乙共计四万元,构成行贿罪。

根据上述两个案例,在将"情感投资"认定为行贿罪时,我们应进行如下考量:

第一,衡量"情感投资"的价值与所获利益之间的对价性。为谋取利益而进行"情感投资"的价值与一般的亲朋好友之间情感联络的价值有着明显差异。在日常生活中,情感联络的价值往往较小,如吃饭、唱歌等娱乐活动,送礼品也仅限于价格不高的特产、纪念品等。若行为人进行情感投资的终极目标仅是增进感情,与国家工作人员职权的行使无关,或是虽然有财物给予行为和职务行为,但此种建交方式的感情投资对职权行使没有影响,此时财物的对价物是国家工作人员的感情而非职务行为,双方不存在权钱交易对价关系,则我们不能认定行贿

[①] 新疆维吾尔自治区中级人民法院(2019)新31刑终249号刑事判决书。
[②] 湖南省邵阳市双清区人民法院(2019)湘0502刑初56号刑事判决书。

人有"为谋取不正当利益"的目的,不应认定其构成行贿罪。[1]但是,行贿罪中的行为人为"谋取不正当利益"而向国家工作人员实施的"情感投资"所蕴含的价值往往超过日常情感联络所需要的费用,甚至超过行为人可负担的范围。谋取的利益越难实现,或者所谋取利益的价值越高,"情感投资"的价格也会越高。但是,为了隐藏自己的谋利目的,行为人会钻法律的漏洞。正如上述案例所示,行为人往往不会一次性给予国家工作人员较大数额财物,而是借助过年、过节或其他喜事,分次给予国家工作人员财物。虽然每次给予的数额不大,但总额必定是较大的。此时,在审查行为人的行为时,司法人员应当对该异常行为保持怀疑,并进行进一步判断。

第二,确定"情感投资"行为与行为人所获利益在时间上的对应性。如上文所述,"情感投资"分为事前行贿和事后行贿两种情况。在事前行贿中,若行为人为了未知或可预见的事项而在前期持续给予国家工作人员数额较大的财物,并且在时间间隔不大之将来确实获得了某种合法利益,则司法机关可以认定行为人构成行贿罪。在事后行贿中,若行为人假借感谢国家工作人员提供帮助和便利条件之名而持续给予国家工作人员数额较大的财物,则司法机关可以认定行为人是希望通过此种行为在日后继续得到国家工作人员的重用和关照,从而主张行为人构成行贿罪。

三、结语

在新型行贿犯罪屡增不减的情况下,精准打击行贿犯罪极为重要。本文从行贿罪中的"谋取不正当利益"之立法演进和理论聚讼切入,对几类行贿案例进行分析研究,并提出了认定不同行贿方式的思路。通过对上述四种不同情形下的行贿行为之分析,我们可以看出,理论界对"不正当利益"的界定并不能概括所有可能发生的新型行贿犯罪。即使是最受支持的"非法利益+不确定利益说",也无法正确评价行为人为谋取合法确定利益时的行贿行为。因此,笔者认为,我们大可不必为了总结出一种涵盖度最广的学说而对"不正当利益"下结论。相反,我们应通过逐层分析利益性质的方法来评价行为人是否构成行贿罪。首先,我们应区分行为人谋取的是合法利益还是非法利益。若行为人谋取的是非法利

---

[1] 车浩:《贿赂犯罪中"感情投资"与"人情往来"的教义学形塑》,载《法学评论》,2019年第4期,第29页。

益,则该利益当然为"不正当利益";若行为人谋取的是合法利益,则我们应再次区分该利益是合法的应得利益还是合法的可得利益。若行为人谋取的是合法的可得利益,得与不得是不确定的,则该行为属于"谋取竞争优势"的行为,该利益应被认定为是"不正当利益";若行为人谋取的是合法的应得利益,则我们应判断行为人是否有利用国家工作人员职权便利的行为。若行为人并没有违反法律法规所规定的程序上的行为,且国家工作人员也并没有提供便利、帮助行为,则该利益不应被认定为是"不正当利益";若该合法的应得利益之获得违反了相关的程序规定,是一种谋取时间优势的行为,且国家工作人员实际上还是提供了职务上的便利、帮助行为,则该利益仍然应被认定为是"不正当利益"。除了可以依据利益性质来判断行为人是否属于"为谋取不正当利益"外,我们还要面对当下判定标准最为模糊的"情感投资"行贿行为。在对"情感投资"进行入罪出罪的判定时,我们需要同时判断行为人的"情感投资"之价值与所获得利益价值之间的对价关系,以及所获得利益与"情感投资"在时间上的对应关系,从而合理判断行为人是否属于"为谋取不正当利益"。

（编辑：孙振一）

实务中的修辞

扭送应重视说服方式

范　跃[*]

摘要：扭送是法律赋予公民的同犯罪作斗争的合法手段,其既是公民享有的权利,又是对国家公权力打击犯罪的一种有力的补充。扭送具有打击犯罪、保障公民权利以及维护社会稳定的积极作用。但是,扭送过程存在着不同程度的阻力。仅以身体上的强制进行暴力扭送不仅不利于扭送目的之实现,而且扭送双方的权利都难以得到保障。同时,扭送并不是由国家机关采取的强制措施,其只能被视作一种准公务行为,因此其强制力有限。所以,在扭送过程中,我们应注重说服方式。只有充分结合强制与说服,才能有利于扭送目的之顺利实现。

关键词：扭送；公民逮捕；准公务行为；说服方式

一、扭送行为概述

从名称来看,"扭送"是我国特有的一种法律制度。与一些西方国家的公民逮捕制度相比,我国关于扭送制度的法律规定过于粗糙,针对扭送制度的理论研究也相对缺乏,与西方法治国家差距较大。法律赋予公民对现行犯及准现行犯的扭送权具有重要意义,但其同时亦应对个人的强制手段进行相应限制,并明确法律责任。犯罪具有复杂性,扭送可以有效地制止即时发生的犯罪或防止犯罪结果的扩大化。扭送制度的完善有助于鼓励公民与犯罪作斗争,有利于提高公民打击犯罪的积极性,从而达到抑止犯罪、预防犯罪的目的。但是,在扭送过程中,公民适用的强制手段很难做到与行政机关和司法机关的强制措施一样有效,

---

[*] 范跃,男,河北秦皇岛人,华东政法大学博士研究生,研究方向：法律方法论。

所以我们需要辅助以说服手段来降低扭送难度，从而达到制止犯罪并将其送交国家机关处理的目的。

《中华人民共和国刑事诉讼法》第84条规定："对于有下列情形的人，任何公民都可以立即扭送公安机关、人民检察院或者人民法院处理：（一）正在实行犯罪或者在犯罪后即时被发觉的；（二）通缉在案的；（三）越狱逃跑的；（四）正在被追捕的。"根据上述规定，我们可以对刑事诉讼中的扭送制度做几点解读：其一，扭送主体是任何公民。任何人都应该有权利同犯罪行为作斗争，从而阻止犯罪行为的发生和防止犯罪后果的扩大化。其二，扭送对象的处理。公民应当将扭送对象送往公安机关、人民检察院或者人民法院。其三，扭送的对象包括正在实行犯罪或者在犯罪后即时被发觉的、通缉在案的、越狱逃跑的和正在被追捕的人。其中，"正在实行犯罪"或者"在犯罪后即时被发觉的"就是我们通常所说的现行犯，而"通缉在案的；越狱逃跑的；正在被追捕的"则可以被归入"准现行犯"的范畴。为保证被扭送人到案应当赋予扭送人采取强制手段的权利，但仅以此目的为限，不能使被扭送人受到不必要的伤害。因此，扭送在法律上可以被定义为：任何人针对现行犯或者准现行犯采取适度的强制手段进行控制，并陪同其到公安司法机关投案的行为。

早期的人类社会基本上都是以游牧生活为主，这样的社会中的主要社会关系是亲族关系。作为一个社会的整体，每个亲族群体都享有侦查权和司法权，行使着类似于警察和法官职权的权力。[1] 在中世纪的英格兰，依盎格鲁-撒克逊法，公民逮捕是执法的重要组成部分。地方执法官鼓励人们积极参与到逮捕犯罪人的活动之中。受此影响，由当地平民组成的"地方保安队"成为英国和美国维护社会治安的法律传统之一。[2]

被害人在其权益受到侵害时采取的逮捕是公民逮捕的重要形式。以被害人为中心的司法处理方式在西方曾十分盛行，被害人在诉讼过程中处于重要地位。特定的社会关系能够为被害人的利益提供保障，并为其提供必备的社会条件。这种社会关系是以个人负有的义务、家庭、宗教以及社区传统为基础的。在早期的北美殖民地内，法律允许被害人进行侦查活动；在治安官员收取一定的费用

---

[1] ［英］彼得·斯坦、［英］约翰·香德：《西方社会的法律价值》，王献平译，北京：中国法制出版社，2004年版，第163页。
[2] 张鸿巍：《扭送刍议》，载《河北法学》，2011年第1期，第60页。

后,当事人可以自行主动采取逮捕行动,并雇用私人律师起诉。① 但是,这种做法不一定有利于被害人,因为被害人通常要支付一大笔金钱才可能拿到逮捕令。

刘敔曰:"逮者,其人存,直追取之;捕者,其人亡,当付捕之。"②"逮捕"中"逮"的原意是"捉拿",而"捕"的原意是"追捕逃亡的奴隶"。自奴隶社会以来,我国经历了漫长的弹劾式诉讼时期,刑事诉讼遵从"不告不理"原则,被害人通常需要私人押送犯罪嫌疑人到官府进行审理。逮捕始于春秋战国时期。战国时期,自李悝在《法经》第四篇中设立《捕法》以后,我国古代历朝法典中大多包括像《盗捕律》《捕亡律》等专门规定逮捕内容的法律。以秦代为例,此时对犯罪嫌疑人的逮捕就包括了一般人逮捕犯罪嫌疑人送交官府的情形。因推行商鞅提出的奖励告奸捕亡,由普通人逮捕犯罪嫌疑人在秦代并不罕见。③"夫、妻、子五人共盗,皆当刑城旦,今尽捕告之",《睡虎地秦墓竹简》中不乏此类记载。④ 城旦为四年强制劳役,为秦律中的重刑。即使秦代鼓励普通人实施逮捕,也必须满足一定的条件。私人逮捕的对象必须满足一家五人偷盗并罪当"城旦"的条件。除捕告外,被害人可以将损害其自身利益的不法侵害人押送至官府,并提起自诉,这就是所谓的"劾"。如《封诊式》的《告臣》记载:"某里士伍甲捆送其奴男子丙,控告后者骄横强悍,不在田里干活,不听从甲的使唤。请求卖给官府,送去充当城旦。"⑤

作为我国封建法律制度发展过程中的一个里程碑,唐朝法律制度为以后的法律制度的发展奠定了坚实基础。唐律对百姓逮捕罪犯的活动有严格限制,私人逮捕的对象只包括三种,即正在发生的"折伤"以上的伤害、偷盗以及强奸。除十分严重的犯罪外,对其他犯罪的逮捕"须向官府请示,未经允许,不得辄行,否则将承担刑事责任,即使案犯所犯为死罪,非盗窃官吏擅杀者,也将被处以'加役流'之刑"⑥。明朝时期,法律十分鼓励私人逮捕,其放宽了对逮捕的限制,平民百姓可以逮捕任何一个犯罪的人,并将其送至官府。此外,明律还明确地规定了悬赏捕告。明太祖朱元璋更是大诏于天下,"有等贪婪之徒,往往不畏死罪,违旨

---

① 张鸿巍:《扭送刍议》,载《河北法学》,2011年第1期,第60页。
② 张兆凯主编:《中国古代司法制度史》,湖南:岳麓书社,2005年版,第77页。
③ 张晋藩:《中国司法制度史》,北京:人民法院出版社,2004年版,第29页。
④ 张鸿巍:《扭送刍议》,载《河北法学》,2011年第1期,第60页。
⑤ 王立民:《中国法制史》,上海:上海人民出版社、北京:北京大学出版社,2007年版,第101页。
⑥ 张晋藩:《中国司法制度史》,北京:人民法院出版社,2004年版,第30页。

下乡,动扰于民。今后敢有如此,许民间高年有德耄民率精壮拿赴京来"①。

在新中国成立后,第一次以成文法形式规定扭送制度是在 1954 年颁布的《拘留逮捕条例》之中。1979 年的《中华人民共和国刑事诉讼法》第 42 条规定:"对于下列人犯,任何公民都可以立即扭送公安机关、人民检察院或者人民法院处理:正在实行犯罪或者在犯罪后即时被发觉的;通缉在案的;越狱逃跑的;正在被追捕的。"1996 年的《中华人民共和国刑事诉讼法》第 63 条规定:"对于有下列情形的人,任何公民都可以立即扭送公安机关、人民检察院或者人民法院处理:正在实行犯罪或者在犯罪后即时被发觉的;通缉在案的;越狱逃跑的;正在被追捕的。"两者唯一的不同是 1996 年的《中华人民共和国刑事诉讼法》将 1979 年版本中的"下列人犯"改为"下列情形的人",这是为了贯彻"未经判决,对任何人都不得确定有罪"的刑事诉讼原则。需要指出的是,两部刑事诉讼法都把"扭送"与拘传、取保候审、监视居住、逮捕及拘留一并规定在"刑事强制措施"中。2013 年实行的《中华人民共和国刑事诉讼法》第 82 条的规定与 1996 年相比未有变化。

二、为什么扭送过程需要强调说服方式?

(一)从扭送行为的性质来看需要运用说服手段

扭送行为的性质在我国刑事立法中并没有被明确规定,学术界就扭送性质的界定也没有形成统一的认识,但明确扭送的性质是正确理解扭送制度的基础,有助于我们发现和解决扭送制度中存在的问题。

通说认为,刑事诉讼中的强制措施是指,公安机关、人民检察院和人民法院为了保证刑事诉讼活动的顺利进行,依法对刑事案件的犯罪嫌疑人、被告人的人身自由进行限制或者剥夺的各种强制方法。② 扭送被规定在"强制措施"这一章中,这意味着扭送与强制措施有很多共同点。第一,强制措施只能针对犯罪嫌疑人和被告人,而《中华人民共和国刑事诉讼法》规定的扭送对象也只能是四种特定情形的犯罪嫌疑人或者在逃犯。第二,刑事诉讼强制措施的目的是保障刑事诉讼的顺利进行,是预防性的措施,其旨在防止犯罪嫌疑人逃避法律追究或实施

---

① 张兆凯主编:《中国古代司法制度史》,湖南:岳麓书社,2005 年版,第 77 页。
② 陈光中主编:《刑事诉讼法》,北京:北京大学出版社、北京:高等教育出版社,2005 年版,第 220 页。

毁灭、伪造证据和继续实施犯罪行为等妨碍刑事诉讼的行为,而扭送也可以在一定程度上实现此目的。第三,刑事强制措施具有强制性,会剥夺或限制人身自由,而扭送也会运用强制性手段,也会限制被扭送人的人身自由。第四,从比较法的角度来看,在其他国家,无论是大陆法系国家还是英美法系国家,类似于我国扭送制度的公民逮捕都被归为逮捕的一个分支,其被称为"私人逮捕",属于强制措施的范畴。[1]

同时,扭送与强制措施也存在着很大的区别。第一,强制措施的实施是以国家强制力为后盾的,它是凭借国家的强制力来限制犯罪嫌疑人、被告人的人身自由。然而,公民不具有这种强制力。扭送虽然在手段上具有一定的强制性,但这种强制力的效力是非常低的,并且行使扭送权利的人无权对被扭送人做出任何其他权利上的处置,而是必须立即将其送往国家专门机关接受处理。从这一点上看,扭送并不算是一种强制措施。第二,强制措施必须严格依照法定程序来实施,并由相应的国家机关制作和出具具有强制力的法律文书,如逮捕决定书、取保候审决定书等。但是,法律并没有规定扭送行为需要出具或申请任何法律文书,也没有对扭送做出严格的程序规定。因此,非程序性是扭送和强制措施之间最主要的区别之一。第三,强制措施是针对犯罪嫌疑人或刑事被告人所采取的一种对法律上的人身权利,其会产生相应的法律后果。相反,扭送行为不能直接实施任何法律上的处置,结果只能是将被扭送人送交公安司法机关接受处理。在公安司法机关给出处理决定之前,被扭送人的法律地位处于不确定的状态,因而公民实施的扭送并不是强制措施,而是强制措施的辅助手段。[2] 但是,由于扭送与刑事强制措施有很多共同点,并且公民在行使扭送权利的同时也暂时充当了国家公职人员的角色,因此扭送具有一定的公务性质,其可以被称为"准强制措施"。扭送是一种准强制措施,具有辅助性,扭送所辅助的强制措施主要是拘留与逮捕。被扭送人被送交公安司法机关之后,公安司法机关会根据被扭送人实施的行为的性质和情节的轻重给予其不同的处理,包括释放、移送或恢复适当的强制措施。

扭送是我国法律赋予每个人的权利,它的本质是个人通过自身力量与犯罪作斗争的一种合法手段。依靠广大群众,并结合专门机关和人民群众的力量是

---

[1] 陈卫东主编:《刑事诉讼法资料汇编》,北京:法律出版社,2005年,第178页。
[2] 王敏远主编:《刑事诉讼法》,北京:社会科学文献出版社,2005年版,第325页。

《中华人民共和国刑事诉讼法》规定的一项基本原则,而扭送制度的制定也正是落实了这一原则。在通常情况下,为了保护公民的人身自由,个人是无权对其他人的人身采取强制性手段的,否则会被认定为是侵权行为,而扭送赋予了公民在特殊的情况下将其他个人以强制手段送交给公安司法机关的权利,从而将这种行为合法化了。同样,正是因为扭送的强制力不如刑事强制措施,所以在实施扭送的过程中,我们应当充分运用说服手段来辅助强制手段,如此可以尽量减少身体冲突,从而将双方可能发生的损害结果降至最低。

(二) 注重说服方式有利于降低扭送难度

对有反抗行为的被扭送人能否采取暴力强制手段?对人身危害性严重的被扭送人采取的强制手段的限度如何判定?这些问题都没有被明确规定。公民在实施扭送时无章可循,很难做到防微杜渐,因此实践中只有先出现问题,再解决问题,而这一点也是导致公民不敢实施扭送的原因之一。

在公民实施扭送行为的过程中,各种各样的言语与身体上的冲突会不可避免地出现,因为公民可以采取的强制力手段是有限的。所以,在扭送过程中,合理运用说服手段将在很大程度上降低扭送的难度。如果现行犯抗拒扭送,公民可以对其施以适度的人身强制,但不能伤害被扭送人的身体或侮辱其人格。[①] 扭送权利的行使必伴随着个人强制力的实施。公民可以对现行犯施以强制手段,但必须仅以将被扭送人带至专门机关且不对被扭送人造成过度伤害为限。所以,如果个人基于非法的目的而采用了明显超过必要限度的强制力措施,则其行为的合法性就被排除了,其应该承担相应的法律责任。正是因为扭送过程不仅仅意味着扭送人将被扭送人扭送至国家机关,而且还意味着扭送人应当保证自身以及被扭送人的合法权益,所以作为一种不利后果较小、正面作用较大的方式,说服手段更应当被充分运用。

(三) 注重说服方式有利于保护被扭送人的权利

注重说服方式可以降低扭送的阻力,还可以相应地保护被扭送人的合法权利,因为即使被扭送人先前实施了违法甚至犯罪行为,其基本权利也应受到合法的保护,不能被任意侵犯。为了鼓励公民勇于实施扭送,法律就必须赋予扭送人

[①] 程荣斌主编:《刑事诉讼法》,北京:中国人民大学出版社,2005年版,第238页。

相应的权利。与此同时,为了能够保障被扭送人的权利,法律还应该规定扭送人的基本义务,权利和义务必须相互统一。首先,扭送人需要承担告知义务。公民具有人身自由不受非法限制的权利,公民在行使扭送权利的时候应当事先通知其扭送的意思。扭送人还负有听取被扭送人辩解的义务。在扭送被扭送人的时候,扭送人应该听取被扭送人合理的辩解理由。其次,扭送人有尊重被扭送人人格尊严的义务。在实施扭送的过程中,扭送人应该充分尊重被扭送人的人格尊严,不得侮辱被扭送人的人格或是恶意诋毁被扭送人的名誉。在采取强制手段时,扭送人需承担扭送措施的适度注意义务。扭送人采取的措施之强度不应超过能控制住被扭送人的范围。扭送人不能对被扭送人的人身自由以外的其他人身权利和财产权利做出任何处分。此外,扭送人负有将被扭送人及时交付到案的义务。扭送人必须尽自己的最大努力将被扭送人及时送交公安司法机关,且扭送人应承担说明义务。扭送人应该就自己认为被扭送人实施了的犯罪行为进行说明,并尽最大努力提供证据。被扭送人应享有为自己辩解的权利,这也是被扭送人应该享有的最基本的程序性权利。被扭送人在被采取强制手段时有权利得到扭送人的告知,并可以为自己的行为进行辩解。实施扭送行为的人应该听取被扭送人提出的合理的辩解理由,这样有助于把错误的扭送行为扼杀在萌芽状态,从而减少不必要的麻烦和损失,以及节省时间和人力资源。被扭送人的辩解通常要与扭送人的说服相对应,因为如果扭送人不进行任何说服,那么被扭送人的辩解也就毫无意义。

  同样,说服方式可以在一定程度上预防错误扭送,而错误扭送可能侵害被扭送人的人身权利和侵犯公民的名誉权,从而导致社会对扭送的评价降低。名誉权是指主体就自身属性和价值所获得的社会评价和自我评价享有的保有和维护的权利。[1] 我国法律明确规定,中华人民共和国公民的人格尊严不受侵犯,禁止用任何方法对公民进行侮辱、诽谤和诬告陷害。尽管被扭送人有可能实施了危害社会的犯罪行为,但是这并不能代表被扭送人作为一个人的基本尊严和社会对其的基本尊重就不复存在了。人格尊严是受宪法保护的,是永远不能因任何原因被任何人剥夺的,它是人在社会中的一项基本权利。如果扭送的说服过程发现了错误扭送的,那么被扭送人首先应该享有获得道歉和赔偿的权利,其次国家机关应该将被扭送人的名誉予以恢复。

---

[1] 魏振瀛主编:《民法》,北京:北京大学出版社、北京:高等教育出版社,2000年版,第652页。

三、运用说服不是放弃强制

(一)"强制"是一种保障措施

一般而言,针对公民人身自由的强制行为只能由国家专门机关实施,公民个人无权限制其他公民的人身自由。但是,特定犯罪嫌疑人的社会危害行为或其人身危险性使法律有必要赋予公民对其采取适当的强制性措施的权利,以惩罚犯罪与维持社会稳定。扭送行为虽然是个人行为,但是其具有强制性是必然的。正如上文所述,因为实施扭送的主体没有足够的威慑力,所以被扭送人在扭送过程中的反抗力度通常是较大的。为保护自己,扭送人必须采取一定程度的强制手段。而且,被扭送人往往是实施了犯罪行为的人,这类人通常具有比较大的危险性。如果我们不承认扭送手段的强制性,那么扭送制度也就不复存在了。所以,强制性是扭送最显著的特征之一,但是这种强制性必须是受限制的,其不能超出强制被扭送人到案的程度。扭送人不能对被扭送人的任何其他权利进行剥夺,否则必须承担相应的责任。

在司法实践中,法官经常遭遇扭送人将盗窃犯殴打致死以及将犯罪嫌疑人捆绑导致伤残的情形。扭送人出于对被扭送人实施的犯罪行为之憎恨而恶意地对被扭送人实施人身伤害或者非法拘禁的案件屡见不鲜。首先,在扭送过程中,被扭送人的反抗力度是比较大的,因为实施扭送的主体不是具有专业性、权威性的公安司法机关工作人员,没有足够的威慑力;其次,因为害怕遭到强力反抗而使自身受到伤害,所以扭送人往往出手比较重。最后,出于对犯罪的憎恨甚至基于报复心理,扭送人很有可能恶意伤害被扭送人。只有对扭送人所使用的强制手段进行限制性规定,才可以在一定程度上避免类似情况的发生。就像正当防卫制度一样,防卫人既要鼓励被害人对自身权利受到的伤害进行防卫,又要防止防卫过当,否则将承担相应的刑事责任。每个人的认知能力和控制能力相差很大,尤其是法律规定,扭送对象不仅包括现行犯,还包括通缉犯和在逃犯,这就极有可能导致扭送对象的错误。扭送行为不是基于平等主体之间的合意,而是公民个人之间的强制行为。①

---

① 欧卫安:《论扭送》,载《中国刑事发杂志》,1998 年总第 36 期,第 55 页。

(二) 需综合运用强制与说服

犯罪行为往往给被害人带来严重伤害,而对现行犯的扭送可以在被害人受到伤害的第一时间发挥阻止作用,以保护被害人免受伤害或者减小伤害的程度。国家刑事司法活动属于犯罪的事后反应机制,其不可能在犯罪没有发生时便启动,犯罪的偶然性、突发性和不确定性都决定了在犯罪发生时要求执法人员立即赶到犯罪现场几乎是不可能的,但扭送制度正好能够弥补这一不足。在现行犯实施犯罪行为时,现场目击者或者知情人如果积极地实施扭送行为和及时地阻止犯罪,那么被害人的权利将在很大程度上得到保护,从而免受犯罪侵害或者能够受到更少侵害。被害人本人也可以通过正当防卫的方式控制犯罪嫌疑人,并将其扭送至公安司法机关,从而对犯罪形成强大的制约力量。对现行犯的及时扭送还可以有效地保护犯罪现场、保全证据,以及协助公安司法机关控制犯罪嫌疑人并展开侦查讯问,从而有利于案件的侦破。

除被害人实施的扭送以外,大部分扭送行为在道德范畴上属于见义勇为。见义勇为是蕴含了高尚道德品质的正义行动,其能够鼓励社会成员行动起来与犯罪作斗争,有利于弘扬社会公平精神,有助于塑造积极健康的社会价值观。通过鼓励社会成员行动起来与犯罪作斗争,我们可以建立起完善的社会防控体系,引导社会主流价值,维护社会稳定。[1] 在实施扭送行为时,公民在社会角色上暂时充当了国家公务人员;通过揭露犯罪和阻止犯罪,公民及时地保护被害人权益,这是社会正义的充分体现。扭送能够发挥惩恶扬善、弘扬社会正气的功能,能够使得每个人都受到见义勇为精神的教育和感染,从而激发人们与犯罪进行斗争的勇气,达到伸张社会正义的目的。

(三) 扭送中的说服需要结合法律与日常话语

法律修辞以其强有力的说服能力在整个司法过程中起到越来越重要的作用。无论是亚里士多德的"一种能在任何一个问题找出可能说服方式的功能"[2],还是以佩雷尔曼为代表的学者所积极构建的"说话者在论证过程中所企图影响之人"[3],其核心都是一种说服,一种通过修辞的说服方式来解决案件和

---

[1] 樊学勇:《犯罪侦查程序与证据的前沿问题》,北京:中国人民公安大学出版社,2006年版,第182页。
[2] [古希腊]亚里士多德:《修辞学》,罗念生译,上海:上海人民出版社,2005年版,第23页。
[3] 廖义铭:《佩雷尔曼之新修辞学》,河北:唐山出版社,1997年版,第49页。

提升社会的可接受性的方法。① 扭送过程中的说服需要以明确被扭送人的违法事实为前提，这是一个顺序上的前置。如果不对被扭送人先前的违法行为进行告知，那么扭送行为很难获得法律及道德上的正当性，而这必然会给扭送行为目的之实现造成重大阻碍。对扭送人实施扭送行为的合法化的解释必须结合相应的法律规定才能得到说明，仅从道德评价上对被扭送人予以说服一般得不到良好效果。在扭送中，对被扭送人的非法行为进行明示，并配合明示扭送行为本身合法性的法律规定，以在法律评价上获得正当性，这是扭送能够顺利进行的基础。所以，在扭送过程中，运用相关法律规定进行说服是有利于减小扭送阻力的。

语言学和法学绝对不是井水不犯河水的两门学科，这两门学科是相通的，有很多可以相互借鉴的地方。说到底，语言学和法学都是在做同样的事情：语言学是研究人类所使用的语言的规律，法学是研究规范人的社会行为的法的规律。人，从根本上说，是语言的；法律，从根本上说，也是语言的。从这个意义上说，语言学与法学是在研究同一种东西，做同样的事情。② 由于扭送人与被扭送人的知识背景、受教育程度、生活经历等各方面存在差异，所以在扭送过程中，仅仅通过法律专业术语进行说服同样很难达到说服效果。针对被扭送人的说服，我们需要结合使用日常话语，而日常话语除了从道德评价的角度被适用外，还可以结合家庭、经济、工作等各个角度进行充分说理，以达到说服的目的。在司法实践中，法院确实也遇到过被群众说服而进行自首的案例，所以如果仅从法律上的正当性出发进行说服而不结合日常话语，那么我们将很难达到说服目的。日常话语的运用能够更加直接地影响被扭送人的心理，从而比法律话语的生硬压制更加容易让人产生心理上的理解与认同。除了影响扭送人和被扭送人以外，充分的说服也可以发动身边的广大群众，从而借助群体的力量来辅助扭送的顺利进行，以实现扭送目的。

结语

扭送制度具有重要的法律意义，它是阻止犯罪的重要手段，能够及时保障公

---

① 杨铜铜：《作为一种说服过程的法律修辞的作用场域及其限制》，载《甘肃理论学刊》，2015年9月第5期，第27页。
② ［美］约翰·吉本斯：《法律语言学导论》，程朝阳等译，北京：法律出版社，2007年版，第7页。

民人权和弘扬社会正义。从性质上说，扭送是一种准强制措施，它既是我国法律赋予每个人的权利，又是立案的材料来源之一，其本质是个人通过自身力量打击犯罪和与犯罪作斗争的一种合法手段。为了鼓励公民勇于实施扭送，法律就必须赋予扭送人相应的权利。与此同时，为了能够保障被扭送人的权利，法律还应该规定扭送人的基本义务，权利和义务必须相互统一。

注重说服方式可以降低扭送的阻力，同时可以相应地保护被扭送人的合法权利，因为即使被扭送人先前实施了违法甚至犯罪行为，其基本权利也应受到合法的保护，不能被任意侵犯。强调说服并不等于放弃强制，强制是一种保障。在扭送过程中，结合身体上的强制与语言上的说服才能顺利实现扭送目的。在说服过程中，我们也应当注意说服的语境，要结合被扭送人的具体背景来选择合适的说服方式，而运用法律的权威话语与适当的日常话语常常是有效的方式。说服方式的合理运用能够减少扭送过程中的阻力，从而促进扭送目的之实现。

（编辑：宋伟）

民事强制执行中的法官说服艺术

张华麟　吴呈祯[*]

摘要：在民事强制执行过程中，法官需要对当事人进行有效说服，这种说服客观有效地存在着，但由于没有得到理论的关注而沦为"民间技艺"。作为一种增强可接受性的语言技巧、劝说策略与规划布局，法律修辞越来越多融入到司法互动的过程中。执行中的说服技艺与法律修辞具有相当程度上的内核同源性，两者都在互动中寻求可接受性，并试图借助策略性来说服他人。因此，用法律修辞的视角来分析执行技艺，不仅可以丰富修辞学的研究视域，而且可以提升执行技能的理论高度，有利于明晰、拓展与提升执行说服能力。

关键词：强制执行；说服；法律修辞

一、强制执行中的法官说服之现状与不足

相较于裁判中的法律说服，执行中的说服分布得较为分散。审判说服主要被限定在判决文书的逻辑推理与法律论证，判决书中的语言修辞是法官寻求可接受性的重要"产品"；而执行程序则具有相当程度的实践性与复杂性，从与申请人和被执行人第一次接触开始，执行法官就必须不断地说服表达。若要考察这种说服，则我们只能从散见在执行案件中的笔录、电话录音等材料出发。为了直观了解和掌握执行中的这种说服技巧，我们选取某法院日常执行中笔录与电话录音，并滤去相关信息，以从双方对话的角度来考察这一过程中的执行法官之说

---

[*] 张华麟（1987—　），男，山东威海人，华东政法大学 2019 级法理学博士研究生，研究方向：法律方法论、党内法规；吴呈祯（1988—　），女，吉林临江人，上海市松江区人民检察院检察官助理，研究方向：法律方法论、刑事诉讼法。

服技巧,从而考察说服在执行中的运用情况。通过考察,我们发现执行中的说服存在以下不足:

(一) 说服意识匮乏

受制于案多人少的客观现实,执行法官对说服普遍存在逃避心理,一味以结案为目的而忽视了执行说服。说服意识的缺失直接导致执行中的沟通不畅,而从当事人的角度来看,沟通不畅的表现就是各种"冷硬推"、回应不足以及回应内容的接受性差。例如,在一段电话录音中,申请执行方询问法官共有房屋能否处理,但执行法官的说服与回应只是生硬地讲明了法律规定,而没有充分运用修辞手段,也没有起到很好的解释效果。事实上,面对普通民众,执行法官此时应当形象地解释共有房屋不能处置的原因以及后续的应对方法。

例1

申:喂,是李法官吗?

法:嗯,哪位?

申:我是＊＊＊案件的原告,想问问案子的执行情况。

法:(停顿片刻)这个案子已经终结本次执行程序了。

申:啊? 终结本次执行程序?

法:就是被执行人现在没钱,以后有钱了再执行。

申:怎么会没钱? 他有房子的啊,我们起诉时还交了钱查封过。

法:没用的,房子是和别人共有的,处理不了的。

申:共有的怎么不能处理,明明有他的名字的啊,他现在欠了我们这么多钱,我们就等这套房子了……

法:共有房屋不能处理的,这是法律规定的。具体情况你去问你律师,好吧。

申:……

(二) 说服方式单一

在实践中,很多被执行方为自己的消极履行行为所找的托辞多是认为判决不公。当然,从法理上说,不认可判决并不影响执行程序的启动与推进,因此在面对这种理由时,告知"判决已生效,执行必须继续进行"就成为执行法官最为偏爱的说服方式。这种说服手段虽然具有法理上的正当性,但其却忽视了对被执行人心理上的照顾以及对其客观需求的有效回应,因而效果不佳。

例2

被:这个判决就是乱判的,我根本就没有借那么多钱,这里面很多的钱都是重复计算的,审判的时候我和法官说过了,他们(指原告)就是专门放贷的。

法:判决已经生效,你要是有意见,你自己去主张,但是我们执行不管的,在判决没被推翻前,我们都要依照这个执行。

被:可是,这里面的钱明明是多算了10万块钱,你看,3月4日的这笔和5月22号的就是同一笔的,这个可以查银行的……

法:(打断)这个不是我们执行庭做的,刚才已经和你说了,判决已经生效了,你自己看着办,跟你讲,现在是给你一段时间,再不付的话,我们就要强制执行了。好了,今天就这样,你自己考虑清楚吧,就这样。
(挂断电话)

(三)说服技巧不足

从说服手法看,具体类型有道德说服、情感说服等。每种说服手段都有一定的适用条件,法官针对不同的案件情况和当事人来选择单一式的或者叠加式的修辞方式,这是执行说服的精益所在。但是,目前看来,执行说服多停留在单一式的说服方式上,如简单的道德说服等,这导致执行法官的司法能力与群众能力不足,从而使说服难以奏效。其实,以上现象与破解执行难的司法策略有关。目前,我们主要侧重于外在的、技术的、体制机制上的完善,而忽视了对执行技能与艺术这种隐性能力的强调与培养。这种忽视导致学界和实务界对执行技能的研究不充分、不清晰,没有明确界定与梳理归纳执行技能,更毋提系统性的论述。目前,各界充其量只是将说服置于语言技巧的驾驭层面,而没有将其提高到法官司法技能塑造的高度上。

(四) 说服理论研究不深入

目前，执行理论研究者对执行中的说服能力之研究尚不够深入，最多是在相应的司法解释及文件中明确要求坚持说服教育与强制执行相结合的原则，但没有对说服的技巧、说服与强制的关系界限等进行明确。事实上，抽象的适用原则只是给法官在实践中留下了相对宽松的操作余地。若说服用得太多，则执行失之于软、失之于宽；若说服用得不足，则执行的可接受性不够，社会效果欠佳。所以，虽然说服能力在实践中的作用不容小觑，且在一定程度上左右着执行的进展，但由于缺乏理论上的支撑，说服能力正沦为执行中的隐形因子，甚至多被定位为一种单纯的执行技艺，这无疑是执行理论研究中的一种缺憾。因此，为执行中广泛而大量地存在着的各种说服方式寻找理论支撑就十分有必要。

二、法官的说服技巧需贯穿强制执行的全过程

作为借助国家强制力兑现生效裁判的救济途径，执行属于司法裁判的自然延伸。但是，执行又有别于严格意义上的司法，其具有鲜明的特性：在执行程序中，双方的权利义务关系已然明朗，故执行程序不需要司法性的居中裁判，也不需要过多的逻辑推理与论证，其更注重是对被执行财产的掌握与处置。这种带有行政权属性的权能在很大程度上致力于化解实践问题。在这种观念下，执行中的讲法说理、说服被执行方的技能一直处于被忽视的境地，执行更多被强调为以财产查控为主，通过强制来填补受损权益的过程。

但是，从执行个案的实践来看，除了财产处置外，执行更多地体现为一个相互博弈的过程，这个过程融讲法说理与强制执行为一体，是对被执行方软硬兼施地实施执行行为之过程。当事各方的配合程度或明或暗地影响甚至决定着执行的顺利开展，而这个过程需要执行艺术的柔性运用。这种隐性能力在提升执行质效方面的作用不容小觑，其也是构建融洽执行关系的精义所在——若运用得当，则这种执行技巧可以达到"案未结但事了"的效果。这种可意会不可言传的执行技能主要是指，以生效裁判为依据来释法明理，并通过综合运用各种手段来劝说被执行方履行义务，其既是一种寻求法律裁决可接受性的过程，又是一种寻求民众接受的说服艺术。执行中的这种说服艺术是客观存在的，它是连接执行关系主体的重要纽带。如上文所述，对被执行财产线索的掌握是执行的关键，但

囿于财产的流变性与易转移性，财产下落的寻觅易演变成"猫捉老鼠"的游戏，被执行人借此同法院进行各种周旋。所以，执行除了盯"物"外，也要盯住"物"的所有人。通过对被执行人讲法说理或向被执人施加一定的心理压力，法官可以争取到更多的理解与配合，这既是执行的实际需要，同时也可以缓解直接执行"物"可能面临的困境。

作为以说服性与可接受性为基础的司法活动，其中的执行程序应对的是已生效的裁判与心怀各种想法的形形色色的被执行方。这些具有较强定势心理的被执行方对司法权威本就比较漠视，他们的整体人格基调水平也较低下，因此有效震慑并说服"老赖"，以及更好地讲法说理就成为摆在执行法官面前的首要任务。而且，从司法整体性角度看，执行中的讲法说理是连接司法裁判与大众认同的桥梁。从寻求司法可接受性角度看，判决文书的公布是司法产品第一次接触大众，而执行程序的特殊性在于，其相当于裁判文书第二次与大众接触，它在一定程度上可以补强裁判文书的可接受性，同时它也是消解不满和增强沟通的纽带。执行说理在"兑现"生效裁判文书的权利义务方面具有不可忽视的作用，而在这个过程中，执行说理始终发挥着媒介的作用，同时它也是审判说理的自然延伸。

三、强制执行中的说服需要法律修辞作为理论支撑

在东方，修辞是一种遣词达意的方式。"修辞立其诚"，修辞更多地是一种技巧和手法的运用。相反，西方语境中的修辞有着更深刻而丰富的内涵，文化上的差异导致东西方在理解修辞上有一定偏差。在西方，修辞学起源于亚里士多德时期，亚里士多德的著作《修辞学》彼时就已诞生。作为研究说服艺术的鼻祖，亚里士多德对修辞进行了系统性的深入分析与阐述，他将修辞定义为一种说服的技能与艺术，并提出说服他人的三个最重要的因素：演说者的人格、逻辑以及情感。[1] 当然，修辞学此时的兴盛发展很大程度上得益于古希腊时期的论辩风气之盛行，因此当时的修辞学研究论辩者与演讲者如何去说服听众。后来，修辞学的发展陷入停滞，亚里士多德的修辞中的逻辑和理性要素逐渐被遗弃，修辞被简

---

[1] ［古希腊］亚里士多德：《修辞术，亚历山大修辞学，论诗》，颜一、崔延强译，北京：中国人民大学出版社，2003年版，第289页。

单定位为通过华丽辞藻、夸张修饰等来增强表达效果的技术,这种技术容易忽视演说内容本身而将注意力放到修辞本身,因此修辞被拖入夸夸其谈、言之无物而又堆砌华丽辞藻的泥潭中。修辞学一度没落,甚至遭人唾弃。

但是,不可否认的是,修辞学可以弥补人类理性的局限。作为一种说服的方式,修辞可以直达人内心深处,更具力量。后来,修辞学的发展又迎来了一段有利的机遇期,它的振兴伴随着对科学主义与理性主义的反思。在这种背景下,修辞学迎来了它的革新,以佩雷尔曼为代表的新修辞学逐渐发展并兴盛起来。同时,新修辞学的研究视域也逐渐扩展,内涵也逐渐丰富饱满,其不再拘泥于语言的修饰技巧,而是与逻辑相结合,从而拥有了更多的说理成分。同时,新修辞学还强调以受众为中心,在互动过程中完成说服。法律修辞学的研究自二十世纪六七十年代逐渐兴起,其位于法学与语言学的交叉地带。法学与语言学结缘之原因在于,作为一种论辩性的沟通艺术,法律奉行严谨、理性与逻辑,但法律所面对的受众群体多是普通民众,想要普通民众对讲求逻辑的法律具有更多认同,就要通过修辞的力量来增强其可接受性与说服力。这种法律修辞强调通过表达技巧的加工修饰来提升法律语言的美感,在互动交往中增强判决的可接受性,这也是法律修辞在微观层面的作用。在宏观层面,作为一种重要的法律论证手段,法律修辞的运用可以弥补逻辑论证的不足,从而有效增强论证的充实性。法律修辞学"打破了形式逻辑单向的、保守的、二元对立的推理方式等对法律思维的垄断。在论证成为一种普遍性诉求的时代背景下,法律修辞学将修辞学的理论和方法应用到法律领域,为法律领域提供了一种新的说理和论证的方法和理论"[1]。

但是,长期以来,法律修辞的研究与使用更多地被限定审判的论证程序。在判决文书讲法说理的层面上,法律修辞对强制执行一直意兴阑珊。在法律修辞的学术研究中,民事执行中如何运用修辞、如何更好地表情达意以增强可执行的接受性等问题鲜有笔墨。但是,从司法实践角度看,强制执行程序涉及最终民事权益的兑现,其重要性不言而喻:一方面,在与被执行人的对话中,法官需要通过说服与威慑的结合来达到执行目的;另一方面,针对胜诉权益难以兑现的申请执行人,法官也需要对其进行引导和说服。在执行中,这种模糊的、只可意会不可言传的技能可以被概括为讲法说理的过程以及说服他人的手段与方式,其实质就是一种法律修辞。但是,由于缺乏理论的支撑,此种技能一直处于被忽视的尴

---

[1] 陈金钊:《法律方法论研究》,山东:山东人民出版社,2010年版,第78页。

尴境地。执行中的这种说服技能与修辞具有内核上的同源性,我们需要借助修辞学的理论对实践技能进行完善与塑造,并从法律修辞的视角对执行中的说服技能进行分析。

执行中的法律修辞主要包含两个层面。一是语言层面,语言是将法治与大众紧密联系在一起的载体与工具,执行法官应当对语言进行充分修辞润色,这种修辞需能让对方接受、认可并产生共识,从而通过语言的契合性来增强可接受性。这种语言不限于口头语言,还包括书面语言等。二是谋略层面,这种积极修辞要兼顾对心理的把握。作为一种宏观的、积极的修辞模式,执行修辞很强调与"受众"之间的互动,这种互动过程也是一种博弈的过程。在博弈互动中,法官运用修辞的力量将法律与情理讲透,从而赢得认可、配合与支持。而且,执行修辞还强调在适当的时机采取针对性的修辞策略,即期望值过高的时候要进行调整,人格基调太低的时候要进行有效压制。要明确的是,执行修辞虽为说服被执行方的方式,但这种执行修辞只是一种辅助手段,我们并不能将其理解为执行的全部。这种说服并非一定要达致迫使被执行方自觉、全面履行义务的最佳效果,这种理想中的修辞效果至少受制于两个因素:一是客观履行能力;二是利益考量,即便通过修辞达致内心动容之程度,但在利益面前,这种动容的力量也还是微不足道的。所以,我们也不应过于高估执行修辞的价值,从而只寻求通过修辞来赢得与获取更多的配合与理解。执行是一种结果导向性的复杂过程,被执行方的配合程度在整个执行过程中至关重要,获取这种配合可以消弭强制执行遇到的各种隐性阻力,并让被执行方在内心屈从的心理默认下更加配合执行工作。

四、强制执行程序中的法律修辞之特点

(一) 主要表征为积极修辞

从新修辞的分类来看,修辞主要分为积极修辞与消极修辞[①]。消极修辞主要在于平易地讲法说理,并按照法律规定向当事人进行说明,让他们知道如果不按照规定和要求去做,就会受到何种法律后果。积极修辞则具有更多内涵,这种说服更强调谋略和技巧,让人们认识到在什么地方用什么样的说服技巧,其讲究谋篇布局与情感摄入。执行中的修辞主要是指积极修辞,消极修辞所占

---

① 陈望道:《修辞学发凡》,上海:复旦大学出版社,2010年版,第37—40页。

比重不大。积极修辞通常与各种措施叠加起来被综合使用,从而达到最终的修辞效果。

(二) 以威慑作为说服的补强方式

执行修辞的逻辑起点是裁判文书,其任务是增强被执行方对裁判内容的接受与认可。从严格意义上来讲,进入执行视域的被执行方本就具有一定的违法性,同时他们也抱有很强的定势心理,背后隐匿着的大多是利益考量。如果我们将修辞仅限于正面引导,则其作用将受限,那么这种抱有极强的定势心理,同时又有着较低的人格基调的被执行方明显难以被触动。执行修辞只有更多地运用威慑手段才能发挥其应有的作用,即通过可视化强制执行所带来的负面效应与不利后果,让被执行方直接感知到可能存在的各种不利与痛楚,以此施加间接的心理压力,迫使被执行方表现出较高的配合度。这种以威慑为内核的修辞是由执行的特殊性所决定的,其也是执行修辞最明显的特征。从传播心理学角度看,这种威慑通过唤起人们的危机意识和紧张心理,以促成他们的态度和行为向一定方向转变。而且,这种以威慑为内核的修辞是贯穿执行全程的总基调与主旋律。这种氛围的营造通过使被执行方产生内心的压制感、紧迫感与危机感来达到执行目的,这既是司法权威的体现,又是执行的强制性特征的表征。

(三) 贯穿执行始终兼具复合价值

执行修辞带有较强的工具属性,它并非独立存在,而是与强制措施掺杂糅合在一起,从而构成一套完整的执行策略与方案。在这套执行方案中,修辞一直客观存续并贯穿执行始终,从而具有独特价值,这种执行修辞可以把法理、道理讲清楚、讲透,因而能够获得最大程度的认可,而且越是对抗性的强制措施就越需要接受修辞润色,以最大程度化解敌意。例如,在一起涉及腾退房屋的案件中,法官在拘留被执行人之前就是充分利用修辞对被执行方进行说服与教育,从而既增强了被执行方对强制措施的接受程度,又发挥了惩戒作用。

例3

法:关于这个房屋搬离的事情,你考虑的怎么样了?前前后后我们也给了你很多机会,强制搬离公告也贴过几次了,也组织让你和申请执行人协商两次了。

被：我知道，关键是他们公司（指申请执行方）太没人情味，同样的一批商铺搬迁，为啥别人搬走了都有补偿，我们就没有，他们不仅不给补偿，还过来断我们水和电，这给我们造成了很多损失。

法：你说补偿的事情不在判决内容里面，本来就有难度，刚和你讲过了，你如果需要只能另行起诉，而且从你们所签订的租赁合同来看已对装修补偿做出约定，起诉获胜的可能性也不大。

被：我们不会起诉的，我们也没钱交诉讼费。

法：如果是这样的态度，后果就很严重了，知道吗，你拒不履行判决明确的搬离义务，我们多次也组织你们商谈，申请人也愿意给你适当补偿，你倒好，狮子大开口。我告诉你，法院组织你们做工作，给了你这么长时间，这么多机会，是帮你尽最小成本解决问题。不是不能强制你，你如果还是一意孤行那后果很严重的，鉴于你拒不履行义务，今天我们要对你司法拘留十五日。如果你后面还没有配合搬离，我们将以拒不履行判决裁定罪追究你刑事责任。

被：法院拘留我，我没意见，我也知道法官帮我做了很多工作，但是我也没办法，我前前后后装修投入了80多万，现在让我就这样搬走……

法：现本院告知你，因你拒不履行生效判决，情节严重，现本院依法决定对你司法拘留15日……

（四）对执行程序中的当事人双方都需要进行说服

第一个维度是针对申请执行方的维度。强制执行即私权寻求公权力介入以实现权利救济的过程与活动，但申请执行方通常更多地将其理解为权利兑现的过程，认为其是胜诉后的必然延伸与可得结果。较高的心理期望导致申请执行方更多地将自己权利之兑现寄托于执行法官，而经常忽视自身的主观因素，这就衍生出第一种修辞维度。在这层维度中，执行法官主要是要通过修辞让申请执行方知晓法院的执行作为以及所取得的效果。如果执行不到位，执行法官也要解释清背后的种种原因，以争取理解与认可。第二个维度是针对被执行方的维度。对此，本文不赘言，但从实践情况看，对被执行方的修辞也是值得研究的。如果修辞运用不佳、解释不到位，那么容易引发执行信访。

五、执行实践中的几种具体的修辞方法

作为一种实践性极强的语言表达与呈现能力,执行中的法律修辞之建构应立足于法官司法能力的高低。通过提高修辞意识,法官能够增强对日常司法语言的修辞润色,并针对不同当事人来提升表达信息的可接受性。

(一)塑造法官人格

亚里士多德的修辞学将演讲者的人格视为影响演讲的重要因素。如果演讲者的品德值得听众信赖,那么听众自然会信服其所言说的内容。法官的人格品质是一种综合能力,具体到执行案件中,如果双方认为法官是负责任的、公正不偏私的,那么他们自然会认真听取意见和建议。法官的个体性因素在双方当事人心中的地位对顺利执结十分关键,因为说服就是靠人格来完成的,而这种人格包括威信与人格魅力。对于案件的申请执行方来说,法官的个体性因素尤为重要。从某种程度上来说,强制执行更类似于一种由申请执行方发起的委托,而法官的执行是否能让申请执行方满意则成为衡量执行案件的重要标准。即便没有执行到位,但如果法官能让申请执行方感受到诚恳的努力与负责的态度,那么法官的各种解释也可以获得最大程度的认可。

(二)将心理学应用贯穿其中

强制执行也是一种心理博弈上的较量过程。从被执行方的心理状态分析,其通常有逃避、侥幸、从众、试探等心理。在不同的案件中,多种心理会糅合在一起,而法官需要抓住利害,依据不同心理有针对性地选择相应的修辞方式。如果被执行方是侥幸心理,那么法官就要告知他法院已经采取了哪些具有针对性的强制措施;如果被执行方是试探心理,对修辞进行就要告诉他违反法律的严重后果。而且,随着执行过程的深入,原初的定势心理也会不断发生变化,甚至呈现出多种复杂心理的叠加,因此法官也需要有针对性地对修辞进行调整。可以说,把握与区分不同的心理状态并找准心理痛点,是法官进行修辞的第一步。

(三)对受众共识的达成

奥地利修辞学者佩雷尔曼是新修辞学的代表人物,他提出修辞中的"听众"

概念,即修辞是一个互动过程,修辞效果的优劣取决于听众端获取信息的程度与深度,因此我们必须始终以听众为中心来了解并考虑听众的感受。① 执行修辞的实现也有赖于听众的支持和接受,所以法官需要以听众为主体,立足于不同案件的听众和情境,以达到说服与劝说听众的目的。执行修辞也应照顾当事人的利益、背景环境与立场。只有理解执行各方的诉求并抓住利益点,法官才能实现说服的目标。例如,在一起信访案件的接待录音中,负责接待的执行法官就是紧紧围绕信访人是老年人的特征,从关心身体、安慰劝服出发开展工作,从而取得不错的效果。

例 4

法:你好,我们是负责执行接待的法官,你有什么情况可以向我们反映。

申:我这个案子一直没有执行到,我们认为法官执行不力,什么也没干就把案子给结了,我们都没拿到钱,怎么结案了呢?

法:是吗,把你的案子材料给我,我帮你看看如果案件确实有问题话,我们会和承办法官建议的。

申:你看,我当初借了这人 28 万,他说做生意周转,两年后就还我,结果利息还没还完人就跑掉了,这可是我的养老钱啊。

法:是吗,那这个事情还是蛮严重的,老伯您今年高龄啊,身体还硬朗啊。

申:身体还行,就是这个事给闹的,堵得慌。

法:您别急啊,案子既然到了执行这步了,总归有个解决问题的办法不是,可是,这个执行总归有个过程。您要是再为这个事把身体给搞坏了,不就得不偿失嘛。

申:嗯嗯。

法:老伯,您当时怎么借钱给这个人? 他在我们这里是出了名的老赖啊,案子多得不得了的。

申:唉,也怪我,当时贪小便宜,听别人说钱放在他那里能多吃些

---

① [奥地利]佩雷尔曼:《法律与修辞学》,朱庆育译,载陈金钊、谢辉主编:《法律方法》(第 2 卷),山东:山东人民出版社,2003 年版。

利息,我就放他那儿了,谁知道后面这样了。

法:哎呀,也不算贪小便宜,人之常情嘛。主要是现在这个社会啊,骗子太多了,别说您年纪大,就是我们出去也经常被人骗的啊。

申:是啊,是。

法:这个案子的情况我刚才帮您看了看啊,这个被执行人啊……

(四) 道德修辞

道德修辞在古代的判词中经常被提及,它通过道德的力量来唤醒良知。中国的传统司法强调通过道德修辞的力量来进行说服,古代判决多是借用道德力量对被告方进行斥责。这种教化与道德修辞虽不讲逻辑、不重视论证,但却具有较强的说服力。[①] 执行中的权利义务关系已经十分明晰,阻碍执行的力量更多地来自心理因素或者是利益追逐,此时法官要紧紧依靠法理上的分析,但也可以大量借助这种道理力量来进行说服。在一起道路交通事故案件中,被告方需要支付原告赔偿款54万,但在支付17万后,被告方在其后的两年了无踪影,法官几经周折找到了被执行方并将其拘留15天,如下是拘留所的提审录音:

例5

法:你现在怎么想的?这个案子这么长时间了。

被:我是真没钱啊,我现在家里很困难,我老婆现在身体不好,家里孩子还要上学。

法:困难?谁家里没有苦难?你把人家撞得不能自理,他们不比你困难多了?他们家在农村,一个15岁的孩子,对他的家庭意味着什么?两年了,你对他们不管不问,当初承诺的分期现在全是一纸空文了,是吗?你困难?难道他们不困难吗?你可别忘了,他们的困难是你一手造成的啊,你有没有想过?你的困难最多是日子不好过,可他的困难呢,那是直接过不下去了啊。据我们所知,这两年,你一直在外面跑运输,挣的钱呢?

被:没挣到啥钱,现在生意不好做,我也知道我错了,其实这两年一想起这个事,我也总觉得对不住……

[①] 焦宝乾:《法律修辞学:理论与应用研究》,法律出版社2015年第1版,第219页。

法：我告诉你,张某某,这个事,你自己考虑清楚,我们法院也是看态度的,你自己欠下债你得自己一点点还,否则你一辈子也会受煎熬的,是要被谴责的,也要被人看不起的。不仅是他们(指申请执行方),你周边的亲戚、邻居怎么看你啊?你们一个镇上的,你是想让你儿子到时也背着黑锅吧,你自己考虑吧?

被：(沉默)额……我再想想办法吧,我想和我老婆联系下……看看她那边能不能再想想办法……

在上述笔录中,法官充分运用道德修辞,利用被执行方与申请方居于本土熟人社会的特点,在言语修辞上使用一系列反问与追问,对被执行方进行道德上的谴责与声讨,从而激发被执行方内心的道德良知。

(五)利弊分析的修辞手段

心理学中的"社会交往理论"认为,人都是趋利避害的,怠于履行义务之原因在于不履行对他们更有利。执行的过程在很大程度上就是进行利益的重新分配与再布局,利益是被执行方绕不开的节点。"在法庭上,纠纷的根源往往不是观念上的分歧,而是利益上的冲突。"[①]这种利益上的冲突是执行程序启动的主因,而对利益的争夺与守护也自然延伸到执行程序中。作为寻求说服性的方式,执行修辞应将利益分析纳入视野。通过对利益的取舍分析,法官从当事方的角度出发,帮助其分析利弊得失,以完成说服目的。在执行实践中,利弊分析修辞手段之运用通常以一个更强力的执行措施为后盾,并通过施加两种不同效果的执行措施来说服被执行方。当然,这种利弊分析方法也被运用于申请执行方。例如,在某房屋买卖纠纷案中,因为被执行方的房屋已被其他法院拍卖,而余款只剩下一部分,此时法官就是运用利弊分析法来说服申请执行方放弃余款,从而最终实现结案事了。

例6

法：刚才情况已经讲清楚了,被执行人的这套别墅已经被浙江省法院拍卖掉了,房屋之上设有1000万元的抵押,远超过房屋的拍卖价

[①] 桑本谦:《法律论证：一个关于司法过程的理论神话》,载《中国法学》,2007年第3期,第106页。

格。这种情况下,像你这种普通债权是分不到的。

申:我们当时申请时是28万元,现在让我们一下子变成20万元,实在损失太大。

法:是的,损失也不小,但损失大小是要根据案件的具体情况来看的,这个被执行人已经是资不抵债了,外面拖的欠款都要以千万算。如果这次20万不要,那估计后面再执行就困难了。

申:后面执行到位可能性大吗?

法:现在来看不大,他本身就是外地人,现在这么多债务压过来,他也是能逃就逃,能赖就赖,这套别墅处置完后,后面也没有大的财产可供处置了。现在经济也不景气,等他东山再起还真不知道要等什么时候了。所以啊,你自己斟酌吧,要么现在一次性拿20万了结事情,你以后也不用为这事再劳心费神,缺么是缺了点,但总归能把主要损失弥补回来;另一种就是慢慢等了,等他什么时候有财产了再执行,但这个等,你是要做好长期思想准备的,其中耗费的各种成本不说,关键是结果不确定。你说是不?

申:嗯,好的,我明白了,那我们就选择接受20万元,一次性了掉案件,余款放弃掉。

(六) 情感摄入

情感不是自发的,而是人对客观现象是否符合自己需要的一种心理反应。情感摄入是促成说服过程的重要催化剂;恰当的情感摄入可以引起共鸣,并化解人内心深处的芥蒂。情感摄入的最佳时机是对方处在摇摆阶段时,这个阶段的情感摄入可以起到较好的作用。情感的这种刺激可以起到良好的效果,所以法官要充分利用好情感摄入。恰当的情感摄入可以消除对立、化解僵局,由此法官便能转化消极和排除障碍,以实现双向沟通,从而达成情感共识,并增强修辞的效果。

结语

"执行难"已然成为社会普遍关注的焦点问题,其根植于一定的社会现状与体制壁垒。从宏观层面看,破解"执行难"需要全社会通力合作来健全完善体制,并通过信息化手段共享数据以提高执行效率;从微观层面看,提高说服技巧以凸显"人"的因素同样值得我们关注。法官在个案中的说服技巧与说理水平影响案件的进展,但这种说服长期以来被当作一种漠视性的技艺与技巧来看待,并且缺乏理论上的研究与修正。加强对强制执行中的说服技巧之研究有利于更好地指导实践,为破解"执行难"提供思路,以及拓展法律修辞学研究的适用范围。

(编辑:范跃)

书 评

比较法视野下的司法制度之全景观察
——《司法和国家权力的多种面孔》解读

王显宁[*]

摘要：达玛什卡的《司法和国家权力的多种面孔：比较视野中的法律程序》不仅建构了一套全景观察国家司法制度的新范式，而且拓宽了比较诉讼法学的视野。《司法和国家权力的多种面孔》回溯了科层式理想型和协作式理想型权力结构，并深入法律程序内部，从而重新审视了纠纷解决型与政策实施型程序在两种结构中的杂糅与融合，以及观察了各种司法程序的优势与劣势。《司法和国家权力的多种面孔》对深刻体会法律与政治历史的紧密关联性、坚持法律人的学术研究范式有重要的启示意义。

关键词：科层式理想型；协作式理想型；政策实施型；纠纷解决型

在《司法和国家权力的多种面孔：比较视野中的法律程序》一书中，当代比较法和刑事诉讼法领域的传奇人物米尔伊安·R.达玛什卡建构了一套分析政治与法律、国家与司法关系的理论框架，使读者能够透过双焦镜头来观察司法制度全景，并通过"司法与国家权力结构之间的关系，司法与政府职能的关系"来考察现代国家司法制度。绝大多数研究程序法的学者将自己当作"局中人"来研究司法制度，而这样的研究视角往往使自身限于"局中"，从而难以窥得司法之全貌。针对国外先进的理念、制度与思维方式，学者们虽有借鉴之心，却无精准移植之力。此时，如若僵硬移植，则势必会出现"橘生淮北则为枳"的糟糕现象。正是从上述困境出发，达玛什卡教授进行了深入分析，他批评了传统的研究方法，并建构了新的范式。

---

[*] 王显宁（1996— ），女，山东潍坊人，北京大学2019级硕士生，研究方向：法学理论。

一、达玛什卡反对什么?

在全书的开端,达玛什卡教授就写道:"如果我们不首先指出为什么对别人已经想过或说过的东西不满意,而忙不迭地提出新的方法和思路,这无疑是非常草率的。"①诚然,在研读《司法和国家权力的多种面孔》时,我们首先应当认识到达玛什卡教授的这本书"反对什么",即其以谁为批判对象,且在诉讼法体系中的地位又是如何。②而后,我们才是对达玛什卡教授的整个论证思路进行梳理、分析与评价。

(一)传统对抗制与纠问制的分类方式

在传统的诉讼理论中,最常见的划分形式是将诉讼制度抗辩制与纠问制。在抗辩制下,当事人控制案件,各方自行负责调查与挖掘证据(通常通过各自聘请的律师进行),参与诉讼的每一方都有公平和足够的机会来陈述对自己有利并且法官和陪审团必须给予考虑的供词。③纠问制则通常由一位法官主持并进行审前讯问,司法机关承担证据的收集、调查、确认,由此产生的费用也通常由国家承担。④

在达玛什卡教授看来,这样的传统研究思路虽然可以区分出"必须由一位原告来发动的诉讼程序"(processus per accusationem)和"没有原告也能够激活的诉讼程序"(processus per inquisitionem),但该核心含义的溢出会导致特征组合裁量标准上的不确定与含混的事实。⑤进一步说,在抗辩制与纠问制中,针对官方的控制界限在何处以及当事人的意愿究竟有多普遍,我们始终难以寻找到合

---

① [美]米尔伊安·R.达玛什卡:《司法和国家权力的多种面孔:比较视野中的法律程序》,郑戈译,北京:中国政法大学出版社,2017年版,第3页。
② 在研读学术著作时,我们首先应当观察其有无反对的观点,即作者究竟以谁为"靶心"。以奥斯特、边沁、哈特、德沃金为例,在《法律的概念》中,哈特在前三章中都是对奥斯汀与边沁的学说观点提出反对,直到第四章才提出自己的观点。又如,在《同意的道德性》一书中,亚历山大·毕克尔于第一章中首先也是对自由主义契约论为代表的学说与理论框架之缺点进行批评,而后才在书中提出自己建构的框架。这样一来,作者的研究思路与读者的研读思路才会更加清晰。
③ 王安:《抗辩制与纠问制研究述评》,载《中国法经济学论坛论文集》,2009年7月4日,第402页。
④ 王安:《抗辩制与纠问制研究述评》,载《中国法经济学论坛论文集》,2009年7月4日,第402页。
⑤ [美]米尔伊安·R.达玛什卡:《司法和国家权力的多种面孔:比较视野中的法律程序》,郑戈译,北京:中国政法大学出版社,2017年版,第4页。

适的、相对应的分界点。同时,民事诉讼制度、刑事诉讼制度和行政诉讼制度的多样性与特殊性,更是使得这样的区分标准难以对每一分支进行精准定位。由此,达玛什卡教授反对传统的对抗制与纠问制的分类方式。

(二) 国家与社会经济组织

达玛什卡教授认为,从国家与社会经济组织这一切入点进行理论框架的建构同样不可取。虽然我们在许多方面可以借助"法律程序与国家的社会经济组织"这种视角来研究司法制度,但是"把法律制度同马克思主义的生产方式分类结合起来就能产生洞见,这只是一种幻想"[①]。在卡尔·马克思的传统理论中,人类社会的生产方式可以被划分为不同的类型(如封建主义、资本主义、社会主义),因此很多研究者希望将生产方式的类型作为划分司法程序的依据。但是,问题在于,在寻踪不同的生产方式下的司法制度时,我们会发现不同的生产方式能产生出相同或类似的司法制度,抑或是生产方式已经发生改变但司法程序仍然得到保留,且难以完全实现改头换面。这样一来容易出现分析的混乱,这也是达玛什卡教授反对从国家与社会经济组织切入的原因。

(三) 小结

综上所述,达玛什卡教授回溯了两种传统路径,认为对抗制与纠问制的分类方式虽然是学界通说,但缺乏具有可操作性的细化标准,难以在实践中被准确区分;同时,达玛什卡教授认为,从国家与社会经济组织切入会增大分析的难度,从而出现现实中的混乱。因此,达玛什卡教授反对以上两种研究方法。

二、达玛什卡赞同什么?

在厘清了达玛什卡教授"反对什么"之后,我们现在将主要的关注点拉回到达玛什卡教授"提出了什么"。很明显,面对前车之鉴,达玛什卡教授开始寻找新的解决方式。达玛什卡教授观察到司法制度在不同的国家有不同的表现形式,且在有些历史源流、经济结构、发展脉络看似完全迥异的国家,司法制度也会出

[①] [美]米尔伊安·R.达玛什卡:《司法和国家权力的多种面孔:比较视野中的法律程序》,郑戈译,北京:中国政法大学出版社,2017年版,第8页。

现相似性。此时,研究者们如若想要将其置于整齐划一的标准下进行研究,那么确有一定难度。在研究过程中,如果研究者只选择一种变量,那么他们终究难窥司法之全貌,因为许多非变量引起的差异无法得到解释;但是,如果研究者毫无标准地选择多种变量,那么他们容易遗漏事物制度的普遍性,因为多层次、多角度的变换穿插同样难度较大。在综合全局并考察了诸多变量的基础上,达玛什卡教授最终审慎选定了两个变量,即"司法与国家权力结构"和"司法与政府职能",并将其置于一个2对2[①]的框架中,以综合观察司法制度的全景。

(一) 司法与国家权力结构

不同历史背景下的国家权力结构会对司法制度的产生、构成与运行产生贯穿全局的影响。达玛什卡教授从各种组合的可能性中选择了两种合成性的权力结构并将其作为框架组成,即职业化的官僚制与非职业化的协作制。这两种形态对于学界而言其实并不陌生,前者是起源于欧洲大陆的司法组织模式,后者是传统的英国司法模式。达玛什卡教授对两种形态的"历史起源—基本特点—司法程序"进行了分析和论证。

1. 科层式官僚制

达玛什卡教授将科层式官僚制置于历史语境下进行探讨,对其起源、发展、成型的过程进行了阐释。"科层制"一词起源于罗马天主教教廷内部的统一运动,其被用来表达教廷、教皇与教会的完美层级结构。从13世纪开始,法兰西王国致力于培养一支等级森严的职业官员队伍,而巴黎高等法院也经历了由"权力"为中心向"专业"为中心的转变,科层制从而得到进一步发展。科层制逐步稳定成型是在法国大革命后,中央集权的强化使得法院系统得到了统一,司法作为一个专业化的实践领域也逐步站稳了脚跟。今天,极为纯粹、极端的科层式官僚制虽然已经得到了一定的修正,逻辑法条主义也在后期的发展中不断受到削弱,但是其最根本的特点仍被保留。[②]

[①] 这个2对2的框架是达玛什卡通过考察两对变量建立起来的。一方面,从司法与国家权力结构上看,达玛什卡将其划分为科层型权力组织和协作型权力组织;另一方面,从司法与政府职能类型出发,达玛什卡将其划分为政策实施与纠纷解决。达玛什卡将其中的两对变量置入了一个2对2的网格之内,希望通过一个双焦镜头来观察司法制度的全景。可参见[美]米尔伊安·R.达玛什卡:《司法和国家权力的多种面孔:比较视野中的法律程序》,郑戈译,北京:中国政法大学出版社,2017年版,第235页。

[②] 参见[美]米尔伊安·R.达玛什卡:《司法和国家权力的多种面孔:比较视野中的法律程序》,郑戈译,北京:中国政法大学出版社,2017年版,第39—43页。

回溯科层制的形成历史,我们可以看出,它是一个逐步完善、整合的过程。纵观这一历史时段,我们也可以发现科层制被保留下来的最基本的特点。其中,居于首位的特点就是官员的职业化。所谓职业化,是指通过一定方式,逐步使法官职业形成一个拥有共同的专业法律知识结构、独特的法律思维方式,并且具有强烈社会正义感和公正信仰的整体。[1] 首先,在潜意识中,在专业的法律知识结构与独特的思维方式之指引下,官员已经将司法转变为他们的特殊领地;其次,科层式官僚制形成了严格的等级秩序,官僚之间的上下级关系日益明显。如若没有授权,同僚之间的争议需要由他们共同的上级去解决,而这种职业化导致的职能分工使得权力在最上层得到融合。达玛什卡教授在书中生动地描述道:"严格等级秩序下,理想的状态是所有的人都踩着同样的鼓点齐步向前。"[2]最后,科层式决策的技术标准所遵循的是"逻辑法条主义为主,后果导向为辅"的基本进路,其注重逻辑和抽象的理论。

在梳理完科层式官僚制的历史源流和基本特点之后,我们便可以观察科层式官僚制在法律程序中的基本体现。在理想型的科层程序中,法律程序在多个层级之间分步有序地稳定运作。从上下层级的关系来看,上级审查具有权威性,而初审判决不具有稳定性。此外,官员的专业化与职业化特征鲜明;相较于观察外界的私人活动,官员们更倾向于在自己的"圈子"内寻找共性,而且他们也十分重视逻辑法条主义和程序规制。

2. 协作式官僚制

与科层式官僚制的历史缘起相比,协作式官僚制的发展更为平缓。达玛什卡教授认为,协作式官僚制甚至在现存的理论中找不到容易使自己被辨识出来的类似物。[3] 协作式官僚制起源于12世纪的英国,这一早期现代国家在试图发展中央权威时,却发现自身力量相当薄弱且面临十分的问题复杂。[4] 在这一阶段,中央政府在建构行政管理体系时,曾将一些重要的政府管理职能交于

---

[1] 吕忠梅:《职业化视野下的法官特质研究》,载《中国法学》,2003年第6期,第7页。
[2] [美]米尔伊安·R.达玛什卡:《司法和国家权力的多种面孔:比较视野中的法律程序》,郑戈译,北京:中国政法大学出版社,2017年版,第7页。
[3] [美]米尔伊安·R.达玛什卡:《司法和国家权力的多种面孔:比较视野中的法律程序》,郑戈译,北京:中国政法大学出版社,2017年版,第50页。
[4] 参见李猛:《韦伯:法律与价值》,上海:上海人民出版社,2001年版,第195页。在《除魔的世界与禁欲者的守护神:韦伯社会理论中的"英国法"问题》一文中,李猛回溯了英国普通法发展初期所面临的复杂情势,王室权利、议会、教会、地方行政、封建势力、社区自治等各种力量之间存在着复杂的相互制衡关系,而这些关系同样影响到了英国官僚政治类型和司法程序的走向。

地方精英,且因为当时中央的统治权有限,所以地方行使司法权时受到的干预较小。

到了16世纪,英国司法系统的中心仍然存在着普通法和衡平法需要得到调和与约束的声音,从而一家独大的局面始终无法出现。尽管19世纪下半叶的英国出现了职业化公务员制度,并且美国上诉法院也处于不断的发展过程之中,但这些并不足以动摇协作式官僚制的平缓、缓和之发展过程,其仍然保留着最初的特征。

达玛什卡教授回溯了英美协作式官僚制的发展历史,并归纳出以下基本特点:

(1) 职业人士同外行官员共生。由于历史原因,协作式国家权力很难集中,地方受到王室管辖的力度小,因此业余人士在一些临时的或有限的时间内经常会触碰国家权利和履行国家职能。这样一种不定期、不稳定的权力使得官员的职能分化和专业性因缺乏足够的经验与时间而无法形成,所以协作式官僚制下的官员们很大程度上可以按照自己的方式来处理公务。"裁定、决定或其他官方决定,不论是个人还是集体作出的,都不会被理解为是一个独立于它的组成人员机构的意见,并保留着很强的个人化色彩。"[1]但是,这种外行官员的广泛性催生了协助外行官员做出专业化决策的职业人士,这些职业人士"为决策者提供信息、维持权力及其内部的单薄连续性"[2]。因此,在协作式官僚制的发展过程中,权力与专业性并非直接相关,而是借助职业人士这一渠道得到发展。

(2) 权力的平行分配。在协作式官僚体系中,上下级权力关系表现得并没有科层制那么明显,外行官员之间的权力分布较为平等,没有最终权威。当被置于该权力体系中时,外行官员的确会表现出职能的混合与权力的广泛分布。这种职能的混合可能会导致行政、立法与严格的司法活动之间的融合。

(3) 协作式官僚制强调实质正义。在协作式官僚体制的发展过程中,由于外行官员广泛存在且专业性较弱,因此他们难以建立较为专业化的技术型程序体系,更谈不上准确适用,而实质正义的重要性在如此情形下反而得到了凸显;除此之外,外行官员不愿适用技术标准之态度与他们对实质正义的"感觉"有

---

[1] [美]米尔伊安·R.达玛什卡:《司法和国家权力的多种面孔:比较视野中的法律程序》,郑戈译,北京:中国政法大学出版社,2017年版,第32页。
[2] [美]米尔伊安·R.达玛什卡:《司法和国家权力的多种面孔:比较视野中的法律程序》,郑戈译,北京:中国政法大学出版社,2017年版,第33页。

关——他们惧怕适用技术标准后得出"脱离主流道德、政治或宗教规范的准则，或者不受常识支撑的结论"[①]。

依据上述特点，我们同样可以观察协作式官僚制在法律程序中的基本体现。在协作式官僚制中，等级性被削弱，诉讼过程集中，审判是整个诉讼活动的焦点；由于外行官员广泛存在，因此证据的科学性与精确性相对较弱，官员对口头证据和当庭证供的依赖性强；协作式官僚制下的法律程序没有正规的上级审查制，官员的裁量界限在程序中十分模糊。

通过对科层式官僚制和协作式官僚制的起源、特点与法律程序之分析，达玛什卡教授向读者展示了司法和国家权力机构的密切联系。上述两种制度也是作者"双焦镜头"下的两个重要变量，它们对司法面孔的形成有着重要影响。

（二）司法程序与政府职能

在卢梭看来，所谓政府，就是在臣民与主权者之间被建立起来的一个中间体，以便使两者能够互相适合，其负责执行法律并威化社会的以及政治的自由。[②] 因此，政府是将抽象的法律与具体的社会事实相衔接的行政机关。政府职能的定位对整个社会生活至关重要，它会间接反映出司法在国家中的能动范围。达玛什卡教授清楚地认识到了政府职能对司法产生的间接影响。达玛什卡教授认为，通过对政府"性情倾向"的分辨，我们可以推导出法律程序的目标，进而得出在政府职能的不同理念下的司法程序面孔。[③] 在此处的论证过程中，为寻找到极端化情形下的的自由放任式司法和管理型司法的充分论据，达玛什卡教授设想出了两种极端的国家类型：一个是到处插手的国家——一个随时准备吞噬整个市民社会的利维坦，达玛什卡教授称其为"能动型国家"；另一个是消退中的国家——一只政治上的柴郡猫，达玛什卡教授称其为"回应型国家"。[④] 在寻找"极端端点"这一司法目标的影响下，达玛什卡教授便提出了两种独特的审判程序类型，即政策实施型程序与纠纷解决型程序。

---

① 参见[美]米尔伊安·R.达玛什卡：《司法和国家权力的多种面孔：比较视野中的法律程序》，郑戈译，北京：中国政法大学出版社，2017年版，第36页。
② [法]卢梭：《社会契约论》，何兆武译，北京：商务印书馆，2014年版，第72页。
③ [美]米尔伊安·R.达玛什卡：《司法和国家权力的多种面孔：比较视野中的法律程序》，郑戈译，北京：中国政法大学出版社，2017年版，第92页。
④ [美]米尔伊安·R.达玛什卡：《司法和国家权力的多种面孔：比较视野中的法律程序》，郑戈译，北京：中国政法大学出版社，2017年版，第93页。

1. 政策实施型程序

最纯粹的政策实施型程序强调国家利益的首要性。在这一理念的影响下，程序法仅仅是一种"陪衬性"的存在，而司法的存在多是为了执行政策，所以国家运行的真正依据仍然是灵活的指令。正如达玛什卡教授在书中所描述的，"如果存在对程序行动的规制，那么这种规制必定是灵活的；如果严格遵守规则会妨碍具体案件中的可欲结果之获得的话，对规则的偏离就必须得到允许"①。我们由此可以看出，与公允相比，极端政策实施型程序更加看重真理。

程序的现实运作往往牵涉到许多步骤。在政策实施型程序中，从诉讼的开始到终结，整个过程涉及到诉讼启动、诉讼内容、诉讼救济、诉讼事实发现等，而通过这些方面，我们均可以观察到官方对程序的控制。在诉讼的启动阶段，公民可以提供重要信息以促使国家启动诉讼，但是这些信息随时可能受到官方的"矫正"，因为国家享有决定是否启动诉讼的权力。就诉讼内容而言，政策实施型程序的最大特点是它容易被赋予张力，从而使得诉讼调查呈扩张趋势，并推动国家政策挑起或者延长一项冲突，所以其涉及的广度和深度可能远远超出案件本身。在诉讼救济阶段，恰当的救济措施大多是从官方的角度被选择出来，而非基于个人自身的"狭隘"立场被挑选出来，并且在历史上，诉讼救济还可能变质为干预手段。从诉讼事实的发现来看，由于寻找事实是启动法律程序的大前提，所以政策实施型程序往往会尽全力去寻找能证明案件真相的最准确信息。虽然官方的调查会耗费人力、物力、财力，但相较于盖然性推论——特别是涉及到刑事领域——他们情愿选择"真理"。② 通过一套诉讼程序，达玛什卡教授完整地向读者展示了能动型国家下的司法目的。

2. 纠纷解决型程序

相较于政策实施型程序，纠纷解决型程序中的"国家利益首要性"理念相对较弱，其旨在为"追求自我选定目标"的公民提供支持。在司法过程中，政府的职能是提供支持框架，以辅助纠纷解决。因此，建设好这一个支持性框架，并使该框架得到良好的应用就显得尤为重要。

按照理论的推理，解决纠纷必然需要手段与方法，而纠纷解决型国家采取的

---

① [美]米尔伊安·R.达玛什卡：《司法和国家权力的多种面孔：比较视野中的法律程序》，郑戈译，北京：中国政法大学出版社，2017年版，第192页。
② 参见[美]米尔伊安·R.达玛什卡：《司法和国家权力的多种面孔：比较视野中的法律程序》，郑戈译，北京：中国政法大学出版社，2017年版，第200—214页。

法庭争诉(即法庭辩论)是其中最好的体现。在此种程序下,两位对立的当事人在一位中立的纠纷调解人面前进行竞技,这样的设计营造出一种结构性的压力,迫使决策者做出有利于在法庭辩论中取胜的当事人的判决。[1] 就纠纷解决型程序而言,诉讼的存续与否是受当事人控制的。当事人提起诉讼之时,才是诉讼程序开始之时。在法律问题的表述上,纠纷解决型程序偏重于听取当事人的意见,当事人选择的争议范围就是法院的裁判范围,其不应受到任何人的修改。此外,在达玛什卡教授看来,受到最小政府理念控制的诉讼程序不仅在诉讼的启动与终结上受到限制,在救济手段的选择方面也会受到约束。在司法实践中,诉讼救济下的国家往往充当的是仲裁者而非执行者;如若法官干预诉讼程序,则其容易遭到批评或者指责。

结合"国家理念—司法目的—手段方法—具体表现"的脉络,我们可以发现,对国家决策的中立性与裁决的实体正确性之追求往往存在困难。换言之,程序正义和实质正义在极端情形下可能无法并存。在面对如此情形时,纠纷解决型程序选择的是前者。

行文至此,达玛什卡教授在书中提出的四个变量已经被我们分析完毕,即司法与国家权力机构下的科层式官僚制与协作式官僚制,以及司法与政府职能下的纠纷解决型司法程序与政策实施型司法程序。如何整合、重组这四个变量既是《司法和国家权力的多种面孔》最重要的观点,也是此书的精髓所在。

(三) 双焦镜头下的"四种面孔"

同一程序安排有时可能既关联于某种权力组织的理想类型,又关联于某一特定的司法目标概念。[2] 在为读者系统地介绍了司法与国家权力机构的关系、司法与政府职能的关系之后,达玛什卡教授从司法和国家权力机构、司法与政府职能两个视角同时出发,得出四种具体程序,即科层式权力组织的政策实施型程序、科层式权力组织的纠纷解决型程序、协作式权力组织的纠纷解决型程序以及协作式权力组织的政策实施型程序。以上四种程序的特点各不相同,可谓利弊皆存、各有千秋,从而也使得国家和司法权力呈现出不同的"面孔"。

---

[1] [美]米尔伊安·R.达玛什卡:《司法和国家权力的多种面孔:比较视野中的法律程序》,郑戈译,北京:中国政法大学出版社,2017年版,第133页。

[2] [美]米尔伊安·R.达玛什卡:《司法和国家权力的多种面孔:比较视野中的法律程序》,郑戈译,北京:中国政法大学出版社,2017年版,第236页。

1. 科层式权力组织的政策实施型程序

科层式权力组织的政策实施型程序并非简单地将两种概念相加,而是司法与国家权力机构、司法与政府职能融合的结果。在传统观点中,两个变量是同向共进关系,政策实施型程序适用于科层式权力结构的最明显特点是积极主动、分工细化,其行动受到绝对标准的严格限定,且决策受到上级机关的严密审查。这样一种"面孔"在刑事司法领域的适用极为广泛,其优势在于当其致力于实现含有"功利主义"的目标时,具有充分的决断性与效率性。一旦高层权威确立了一项政策,则科层式权力组织的政策实施型程序的效率极高,且政策执行中的死角能够比较迅速和利落地得到妥善处理。但是,科层式权力组织的政策实施型程序程序在两个方面存在天然的张力。第一,灵活多变的政策所具有的不稳定性和寻求绝对标准的司法所具有的稳定性之间存在张力。政策实施型国家要求统治者有足够灵敏的政治远见与政治策略去应对和处理政治生活中的各种问题。但是,在科层式的官僚体制下,官员们天生就缺乏足够的能动性。正如达玛什卡教授在书中所言,随着真正的管理型政府之极端情形逐渐迫近,科层式权力组织从其法条主义形态向其技术官僚形态的转变也就指日可待了[1]。第二,公众参与和科层式官僚体制之间存在张力。能动型政府支持公民参与社会生活,但是科层式却需要专业、高效的人才。专业与业余、效率与质量的内在矛盾也在这项程序中凸显出来。我们考察法国大革命后的欧陆司法程序就可以知道,在传统的纠问程序中注入更多纠纷解决形式的努力,便是这两种变量融合的结果。[2]

2. 科层式权力组织的纠纷解决型程序

科层式权力组织的纠纷解决型程序是科层式权力组织和纠纷解决型程序的融合。科层式权力组织强调递进式的程序与渐进式的审判,诉讼过程被分段,案件由法官自下而上地进行审议。上一级的审判人员对下一级的审判人员所呈交的案件之了解大多基于卷宗,因此审判人员对卷宗的依赖性大大增强。相较于第一种面孔(科层式权力组织的政策实施型程序),第二种面孔(科层式权力组织

---

[1] [美]米尔伊安·R. 达玛什卡:《司法和国家权力的多种面孔:比较视野中的法律程序》,郑戈译,北京:中国政法大学出版社,2017年版,第241页。
[2] 法国大革命的爆发引发了种种巨变,后革命时代的欧陆司法改革也受到了相应影响。在此情况下,科层式权力组织继续保持着主导地位,但是在受到自由主义意识形态的启发和激励之背景下,纠纷解决形式被注入,从而出现了抗辩式程序开始被应用于审前阶段、刑事诉讼程序在某种程度上允许个人利益对立于国家利益等现象。

的纠纷解决型程序)下的社会纠纷之对抗性被大大削弱。正如达玛什卡教授在书中所言,"由于案件的最终结果是各个层级之间不同权威的相互递进,因此相对人丧失了释放对立情绪的靶心"①。

诚然,科层式权力组织的政策实施型程序也存在一定困境,即由于构成该面孔的两个变量并非同向共进关系,因此在司法实践中容易出现法官裁量权较大抑或是扯皮现象,且科层式权力组织在实践中往往会逐渐吞噬纠纷解决程序的特征。以审判人员在程序中的地位为例,科层结构中的官员对审判多呈现积极态度,而纠纷解决型程序却要求当事人在司法中处于主导地位。一方面,在科层式权力组织营造的社会氛围中,当事人往往不被允许"私人化"事实发现程序,但是官员们又缺乏正常的动力去探求真相②,这样会导致效率低下,甚至法官难以发现事实真相。因此,处理好纠纷解决型程序的被动性和行政自由裁量下的主动性之间的冲突就尤为重要。

3. 协作式官僚组织的纠纷解决型程序

协作式权力组织的纠纷解决型程序是非专业人士主宰的司法系统。协作式权力组织促进了纠纷解决程序的竞技形态,两个变量是同向共进关系。协作式官僚组织的纠纷解决型程序的司法目的是解决纠纷,其严格强调当事人意义上的自治与平等。对于当事人而言,法律程序就是一场竞赛,他们"只有这一次机会"。从一定程度上说,协作式权力组织的纠纷解决型程序十分注重当事人的诉求,其有利于社会冲突的解决。但是,这两个变量同样存在着紧张地带。虽然协作式官僚组织中的审判人员之姿态是被动的,但这种被动的姿态产生也是因为其专业性不足,对纠纷所涉及的细节不熟悉。但是,自由裁量在现实生活中广泛存在。当遇到例外情况时,审判人员的能动主义也很容易与当事人对诉讼过程的控制发生冲突,自由和自治的疆界很容易出现混淆。事实上,解决上述问题的最好方法便是律师的介入,他们可以通过专业高效的辨别能力来区分外行审判人员在缺乏专业知识的情况下所产生的情绪化信息。通过达玛什卡教授的分析,再反观现实,我们会发现,律师制度最发达的应用之地正是受协作式权力组织的纠纷解决程序影响之地。

---

① [美]米尔伊安·R.达玛什卡:《司法和国家权力的多种面孔:比较视野中的法律程序》,郑戈译,北京:中国政法大学出版社,2017年版,第266页。
② [美]米尔伊安·R.达玛什卡:《司法和国家权力的多种面孔:比较视野中的法律程序》,郑戈译,北京:中国政法大学出版社,2017年版,第268页。

4. 协作式权力组织的政策实施型程序

协作式权力组织的政策实施型程序是协作式权力组织与政策实施型程序的融合。其中,法律程序致力于实现国家政策,但是对其进行管理的却是协作式官僚组织。[①] 由于强调政策实施,因此相较于本文中的第二种面孔,协作式权力组织下的司法程序运作中的冲突纠纷已经大大减少。在涉及国家利益的问题上,如果决策出现错误或者新情况要求司法进行更改,那么协作式权力组织中的官员会重新考虑自己的决策。虽然这种重新考虑可能会重蹈办事效率低下的覆辙,但是分散化的外行管理方式在一定程度上可以形成一种良性制约,以防止某些不良的计划被草率执行。深思熟虑后的某些行动还可以经实践证明而被解释为具有公认价值,以供日后使用。

理顺完《司法和国家权力的多种面孔》的写作思路与逻辑脉络后,我们除了对达玛什卡教授深厚的学术底蕴和丰富的经验积累发出赞叹外,更需要关注达玛什卡教授如此构建分析框架的优点何在。我们在前文中提到,达玛什卡教授从司法和国家权力组织、司法和政府职能这两个与程序法最为密切的因素入手,塑造出四种变量,而四种变量的重新组合最终构建出四种形态各异的司法面孔。这些司法面孔优劣并存、各有千秋。就达玛什卡教授选择的这一种研究方法而言,其很好地避开了传统的变量研究中的部分司法面孔丢失之问题。在传统的理论思路下,学者们在研究过程中大多将国家权力结构与政府职能同质化,即推定政策实施型国家的政府职能是能动型,而纠纷解决型国家的政府职能是纠纷解决型。这样一来,研究者容易丢失现实的司法实践中的另外两种形态,而达玛什卡教授建构的 2 对 2 框架结构则很好地解决了这一问题。大多数研究者在分类时丢失的两种形态构成了面孔的两种变量,它们表现出牵制、冲突的状态,这往往是司法实践中交叉错乱最频繁、矛盾最多之处。达玛什卡教授的这种分类方法除了让人们认识到司法与政治紧密关联外,还对学者在研究过程中难以归类的两种司法面孔进行了分析,从而使其能够在纷繁复杂的司法程序中被类型化。

三、达玛什卡的研究框架、理论思路之再思考

在理顺《司法和国家权力的多种面孔》的主要内容,并归纳出达玛什卡教授

[①] [美]米尔伊安·R.达玛什卡:《司法和国家权力的多种面孔:比较视野中的法律程序》,郑戈译,北京:中国政法大学出版社,2017年版,第294页。

建构的理论框架的突出特点后,我们还可以借助达玛什卡教授的理论框架思路和逻辑脉络,对政治历史视野下的司法程序之研究方式与学术范式,以及达玛什卡教授的功用性分析做进一步的探寻。

(一) 政治视野下司法程序的研究

比较法方法论中的基本原则是功能性原则,其要求事物在具有比较可能性(主要是结构类似性与功能等值性)的场合才能被拿来研究。因此,比较学者发现与挑选比较对象和场域的能力对整个研究的质量及水平会产生很大影响。达玛什卡教授的《司法和国家权力的多种面孔》之所以会受到学界如此的重视,是因为其触及到了"政治"这一影响不同国家、不同地区、不同法系的司法程序之最深刻因素。换言之,达玛什卡教授将比较法方法论中的"功能性"运用与拿捏得极其精准到位,他选择了"政治"这一最深刻且具有比较可能性的比较对象进行分析。

正如译者郑戈教授所言,既定范式限制了人们的想象空间和创造力,导致某个领域的研究长期止步不前。但是,新的自然或实验现象的出现会不断对旧范式的解释力提出挑战。因此,在任何一门学科中,当后出现的范式与已经形成的范式之间存在差异时,其往往会遇到较大的挑战。[1] 诚然,纵观全球的政治法律环境,法律在很大程度上带有政治的影子,且至少在具有政治意义的社会领域,法律仍然被政治统帅。[2] 在《司法和国家权力的多种面孔》中,达玛什卡教授用他的"野心"将政治制约性因素引入了比较司法制度和比较诉讼法领域。达玛什卡教授走出了传统的纠问制与对抗制的比较研究方法,放弃了单纯的法律程序与国家的社会经济组织研究视角,而是选择从司法和国家权力机构、司法和政府职能之间的关系入手,创造一个2对2的研究框架。这样的研究方法使得我们正确认识到,如果抛开政治去探讨司法程序或者刨除行政法律去研究司法面孔,那么我们永远都窥不到司法程序的全貌。司法程序的面孔是国家权力结构与政府职能综合作用的结果。

---

[1] [美]米尔伊安·R.达玛什卡:《司法和国家权力的多种面孔:比较视野中的法律程序》,郑戈译,北京:中国政法大学出版社,2017年版,第294页。
[2] 伍德志:《欲拒还迎:政治与法律关系的社会系统论分析》,载《法律科学(西北政法大学学报)》,2012年第2期,第3页。

(二) 历史视野下的司法程序研究

要想研究好司法和国家权力的多种面孔,仅立足于概念分析远远不够。学者们除了要注意横向上的多学科交叉(如司法与政治结合、司法深受政治影响等),还要注意纵向上的历史回溯。历史性是法律的基本品性。举凡人生与人心,文化、政治和价值,民族、社会与国家,它们无一不是历史现象,也无一不诉诸历史理性,方始有望获得确解。① 达玛什卡教授注重史料的梳理,并全面分析每一变量形成的客观历史环境、发展缘由、发展结果,以使得读者可以在研读时充分理解每一种司法面孔的特殊性,从而增加了分析论证的穿透力与解释力。

(三) 达玛什卡学术研究范式的选择

托马斯·莱赛尔(Thomas Raiser)将法社会学的学术研究范式分为三种,即经济人、社会人和法律人。三种范式的特点各不相同:经济人范式强调对法律的经济分析,追逐经济利益;社会人范式抽离个体特殊之处,强调社会角色的扮演;而法律人研究范式则强调比经济人与社会人更为广泛、开放的主体和更为丰富的内容。② 很明显,在托马斯·莱赛尔眼中,就学术范式的选择而言,"法律人"是最为广泛和最为开放的。对于达玛什卡教授来说,这样的学术研究范式所选择的亦是法律人。首先,达玛什卡教授没有将"国家与社会经济组织"作为切入点,他发现从经济基础切入的"经济人"研究范式存在缺陷;其次,在对四种变量的分类介绍中,虽然达玛什卡教授在开始时将科层制与官僚制置于理想状态,将纠纷解决与政策实施置于极端状态(这是"社会人"的研究方法),但是在讲解司法的四种面孔时,他又回归到了"法律人"的研究范式下,强调更加广泛、开放的主体和调整内容。这种"法律人"学术研究范式的选择,既是达玛什卡教授对法律人的传承,又是其自身理论框架与思维架构的创新。"法律人"学术研究范式对学界研究法律、政治与司法具有重要的启示意义。

(四) 达玛什卡理论框架的功用性体现

在罗纳德·J.艾伦看来,达玛什卡教授的《司法和国家权力的多种面孔》通

---

① 许章润:《法学历史主义论纲:命题、理论与抱负》,载《中外法学》,2013年10月15日,第1040页。
② [德]托马斯·莱赛尔:《法社会学基本问题》,王亚飞译,北京:法律出版社,2014年版,第62页。

过对普通法系国家和大陆法系国家的诉讼程序之检视,形成了关于不同政治背景下的现代司法如何体现的系统性理解。① 达玛什卡教授从事研究工作的首要目的就是功用性,"他好似一个运用各种概念进行信息管理的组织者,只是尝试提供一种深受政治背景影响而又能有效统筹相关信息的方式"②。这种功用性研究方式(Utility)提供了一种深受政治背景影响而又能有效统筹相关信息的方式,为学者的研究提供了便利。③

结语

达玛什卡教授以国家权力结构与政府职能为标准,划分出了四种司法程序的类型,向读者展示了司法和国家权力的多种面孔。借助达玛什卡教授建构理论框架的方式与标准,人们能够透过双焦镜头来观察司法与政治学、历史学、社会学之间的广泛关联。以"法律人"作为学术研究范式,是法律人的基本使命,其促使诉讼法学者们认识到本国司法面孔的优势与劣势,从而为民族发展和国家进步做出长远考量。

(编辑:翁壮壮)

---

① [美]罗纳德·J. 艾伦、[美]乔治亚·N. 阿雷克萨斯:《米尔健·达马斯卡学术观点的功用性和真确性》,胡之芳译,郑飞校,载《证据科学》,2013 年第 21 卷第 6 期,第 688 页。
② [美]罗纳德·J. 艾伦、[美]乔治亚·N. 阿雷克萨斯:《米尔健·达马斯卡学术观点的功用性和真确性》,胡之芳译,郑飞校,载《证据科学》,2013 年第 21 卷第 6 期,第 689 页。
③ [美]罗纳德·J. 艾伦、[美]乔治亚·N. 阿雷克萨斯:《米尔健·达马斯卡学术观点的功用性和真确性》,胡之芳译,郑飞校,载《证据科学》,2013 年第 21 卷第 6 期,第 690 页。

《法律修辞研究》稿约

《法律修辞研究》是由华东政法大学法律方法研究院主办,陈金钊、刘风景教授主持的定期连续出版物。2014年创办,每年一卷,已出五卷。《法律修辞研究》作为法律修辞和法律方法领域的新兴出版物,与《法律方法》(CSSCI来源集刊)一道共同致力于该领域的学术探讨。诚挚地邀请国内外学界及实务界人士惠赐稿件。

一、栏目设置

立基《法律方法》的栏目设置,《法律修辞研究》栏目主要分为两部分。第一部分为法律方法领域的专题探讨,刊发或转载理论深厚、论证充分、内容详实的特稿或来稿;第二部分以法律解释、法律论证、法律修辞相关内容为重心,根据当期稿件,相应设置理论研究、实践回应、书评综述或域外译介等栏目。

二、来稿要求

1. 来稿最好以法律修辞、法律论证为主题,或与法律方法内容直接相关。

2. 特稿和专题系列稿件暂不要求首发,但鼓励首发;其他稿件原则上要求必须首发。

3. 编辑部以来稿质量为标准,欢迎热衷本领域的青年新秀投稿。

4. 来稿采用页下注释,注释符号"1、2……",每页重新计数。

5. 来稿格式详参《法律方法》,需附中文摘要、关键词(无需英文)、作者简介。

6. 来稿一经采用即发送用稿通知,不以任何形式收取版面费。

三、投稿方式

为节约资源并方便作者投稿和编辑部审稿,来稿无需纸质版,直接将稿件发送至 ecuplflxc@163.com 即可。

《法律修辞研究》编辑部

特别声明

《法律修辞研究(第五卷)》转载刘方圆《从言语到语言:本土法律修辞研究范式之展望》一文,系原载《河南大学学报(社会科学版)》2018年第3期,特此说明。

图书在版编目(CIP)数据

法律修辞研究.第六卷/陈金钊主编.—上海:上海三联书店,2020.8
 ISBN 978-7-5426-7018-2

Ⅰ.①法… Ⅱ.①陈… Ⅲ.①法律语言学-修辞学-文集 Ⅳ.①D90-055

中国版本图书馆 CIP 数据核字(2020)第 059505 号

法律修辞研究(第六卷)

主　编/陈金钊
执行主编/俞海涛

责任编辑/宋寅悦
装帧设计/一本好书
监　制/姚　军
责任校对/张大伟

出版发行/上海三联书店
　　　　（200030）中国上海市漕溪北路331号A座6楼
邮购电话/021-22895540
印　　刷/上海惠敦印务科技有限公司

版　　次/2020年8月第1版
印　　次/2020年8月第1次印刷
开　　本/710×1000　1/16
字　　数/400千字
印　　张/19
书　　号/ISBN 978-7-5426-7018-2/D·447
定　　价/75.00元

敬启读者,如发现本书有印装质量问题,请与印刷厂联系 021-63779028